手指象數

周易乾坤篇

국립중앙도서관 출판예정도서목록(CIP)

정역 수지상수. 주역건곤편 / 저자: 권호용. --
[대전] : 상생출판, 2016
   p. ;   cm

색인수록
권말부록: 『주역』 경문(건곤), 「계사전상·하」 수지상수
ISBN 979-11-86122-22-8 03140 :   29000

주역(삼경)[周易]

141.2-KDC6
181.11-DDC23   CIP2016008920

정역 수지상수 -주역건곤편-

저 자 : 권호용

발행일 : 2016년 6월 6일 초판발행

발행인 : 안경전

발행처 : 상생출판

전화 : 070-8644-3156

팩스 : 0303-0799-1735

E-mail : sangsaengbooks@sangsaengbooks.co.kr

출판등록 : 2005년 3월 11일(제175호)

ⓒ **2016 상생출판**

ISBN 979-11-86122-22-8 (03140)

가격은 뒤표지에 있습니다.

파본은 교환해 드립니다.

正易 **周易乾坤**篇 手指象數

◉ 권호용 지음

상생출판

추천의 말씀

　이 책은 정역正易의 수지상수手指象數와, 수지상수의 관점에서 주역周易의 건괘乾卦, 곤괘坤卦를 해석한 성과이다. 이는 일부一夫 선생으로부터 덕당 김홍현 선생, 학산 이정호 선생으로 전해진 정역의 교외별전敎外別傳이다. 저자 권호용은 학산 이정호 선생으로부터 정역을 계승한 삼정 권영원 선생의 삼남으로, 부친으로부터 정역의 소식을 듣고 정역에 입문한 신진학자이다.

　저자는 이 책의 서문에서 자신이 정역에 입문한 동기를 밝히고 있다. 정역 연구에 평생을 바친 부친이 여든의 고령에 병석에서 처음으로 저자에게 당신의 학문 역정을 술회하였고, 이에 저자는 부친을 계승하여 정역에 매진하기로 결심했다고 한다. 그 후 6년, 그 동안 저자는 틈틈이 부친에게 정역과 그 교외별전인 수지상수를 전수받는 한편, 성균관대학교 대학원에 진학하여 석사 학위를 취득하고 마침내 이 책을 세상에 발표하기에 이르렀다.

　나는 저자의 학위 논문 지도교수요 정역의 선배로서 이 책에 추천사를 쓰게 된 것을 더 없이 기쁘고 영광으로 생각한다. 붓을 잡으니 저자가 처음 내게 연락해 왔던 때가 생각난다. 저자가 삼정 선생의 삼남으로 정역을 연구하기 위해 대학원에 진학했다고 밝혔을 때, 나는 기쁨과 함께 안도감을 느꼈다. 이제 정역의 수지상수가 전해지지라는 안도의 기쁨이었다.

내가 정역을 처음 접한 것은 대학원 박사과정에 진학하여 계룡산 국사봉 아래 우거하신 학산 이정호 선생을 찾아 뵌 1981년 여름이었다. 그 후 수 년 간 방학이 되면, 때로는 국사봉에서 때로는 대전 유성 선생의 자택에서 정역을 배웠는데, 당시 선생께서 정녕하게 일러주신 것이 정역의 수지상수였다. 그러나 나의 불민한 탓으로 종내 그 뜻을 통투히 깨닫지 못하였다. 그 후 십 수 년의 시간이 흘러 불행히 학산 선생께서 타계하시자, 선생께서 가르쳐주신 수지상수에 더 천착하지 못한 후회와 죄스러움으로 나는 몸 둘 바를 몰랐다. 그런 차에 2005년 겨울, 선사先師 도원 류승국 선생의 주선으로 경기도 이천 양정고등학교에서 삼정 권영원 선생께 정역 수지상수를 공부할 기회를 얻었고, 학산 선생의 수지상수가 삼정 선생께 계승되었음을 확인할 수 있었다.

정역의 수지상수란 정역의 원리와 도수를 손가락의 굴신 형상으로 표현한 것으로, 일부 선생도 오직 덕당 김홍현 선생에게만 전했다고 한다.

덕당 선생은 그것을 학산 이정호 선생에게 전하고, 학산 선생의 문하에서 삼정 선생만이 평생을 천착하였다. 이제 삼정 선생의 혈육인 저자가 부친의 간절한 훈도를 받고, 수 년 간 몰입하여 이 책을 세상에 펴내니 정역의 교외별전인 수지상수가 계승됨에 나는 기쁨을 감출 수 없다. 저자는 단지 수지상수를 계승한 외에, 주역의 건괘, 곤괘에 대한 정역적 해석인 소위 건곤다리에 대해 자신만의 독창적인 연구 성과를 이루었다. 이 책의 부록에 실린 「문언전 경위도표」가 그것이다. 이밖에 저자는 정역의 의의를, 근대문명의 폐해와 생태 위기로부터 인류의 새로운 문명의 도래의 소식으로 해석함으로써, 그 현대적 의미를 모색하였다.

이제 이 책의 출간으로 정역의 수지상수가 계승되었음을 확인할 수 있다. 그것은 저자의 정역에 대한 깊은 깨달음에 의하였거니와, 실은 병석에서 간절히 일러주신 부친 삼정 선생에 대한 깊은 효성의 발로이기도 하다. 내가 저자를 보니 참으로 드문 효자로서 만인의 귀감이다. 그 효성이 이 책으로 나타난 것이니, 향후에도 저자의 깊은 연구력은 정역의 발전에 큰 역할을 할 것으로 믿어 의심치 않는다. 선사 학산 선생과 선배 삼정 선생은 물론 향후 정역의 계승 발전을 위해 다행이 아닐 수 없다.

다만 선사께서 전해주신 수지상수와 건곤다리의 원리 외에, 저자가 깊은 통찰 끝에 얻은 해석들, 특히 「문언전 경위도표」에 대해서는 이후의 연구가 더 필요하다는 것이 나의 소견이다. 끝으로 저자의 그 동안 노고와 연구에 찬탄을 마지않으며, 앞으로 정역 연구에 더욱 매진하여 줄 것을 당부한다. 아울러 정역의 수지상수를 전할 일념으로, 노구에 병마에 시달리면서도 저자를 지도하신 삼정 선생께 진심으로 감사와 경의를 표한다.

2016년 4월 성균관대 호암관 연구실에서 최일범이 삼가 쓰다.

正易
수지상수

自 序

　2009년 9월 7일, 아버님께서 서울의 강동성심병원에 입원하셨다. 병명은 파킨슨증후군. 아버님은 젊어서부터 작은 체구에도 힘이 장사라는 소리를 들을 정도로 건강하셔서, 여든 가까운 고령이 되어서까지 대전시의 시사편찬위원으로 왕성하게 활동하시던 중이었다. 나는 고향에서 멀리 떨어진 일산에서 살고 있던 터라 아버님의 병을 초기에는 잘 알지 못했다. 처음에는 고향집 앞에서 몇 번 넘어졌다는 소식만 접했었는데, 나중에는 거동擧動이 불편해지고 기억력과 의사소통에도 문제가 찾아왔다. 그래서 혹시나 하는 마음에 서울 소재의 한 병원에 입원시키고 치료를 염원했던 것이다. 고향집 거실에서 멍하니 바닥만 바라보시던 아버님을 모시고 올라온 터라, 사실 치료에 대한 기대가 그리 크지는 못했다. 함께 올라오신 어머님이 병실에서 간병을 맡아야 했고, 나는 일산에서 병원을 오고가야 했다.

　입원한지 삼일 째 되던 날 아침, 아버님이 맑게 깨어나셨다. 회진回診차 찾아오신 담당의사 선생님은 그동안 약을 과다過多하게 처방하여 정신이 몽롱했던 거라면서, 약의 종류와 복용량을 몇 차례 바꾸면서 정량定量을 찾았다고 말씀하셨다. 참으로 다행이었고 너무나 기뻤다. 그런데 그 날, 아버님은 당신께서 용케 살아났다고 생각하신 모양인지 내 손을 꼭 잡고 난생 처음 듣는 이야기를 꺼내놓으셨다. 당신께서 살아오신 기막힌 이야기를 알아야 한다며 오늘은 출근을 하지 말라고까지 당부하셨다. 그동안 부자 사이에 대화가 너무나 적었던 탓에 조금은 어색하게 느껴졌지만 이야기는 그렇게 시작됐다.

　동네 서당을 돌아다니며 경서經書를 배운 이야기, 종갓집에서 어른들 심부름을 하면서 동냥으로 공부를 얻은 이야기, 어린 나이로 동네 친구와 함께 서울과 지방으로 이름난 학자學者들을 찾아다닌 이야기, 19세에 학산鶴山 이정호李正浩 선생을 신도안新都案 우적禹跡골에서 만난 이야기, 6.25전쟁 통에 대전형무소 직원임에도 기적적으로 살아남은 이야기, 꿈속에서 본 길로 서울 신촌新村의 학산鶴山 선생을 찾아가 다시 만난 이야기, 학산鶴山 선생과 함께 손수 지금의 향적산방香積山房을 지은 이야기, 그곳에서 함께 공부했던 열 명의 동학同學들, 그리고 덕당德堂 선생과 정역正易, 정역正易! '학산鶴山 선생께서 마지막으로 당부하셨던 말씀이 아직도 귓가에 생생한데, 그 죄를 어찌 씻느냐'며 한숨을 내쉬실 땐 내 가슴마저 뭉클했다. '전傳해야 하는데, 뒷사람에게 전해야 하는데…' 나는 그날 아버님과 인생 처음으로 오랫동안 대화했다.

그 뒤로 공부를 시작했다. 모든 것이 생소했고 또한 모든 것이 신기했다. 한자漢字를 암기하는 것도 고역苦役이었지만, 육갑六甲은 익숙해지는데 몇 달이 걸릴 만큼 쉽게 익혀지지 않았다. 주역周易과 정역正易을 외고, 자구字句에 심취하며 아버님과 대화했다. 마침내 공부자孔夫子의 글귀에서 건곤乾坤의 이면裏面을 만난 날, 아버님 입가의 온화한 미소를 아직도 잊지 못한다. 동네 어귀에서 아버님을 의자에 모셔두고 밤하늘의 28수宿를 헤아릴 때는 금세라도 우주宇宙를 알 것만 같았다. 몇 번을 던져두고 다시 집어 들기를 반복하던 중에, 그렇게 세월은 흘러갔고 변화變化의 이치理致에 대한 생각은 깊어졌다.

이 책은 일부一夫 선생으로부터 덕당德堂 김홍현金洪鉉 선생, 학산鶴山 이정호李正浩 선생, 그리고 아버님에게로 전해 내려온 『정역正易』수지상수手指象數의 전승傳承 내용 중 『주역周易』의 건괘乾卦와 곤괘坤卦에 대한 세밀한 해석과 그 배경논리를 함께 엮은 것이다. 글을 쓰는 동안 선대先代로부터 전해 내려온 실마리들을 정리하면서 역易의 경문經文이 가진 위대함에 많은 감응感應을 경험하였다. 특히 공자孔子가 「문언전文言傳」에 얽어놓은 경위經緯를 발견한 것은 개인적인 영광으로 여긴다. 세간世間에 『정역正易』에 대한 이야기는 많으나 실제로 그 이치理致를 직접 논증論證한 예例는 그리 많지 않기에, 초학자初學者나 다름없는 신출新出 서생書生이 감히 선대先代로부터 배운 내용을 정리하여 두려운 마음으로 이 책을 내놓는다. 그리고 무식하고 게으른 아들놈을 가르치기가 얼마나 답답하셨을지, 그리고 얼마나 지루하셨을지, 그 고마운 아버님의 정성精誠 앞에 졸고拙稿를 바친다. 지금까지 배운 것은 모두 아버님께서 가르쳐 주셨으므로….

2016년 3월 9일 一山에서 權鎬龍

正易
수지상수

차 례

正易
수지상수

一夫正易得論評　일부의 정역이 논평을 얻으니

孔子羲經如是明　공자의 주역이 이같이 밝았어라.

檀帝以來憂患事　단군 이래로 우환사가 지속됐지만

后天君子困而亨　후천 군자의 노력으로 마침내 형통하리라.

三正 權寧遠 선생의 漢詩

第1章 緒論

서론

1. 作易의 目的과 正易

동양東洋 역사에서 과거 수 천 년 동안 역易은 학문學問과 철학哲學의 정수精髓요, 이치理致의 온축蘊蓄이며, 또한 만사명변萬事明辯의 전요典要이자, 군자君子가 소거소학所居所學하는 지혜智慧의 보고寶庫로 여겨져 왔다. 복희伏羲의 조획粗劃[1] 이래로 문왕文王의 첨교添巧[2]와 공자孔子의 십익十翼 덕분에, 이후 후학後學들의 헤아릴 수 없는 궁구窮究와 현사賢辭가 뒤따랐지만, 역易은 여전히 우리 삶의 목표와 태도에 대해 전상典常[3]의 지위를 점유하고 있다. 무엇이 이토록 역易에게 항구恒久한 지위地位를 부여했는가? 그것은 역易이 만물萬物에게, 특히 사람에게 권도勸導해 온 가치가 현세에까지도 유효하다는 사실에서 그 의미를 찾을 수 있다. 바꿔 말해, 역易이 의도해온 대업大業은 여전히 달성되지 못했으며, 애초에 의도됐던 작역作易의 목적과 그 가치의 실현 또한 여전히 이뤄지거나 (成) 마쳐지지(終) 못한 진행형의 상태라는 것이다.

그렇다면 작역作易의 목적目的은 무엇인가? 역易이 무엇인지를, 혹은 역易이 추구하는 가치의 방향이 무엇인지를 알고자 한다면, 애초에 '역易이

---

[1] 『正易』,「大易序」, 伏羲組劃 : 복희씨가 팔괘를 간략하게 그었다는 뜻으로, 천지변화의 원리가 처음으로 세상에 부호로써 나온 것을 말한다.

[2] 『正易』,「大易序」, 文王巧 : 복희씨가 거칠게 획을 그은 뒤 문왕이 정교함을 더했다는 뜻으로, 복희팔괘의 원리에 현실적 운행질서까지 더하여 문왕팔괘를 그린 것을 말한다.

[3] 典常 : 『周易』,「繫辭下傳」에 나오는 표현으로 일반적인 법칙이나 규범을 뜻한다.

왜 지어졌는가'에 대한 해답을 먼저 찾아야 한다. 작역作易의 목적目的을 헤아리면, 그 속에 어려있는 성인지도聖人之道의 행로行路를 가늠할 수 있고, 또한 그 행로와 가치에 우리의 삶을 의탁할 수도 있기 때문이다. 다행히도 선성先聖 공자孔子는 이미 작역作易의 목적目的을 십익十翼 속에 밝혀놓았다. 더욱이 후대後代에 혹여 그것을 모호하게 헤아릴까 염려하여 거듭해서 직설直說해 놓았으니, 작역作易의 목적目的은 곧 崇德廣業[4] 이요, 開物成務하여 冒天下之道[5]하기 위함이었다. 아! 역易은 얼마나 광대廣大하고 심원深遠한 계획이었던가! 역易은 실비悉備하여 그 범위範圍로는 천지天地를 삼고, 시간時間으로는 주야晝夜를 통괄統括했으니, 수천 년이 흐른 지금, 작역作易 성인聖人의 꿈같은 계획은 과연 목적했던 바대로 실현되었는가? 해답은 성인聖人의 직설直說 속에 여전히 고스란히 남겨져 있다. 현세現世에 崇德廣業과 開物成務가 여전히 유효한 가치를 갖는 이상, 작역作易의 목적目的은 여전히 달성되지 못한 것이다. 즉, 성인聖人의 직설直說 속에는 천하天下를 바라보는 몇 가지의 상황인식狀況認識이 숨어 있었음을 유추할 수 있다. 그것은 꽤 오랜 훗날까지도 덕업德

---

4 『周易』은 「繫辭上傳」 제7장에서 '子曰 易이 其至矣乎인저! 夫易은 聖人이 所以 崇德而廣業也니…(공자가 말하길, 역은 그토록 지극하구나. 저 역은 성인이 덕을 높이고 업을 넓히는 방법이었으니…)'라 하여, 숭덕광업을 성인의 목적이자 역의 목적이라 단언하고 있다. 덕은 높여서 하늘로 향해야 하고, 사업은 넓혀서 땅을 덮어야 하는 것이다. 그 덕(혜택)보는 대상을 많이 만들수록 덕이 높다 하고, 사업의 손길이 닿는 곳이 넓을수록 업이 넓다고 한다. 덕은 내놓는 혜택이니 정신적인 효과이고, 업은 덕이 높아지도록 만들기 위한 기술적 방법이다. 이 두 가지는 공자가 논어에서 강조한 文과 質처럼 동시에 실현되는 것이다. 성인이 천하에 사업을 벌여서 그 혜택이 드넓게 미치도록 하는 것이 숭덕광업이기 때문에, 역은 시공을 초월하여 덕을 높이기 위한 성인의 위대한 계획이라 할 수 있다.

5 『周易』은 「繫辭上傳」 제11장에서 '子曰 夫易은 何爲者也오 夫易은 開物成務하야 冒天下之道하나니 如斯而已者也라(공자가 말하길, 저 역은 무엇을 하는 것인가. 저 역은 사물을 일깨워서 그 책무를 이루도록 하여 천하의 도를 덮으려는 것이니 이와 같을 뿐이라)'라 하여, 개물성무를 성인의 목적이자 역의 목적으로 직설하고 있다. 성인이 천하 만민으로 하여금 스스로 자신의 존재와 가치를 깨닫게 하여 하늘이 그에게 부여한 책무를 이루도록 돕고, 이를 통해 천하가 상통하는 도를 이루도록 도모하는 것이야말로 성인이 역을 지어서 세대를 이어 이룩하려한 원대한 계획이라 할 수 있다.

業이 만족스럽게 숭광崇廣되지 못할 것이며, 만물萬物, 특히 사람은 스스로의 소임所任을 이루기는커녕 그것을 깨닫기조차 힘들 것이라는 인식이었다. 수천 년[6]을 통해 작역作易의 행로行路에 참여했던 성인聖人들은 이러한 인식에 저마다 괴로워했을 것이다. 만세萬世의 스승, 공부자孔夫子 스스로도 '도道가 행해지지 않을 것'이라는 탄식歎息[7]마저 쏟아냈으니, 세대를 초월한 성인聖人들의 우환憂患은 이와 같았던 것이다.

　그래서 그들은 변화의 단계 중 그들의 시기를 책임질 각각의 소임所任을 도출해냈고 그것을 그들이 부여받은 천명天命이라 여겼다. 고로 복희씨伏羲氏의 劃結[8]과 신농씨神農氏의 耕市[9]는 그들의 안목眼目과 능력能力이 그만큼에 그쳤음이 아닌, 당시에 요구된 가치를 실현하기 위한 소임所任이 그러했음을 의미한다. 기인여천其仁如天한 요堯임금의 敬授民時[10]와, 七政玉衡[11] 순舜임금의 允執厥中[12] 또한, 때에 합당한 소임所任이었던 것이다. 하지만 변화를 예견했던 성인聖人들의 추연推衍이 더욱 더 먼 미래로 향할수록 그들의 탄식歎息 또한 깊어졌을 것이니, 그것은 너무 이른 시대를 타고난 자신들의 운명을 야속하게 생각했을 것이기 때문이

---

6 상고시대에 복희씨가 하늘에서 천문을 보고 땅에서 鳥獸의 무늬를 참고하여 卦象을 그은 이후로, 문왕과 주공이 64괘의 卦辭와 爻辭를 완성하고, 이를 이은 공자는 이것을 부연하는 十翼을 지었으니, 성인이 易을 짓는 행로는 수천 년간 이어진 것이다.

7『中庸』5章 : 子曰 道其不行矣夫인저!(공자가 말하길, 도는 행해지지 않겠구나!)

8 아직 문자가 없던 때에 복희씨가 음양의 질서를 부호화하여 팔괘를 그은 것을 劃이라 하고, 노끈을 매듭지어 시공간의 제약을 넘어 의미의 소통을 꾀한 것을 結(結繩)이라 한다.

9 신농씨가 농사를 짓는 방법을 고안하여 체계화 한 것을 耕이라 하고, 천하의 재화를 교환시켜 사람끼리의 교류를 시작한 것을 市(저자, 시장)라 한다.

10 어질기가 하늘과 같고(其仁如天), 지혜롭기가 신과 같은(其智如神) 요임금이 日月星辰의 운행을 계측하여 백성들에게 때를 일러줌.

11 舜임금이 璇璣玉衡으로 天文을 살피며, 日月과 五星으로 七曜政事를 펼친 것을 말한다.

12 堯임금은 舜임금에게 讓位를 하며 '하늘의 曆數가 그대에게 있으니, 진실로 그 中을 잡아라. 四海가 困窮해지면 하늘의 祿이 영원히 끊어질 것이다'라고 말했다. 여기서 말하는 中은 과불급이 없는 상태를 의미한다.

다. 鳳鳥不至, 河不出圖, 吾已矣夫!^{봉조부지 하불출도 오이의부}[13]라고 외친 공부자孔夫子의 한탄恨歎 또한, 자신이 보다 결정적 가치의 실현자로서의 기인其人[14]이 아님을 알아차린 후에 토해졌을 것이다. 여하튼 선성先聖들은 작역作易과 덕업德業을 통해 사람들로 하여금 變化의 道를 깨우치게 하려 노력했다. 심지어 궁극에는 '變化의 道를 아는 것이 神의 所爲를 아는 것'[15]이라고까지 당부했다. 그리고 수 천 년에 걸친 기간 동안 어리석고 우매한 백성들이 그것을 깨우치기를 기다렸다. 멀게는 崇德廣業이지만 가깝게는 군자학君子學으로, 천하天下가 君君臣臣父父子子[16]의 마땅한 가치로써 운행運行되기를 갈망했다.

이렇게 역易의 기초 위에 건설되어 숭광崇廣된 인간의 도리道理는 역사상 수 십 세기에 걸쳐 그 가치가 유효했고, 좀처럼 새로운 소임所任은 다시 찾아오지 않았다. 천지天地와 함께 인온絪縕될 시간이 그만큼 필요했던 것이다. 하지만 물질가치와 도덕가치가 갈등과 대립의 명분으로 천하天下를 수없이 갈아엎는 동안에도, 인간은 소리 없이 變化의 道에 조금씩 다가갔다. 그러는 동안 어느새 시간은 또 다시 기축基軸의 임계점臨界點에 도달했다. 19세기 말엽, 이로움만을 쫓는 사람의 습성은 여전한 풍

---

13 『論語』, 「子罕」 8 : 鳳鳥不至하며 河不出圖하니 吾已矣夫인저!(봉황새도 이르지 않고 황하는 또 다시 하도를 내놓지 않고 있으니 나도 그만인가 보구나!)

14 『周易』에는 '그 사람'을 지칭하는 其人이 두 곳에 언급되고 있다. 「繫辭上傳」 제12장의 '神而明之는 存乎其人하고…(신묘하게 밝혀줌은 그 사람에게 있고…)'와 「繫辭下傳」 제8장의 '苟非其人이면 道不虛行하니라(진실로 그 사람이 아니면, 道는 헛으로도 행하지 않을 것이니라)'가 그것이다. 이는 天道가 시기마다 성인의 출현과 때를 맞춰 시행됨을 표현한 것이다.

15 『周易』은 「繫辭上傳」 제9장에서 '子曰 知變化之道者 其知神之所爲乎인저!(공자가 말하길, 변화의 도를 아는 것이 신이 행하는 바를 아는 것이로다)'라며, 崇德廣業, 開物成務의 목적과 함께 知變化之道를 聖人과 易이 마침내 이뤄야 할 최종의 목표를 드러내고 있다.

16 『論語』, 「顔淵」 12 : 제경공이 공자에게 정치를 묻자, 공자는 '임금이 임금답고, 신하가 신하답고, 아버지가 아버지답고 아들이 아들다운 것입니다'라고 대답하며, 모든 사회의 구성원이 각자의 역할에 충실하도록 만드는 것이 정치의 목적이라고 밝혔다.

속이었지만, 변화의 속도는 이전 시기와 비교를 불허할 정도로 느닷없이 빨라졌다. 인류의 기술적 진전이 천하天下를 덮어 새로운 형태의 '廣業'을 이루기 시작한 것이다. 드디어 천하天下의 바탕이 바뀌는 질적 전환의 시기가 목전目前에 다다랐다. 바탕의 변화는 선성先聖이 그토록 염원했던 새로운 소임所任의 출현을 암시한다. 새로운 시대, 새로운 바탕이 형성되기 바로 직전인 1885년, 드디어 새로운 소임所任인 '變化의 道'[17]가 세상에 드러났다. 새로운 바탕 위에서 崇德廣業과 開物成務를 계승할 새로운 역易이 가장 혼란스러운 국가에, 그것도 가장 혼란스러운 시기에 출현한 것이다.

『정역正易』은 새 바탕, 새 질서, 새 소임所任을 위한 제3의 역易이다. 역易의 소임所任은 고금古今에 차이 없이 변화變化에 대한 암시暗示를 품고 있으니, 『정역正易』의 자구字句 속에 얽혀있는 공식들은 모두 지극한 변화를 예견한 작역자作易者의 당부일 것이다. 십十과 오五가 일一에서 합습해짐을, 태음太陰·태양太陽의 胞胎養生 사이의 도수度數가 동일함을, 无極而皇極而太極임을, 그 속에 金火交易과 律呂·政令의 이치理致가 도수度數로써 존재함을, 그리하여 二十七朔의 閏曆이 三百六旬의 正曆이 될 것이라는 작역자作易者의 단언斷言은 선성先聖이 베풀어 놓았던 역易의 글귀와는 사뭇 다른 방향으로 천하天下를 권도勸導한다. 윤리倫理와 도덕道德의 心法之學을 강조하던 시대를 넘어, 이제 천하天下로 하여금 '變化之道'를 알게 할 때가 된 것일까? 역易은 이미 태동胎動되었으나 이를 제대로 이해하고 번성繁盛케 할 사람들은 과연 준비되었는가?

『정역正易』의 작역作易 이후 4세世[18]를 지나는 동안, 우리는 인류사에 있어 가장 빠르고 격정적인 변화를 경험하고 있다. 이는 모두 과학기술

---

17 『正易』은 一夫 金恒 선생에 의해 1885년에 완성되었다.

18 1885년에 『正易』이 완성되었으니 2016년 현재까지는 130년이 경과되었다.

의 발전으로 이루어진 변화이며, 이를 통해 이룩한 인류의 성장은 가히 눈이 부실 지경이다. 그야말로 不疾而速하며 不行而至[19] 한 경지에 이르렀다 할 수 있다. 그 성장의 속도가 너무나 급속하여 정륜正倫의 안착安着은 여전히 위협을 받고 있지만, 한 가지 뚜렷한 변화가 감지된다. 그것은 바로 開物成務! 즉, 사람들이 깨우치고 있다는 점이다. 대량으로, 동시다발적으로 이루어지는 교화敎化의 물결은 지구촌 전체에 넘실거린다. 이 또한 기술발전을 통한 지식정보화의 결실이며, 이렇게 교화敎化된 사람은 재才를 이루고 재才는 또 다른 재才를 창출한다. 선성先聖의 작역作易 이후로 수 천 년 동안 변함없던 도리道理의 범주範疇가 뒤바뀌고, 인류는 지금껏 전혀 경험하지 못했던 풍요豊饒와 교화敎化의 세계로 접어들고 있는 것이다. 새로운 역易을 맞이하고 그 도道를 이룰 사람들 또한 과거보다는 풍성하게 준비되어 가고 있으니, 이제 남은 것은 전승傳承과 깨달음을 위해 시작해야 할 '배움'이다.

작역作易에 의해 이미 변화는 예고되었으니, 이제 그 내용을 분석해야 할 차례이다. 특히 작역자作易者가 바라보던 방식과 목적을 제대로 헤아릴 수 있다면 의미는 본래의 모습에 가까울 것이다. 수지상수手指象數는 이런 관점에서 매우 중요한 요소이다. 바로 작역자作易者 스스로 변화變化를 계측計測하는 수단으로 삼았기 때문이다. 작역자作易者는 선성先聖이 남긴 경經·전傳을 특별한 방법의 헤아림을 통해 징험徵驗해냈고, 그 속에서 도출된 값어치로써 새로운 구문句文을 찬술撰述했을 것이다. 그 징험徵驗과 찬술撰述의 과정에서 수지상수手指象數는 계측計測의 역할을 담당했다. 여전히 그 뜻이 심오深奧하고 난해難解하여 일부는 접근조차 어렵다 하더라도, 작역作易이 목적했던 바에 도달하려 노력하는 것

---

19 『周易』의 「繫辭上傳」 제10장은 易의 신묘함을 설명하면서, 그 변통과 결과가 빠르지 않고도 신속하며(不疾而速), 행하지 않으면서도 이른다고(不行而至) 표현했다.

은 나름의 가치를 갖는다. 또한 공부자孔夫子 사후死後의 시기가 지금보다는 기록이 드물었던 까닭으로, 본의本義를 떠난 수많은 억측臆測이 수십 세대동안 거듭됐던 일은 작금昨今의 경계로 삼을만한 일이다. 이는 새로운 작역作易의 시점과 멀지 않은 시대를 살고 있는 현대의 학자들에게 시사示唆하는 바가 크다 하겠다. 우리들에게는 수지상수手指象數와 함께 전승된 역易의 본의本義를 후대에 고스란히 물려주어야 하는 책임이 있기 때문이다. 아마도 다시 한 번 긴 인온絪縕의 시간이 필요할 것은 자명하므로, 궁구窮究와 전승傳承은 현세의 학자들에게 있어 가장 중요한 책무이리라.

2. 正易의 研究

『정역正易』에 대한 연구는 작역作易 이후 130년이라는 짧은 기간이 경과한 탓에『주역周易』에 비하면 극히 적은 연구실적을 가지고 있다. 작역作易 이후 초기에는『정역正易』경문經文이 가지는 내용의 함축성과 난해함으로 인해, 작역作易의 의도와 목적 속에서 변화의 원리를 찾기보다는 자구字句의 뜻을 해석하려는 연구에 관심이 집중되었다. 초기의 연구로는 십청十淸 이상룡李象龍의『정역원의正易原義』, 명천明泉 김황현金黃鉉의『일부선생행장기一夫先生行狀記』, 원부元夫 김정현金貞鉉의『정역주의正易註義』, 여강驪江 민영은閔泳恩의『정역연해正易演解』등이 앞선 시발점이 되었다.

『정역正易』의 초기 연구는 작역자作易者의 전승傳承과 관련하여 매우 중요한 의의를 가진다. 특히 작역자作易者와 직접 대면對面하여 수학受學한 제자들의 해설은 경문經文의 본의本義를 이해할 수 있는 최상의 자료가 될 수 있다. 제자들은 오랜 시간동안 작역자作易者와 함께 머물며 질문과 대화를 통해『정역正易』의 문장文章 하나하나를 파고들었을 것이다. 그러므로 그들이 남긴 저작著作에는 작역자作易者가 강학講學에 직접 사용했던 예시例示와 어휘語彙들이 원형原形을 유지한 채 남겨졌을 가능성이 있다. 일부一夫 선생을 가까이서 모신 원부元夫 김정현金貞鉉의『정역주의正易註義』는 그런 의미에서 가장 특별하다 할 수 있다. 하지만 이들 선학先學들의 주해서註解書는 훗날 수지상수手指象數와 연결·정리되어 발표된 새로운 해석과는 적지 않은 차이를 보이고 있다. 자구字句의 문리적文理的 해석에는 대체의 뜻이 다르지 않지만, 자구字句 속에 스며있는 도수度數의 흐름에는 그 핵심된 설명이 빠져있거나 가끔은 전혀 다르게 해석된 면도 엿보이는 것이다. 초기 선학先學들의 연구에서 주목할 것은 이들 모두가 도수度數 흐름의 핵심인 수지상수手指象數의 존재를 알지 못했다는 점이다. 즉, 이들에게는 도수度數의 흐름을 제외한 경문經文에 대한 대체의 뜻만이 전승傳承되었던 것이다.

『정역正易』의 수지상수手指象數는 일부一夫 선생의 특별한 당부를 통해 선생의 사후死後 30년 동안 함구緘口되었다. 일부一夫 선생은 『정역正易』에 대한 해설과 전승傳承을 위해 많은 제자들과 함께 강학講學했지만, 수지상수手指象數는 오직 한 명의 제자에게만 가르친 후 일체를 함구시켰다. 이 오랜 단절의 기간 동안 『정역正易』의 연구와 해설은 수지상수手指象數를 알지 못했던 문장가文章家 중심의 선학先學들에 의해 주도되었다. 이로 인해 『정역正易』에 대한 초기의 해설서들은 본래의 내용에 세간의 이기설理氣說과 역리曆理의 상식 등이 혼입混入된 내용으로 세상에 전해지게 되었다. 정작 작역作易이 의도했던 가장 중요한 도수度數의 흐름은 초기의 공식적인 전승傳承에서는 누락됐던 것이다. 일부一夫 선생의 사후死後로부터 불과 10여년이 지난 후에 나온 『정역正易』의 해설서가 그러했으니, 작역자作易者는 분명 많은 세월과 다양한 사견私見에 의해 본뜻이 희석될 것을 경계했던 것으로 보인다.

홀로 수지상수手指象數를 전수받아 긴 세월동안 간직했던 인물은 덕당德堂 김홍현金洪鉉 선생이다. 30년이 지난 후 『정역正易』의 본의本義가 그의 익숙한 '손짓'에 의해 세상에 드러난 뒤에야 도수度數 중심의 새로운 연구는 본격적으로 시작됐다. 처음에는 주로 재야在野를 기반으로 일련一連의 연구가 시작되었는데, 학계學界와 강단講壇에 이를 소개하고, 본격적으로 학문적 연구를 시작한 학자는 학산鶴山 이정호李正浩(1913~2004) 선생이었다. 학산鶴山 선생은 일생을 『주역周易』과 『정역正易』의 연구研究와 전승傳承에 종사한 역학자易學者이다. 『정역正易』과 관련된 선생의 저술著述로는 『정역연구正易研究』, 『학역찬언學易纂言: 한국역학韓國易學의 새 방향方向』, 『정역正易과 일부一夫』, 『제삼第三의 역학易學』, 『주역정의周易正義』, 『주역구해周易句解』 등이 있다. 지금까지의 『정역正易』에 대한 연구 중 학산鶴山 선생의 저술著述이 차지하는 비중은 가히 압도적이며, 이후에 후학들에 의해 진행된 『정역正易』에 대한 연구研究는 모두 학산鶴山 선생의 논리와 해설을 참고한 것들이 대부분이다. 다만 학산鶴山 선생은 스스로 덕당德堂 선생으로부터 수지상수手指象數를 전수傳受받았고 이를 몇몇 후학들에게 전했지만, 그 내용을 논문論文과 저술著述로 직접 남기지는 않았다. 그와 함께 『정역正易』을 공부하고 전승받은 제자들 중 삼정三正 권영원權寧遠 선생이 수지상수手指象數의 내용을 정리하여 『정역正易과 천문력天文曆』이라는 책으로 발간한 것이 수지상수手指象數와 관련된 유일한 저작著作이다.

『정역正易』의 해설에서 도수度數와 수지상수手指象數가 차지하는 비중은 가히 절대적이라 할 수 있다. 그만큼 『정역正易』의 경문經文 중에 도수度數 및 수지상수手指象數와 연결되어 짜인 구문句文이 압도적으로 많은 것이다. 게다가 도덕과 윤리를 앞세운 『주역周易』과는 달리 『정역正易』은 경문經文 전체가 수리적數理的 원리原理의 나열이어서, 독학獨學으로 그 정확한 의미를 이해하는 것은 사실상 불가능하다. 그러다 보니 『정역正易』이 요구하는 가치가 오용誤用되는 사례도 많아졌는데, 그 중 대부분이 『정역正易』과 종교宗教의 의도된 접목이다. 『정역正易』의 내용을 들어 교리教理를 설명하는 모든 노력은 『정역正易』의 난해함을 빌어 본의本義

를 전도顚倒시키는 일탈逸脫일 뿐이다. 초기 연구의 한계가 보여줬듯이 작역作易의 목적을 벗어난 활동과 연구는 역易의 본뜻을 희석시킬 수 있기 때문이다. 이러한 사례는 앞으로도 지속될 것이 자명하므로, 앞서 언급된 '작역作易의 목적目的'은 역易의 본의本義를 분석하는 연구에서 반드시 놓지 말아야할 철학적 생명선이 되어야 한다. 역易의 새로운 소임은 '變化의 道'에 있고, 『정역正易』은 그 '道'로 인도하는 성인聖人의 안내서일 것이므로, 수지상수手指象數를 통한 도수度數의 분석은 후학後學들에게 있어 필수적인 연구과제가 되어야 할 것이다.

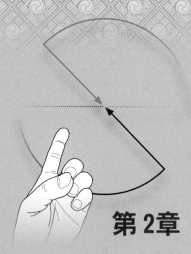

第2章

정역　　　출현　　수 지 상 수
『正易』의 出現과 手指象數

1.『正易』의 出現

<small>정 역　　　　출 현</small>

1) 一夫 金恒의 生涯

<small>일 부　김 항　　생 애</small>

『정역正易』은 지금으로부터 130년 전인, 1885년(乙酉)에 충청남도 연산連山 땅의 일부一夫 김항金恒[20] 선생에 의해 새로운 팔괘도八卦圖와 함께 공포公布되었다. 이 새로운 역易은 선생이 평생의 독서讀書와 학역學易을 통해 천지天地 무형지경無形之景에 통관洞觀한 후 그 핵심내용을 몸소 집대성하여 세상에 내놓은 것이라고 전해진다.『정역正易』은 주로 선先·후천后天이 전도轉倒되는 법칙과 새로운 역법曆法의 원리에 대한 설명에 대부분의 내용을 할애하고 있다. 특히 하도河圖, 낙서洛書, 천문天文, 오행五行, 역산曆算, 조수潮水, 율려律呂, 이기理氣 등의 온갖 원리原理가 천지天地를 헤아리는 이 도수度數 셈법에 총동원된다. 총 45장으로 구성된『정역正易』은 크게는「십오일언十五一言」으로 시작되는 상경上經과「십일일언十一一言」으로 시작되는 하경下經으로 구분된다.「십오일언十五一言」은『주역周易』으로 말하자면 상경上經의 시작인 건乾·곤괘坤卦에 해당되고,

---

20 金恒 : 1826년(純祖 26년)～1898년.

「십일일언十一一言」은『주역周易』하경下經의 시작인 함咸·항괘恒卦에 해당된다고 할 수 있다.『정역正易』은 마치 천지간天地間의 대법大法처럼 그 짜임이 치밀하고 간결하여 하나의 헛된 글자도 찾아보기 힘드니, 인류 역사상 참으로 오랜만에 찾아온 '경經'이라 할 수 있다. 그 치밀한 자구字句의 쓰임은 분명 일부一夫 선생이 소시少時로부터 고례古禮나 문사文詞에 밝았던 까닭이기도 하겠으나, 천지天地의 벼리가 단지 문장文章하는 수준으로 짜일 수 없음은 역사상 수많은 문사文士의 글들에서 이미 경험한 바이다.

선생의 공부가 세상에 알려질 즈음은 나라의 국운國運은 이미 쇠하여 안으로는 내핍內乏과 외침外侵의 우환憂患을 참지 못한 민중들이 동학東學으로 일어나고, 밖으로는 외세 열강의 침략이 앞을 다투고 있던 대격변의 시기였다. 그 이후로도 해방과 함께 찾아온 동족상잔의 전쟁은 나라와 백성들의 넋을 수 년 간 휘저어 놓았으니, 선생의 육십년六十年 솔성지공率性之工의 결과이며 庶幾 逃罪[21]의 깊은 뜻으로 내놓은『정역正易』은 안타깝게도 그 제자와 주변 문인文人 몇몇의 구전口傳과 세월 속에 묻힐 수밖에 없었다. 이러한 상황에서 마치 짚불 속에서 바늘을 찾아내듯이『정역正易』과 일부一夫 선생의 일생에 몰두하여 그 연원淵源과 이력履歷을 좇아 정리해낸 학산鶴山 이정호李正浩 선생의 노력은 도학사道學史에 있어서는 가히 오랜 가뭄 뒤의 단비와도 같은 인물됨이라 하겠다. 이하 일부一夫 선생의 일생에 대한 내용은 모두 학산鶴山 선생이 당시까지 생존해있던 제자弟子와 문인文人은 물론이요, 몸소 생가生家 주변과 동리洞里 사람들을 방문하여 정리한 「일부선생전一夫先生傳」을 참고한

---

21 一夫 선생은 1881년 56세에 쓴『正易』「一夫 事蹟」에서 '삼천년 積德한 집안에 천지를 통틀어 제일의 복록이라 함은 신께서 告하심이요, 육십년 率性한 공에 의리를 잡아 크게 춘추에 드러난 일은 上이 가르친 것'이라 하며 '一夫가 공경하여 글을 쓰니 거의 罪를 면할 것인가'라고 끝을 맺었다.

것이니, 실로 도학道學의 맥맥脈은 유미惟微하건만 반드시 단절斷切되지 않음을 확신할 수 있다.

'선생의 성姓은 김씨金氏요 본관本貫은 광산光山이니 명名은 항恒(初名은 在一)이요, 자字는 도심道心이요, 호號는 일부一夫이다. 신라삼십칠왕손新羅三十七王孫의 후예이며, 조선조 광산부원군光山府院君의 13세손世孫으로 경력공파經歷公派이며 6대조代祖가 희철希哲(字는 子明)이고, 부친父親 인노麟魯(字는 元靈)와 모당母堂 대구서씨大邱徐氏와의 사이에서 형제 중 맏이로 태어났다. 어려서 덕기도골德器道骨로 용모容貌가 기위奇偉하고 용자容姿가 비범하였다 하며, 소시少時로부터 호학好學하여 깊이 성리학性理學에 침잠沈潛하고 예향禮鄕인 연산連山의 사류가정士類家庭에 태어났으므로 자연히 예문禮文에 조예가 깊었다고 한다.'[22] 유사儒士의 집안에서 태어났지만, 평생을 가난 속에서 살아야 했던 선생은 가사와 돈벌이에는 소홀하고, 오로지 궁리진성窮理盡性과 궁신지화窮神知化의 공부에만 갈력竭力하였다. 엄동설한嚴冬雪寒에 맨발로 짚신을 신고 다녔다는 재취부인再娶夫人 박씨朴氏의 이야기는 그 혹독한 가난의 정도를 가늠케 한다. 가족들의 고생은 모두 선생이 공부에만 전념했기에 비롯된 것이었다. 후일 선생이 임종臨終을 앞두고 유언遺言함에 "성인聖人의 일을 알아보느라 부인과 자녀들을 고생시킨 것이 딱하고 가엾다"고 위로한 것에서 일생의 안녕보다 궁리窮理와 추연推衍을 사명으로 여긴 선생의 집념을 느낄 수 있다.

선생은 천지天地의 이치理致를 깨닫기 위해 크게 두 가지의 공부방법을 시행했으니, 그 하나는 『서전書傳』과 『역경易經』의 정독精讀과 다독多讀이요, 또 하나는 영가詠歌와 무도舞蹈를 통한 정신精神의 개발이었다. 소시少時로부터 배워오던 예학禮學과 문사文詞에 대한 공부로부터 『서전

---

22 이정호, 『正易研究』, 國際大學附設 人文社會科學硏究所, 1976, pp.26, pp.189.

書傳』과 『역경易經』으로 방향을 돌린 것은 연담淵潭 선생의 운명적인 부탁이 있은 후였으며, 동리洞里의 인내강변과 계룡산鷄龍山 국사봉國師峯 용龍바위 위에서 주로 행하던 영가무도詠歌舞蹈[23]는 선생만의 독특한 수양방법이었다. 至神至明하며 書不盡言[24]한 세계와의 접촉을 시도했던 선생의 영가詠歌는 '음·아·어·이·우'를 오음성五音聲으로 청아하게 반복하며 부르는 것으로, 이 '음·아·어·이·우'는 하도河圖의 원리에서 비롯된 것이라 전해진다. 영가무도詠歌舞蹈를 행하다가 스스로 심취되면 머리에 하얀 서리가 앉도록 멈추지 않았다고 하니, 주변 사람들 뿐 아니라 선생 스스로도 인정한 自笑人笑恒多笑의 狂一夫는 能笑其笑하고 笑而歌[25]하는 그야말로 기인奇人이었던 것이다.

또한, 공부와 함께 전해지는 선생의 생활상은 마치 공부자孔夫子의 그것을 연상시킨다. 아침에는 항상 일찍 일어나고 잠은 극히 단시간만 청하며 그것도 앉은 채로 잠시 졸고 마는 일이 많았다고 한다. 항상 두 무릎을 꿇어 단좌端坐하되 오직 식사 시에는 평좌平坐로 하였다. 식사 상을 받으면 두 손으로 상을 약간 짚는 듯이 가볍게 대고 잠시 묵념한 후 상 위를 살핀 뒤에 서서히 저箸를 들며, 만일에 제사음식인 경우에는 치경致敬을 하고 시저匙箸를 들었다. 식사는 늘 소량만 들었으며 공부자孔夫子처럼 생강 자시기를 끊이지 않았다고 한다.[26] 이는 마치 공부자孔夫子

---

23 詠歌舞蹈는 一夫 선생의 수행방법 중 하나이다. 宮商角徵羽의 五音聲을 차례로 「음아 어이우」로 부르는 것을 詠歌라고 하고, 그 곡조에 맞춰 춤을 추는 것을 舞蹈라고 일컫는다.

24 지극히 신묘하고 지극히 밝아서 글로는 다 설명하지 못한다는 뜻이다. 至神至明 書不盡言은 『正易』의 「一歲周天律呂度數」에서 日月之政을 찬미할 때 나오는 표현이지만, 본래의 출전은 『周易』의 「繫辭上傳」 제12장에 나오는 神而明之와 書不盡言이다.

25 一夫 선생은 『正易』, 「九九吟」에서, 진리를 깨달은 후에 웃으며 유유자적하는 스스로의 모습을 미처 지내는 일부(狂一夫)라고 표현했다.

26 이정호, 『正易研究』, 國際大學附設 人文社會科學研究所, 1976, pp.195, pp.19.

의 <ruby>恂恂如也<rt>순순여야</rt></ruby>와 <ruby>鞠躬如也<rt>국궁여야</rt></ruby>²⁷의 모습이니 <ruby>先聖後聖<rt>선성후성</rt></ruby>이 <ruby>其揆一也<rt>기규일야</rt></ruby>²⁸라는 말이 여기에 있는 듯하다.

　선생의 공부가 연담淵潭 이운규李雲圭 선생을 만난 이후로 방향이 급격히 전환됨은 주목할 만한 대목이다. 연담淵潭 선생은 쇠하여 가는 나라의 국운國運에 따로 생각한 바가 있어, 일부一夫 선생이 살던 당골 옆 띠울이라는 마을에 잠시 은거隱居하며 일부一夫 선생과는 사제지간을 이루었다. 그의 학통學統은 강산薑山 이서구李書九(號 惕齊)의 뒤를 이었으며 천문天文, 역산曆算, 역학易學, 시문詩文에 능통하고 특히 지인지감知人之鑑에 밝았다고 전해진다.

　또한 동학東學의 최제우崔濟愚(初名 福述, 號 水雲)와 남학南學의 김광화金光華도 일시 연담淵潭 문하에 출입하여 각각 교훈敎訓을 받은 바가 있다고 하니, 하루는 이李선생이 최제우崔濟愚와 김광화金光華와 김일부金一夫를 차례로 불러 제우濟愚와 광화光華에 대하여는 각각 떨어져가는 선도仙道와 불도佛道를 대표하여 이 세상에 나온 것이니, 주문呪文을 외고 깊이 근신勤愼하라는 경계警戒를 하고, 일부一夫에 대하여는 「그대는 쇠衰하여가는 공부자孔夫子의 도道를 이어 장차 크게 천시天時를 받들 것이니 이런 장壯할 데가 있나. 이제까지는 '너'라 하고 '해라'를 했으나 이제부터는 '자네'라 하기도 과만한 터인즉, '하소'를 할 것이니 그리 알고, 예서禮書만 자꾸 볼 것이 아니라 『서전書傳』을 많이 읽으소. 그러노라면 자연 감동이 되어 크게 깨닫는 바가 있을 것이고, 후일 정녕

---

27 『論語』, 「鄕黨」편에 보이는 공자의 모습으로, 마을에서 계실 때 용모가 부드럽고 공손하여(恂恂如也) 마치 말을 하지 못하는 사람처럼 보였고, 대궐 문을 들어가실 때에는 몸을 굽혀(鞠躬如也) 공손함을 표하는 모습이 마치 문이 좁아서 들어가지 못하는 듯 보였다고 표현되어 있다.

28 孟子는 순임금과 문왕이 천년이 넘는 시간과 천리가 넘는 거리에서 각각 떨어져 살았지만, 그들이 행한 道는 부절을 합한 것과 같이 꼭 같았다고 하며, 先聖과 後聖의 헤아림이 하나라고 감탄했다.

코 책 한 권을 지을 터이니 그 속에 나의 이 글 한 수만 넣어 주소……」
하고 내어 준 것이 바로 저 유명한 '觀淡은 莫如水오 好德은 宜行仁을
影動天心月하니 勸君尋此眞하소'²⁹라는 글이다.³⁰

이 때가 선생 36세의 일이니, 선생은 크게 감동하여 그 후 약 19년의 피나는 노력과 끊임없는 추연推衍을 거듭한 끝에 선생의 54세 되던 해인 기묘己卯(1879)년에 드디어 '影動天心月'³¹의 진의眞義를 찾을 수 있었다. 『정역正易』의 입도시入道時에 '靜觀萬變一蒼空하니 六九之年 始見工을 妙妙玄玄玄妙理는 无无有有有无中을'³²이라 함은 저간의 소식을 전하는 바라 하겠다. 선생은 근 20년에 걸친 고무진신鼓舞盡神의 노력으로, 천지天地는 갑기甲己의 질서로부터 기갑己甲의 질서로 바뀌는 동시에, 일월日月은 삭망朔望의 전도轉倒로 인하여 16일이 초하루로 전환되고, 기朞는 360일의 무윤역無閏歷으로 변화됨을 깨닫고 예견하였다. 그리하여 그가 일찍이 36세시에 연담淵潭 이李선생에게서 얻은 바 '影動天心月'의 비밀을 54세의 만경晩景에 이르러 풀어냈으니, 그 해답은 미증유未曾有의 정역팔괘도正易八卦圖 출현出現과 제삼역第三易인 『정역正易』의 찬술撰述로 이어졌던 것이다.³³

60세에 이르러 『정역正易』을 완성한 선생은 이후 동학東學의 난亂을 피

---

29 『正易』, 「先后天周回度數」 : 맑음을 보기에는 물 만한 것이 없고, 德을 좋아하면 마땅히 仁을 행함이라, 달빛이 天心月에서 動하니 그대에게 권하노니 이 眞理를 찾아보소.

30 이정호, 『正易硏究』, 「一夫先生傳」, 國際大學附設 人文社會科學硏究所, 1976, pp.199~200.

31 달그림자가 天心月에서 움직인다는 뜻이다. 기존의 曆算法은 拇指를 곱으며 甲乙丙丁戊를 헤아리면 小指에 戊가 당도하는데, 小指는 手象으로 正易八卦의 二天 자리에 해당되므로 天心月이라는 표현이 나온 것이다. 이와는 반대로 장차 변화될 새로운 曆算法에서는 皇中을 의미하는 小指를 펴면서 甲乙丙丁戊를 헤아리면 拇指에 戊가 당도하는데, 이때 拇指를 皇心이라고 하고 이같은 헤아림을 皇心月이라고 부른다.

32 고요히 만변하는 한 푸른 하늘 바라보니, 54세 되던 해 비로소 공부를 이루었네. 묘묘하고 현현한 현묘한 이치는 없고 없고 있고 있는 있고 없는 中(속)이었네.

33 이정호, 『正易硏究』, 「一夫先生傳」, 國際大學附設 人文社會科學硏究所, 1976, pp.201.

해 제자 30여인과 더불어 향적산香積山 국사봉國師峯에 입산하여 세 칸의 초막을 짓고 5년 남짓의 기간 동안 영가무도詠歌舞蹈와 추수推數에 몰두하며 제자들과 더불어 강학講學하였다.

1898(戊戌)년이 돼서야 말제자末弟子인 덕당德堂의 등에 업혀 국사봉國師峯에서 내려온 선생은 그 해 겨울 임종하기 하루 전 자신의 망사주亡四柱를 적은 종이를 꼬깃꼬깃 접어 제자에게 쥐어주며 집에 돌아가 내일 열어보라는 당부와 함께 떠나보낸 후, 그 다음날 사주에 적힌 진시辰時에 어김없이 타계他界하였다. 선생은 1826(丙戌)년 10월 28일에 나서 1898(戊戌)년 12월 25일, 만 72세를 일기一期로 생을 마치니 이는 우연히도 공부자孔夫子의 성수聖壽(庚戌에서 壬戌까지)와 일치한다. 아마도 평생에 공부자孔夫子를 사모思慕하여 「夫子親筆吾己藏」이라 하고, 「方達天地有形之理는 夫子先之라」하였으며, 「不言而信은 夫子之道시니라」고 하고, 「十而翼之하시고 一而貫之하시니 儘我萬世師신저」라 하였으며, 「麟兮我聖이여 乾坤中立하사 上律下襲하시니 襲于今日이로다」라고 하여, 금일금일今日今日 일호일부一乎一夫에 계승繼承되는 공부자孔夫子의 도학道學과 성덕聖德을 찬양讚揚한 점 등으로 미루어 보아, 누구나 사숙私淑의 정情이 극도에 달하면 그 수한壽限까지도 방불하게 되는 듯하다.[34]

다음은 일부一夫 선생의 생애生涯 연표年表이다.

---

34 이정호, 『正易硏究』, 「一夫先生傳」, 國際大學附設 人文社會科學硏究所, 1976, pp.218~229.

年度	年齡	重要事項
1826년 (丙戌)	–	舊 黃山鄕 茅谷面 淡谷里 담골(現 論山郡 陽村面 南山里)에서 誕生(10월 28일)
184?년	20歲 前後	初娶夫人 閔氏와 婚姻
1861년 (辛酉)	36歲	蓮潭 李雲圭 선생이 觀碧의 號를 주며, 影動天心月의 眞義를 찾을 것을 부탁
1864년 (甲子)	39歲	동생 金在薰 早逝
		崔濟愚 대구에서 처형됨
1879년 (己卯)	54歲	先后天의 朔望轉倒 즉, 影動天心月의 眞理를 찾음
		眼前에 正易八卦가 보이기 시작함
1881년 (辛巳)	56歲	正易八卦圖 劃, 孔夫子 現影
		大易序 作
1884년 (甲申)	59歲	『正易上篇』「十五一言」에서 无位詩까지 書正(12월 28일)
		眼前에 正易八卦가 사라짐
1885년 (乙酉)	60歲	正易詩, 布道詩, 正易下篇의 十一一言에서 十一吟까지 완성(6월 28일)
1893년 (癸巳)	68歲	東學의 난을 피해 國師峯으로 이주(2월)
1894년 (甲午)	69歲	金光華 전주에서 처형됨
1898년 (戊戌)	73歲	國師峯을 하산하여 다오개 집으로 귀가(가을 秋夕前)
		他界(11월 25일) (他界 하루 전 亡四柱를 제자들에게 일러줌)
1923년 (癸亥)	–	遯巖書院에서 正易을 板刻

2) 正易八卦圖의 出現

<ruby>정역팔괘도<rt>正易八卦圖</rt></ruby> <ruby>출현<rt>出現</rt></ruby>

　향적산香積山 국사봉國師峯에서 말제자 덕당德堂의 등에 업혀 마지막
으로 하산하던 도중, 거듭 물어오는 제자의 간청을 저버리지 못하고 선
생은 정역팔괘도正易八卦圖를 긋게 된 전후 사정에 대해 풀어놓게 된다.
그것은 연담淵潭 선생의 부탁 이후로, 독서讀書와 영가무도詠歌舞蹈를
통해 '影動天心月'의 진리를 깨닫고 난 뒤 눈앞에 보이기 시작한, 일찍
이 보지 못했던 새로운 괘상卦象에 대한 이야기였다. 눈앞에 나타난 상
象이 이미 알고 있던 복희팔괘도伏羲八卦圖 혹은 문왕팔괘도文王八卦圖
와는 달랐던 터라, 선생은 줄곧 심신心身이 허한 탓에 헛것이 보이는 것
이라 생각했다고 한다. 하지만 궁리 끝에 『주역周易』 「설괘전設卦傳」의
'神也者 妙萬物而爲言者也…'[35]의 구절에서 깊이 깨달은 바가 있어, 비
로소 재종질再從姪(國鉉, 故 金永喆의 父親)에게 괘卦를 그리게 하였으니
이것이 바로 정역팔괘도正易八卦圖이다.[36]

　그 후로도 눈앞의 괘상卦象은 3년 동안이나 남아있었다고 하니, 하수
河水와 낙수落水가 용마龍馬와 귀서龜書의 신물神物을 내며 괘상卦象의
출현을 이끌었듯이, 선생의 눈앞에 신물神物[37]처럼 괘상卦象이 직접 드러
난 것 또한 어쩌면 당연한 현상일지도 모를 일이다. 즉, 하늘이 낸 신물
神物과 천지天地의 변화變化에 대해 선성先聖들이 칙지則之[38]하고 효지效

---

35 『周易』, 「設卦傳」의 제6장은 '神이란 萬物을 妙하게 만드는 것을 말한다'고 하며, 萬物
을 妙하게 만드는 이상적인 팔괘의 조합을 예시하였다.

36 이정호, 『正易研究』, 國際大學附設 人文社會科學研究所, 1976, pp.29~30.

37 『正易』은 하도를 神으로, 낙서를 物로 나누어 헤아린다.

38 則之는 자연에 존재하는 고정된 法則이나 神物 등에 대한 본받음이다.

之[39]했듯이, 선생 또한 드러난 신물神物과 함께 조용히 우주宇宙의 무중벽无中碧을 바라보았던 것이다. 선생 스스로 뱉어낸 '하늘이 사람을 기다려 조화를 이룰 줄 누가 알았으랴[40]라는 찬탄讚嘆은 후학으로 하여금 이를 더욱 미덥게 여기도록 만든다. 앞선 기인其人, 공자孔子 스스로도 '鳳鳥不至 河不出圖'라 탄식歎息했던 것 또한 천공天工이 뒤따를 기인其人을 기다리고 있음을 알았던 까닭이었으리라.

정역팔괘도正易八卦圖는 종전의 복희팔괘도伏羲八卦圖와 문왕팔괘도文王八卦圖를 잇는 제3의 괘도卦圖로 알려져 있다. 기존의 복희팔괘도伏羲八卦圖가 팔수八數를 쓰고, 문왕팔괘도文王八卦圖가 구수九數를 써왔던 것을 이어 정역팔괘도正易八卦圖는 수數의 극한極限인 십수十數를 쓰는 완성괘도完成卦圖요 종결괘도終結卦圖라는 것이 그 핵심된 주장이다. 십수十數의 완성괘도完成卦圖가 무엇을 의미하는지를 이해하기 위해서는 우선 복희팔괘도伏羲八卦圖와 문왕팔괘도文王八卦圖에 대한 분석이 선행되어야 한다. 특히 선유先儒들이 상식처럼 여겨오던, 하도河圖를 복희팔괘도伏羲八卦圖와 연결 짓고, 낙서洛書를 문왕팔괘도文王八卦圖와 연결 짓는 '河圖先天–洛書后天'의 논리 또한 함께 분석되어야 한다. 왜냐하면 '신神'인 하도河圖와 '물物'인 낙서洛書를 앞선 성인聖人들이 칙지則之하여 얻은 선·후천先后天의 괘도卦圖가 이미 존재하는 상황에서, 제3의 괘도卦圖의 필요성은 그 논리적 필연성을 의심받을 수 있기 때문이다.

---

39 效之는 천지변화 등 움직이는 행위에 대한 본받음이다.

40 『正易』, 「布圖詩」: 誰識天工待人成가!

伏羲八卦圖

복희팔괘도伏犧八卦圖는 구조면에서 건곤乾坤, 간태艮兌, 감리坎離, 진손
震巽이 각각 상대相對를 이루는 네 쌍의 결합구조를 짓고 있다. 주지周知
하듯이, 음양陰陽의 구조로 볼 때 건곤乾坤은 부父(☰)−모母(☷)요, 간
태艮兌는 소남少男(☶)−소녀少女(☱), 감리坎離는 중남中男(☵)−중녀中女
(☲), 진손震巽은 장남長男(☳)−장녀長女(☴)를 각각 의미한다. 복희팔괘
도伏羲八卦圖는 역易의 문門인 건곤乾坤을 그 상하上下로 삼고, 음양陰陽
이 좌우左右에서 합덕合德하며 강유剛柔가 차례로 체體를 이루는 모양이
다.[41] 일건一乾에서 출발한 양陽이 점점 쇠衰함에 따라 반대로 음陰이 점
차 성盛하여 팔곤八坤에서 순음純陰을 이루는 모양은 복희팔괘도伏羲八
卦圖가 음양陰陽의 도식적圖式的 순환관계도循環關係圖임을 보여준다. 각
각의 홑괘卦에 붙여진 수數 또한 오행五行이나 방위方位와는 관계없이, 단
지 음양변화陰陽變化의 차례에 따라 순서 지어진 것 또한 이러한 관점을
뒷받침해준다. 즉, 복희팔괘도伏羲八卦圖는 역易의 원리적 측면을 표현하
고 있는 괘卦와 상象의 기본개념이라고 할 수 있는 것이다. 그리하여 일

41『周易』, 「繫辭下傳」6 : 子曰 乾坤은 其易之門邪인저 乾은 陽物也요 坤은 陰物也니 陰陽
合德하여 而剛柔有體라.

찍이 소강절邵康節[42]이 선천도先天圖라 일컬은 이 괘도卦圖를 두고 학산
鶴山 선생은 '만고불변萬古不變의 원역도原易圖'라고 표현했던 것이다. 상
대하는 괘卦끼리의 합습이 모두 구九인 의미는 확실치 않으나, 복희팔괘
도伏羲八卦圖를 하도河圖의 십수十數와 연결 지으려 했던 선유先儒들의
시각은 엄격한 배경 논리를 갖추지 못한 것으로 판단된다.

文王八卦圖

문왕팔괘도文王八卦圖는 구조면에서 중남中男-중녀中女인 감리坎離를
상하上下로 삼은 가운데 건손乾巽, 진태震兌, 간곤艮坤이 각각 상대相對를
짓는 형식구조를 갖추고 있다. 건곤乾坤이 각각 서북西北과 서남西南의
유위維位로 기울어진 것과, 중남中男(☵)-중녀中女(☲)의 올바른 상대를
제외하고, 부父(☰)-장녀長女(☴), 장남長男(☳)-소녀少女(☱), 소남少男
(☶)-모母(☷) 등의 정륜正倫에 반反하듯 어그러진 결합은 문왕팔괘도
文王八卦圖의 경위傾危된 상태를 잘 나타낸다. 각 홑괘卦에 붙여진 수數는

---

42 邵雍(1011~1077) : 宋代의 역학자로 字는 堯夫, 諡는 康節이며, 范陽 출신으로 종신토
록 벼슬을 하지 않고 역학에 몰두하여 象數易學의 宗主가 되었다.『正易』에는 邵雍의 論
理와 文章이 여러 곳에서 보인다.

물론 낙서洛書에서 비롯된 것이며, 마주보는 괘卦끼리의 합습이 십十을 이룸은 낙서洛書가 하도河圖에서 나온 것임을 보여준다고 전해진다. 문왕팔괘도文王八卦圖에서 주목해야 할 부분은 음괘陰卦와 양괘陽卦의 양분兩分인데 이는 아래의 정역팔괘도正易八卦圖의 구조에서 자세히 다루기로 하겠다.

제 출 호 진　　제 호 손　　상 견 호 리　　치 역 호 곤
帝出乎震하야 齊乎巽하고 相見乎離하고 致役乎坤하고

열 언 호 태　　전 호 건　　노 호 감　　성 언 호 간
說言乎兌하고 戰乎乾하고 勞乎坎하고 成言乎艮하니라.

제(帝)는 진에서 나와 손에서 가지런히 하고, 리에서 서로 보고, 곤에서 일을 맡기고, 태에서 기뻐 말하고, 건에서 싸우고, 감에서 수고롭고, 간에서 말을 이루느니라.[43]

　　『주역周易』「설괘전說卦傳」에는 제3장, 제5장, 제6장에 괘상卦象에 대한 설명이 차례로 나와 있다. 선유先儒들은 오랫동안 이 내용을 복희팔괘도伏羲八卦圖와 문왕팔괘도文王八卦圖에 대한 설명으로 인식해왔다. 물론 제5장의 '帝出乎震…'이하는 틀림없이 문왕팔괘도文王八卦圖의 일주一周를 표현한 것이다. 다만 제3장과 제6장에 대해서는 더 자세히 살펴볼 필요가 있는데, 그 이유는 『정역正易』의 시각이 이 대목을 제3의 역도易圖를 예시豫示하는 내용으로 바라보고 있기 때문이다. 즉, 「설괘전說卦傳」의 제3장과 제6장의 내용은 복희팔괘도伏羲八卦圖에 대한 설명이 아니라 정역팔괘도正易八卦圖의 출현出現을 암시暗示하는 내용이라는 것이다. 복희팔괘도伏羲八卦圖는 원역도原易圖일뿐 선·후천先后天을 대표하는

---

43 『周易』,「說卦傳」5, 이 장의 내용을 근거로 邵康節이 文王八卦圖를 그렸다고 한다.

역도易圖는 문왕팔괘도文王八卦圖와 정역팔괘도正易八卦圖 둘 뿐이라는 주장인데, 이 세 가지 괘도卦圖와 관련하여 학산鶴山 선생은 일찍이 복희 팔괘도伏羲八卦圖와 문왕팔괘도文王八卦圖, 그리고 제3의 역도易圖에 生–長–成의 이치理致가 담겨있다고 주장했다. 즉, 비운否運의 복희팔괘도伏羲八卦圖가 생도生圖이고, 경위傾危된 문왕팔괘도文王八卦圖가 장도長圖이며, 그리고 새로운 정역팔괘도正易八卦圖가 태운泰運을 갖춘 성도成圖라는 주장이다. 「설괘전說卦傳」의 괘상卦象에 대한 언급은 괘도卦圖 출현出現의 정통성正統性과 관련된 중요한 내용인 만큼 더욱 자세히 살펴볼 필요가 있다.

앞서 필자는 일부一夫 선생이 자신의 눈앞에 출현한 괘상卦象의 의미에 대해, 그 단초端初를 「설괘전說卦傳」 제6장의 '神也者…'이하의 조條에서 찾았다고 언급한 바 있다. 그 내용을 거론하기에 앞서 동권同卷 제3장의 내용에서 괘상卦象에 대한 공자孔子의 언급을 먼저 살펴보자.

천 지 정 위　　산 택 통 기　　뇌 풍 상 박
天地定位하며 山澤通氣하며 雷風相薄하며

수 화 불 상 석　　팔 괘 상 착
水火不相射하야 八卦相錯하니

수 왕 자　순　지 래 자　역　시 고　역　역 수 야
數往者는 順이요 知來者는 逆이라 是故로 易은 逆數也라.

천지가 자리를 정하고 산택이 기를 통하며, 뇌풍이 서로 부딪치고, 수화가 서로 쏘아대지 않아야 팔괘가 서로 섞이게 되니, 지나간 것을 셈은 순하다 하고, 미래를 앎은 거스른다 한다. 그러므로 역은 거슬러서 세는 것이다.[44]

위 내용은 선유先儒들에 의해 복희팔괘도伏羲八卦圖를 묘사한 것으로

---

44 『周易』, 「說卦傳」 5.

확신되어온 대목이다. 하지만 일부一夫 선생은 오랜 궁리 끝에「설괘전說卦傳」여러 곳의 내용을 조합照合한 결과, 이 대목이 새로운 역도易圖의 출현出現을 암시暗示하는 내용이라고 결론지었다. 그 중 가장 대표적인 대목은 天地定位(천지정위)이다. 선유先儒들은 天地定位(천지정위)를 아무런 의심 없이 복희팔괘도伏羲八卦圖의 건남곤북乾南坤北을 표현한 것이라고 생각했다. 하지만 건乾은 머리(首)로서 북北에 위치하여 남면南面하고, 곤坤은 배(腹)로서 남南에 거하여 북망北望하는 것이 정위定位일 것이므로, 天地定位(천지정위)는 건북곤남乾北坤南이어야 한다는 것이 일부一夫 선생의 관점이었다. 그러므로 天地定位(천지정위) 이하의 구문句文은 복희팔괘도伏羲八卦圖에 대한 설명이 아니라 새로운 역도易圖의 출현出現에 대한 공자孔子의 암시暗示임을 주장했던 것이다. 더욱이 건북곤남乾北坤南의 모습은 정역팔괘도正易八卦圖에 고스란히 담겨져 있으니 그 주장의 강도는 더욱 높아질 수밖에 없다.

다음은 山澤通氣(산택통기)인데, 학산鶴山 선생은『정역연구正易研究』에서 이 대목을 해설하면서 '艮東兌西(간동태서)의 형세形勢가 通氣(통기)'라고 주장한 바, 왜 艮東兌西(간동태서)가 通氣(통기)인지 그 근거根據를 밝히지는 않았다. 이 또한 일부一夫 선생의 주장이 구전口傳에 의해 전승傳承된 것이라 여겨지는데,[45] 그 근거根據가 함께 부연敷衍되지 않음은 안타까운 일이라 하겠다. 다만 일월日月이 동서東西로 오가는 것을 통기通氣로 보는 견해가 전해지는데, '동서東西는 일월日月의 공간적空間的 통기通氣요, 장유長幼는 만물萬物의 시간적時間的 통기通氣'라는 내용[46]이 그것이다. 여하튼 山澤通氣(산택통기)는 동서東西 사이의 형세形勢를 의미한다는 것이다. 결론이 애매하고 분석이 명료하

---

45 艮東兌西가 通氣라는 해석은 一夫 선생으로부터 전해진 내용이 아닌, 鶴山 선생 본인의 주장일 가능성이 높다. 왜냐하면『正易』과『周易』에는 艮東兌西라는 표현이 나오지 않기 때문이다.

46『正易』手指象數의 전수자인 三正 權寧遠 선생의 구술전언.

지 않기 때문에 山澤通氣에 대해서는 아래에서 다른 관점으로 다시 한 번 자세히 분석해 보겠다.

학산鶴山 선생은 또한 복희팔괘도伏羲八卦圖의 산택山澤은 서북西北과 동남東南에서 각각 칠간七艮과 이태二兌로 위치하므로, 이는 相薄의 형세形勢이지 通氣의 형세形勢는 아니라고 주장했다. 즉 서북西北과 동남東南 사이의 관계를 상박相薄으로 본 것인데, 그 근거根據는 「설괘전說卦傳」 제5장의 '戰乎乾, 乾西北之卦也, 言陰陽相薄也'[47]에서 찾는다. 이는 문왕팔괘도文王八卦圖의 戰乎乾을 설명하는 대목으로, 내용인즉 '乾은 西北의 卦이고, 그 위치가 陰陽이 相薄하는 형세形勢'라고 지목한 것이다. 다시 말해 학산鶴山 선생은 '西北의 卦'만을 지목한 「설괘전說卦傳」의 내용에서 더 나아가, 서북西北의 건양乾陽과 동남東南의 손음巽陰 사이 형세가 陰陽相薄의 관계라고 주장한 것이다. 陰陽相薄이 서북西北－동남東南 사이의 형세形勢라는 해석은 「설괘전說卦傳」 제3장의 내용이 새로운 역도易圖를 설명하고 있다는 주장에 진일보한 근거를 제시한다. 게다가 이로 인하여 제6장의 '神也者…' 이하 조條의 내용 또한 새로운 역도易圖를 표현하는 것이 되니, 서북西北과 동남東南사이를 陰陽相薄으로 보는 해석은 거듭 결정적이라 하겠다.

그러나 관견管見에 의하면 「설괘전說卦傳」은 서북西北의 괘卦가 陰陽相薄의 형세形勢라고만 했지, 서북西北과 동남東南의 관계가 陰陽相薄의 형세形勢라고 언급하지는 않았다. 게다가 '복희팔괘도伏羲八卦圖의 산택山澤이 상박相薄의 형세'라는 주장 또한 일부一夫 선생의 전언傳言이 아닌 학산鶴山 선생의 논리적 덧붙임일 가능성도 엿보인다. 이와 같은 의문을 가지고 문왕팔괘도文王八卦圖에서 육건六乾의 위치를 잘 살펴보면, 건乾을 기준으로 우선右旋 사괘四卦는 모두 양괘陽卦이며, 서방西方의 태兌를 기준

---

47 『周易』, 「說卦傳」5 : 乾에서 싸우니, 乾은 西北의 卦이며 陰陽이 서로 두들기는 것이다.

으로 좌선左旋 사괘四卦는 모두 음괘陰卦를 이루는 것을 알 수 있다. 「설괘전說卦傳」은 건乾의 위치인 서북西北만을 지목했는데, 이는 단순히 서북西北의 방위方位만을 가리킨 것이 아니라, 사양괘四陽卦의 시작지점을 가리킨 것으로 보인다. 즉, 건乾은 순양純陽으로 양류陽類가 시작되는 위치에 놓여 있는 것이다. 독자제현讀者諸賢의 고견高見에 얼핏 순양純陽인 건괘乾卦 자체가 음양陰陽이 상박相薄하는 괘卦를 의미할 수 있다고 생각한다면, 그 논리는 「설괘전說卦傳」제3장에 나오는 雷風相薄^{뇌풍상박}에서 곧바로 어그러진다. 세 괘도卦圖 어디에도 雷風相薄^{뇌풍상박}과 건괘乾卦가 내용상으로 연결되지는 않기 때문이다. 그와는 별도로 복희팔괘도伏羲八卦圖에는 마침 뇌풍雷風이 서로 상대를 짓고 있으므로, 이들의 형세가 앞서 언급된 상박相薄의 내용과 일치하는지를 알아볼 필요가 있다.

이렇게 볼 때, 복희팔괘도伏羲八卦圖의 사진오손四震五巽은 과연 雷風相薄^{뇌풍상박}의 형세形勢인가? 문왕팔괘도文王八卦圖에서 서북西北의 건乾을 陰陽相薄^{음양상박}이라고 지목하는 관점, 또는 양류陽類의 시작을 陰陽相薄^{음양상박}이라고 해석하는 관점 모두에서 복희팔괘도伏羲八卦圖의 사진오손四震五巽은 陰陽相薄^{음양상박}의 형세形勢가 될 수 없다. 왜냐하면 복희팔괘도伏羲八卦圖의 뇌풍雷風은 서북西北–동남東南이 아닌 동북東北–서남西南에서 서로를 상대하기 때문이다. 특히 복희팔괘도伏羲八卦圖는 문왕팔괘도文王八卦圖나 정역팔괘도正易八卦圖와는 달리 괘상卦象에 음류陰類와 양류陽類가 양분兩分되지 않고 뒤섞여 있으므로, 양류陽類와 음류陰類의 경계를 나눌 수도 없는 것이다. 이로 인하여 「설괘전說卦傳」제3장에서 설명된 雷風相薄^{뇌풍상박}이 복희팔괘도伏羲八卦圖의 뇌雷–풍風 사이의 관계를 설명한 것이 아니라는 주장은 더욱 설득력을 얻게 되고, 더불어 「설괘전說卦傳」제3장 전체가 아예 복희팔괘도伏羲八卦圖에 대한 설명이 아님을 인정하도록 만들어 버린다.

「설괘전說卦傳」 제5장에서처럼 서북西北과 동남東南 사이의 형세形勢가 陰陽相薄^{음양상박}이라는 새로운 관점으로 해석한다면, 정역팔괘도正易八卦圖의 진震·손巽은 곧바로 雷風相薄^{뇌풍상박}이 된다. 게다가 정역팔괘도正易八卦圖에서 서북西北의 진震은 양분兩分된 양류陽類의 경계가 되므로, 서북西北만을 지목한 「설괘전說卦傳」 제5장의 陰陽相薄^{음양상박}의 관점으로도 동일한 해석이 가능해진다. 또한, 동남東南쪽의 손괘巽卦도 역시 양류陽類와 맞닿은 음류陰類의 경계가 아닌가! 그러니 「설괘전說卦傳」 제3장의 '天地定位^{천지정위}…' 이하에서 언급된 雷風相薄^{뇌풍상박}은 복희팔괘도伏羲八卦圖나 문왕팔괘도文王八卦圖에 대한 언급이 아니라는 논리는 이제 거의 확실해진다.

또 하나! 이 논리를 뒷받침하는 더욱 더 결정적인 근거가 있다. 정역팔괘도正易八卦圖에서 음류陰類와 양류陽類가 만나는 진震·손巽 사이의 서북西北과 동남東南을 직선으로 연결해보면, 지금까지 보이지 않던 음양陰陽이 상박相薄하는 본래의 이유가 확연히 드러난다. 우레와 폭풍이 서로 두들기고 밀어대는 방향으로 하나의 긴 전선戰線이 만들어지는 것이다. 전선戰線은 두 세력이 싸워서 만드는 경계이므로, 공자孔子가 표현했던 陰陽相薄^{음양상박}과 雷風相薄^{뇌풍상박}은 다름 아닌 서남西南과 동북東北 사이를 양분兩分하는 경계선境界線이었던 것이다. 서남西南과 동북東北 사이를 양분하기 위해 음陰과 양陽이 부딪치니 陰陽相薄^{음양상박}이요, 음양陰陽의 장남長男과 장녀長女인 뇌雷와 풍風이 서로 휘몰아치니 雷風相薄^{뇌풍상박}이라고 표현했던 것이다. 그러므로 「설괘전說卦傳」 제5장의 陰陽相薄^{음양상박}이나 제3장의 雷風相薄^{뇌풍상박}이 정작 드러내려 했던 것은 서남西南과 동북東北으로 갈라지는 '陰陽^{음양}의 兩分^{양분}'이었던 것이다. 공자孔子는 이것을 애써 감추듯 말하지 않았으니, 곤괘坤卦에서 西南得朋^{서남득붕}의 음방陰方과 東北喪朋^{동북상붕}의 양방陽方이 애초부터 陰陽相薄에 의해 갈라진 줄 그 누가 알았으랴. 이러한 관점으로 볼 때, 「설괘전說卦傳」 제5장의 陰陽相薄은 문왕팔괘도文王八卦圖에 대한 설명임에 틀림이 없다. 반대로 제3장의 雷風相薄은 복희팔괘도伏羲八卦圖에 대한 설명이 아닌 것이 확실해진다. 결국, 제3장의 내용은 새로운 괘도卦圖의 출현出現을 알리는 암시暗示가 되고, 雷風相薄은 새로운 정역팔괘도正易八卦圖에서 당당히 이뤄지고 있는 것이다.

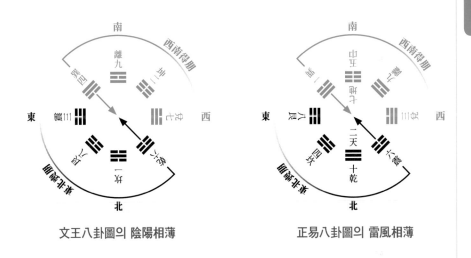

文王八卦圖의 陰陽相薄   正易八卦圖의 雷風相薄

여기서 잠깐, 앞서 애매하게 지나쳤던 山澤通氣에 대해 다시 한 번 짚고 넘어가자. 학산鶴山 선생은 山澤通氣가 동서東西 사이의 형세라고 설명하면서, 그 근거로는 오로지 '간동태서艮東兌西가 통기通氣의 형세'라는 주장만을 내세웠다. 그리고 간동태서艮東兌西가 어떤 근거에서 통기通氣의 형세가 되는지에 대해서는 더 이상 설명하지 않았다. 이 때문에 「설괘전說卦傳」 제3장과 제6장의 山澤通氣가 정역팔괘도正易八卦圖의 간동태서艮東兌西를 지목한 것이라는 주장은 크게 힘을 받지 못한 것이 사실이다. 한 마디로 논리가 개운치 않았던 것이다. 그런데 정작 山澤通氣의 모습은 뜻하지 않는 방향에서 발견된다. 雷風相薄이 어떤 역할을 하는

지가 명확해지면서 山澤通氣의 본뜻도 함께 드러난 것이다. 먼저 아래에서 정역팔괘도正易八卦圖를 자세히 살펴보자. 앞에서 설명했듯이 뇌雷와 풍風은 양류陽類와 음류陰類의 경계境界인 서북西北과 동남東南에 각각 자리를 잡고 마주보는 상대를 향해 여지없이 돌진한다. 그 충돌의 힘이 너무나 강렬한 나머지, 천지天地는 이내 서남西南의 음방陰方과 동북東北의 양방陽方으로 갈라지고 만다.

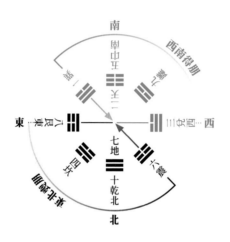

正易八卦圖의 山澤通氣

그런데 왜 하필 뇌풍雷風인가? 뇌雷는 강양強陽이고 풍風은 강음強陰이기 때문이다. 문왕팔괘도文王八卦圖의 陰陽相薄은 건乾의 아버지父와 손巽의 장녀長女 사이의 상박相薄이고, 정역팔괘도正易八卦圖의 雷風相薄은 장남長男인 진震과 장녀長女인 손巽 사이의 상박相薄이니, 강양剛陽과 강음剛陰이 서북西北과 동남東南에서 음류陰類와 양류陽類의 힘을 휘몰아 충돌하는 형세가 바로 상박相薄인 것이다. 이것을 달리 생각하면, 각 진영의 충돌지점은 음양陰陽이 대결하는 힘이 극도로 강한 반면, 충돌지점으로부터 거리가 멀어질수록 대결에 참여하는 힘과 의지가 줄어들 것을 짐작할 수 있다.

그렇게 볼 때, 강양强陽과 강음强陰의 싸움에서 가장 멀리 떨어진 간 艮과 태兌는 뒤에서 졸졸 따라다니기만 할 뿐, 대결과 충돌에 참여할 의사는 가장 약하거나 아예 없을 것이 분명해진다. 게다가 간艮과 태兌 는 서로와의 만남을 갈망하는 소남少男과 소녀少女가 아닌가. 그러므로 山澤通氣는 뇌풍雷風이 맹렬히 상박相薄하는 가운데, 남몰래 통정通情 을 꾀하는 소남소녀少男少女의 교감交感을 말했던 것임이 여실히 드러난 다. 세상에 젊은 남녀의 통정通情보다 더 뜨거운 통기通氣가 어디에 있겠 는가. 그러니 간태艮兌는 다름 아닌 정역팔괘도正易八卦圖 속의 로미오요 또한 줄리엣이라고 말할 수 있다. 한마디로 '전쟁과 평화'가 공존하는 모 습이니, 雷風相薄과 山澤通氣는 전쟁의 와중에도 평화의 끈을 놓지 않 는 天地萬物之情의 참모습을 보여주고 있는 것이다. 이러한 이치를 설명 함에 굳이 간동태서艮東兌西라는 말을 언급할 필요는 없는 것이니, 정역 팔괘도正易八卦圖의 괘상卦象이 이를 고스란히 드러내고 있기 때문이다. 결국, 「설괘전說卦傳」 제3장과 제6장의 山澤通氣는 雷風相薄과 더불어 정역팔괘도正易八卦圖를 설명한 내용임이 확실해졌다. 한편, 뇌풍雷風의 상박相薄과 산택山澤의 통기通氣가 동시에 공존함은 대중지도大中之道의 또 다른 일면一面이므로 아래에서 다시 설명하도록 하겠다.

마지막으로 水火不相射을 살펴보자. 수화水火의 성정性情은 서로에게 적대적敵對的이다. 그러므로 서로 쏘아대지 말아야 한다는 말은 일정한 거리를 두라는 뜻이 된다. 복희팔괘도伏羲八卦圖의 감리坎離는 동서東西 의 자리에 위치하여 정위正位에서 서로 마주보는 형세形勢를 취하고 있 다. 학산鶴山 선생은 『정역연구正易研究』에서 '수화水火가 불상석不相射하 려면 감리坎離가 동서상석東西相射을 피해야 하는데, 그럼에도 불구하고 복희괘도伏羲卦圖에서는 리동감서離東坎西로 수화水火가 동서東西에서 상석相射하고 있으니 이것을 불상석不相射이라고 하기 어렵다[48]라고 설명했다. 다시 말해 동서정위東西正位 사이의 수화水火를 상석相射의 형세[49]라고 해석한 것이다.

우리는 앞서 雷風相薄(뇌풍상박)과 山澤通氣(산택통기)의 해석을 통해, 「설괘전說卦傳」 제3장의 내용이 더 이상 복희팔괘도伏羲八卦圖에 대한 설명이 아님을 명확히 증명했다. 이에 따라 水火不相射(수화불상석)을 복희팔괘도伏羲八卦圖의 형세에 빗대어 설명하는 것은 더 이상 의미가 없을 것으로 판단된다. 오히려 陰陽相薄(음양상박)을 통해 그 논리적 연결이 명확해진 문왕팔괘도文王八卦圖 속의 수화水火가 불상석不相射의 분석에는 더 합당하다는 것이 필자의 판단이다. 「설괘전說卦傳」 제5장의 문왕팔괘도文王八卦圖에 대한 설명은 수水를 북방北方에, 화火를 남방南方에 각각 고정시킨다. 그리고 수화水火가 위치한 자리는 건乾과 손巽이 충돌하는 陰陽相薄(음양상박)의 바로 옆자리이다. 원양元陽인 건乾과 강음强陰인 손巽이 직접 상박相薄하는 자리보다는 약하겠지만, 상박相薄의 위치에 가까울수록 서로 대결하려는 속성이 강해지는 것을 감안한다면, 문왕팔괘도文王八卦圖에서의 수화水火는 서로를 쏘아대는 형세라고 말할 수 있다. 그러므로 「설괘전說卦傳」 제3장의 水火不相射(수화불상석)에 대한 권유는 새로운 괘도卦圖가 문왕팔괘도文王八卦圖에서 일어나는 水火相射(수화상석)의 갈등관계를 조금 더 완화시켜야 한다는 메시지로 봐야 할 것이다.

---

48 이정호, 『正易研究』, 國際大學 人文社會科學研究所, 1976, pp.32.

49 鶴山 선생은 복희팔괘도의 水火가 東西 사이에서 相射을 하고 있다고 주장하며, 정역팔괘도에서의 水火不相射은 水火가 維位로 물러섰기 때문에 不相射의 형세라고 설명했다. 즉, 正位에서 마주보는 형세를 相射으로, 維位로 빗겨서는 형세를 不相射으로 해석한 것이다. 하지만 이것은 鶴山 선생이 복희팔괘도의 水火 사이를 예로 들면서 만들어진 논리일 뿐이지, 維位에서의 水火가 不相射의 형세라는 논리에 대한 근거는 제시하지 못했다.

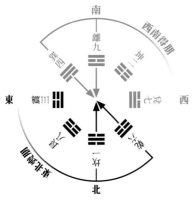

文王八卦圖의 水火相射　　　　　　正易八卦圖의 水火不相射과 水火相逮

　　이렇게 볼 때 수화水火가 상석相射의 대결을 피할 수 있는 유일한 방법은 대결과 반대되는 방향으로 한 걸음 물러서는 수밖에 없다. 이 논리에 따르면 정역팔괘도正易八卦圖의 감리坎離는 뇌풍雷風의 맹렬한 대결로부터 한 걸음 멀어진 채로 동북東北과 서남西南에서 자리하니 불상석不相射의 형세形勢라고 말할 수 있다. 즉, 水火不相射에는 본래의 성정性情 자체가 서로 적대적인 수화水火를 대결의 전장戰場으로부터 한 걸음 뒤로 물러서게 하여 갈등葛藤을 완화緩和시키려는 뜻이 있는 것이다. 게다가 수화水火 사이의 갈등이 완화되면, 수水와 화火는 갑자기 세상에서 가장 유용한 성정性情이 되어버리니, 水火不相射은 수水와 화火를 갈등에 사용하지 말고, 오히려 긴장하고 조심하되 세상을 이롭게 하는 쪽으로 활용하라는 메시지를 품고 있는 것이다.

正易八卦圖

　종합하면, 「설괘전說卦傳」 제3장의 天地定位, 山澤通氣, 雷風相薄,
^{천 지 정 위} ^{산 택 통 기} ^{뇌 풍 상 박}

水火不相射은 모두 복희팔괘도伏羲八卦圖에 대한 설명이 아닌, 제3의 역
^{수 화 불 상 석}

도易圖의 출현出現을 알리는 공자孔子 특유의 불언이신적不言而信的 화법

話法이라고 확신할 수 있다. 괘卦를 구성하는 이 같은 법칙法則들은 과연

제3의 역도易圖라 불리는 정역팔괘도正易八卦圖에서 그대로 드러나니, 천

지天地는 건북곤남乾北坤南의 정위正位에 안정安定되고, 산택山澤은 동서

東西에서 소남少男과 소녀少女로써 뜨겁게 통기通氣하며, 뇌풍雷風은 서북

西北과 동남東南에서 상박相薄하여 치열한 전선戰線으로 음양陰陽을 크

게 가르고, 감리坎離는 상박相薄의 전장戰場에서 한걸음 물러나 서남西南

과 동북東北의 유위維位에서 불상석不相射하며 이로움을 베풀어대니, 정

역팔괘도正易八卦圖는 공부자孔夫子 생전生前에 이미 예견되었던 것인가?

　이에 대한 확증確證을 얻기 위해 다시 「설괘전說卦傳」 제6장으로 돌아

가 보자. 이 장章의 뜻은 대현大賢 주자朱子도 그 본의本義를 다 알지 못

했던 바, 주자朱子는 '이는 건곤乾坤 두 괘卦를 빼고 육자六子(坎·離·艮·

兌·震·巽)만을 말하여 신神의 하는 바를 보여주고 있으나, 각 괘卦의 위치와 차례는 앞의 설說을 다시 쓰고 있으니, 그 뜻을 자세히 알 수 없다'50라고만 하였다.

<ruby>神也者<rt>신 야 자</rt></ruby>는 <ruby>妙萬物而爲言者也<rt>묘 만 물 이 위 언 자 야</rt></ruby>니

<ruby>動萬物者<rt>동 만 물 자</rt></ruby> <ruby>莫疾乎雷<rt>막 질 호 뢰</rt></ruby>하고 <ruby>撓萬物者<rt>요 만 물 자</rt></ruby> <ruby>莫疾乎風<rt>막 질 호 풍</rt></ruby>하고

<ruby>燥萬物者<rt>조 만 물 자</rt></ruby> <ruby>莫熯乎火<rt>막 한 호 화</rt></ruby>하고 <ruby>說萬物者<rt>열 만 물 자</rt></ruby> <ruby>莫說乎澤<rt>막 열 호 택</rt></ruby>하고

<ruby>潤萬物者<rt>윤 만 물 자</rt></ruby> <ruby>莫潤乎水<rt>막 윤 호 수</rt></ruby>하고 <ruby>終萬物始萬物者<rt>종 만 물 시 만 물 자</rt></ruby> <ruby>莫盛乎艮<rt>막 성 호 간</rt></ruby>하니

<ruby>故<rt>고</rt></ruby> <ruby>水火相逮<rt>수 화 상 체</rt></ruby>하며 <ruby>雷風不相悖<rt>뇌 풍 불 상 패</rt></ruby>하야

<ruby>山澤<rt>산 택</rt></ruby>이 <ruby>通氣然後<rt>통 기 연 후</rt></ruby>에야 <ruby>能變化<rt>능 변 화</rt></ruby>하야 <ruby>旣成萬物也<rt>기 성 만 물 야</rt></ruby>하니라.

신이라는 것은 만물을 묘하게 하는 것을 말함이니, 만물을 움직이는 것은 우뢰보다 빠른 것이 없고, 만물을 흔드는 것은 바람보다 빠른 것이 없고, 만물을 말려주는 것은 불보다 뜨거운 것이 없고, 만물을 기쁘게 하는 것은 못보다 기쁘게 하는 것이 없고, 만물을 윤택하게 하는 것은 물보다 윤택하게 하는 것이 없고, 만물을 마치고 시작하게 하는 것은 산보다 성한 것이 없으니, 수화가 서로 놓치지 않고, 뇌풍이 서로 어그러뜨리지 않고, 산택이 서로 기운을 통한 연후에, 능히 변화하여 만물을 이루느니라.51

'<ruby>神也者<rt>신 야 자</rt></ruby>⋯' 이하의 대목은 앞서 언급되었던 역易의 새로운 소임所任인 '<ruby>知變化之道<rt>지 변 화 지 도</rt></ruby>'와 관련하여 주목해서 들여다볼 필요가 있다. 바로 '신

---

50 朱熹,『本義』,「說卦傳」6 : 此는 去乾坤而專言六子하야 以見神之所爲라 然其位序亦用
上章之說하니 未詳其義라.

51『周易』,「說卦傳」6.

神이 하는 바'인 '神之所爲'가 그대로 드러나 있기 때문이다. 원문原文의 글을 곧이곧대로 이해해보면, 결국 여덟 개의 괘상卦象 모두가 妙萬物의 주동主動이 되므로, 이들 하나하나의 속성은 곧 신神이 드러나는 모습 또는 신神의 작용이라는 논리가 자연스레 형성된다. 그리고 만물萬物·만사萬事의 이면에 작용하는 '神之所爲'는 주동主動된 이 여덟 괘상卦象의 활동을 의미함이 분명해진다. 앞서 우리는 '變化의 道를 아는 것이 神의 所爲를 아는 것'이라는 「계사전繫辭傳」의 명제를 확인했으니, 變化의 道를 아는 것의 요점要點이 바로 위의 구절句節 속에 숨어 있음을 알아차려야 한다. 즉, 變化의 道를 알아내려면, 「설괘전說卦傳」 제6장의 '神也者…' 이하에서 밝힌 여덟 괘상卦象이 어울려 만드는 대결對決과 상보相補의 관계는 물론, 그 이면의 원리까지 낱낱이 헤아려야 하는 것이다.

일단 원문原文을 살펴보면, 팔괘八卦가 가진 '구별된 소임所任'과 만물萬物을 묘妙하게 만드는 '각각의 능력들'이 나열된다. 그런 다음, 건곤乾坤 이외의 세 쌍의 괘별卦別 조합이 특정한 형세로 배열된 연후에야 변화와 만물萬物을 이룰 수 있다는 선언이 이어진다. 내용은 마치 괘卦의 특정한 조합이 선결先決되어야 변화와 만물萬物의 기성旣成이 가능하다는 당부와도 같이 다가온다. 여기에서 괘상卦象의 특별한 조합은 조건이요, 변화와 만물萬物의 기성旣成은 그 결과이니, 이 대목이 주장하는 바의 핵심은 변화變化와 만물기성萬物旣成의 조건인 괘상卦象의 특별한 조합을 당부하는 뜻이라 할 수 있다. 그 조건은 앞에서 나열된 水火相逮, 雷風不相悖, 山澤通氣인데, 이는 「설괘전說卦傳」 제3장에서 거론됐던 水火不相射, 雷風相薄, 山澤通氣와 뜻을 같이하는 것임에 틀림없어 보인다. 세 가지 조건 중에 山澤通氣는 두 장章에서 일치하지만, 水火相逮는 제3장에서 水火不相射으로, 雷風不相悖는 제3장에서 雷風相薄으로 문자와 의미의 차이를 두고 있다.

「說卦傳」三章과 六章의 卦象에 대한 설명 차이

구 분	艮-兌 관계	震-巽 관계	坎-離 관계
「說卦傳」제3장	山澤通氣	雷風相薄	水火不相射
「說卦傳」제6장	山澤通氣	雷風不相悖	水火相逮

먼저 水火相逮_{수화상체}를 알아보자.「설괘전說卦傳」제3장을 설명하면서 필자
는 수화水火 사이의 적대적敵對的 성정性情 관계에 대해 거론하며, 수화水
火가 雷風相薄_{뇌풍상박}의 전장戰場에 가까이 다가가면, 대결의 분위기에 휩쓸려
상석相射을 하게 될 것이므로, 전장戰場에서 한걸음 뒤로 물러나 동북東
北과 서남西南의 유위維位에서 각각 머물러야 相射_{상석}을 피할 수 있다고 설
명했다. 이는 수화水火 사이의 대결對決을 약간 유보留保시키는 의미를
가지고 있다. 그런데 제6장에서는 같은 수화水火 사이의 관계를 두고 '서
로 잡는다'는 뜻의 相逮_{상체}라 표현한다. 相逮_{상체}는 상대와의 연결連結을 놓치
지 않을 것을 희망하는 표현이다. 그러나 수화水火 사이를 직접 연결시키
면 곧바로 대결과 충돌이 일어나니, 수화水火는 대결을 피하되 충돌하지
않을 만큼은 다가서야 하는 것이다. 결국 수화水火에 대한 제3장의 유보
留保와 제6장의 연결連結은 '대결을 자제하되 긴장을 놓치는 마라'는 뜻
으로 정리될 수 있는 것이다. 不相射_{불상석}과 相逮_{상체}의 뜻이 이렇듯 의미상의 상
보관계相補關係를 형성한다면 雷風相薄_{뇌풍상박}과 雷風不相悖_{뇌풍불상패} 또한 그러한가?
雷風相薄_{뇌풍상박}이 팔괘八卦를 서남西南의 음방陰方과 동북東北의 양방陽方으
로 크게 가르는 음양陰陽 사이의 충돌이라는 것은 앞에서 이미 논증하
였다. 더욱이 음류陰類와 양류陽類를 아우르는 강음强陰과 강양强陽이
부딪치는 형국이니, 相薄_{상박}이 상대에게 미치는 영향이 부정적일 수 있음

은 相射보다 더 강렬하다 하겠다. 다시 말해 相薄은 양물陽物과 음물陰物이 서로를 밀어내는 상황으로, 경계境界에 이르러 이물異物을 만나자 스스로를 보전保全하기 위해 상대에게 다그치고 핍박하는 형세인 것이다. 이런 상황에서 앞서 언급된 의미상의 상보관계相補關係가 유효하다면, 雷風不相悖 또한 相薄과 연결된 의미를 가지고 있어야 한다. 그런데 과연 '雷風이 相薄하더라도, 서로를 어그러뜨리는 相悖에까지 이르러서는 안 된다'라는 경계의 뜻은 의미상의 상보관계相補關係를 여지없이 확증해준다. 더욱이 뇌풍雷風의 본래 속성에 상대를 치고 몰아세움이 있으니 상패相悖를 경계함은 당연한 귀결이 아니겠는가. 「설괘전說卦傳」의 제3장과 제6장의 不相射과 相逮, 그리고 相薄과 不相悖의 뜻이 서로 연결되는 것은 어느 한 쪽만을 강조하여 존재存在와 관계關係가 손상될 것을 걱정한 부연敷衍이라 생각된다.

그렇다면 어떻게 해야 뇌풍雷風이 相薄하더라도 相悖에 이르지는 않게 하고, 수화水火가 不相射하더라도 긴장의 끈을 놓지 않게 만들 것인가? 해답은 山澤通氣와 팔괘八卦의 정교한 배치에서 찾아야 한다. 먼저 건곤乾坤이 북남北南으로 정위定位해야 한다. 그리고 세 쌍의 괘별 조합은 각각 정륜正倫의 이치에 맞아야 한다. 즉, 장남인 진震은 장녀인 손巽과 함께 뇌풍雷風으로 짝을 이루고, 중남中男인 감坎과 중녀中女인 리離는 수화水火로 짝을 이루며, 마지막으로 소남少男인 간艮과 소녀少女인 태兌가 산택山澤으로 짝을 이뤄서, 모두 음陰과 양陽의 온당하고 대등한 상대를 짓는 것이다. 이렇게 되면, 뇌풍雷風은 서로 대결하고 수화水火는 서로 쏘아대는 가운데, 산택山澤은 서로와의 교감交感을 갈망하게 된다. 이에, 먼저 주인의 자리를 잡았던 건乾과 곤坤은 자신들을 대신하여 듬직한 뇌雷와 풍風을 각각 앞세워 충돌과 대결을 이끌게 한다. 이는 얼핏 건

乾과 곤坤이 뇌雷와 풍風을 앞세워 충돌과 대결을 조장하는 듯 보일 수 있다. 하지만 건곤乾坤이 스스로 원양元陽과 원음元陰으로서 직접 대결하여 파국을 맞는 것은 최악의 상황일 것이니, 雷風相薄의 큰 뜻은 결정적 대결을 누그러뜨리며 변화를 꾀하는 것에 있다 하겠다.

다음은 수화水火의 차례이다. 건곤乾坤의 명령을 받고 앞장선 뇌풍雷風의 듬직함에 비하면, 수화水火 사이는 본래의 성정性情이 상대를 쏘고 뒤덮는 상극相剋의 관계를 가지고 있다. 그래서 건곤乾坤은 이 점을 감안하여, 성질 급한 중남中男과 중녀中女를 자신의 뒤로 물러서도록 만든다. 대결에는 참여시키지 않으나(不相射) 언제나 불러낼 수 있는 가까운 거리에(相逮) 두고 수화水火의 잇점을 최대한 활용하는 것이다. 이로써 팔괘八卦 안에는 대결과 긴장과 이로움의 분위기가 만들어진다.

건곤乾坤은 마지막으로 철없는 산택山澤을 바라본다. 그들은 이 대결과 긴장의 세상에도 아랑곳하지 않고 서로를 뜨겁게 사랑하며 변화를 주도하는 '젊음'이다. 건곤乾坤은 젊은 산택山澤이 뜨겁게 통기通氣하지 않았더라면 세상은 애초부터 어그러졌을 것임을 잘 알고 있다. 산택山澤은 변화를 이끌 새로운 희망인 것이다. 그래서 건곤乾坤은 산택山澤의 사랑을 그냥 내버려 둔다. 그들이 변화를 위해 왕성히 통기通氣하도록 보장하는 것이다. 이로써 건곤乾坤은 팔괘八卦의 마당에 대결對決과 긴장緊張과 이로움과 교감交感이 어우러지는 황금률黃金律을 빚어내며 각각의 상태를 보존保存시킨다. 이것이 「설괘전說卦傳」을 통해 공자孔子가 드러낸 만물기성萬物旣成을 위한 조건의 대체大體의 뜻이니 이 모든 것은 정역팔괘도正易八卦圖에 빠짐없이 드러나고 있다.

八卦의 黃金律		
대결	긴장과 이로움	교감
雷風相薄 雷風不相悖	水火不相射 水火相逮	山澤通氣

　결국 괘卦의 조합과 배열 속에는 중中과 인仁으로써 변화變化와 수위守位를 동시에 꾀하려는 뜻이 녹아 있는 것이다. 모든 존재存在는 변화變化를 필연必然으로 하고, 모든 변화變化는 안정安定을 목표目標로 함이 당연한 이치이니, 팔괘八卦 속에 녹아 있는 뜻은 다름 아닌 존재存在와 변화變化를 위한 成性存存의 大中之道라 하겠다.『주역周易』「계사상전繫辭上傳」제7장은 이것을 한마디로 정의했으니 역易이 행하는 길은 곧 중中에 있음이라!

천 지 설 위　　이 역　행 호 기 중 의　성 성 존 존　도 의 지 문
天地設位어든 而易이 行乎其中矣니 成性存存이 道義之門이라.

천지가 위를 베풀거든 역이 그 중으로 행할 것이니 본성을 이루고 스스로를 보존함이 道와 義의 문이로구나.

정 역 팔 괘 도　　　구 조
3) 正易八卦圖의 構造

　이번에는 정역팔괘도正易八卦圖의 기계적 구조에 대해 살펴보고자 한다. 정역팔괘도正易八卦圖는 복희팔괘도伏羲八卦圖와 문왕팔괘도文王八卦圖가 가지고 있는 형식과는 다른 구조적 특성을 보이며, 그 형태의 차이에 따라 부여되는 의미 또한 색다르다. 일찍이 학산鶴山 선생은『정역연

구正易研究』에서 '정역팔괘도正易八卦圖 출현出現의 의의意義'를 논하면서, 새로운 역도易圖의 의미에 대해 다음과 같이 정리하였다.

① 건곤정위乾坤正位로 천하天下의 정륜正倫이 세워진다.
② 하도河圖의 실현實現으로 인因하여 음양陰陽의 완전完全 조화調和를 이룬다.
③ 곤남건북坤南乾北으로 인因하여 태운泰運을 조성造成한다.
④ 간태합덕艮兌合德으로 인因하여 태운泰運의 실實을 함咸에서 이룩한다.

　정역팔괘도正易八卦圖에 대한 학산鶴山 선생의 정리는 지금까지도 후학들의 연구에 있어 실질적인 나침반이 되고 있다. 이에 필자는 학산鶴山 선생에 의해 정리된 내용들을 제외하고, 그 이외의 기계적 구조에 대해서만 언급하고자 한다.

　첫째, 정역팔괘도正易八卦圖는 밖에서 안을 바라보는 시각으로 괘상卦象이 그려져 있다. 기존의 복희팔괘도伏羲八卦圖나 문왕팔괘도文王八卦圖가 팔괘八卦의 중심中心에서 밖을 바라보도록 괘상卦象이 그려져 있던 것에 반하여, 정역팔괘도正易八卦圖는 모든 괘상卦象이 팔괘八卦의 바깥으로부터 중심中心을 향하도록 그려져 있다. 사실 그 이유에 대해서는 『정역正易』 도통道通의 구전口傳에 의해서도 전해진 바가 없고, 학산鶴山 선생 또한 그 많은 저술에도 불구하고 이 문제의 해답에 대해서는 언급하지 않았다. 하지만 필자의 관견으로 볼 때, 이 새로운 팔괘八卦의 모습은 『주역周易』 「계사하전繫辭下傳」에서 언급된 萬夫之望을 형상화한 것이 아닌가 생각된다. 복희씨伏羲氏의 획결劃結 이후 천하는 언제나 知微 · 知彰 · 知柔 · 知剛[52]한 君子之道를 선망해왔다. 도道는 顯諸仁하

---

52 『周易』, 「繫辭下傳」 제5장에 나오는 표현으로, 군자는 은미하거나 드러난 것, 부드럽거

고 藏諸用할 뿐 백성들은 日用하더라도 그것을 알지 못하니, 君子之道 는 늘 드물 수밖에 없었던 것이다.[53] 산업화의 대격변을 앞두고 대각大 覺을 이룬 일부一夫 선생은 군자지도君子之道에 의존해야 했던 절반의 시 대가 가고, 調陽律陰의 황극皇極과 태운泰運의 시대가 올 것을 예견하였 다. 이것은 양陽이 음陰을 억눌러야 했던 경위傾危의 시대를 넘어, 일부一 夫의 시대 즉, 만부萬夫의 시대를 예견한 것이니, 천하는 각각의 일부一夫 가 일용日用하며 스스로 그것을 능히 알 수 있는 시대로 전환될 것임을 괘상卦象에 표현한 것이리라.

둘째, 정역팔괘도正易八卦圖는 문왕팔괘도文王八卦圖와는 달리 팔괘八 卦 모두가 정륜正倫의 음양상대陰陽相對를 취하고 있다. 건곤乾坤은 부모 父母로, 진손震巽은 장남長男과 장녀長女로, 감리坎離는 중남中男과 중녀中 女로, 간태艮兌는 소남少男과 소녀少女로 음양陰陽이 각각 정륜正倫의 대 등한 상대相對를 취하고 있는 것이다. 문왕팔괘도文王八卦圖의 괘별 상대 가 양陽에게 기울어진 어그러진 결합을 보인다면, 정역팔괘도正易八卦圖 의 괘별 조합은 음양陰陽이 모두 대등한 관계를 짓고 있으므로 여기서 調陽律陰이란 표현이 나왔던 것이다.

셋째, 정역팔괘도正易八卦圖는 구조면에서 음류陰類와 양류陽類로 양분 되어 있다. 서남西南쪽에는 음류陰類인 손巽·곤坤·리離·태兌가, 동북東北 쪽에는 양류陽類인 진震·건乾·감坎·간艮이 나란히 성렬成列하며 양분되

나 강한 것을 모두 알고 있어서 萬事에 대처하는 능력이 충분하므로 萬夫로부터 선망을 얻는 것이다.

53 『周易』,「繫辭上傳」5 : 仁者見之에 謂之仁하며 知者見之에 謂之知요 百姓은 日用而不知 라 故로 君子之道鮮矣니라 顯諸仁하며 藏諸用하여 鼓萬物而不與聖人同憂하나니 盛德大 業이 至矣哉라.

어 있는 것이다. 음양陰陽의 양분兩分은 문왕팔괘도文王八卦圖에서도 동일하게 나타나는 특징인데, 낙서선천洛書先天─하도후천河圖后天의 관점에서 바라보자면 서남西南과 동북東北은 원천原天토록 음陰과 양陽으로 갈라져 대결과 교감을 이어가는 것이다. 참고로, 이 음양陰陽의 양분兩分은 향후 곤괘坤卦에서 西南得朋과 東北喪朋을 형성하는 주요한 형세가 된다.

넷째, 정역팔괘도正易八卦圖에는 팔괘八卦 이외에 이천二天과 칠지七地라는 경위經緯의 개념이 포함되어 있다. 보통 복희역伏羲易을 팔수역八數易, 문왕역文王易을 구궁역九宮易, 『정역正易』을 십수역十數易이라 부르는데, 이는 정역팔괘도正易八卦圖에 팔괘八卦 이외에 추가로 이천二天과 칠지七地의 개념이 포함되어 있기 때문이다. 이천二天과 칠지七地는 괘상卦象을 갖추고 있지는 않으나 건곤乾坤의 곁에 붙어 있으며, 오행五行으로는 이칠화二七火의 가치를 지니고 있다. 정역팔괘도正易八卦圖의 모든 괘상卦象이 오행五行과 연결되어 있으나, 이칠화二七火만 괘상卦象을 짓지 못하는 것은 아마도 특별한 이유가 있을 것이다.

『정역正易』 수지상수手指象數의 마지막 전수자傳受者인 삼정三正 권영원權寧遠 선생은, 이천二天과 칠지七地는 무위无位로서 어느 괘卦와도 결합하지 못하고, 또한 반대로 어느 괘卦와도 결합하지 않음이 없기 때문에 이칠화二七火가 곧 원천화原天火일 것이라고 주장한다. 즉 원천화原天火는 오행五行으로 보면 이천二天과 칠지七地요, 자리로 보면 기사己巳[54]로 세상은 애초에 화火에서 시작되었다는 것이다. 『정역正易』의 「십오일언十五一言」에는 '十은 紀요 二는 經이요 五는 綱이요 七은 緯니라'라는

---

[54] 『正易』, 「日極體位度數」 : 化翁은 无位시고 原天火시니 生地十己土니라 己巳宮은 先天而后天이니라.

말이 나오는데, 이것은 변화의 원리 속에서 이二와 칠七이 경經과 위緯의 핵심적 역할을 맡고 있음을 나타낸다. 다만, 원천화原天火와 경위經緯의 구체적 연관에 대해서는 자세히 전해지는 내용이 없으므로, 이에 대한 후속적인 노력이 요구되는 바라 하겠다.

한편, 이천二天과 칠지七地의 괘도상卦圖上의 위치는 한 번 짚고 넘어가야 할 필요가 있다. 현재 일반에 알려진 정역팔괘도正易八卦圖에서 이천二天은 십건十乾의 안쪽에, 칠지七地는 오곤五坤의 안쪽에 북北과 남南으로 각각 자리를 잡고 있다. 이는 1926년 광산김씨光山金氏 문중에서 사계문집沙溪文集과 더불어 판각된 돈암서원遯巖書院 목판본木版本『정역正易』에 수록된 괘도卦圖의 모양을 취한 것이다. 이 판본板本의 괘도卦圖가 일반에 공포된 유일한 정역팔괘도正易八卦圖였기 때문에, 이후의 학자들은 의심의 여지없이 이천二天과 칠지七地의 위치를 목판본木版本 괘도卦圖의 모습대로 수용해왔다.

문제는 이후 다른 형태의 괘도가 발견된 뒤에 불거졌다. 더 큰 어려움은 새로이 발견된 괘도가 목판본 괘도보다 더 먼저 그려졌다는 것에 있다. 사계문집沙溪文集을 판각하기 이전인 1909년(己酉)에 일부一夫 선생의 제자 김정현金貞鉉 선생에 의해 쓰여진 필사본『정역대경正易大經』[55]에는 이천二天과 칠지七地가 돈암서원遯巖書院 목판본木版本과 반대로 그려져 있었던 것이다.

---

55 『正易大經』은 金貞鉉이 河相易의 이름을 빌어 간행한 『正易註義』와 동일한 내용으로, 『正易註義』보다 앞서 제작된 필사본이다.

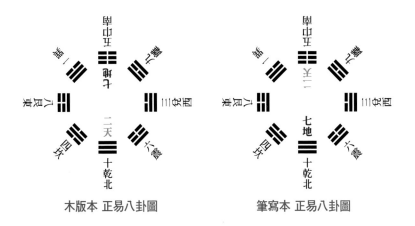

木版本 正易八卦圖　　　　　筆寫本 正易八卦圖

　후학後學의 입장에서는 어느 쪽이 올바른 위치인지 쉽게 단정하기 어렵다. 다만, 낙서洛書와 하도河圖가 서西와 남南에서 자리를 주고받는 것이 금화교역金火交易의 큰 뜻이라면, 낙서洛書의 괘상卦象인 문왕팔괘도文王八卦圖와 하도河圖의 괘상卦象인 정역팔괘도正易八卦圖가 서西와 남南에서 괘상卦象과 가치價値를 주고받는 관계를 살펴볼 수 있을 것이다. 이렇게 볼 때 문왕팔괘도文王八卦圖와 정역팔괘도正易八卦圖의 서남방西南方은 과연 곤괘坤卦와 리괘離卦가 서로의 자리를 맞바꾸니 괘상卦象의 교역交易은 고스란히 드러난다.

　그렇다면 가치價値의 교역交易은 어떠한가? 만약 필사본『정역대경正易大經』의 이천二天과 칠지七地의 위치를 따른다면, 문왕팔괘도文王八卦圖에서 서남방西南方의 구이九二는 곧 필사본 정역팔괘도正易八卦圖에서 이구二九가 된다. 값어치로도 금화교역金火交易이 일어나는 뜻이 성립되니, 이천二天과 칠지七地의 위치는 언뜻 필사본의 것이 보다 매력적으로 느껴지지만, 이는 오직 필자의 바람일 뿐이다. 학산鶴山 선생도 생전에 이천二天과 칠지七地의 위치에 대해 깊이 고민했다. 다만, 학산鶴山 선생은 이천二天을 삼태택三兌澤의 안쪽에, 칠지七地를 팔간산八艮山의 안쪽에 놓

65

아야 한다고 새롭게 주장했던 바, 아마도 김정현金貞鉉[56] 선생의 필사본을 중히 여기지 않았던 것으로 판단된다.

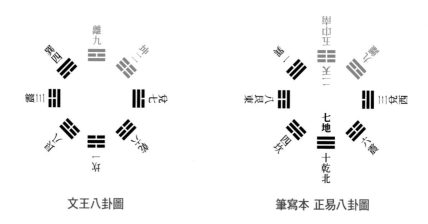

文王八卦圖　　　　　　　筆寫本 正易八卦圖

　　다섯째, 정역팔괘도正易八卦圖는 온통 음양오행陰陽五行의 연관구조聯關構造를 가지고 있다. 『정역正易』이 십수역十數易인 것은 하도河圖와 연결되어 있기 때문인데, 하도河圖가 일육一六, 이칠二七, 삼팔三八, 사구四九, 오십五十 등 오행五行의 조합으로 이루어져 있는 것과 같이, 정역팔괘도正易八卦圖 또한 일손一巽·육진六震, 삼태三兌·팔간八艮, 사감四坎·구리九離, 오곤五坤·십건十乾 등 네 쌍의 괘조합卦組合에 더하여, 괘상卦象은 아니지만 이천二天·칠지七地의 추가적인 조합이 보태져 오행五行의 질서에 부합하여 구성된다.

56 『正易註義』의 저자. 다만, 李正浩 선생은 『正易研究』에서 『正易註義』의 저자를 金邦鉉이라고 다르게 지목했다..

4) 八卦의 志向
<small>팔괘</small> <small>지향</small>

앞서 우리는 『주역周易』 「설괘전說卦傳」에 언급된 '만물萬物을 묘妙하게 만드는 신묘神妙한 작용'의 조합이 다름 아닌 팔괘八卦의 형상形象임을 확인하였다. 즉, 건乾·곤坤·감坎·리離·간艮·태兌·진震·손巽은 바로 신神이 하는 바(所爲)가 축약된 표식標識이며, 선성先聖은 자연의 가장 근원적인 속성을 들춰내어 그 내면에서 왕래하는 이치를 설명하려 노력했던 것이다. 주목할 점은 이 팔괘八卦의 조합에 어떤 지향점志向點이 존재한다는 사실이다. 그 지향점은 다분히 선성先聖 자신의 지향이기도 하겠지만, 각 괘卦의 이상적인 위치와 배합은 물론, 괘卦끼리의 형세形勢와 균형均衡을 들어 설명한 점은 팔괘八卦 스스로가 마침내 도달하려는 형상形象을 향하고 있음을 나타낸다.

팔괘八卦의 조합에 있어 지향점이란 다름 아닌 문왕팔괘文王八卦로부터 정역팔괘正易八卦로의 변화를 의미한다. 『정역正易』은 「일세주천율려도수一歲周天律呂度數」에서 선후천先后天에 대해 다음과 같이 선언하고 있다.

<small>억 음 존 양　선 천 심 법 지 학　　조 양 율 음　후 천 성 리 지 도</small>
抑陰尊陽은 先天心法之學이요 調陽律陰은 后天性理之道니라.

음을 억누르고 양을 높이는 것은 선천 심법의 학이요, 양을 고르고 음을 맞춤은 후천 성리의 도이다.

위의 내용은 『정역正易』이 선천先天과 후천后天에서 각각 집중해야 할 철학적哲學的 명제命題를 제시한 것으로 잘 알려진 대목이다. 선천先天의 시대에는 음陰을 억누르고 양陽을 높이는 것이 세상을 계도할 방법이었다면, 후천后天의 시대에는 음양陰陽을 조율調律하는 방법으로 세상을 이끌어가게 되리라는 선언이다. 『정역正易』이 주장하는 변화의 핵심이 이러하다면, 성인聖人들에 의해 계시啓示된 팔괘八卦의 형상 또한 이러한 점을 나타내고 있어야 한다. 즉, 抑陰尊陽과 調陽律陰이 두 팔괘八卦에서도 차례로 드러나야 하는 것이다.

우리는 앞서 정역팔괘도正易八卦圖에 대해 다음과 같이 분석하였다.

① 건乾과 곤坤은 주인이 되어 북北과 남南의 정위正位에 자리를 잡는다.

② 자리를 갖춘 건곤乾坤은 장남長男과 장녀長女인 뇌雷와 풍風을 앞세워 각각 서북西北과 동남東南에서 뇌풍상박雷風相薄으로 대결시킨다.

③ 건곤乾坤은 서로에게 적대적인 중남中男의 수水와 중녀中女인 화火가 대결의 전장戰場에 가까이 위치하여 서로 쏘아댈(相射) 것을 경계한다. 이를 막기 위해 수화水火를 후방으로 물러나게 하지만 건곤乾坤의 뒤로 한 걸음만 물러서게 하여 긴장의 끈을 놓치는 않게 하고, 수화水火가 대결이 아닌 이로움으로 사용되도록 종용한다.

④ 건곤乾坤은 후방後方에서 철없이 교감交感하는 소남少男과 소녀少女인 간태艮兌의 통기通氣는 모르는 척 내버려 둬서, 젊은 교감交感이 추구하는 새로운 변화를 맞이한다.

건곤乾坤의 위와 같은 안배按配로 인해 부父-모母, 장남長男-장녀長女, 중남中男-중녀中女, 소남少男-소녀少女의 대등한 음양상대陰陽相對는 물론, 뇌풍雷風의 대결과 수화水火의 긴장과 이로움, 그리고 산택山澤의 사랑이 고르게 공존하는 안정된 상태가 만들어진다. 이것을 자세히 살펴보면, 음양陰陽의 대등한 상대는 調陽律陰의 모습이고, '대결-긴장과 이로움—사랑'은 만물의 성性과 리理를 끝없이 순환循環·보존保存시키도록 보장하는 완성된 도체道體의 모습이니, '調陽律陰은 后天性理之道'(조양율음 후천성리지도)라는 말은 정역팔괘도正易八卦圖에서 고스란히 드러나고 있는 것이다.

다음은 문왕팔괘도文王八卦圖에 대해 분석할 차례이다. 문왕팔괘도文王八卦圖 또한 같은 관점으로 다음과 같이 정리될 수 있다.

① 성질 급한 중남中男과 중녀中女인 수水와 화火가 유일하게 대등한 음양상대陰陽相對라는 이유로 북北과 남南에서 주인의 자리를 차지하니, 세상을 이롭게 할 두 가지 성정性情이 오로지 상대를 쏘고 뒤덮는 일에만 몰두한다. 대등한 상대를 만나긴 했으나 서로 강하게 대결하니 음양陰陽은 북남北南과 남북南北에서 서로 쏘아대는 상석相射의 형세이다. 서로 쏘아대면 결국 수水가 화火를 진압하게 되므로, 대등한 수화水火가 상대로 연결돼도 마침내 음陰은 억눌리게(抑陰) 된다.

② 중남中男인 수水에게 자리를 내주고 서북西北으로 밀려난 건乾이 직접 장녀長女인 손巽과 음양상박陰陽相薄으로 대결하니, 원양元陽의 강한 힘을 손음巽陰은 도저히 당해내지 못하고 억눌리게(抑陰) 된다.

③ 사랑을 갈망하는 소남少男인 간艮은 동북東北에 거하여 노음老陰인 곤坤을 상대한다. 곤坤의 힘이 대단하다 하지만 어찌 젊은 사내의 사랑을 이길 수 있겠는가? 곤坤은 젊은 간艮의 낮음을 존양尊陽을 통해 높여주고 만다.

④ 듬직한 장남長男인 진震이 동東쪽에 거하여 서西쪽의 철없는 태兌를 상대하니, 태兌는 사랑을 갈망하나 듬직한 장남長男의 기운에 그만 억눌리고(抑陰) 만다.

두말할 필요도 없이 문왕팔괘도文王八卦圖의 형세와 구조는 모든 괘卦의 조합에서 抑陰尊陽의 모습을 드러낸다. 『정역正易』의 관점에서 문왕팔괘도文王八卦圖는 선천先天의 괘도卦圖이다. 미숙한 사회구조와 저급한 의식수준 덕분에 선천先天의 시대는 음陰의 창궐猖獗이 빈번할 수밖에 없는 상황이다. 선천先天은 오로지 생존과 경쟁만을 위한 사익私益의 시대인 것이다. 이런 상황에서 오랫동안 버텨내며 발전을 도모할 방법은 오직 抑陰尊陽이라는 어쩔 수 없는 고육책苦肉策이다. 스스로 심법心法을 배우고 수신修身에 힘쓰며 수십 세대를 견뎌야 할 만큼 '미숙한 사회'가 오랫동안 지속된 것이다. 문왕팔괘도文王八卦圖는 선천先天의 태생적 불균형을 괘도卦圖로써 드러내고, 고질적이고 구조적인 문제를 해결할 방편으로 '抑陰尊陽의 先天心法之學'을 제시했던 것이다.

이제 抑陰尊陽의 문왕팔괘도文王八卦圖로부터 調陽律陰의 정역팔괘도正易八卦圖로의 이동을 알아보자. 여러 차례 언급했듯이, 문왕팔괘도文王八卦圖와 정역팔괘도正易八卦圖는 모두 크게 음방陰方과 양방陽方으로 구분되어 있다. 즉, 괘도卦圖의 전환은 음방陰方 안에서의 이동과 양방陽方 안에서의 이동만 있을 뿐이지, 음방陰方과 양방陽方이 서로 뒤섞이지는 않는 것이다. 두 괘도卦圖가 음방陰方과 양방陽方을 유지하면서 변화한다는 것은 調陽律陰의 시대로 전환된다고 하더라도 음양陰陽의 구분까지 없어지지는 않을 것임을 보여준다. 즉, 새로운 시대에도 음陰과 양陽은 존재하지만, 음양陰陽이 조율되어 서로를 보전保全해줄 것을 기대케 하는 것이다.

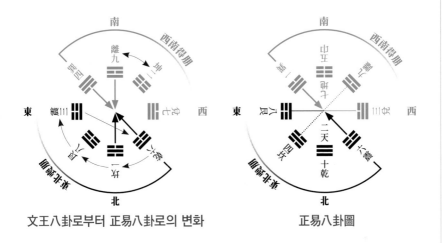

文王八卦로부터 正易八卦로의 변화　　　　　正易八卦圖

　　괘도卦圖의 전환轉換에서 이동에 참여하는 괘卦는 총 6괘卦이지만 이
동의 내용은 비교적 단순하다. 위의 그림처럼 가장 먼저 건乾과 곤坤이
북남北南의 정위正位로 이동하여 안정安定되면, 양류陽類의 방향으로는
감坎과 간艮이 한 칸씩 밀려나고, 이로 인해 자리가 없어진 진震은 본래
건乾이 있던 자리로 밀려들어온다. 음류陰類의 방향으로는 곤坤에게 자
리를 내준 리離가 곤坤이 본래 있던 자리로 밀려나는데, 이것은 하도河圖
와 낙서洛書가 서남西南에서 교통하는 모습과 관련이 있다고 전해진다.
이렇게 하여 건곤乾坤은 북남北南에 정위定位하고, 뇌풍雷風은 건곤乾坤
을 대신하여 서북과 동남에서 상박相薄하고, 감리坎離는 상박相薄의 전
선戰線에서 한걸음 물러나 불상석不相射하되 긴장의 끈을 놓지 않고, 간
태艮兌는 긴장이 없는 후방에서 사랑으로 뜨겁게 통기通氣하는 것이다.
그 형상의 조각을 이치대로 꿰어서 맞춰보면 곧바로 정역팔괘도正易八
卦圖가 드러나니, 만약 「설괘전說卦傳」의 본뜻을 알지 못했다면, 가장 근
원적인 속성인 팔괘八卦가 지향하는 배합配合과 균형均衡은 그저 하도河
圖·낙서洛書와의 연결에만 머물렀을 것이다.

2. 『正易』 手指象數

1) 『正易』과 手指象數

　『주역周易』이 만물萬物·만사萬事의 변화와 형세에 대한 중첩重疊된 우환憂患의 암시를 담고 있다면,『정역正易』은 그 이면裏面의 작용원리에 대해 설명하는 수數와 상象의 놀음이라고 할 수 있다.『주역周易』은「단전彖傳」과「상전象傳」,「계사전繫辭傳」등 공자孔子의 십익十翼이 산입된 결과로 천리天理와 군자학君子學의 표본이 되었지만, 공자孔子에 의한 인문학적人文學的 의리義理의 찬술撰述이 없었다면, 그것은 아마도 점서占筮, 길흉吉凶 혹은 처세處世만을 논하는 술법術法으로 흘렀을 것이다. 그만큼『주역周易』의 내용이 음양陰陽의 변화變化에 따라 다양하게 파생되는 상황성狀況性의 암시暗示와 이에 따른 방비防備에 많은 부분을 할애하고 있는 것이다.『정역正易』에도 우환憂患과 방비防備의 내용이 전무全無하다고 할 수는 없겠지만,『주역周易』에서처럼 군자君子·소인小人에게 권유되는 윤리적 방향은 좀처럼 나타나지 않는다.『정역正易』은 경문經文 전체가 간결簡潔하면서도 심원深遠하며, 함유적含意的이면서도 도식화圖式

73

化된 언어들로 나열되어 있다. 내용 또한 천지변화天地變化의 원리가 주를 이루어서, 『정역正易』 경문經文의 대부분을 변화變化와 운행運行에 대한 공식公式의 나열에 할애하고 있는 것이다. 총 45장의 『정역正易』 경문經文 중 제목이 '수數' 또는 '도수度數'를 포함하고 있는 장章이 15장이며, 제목에는 '수數'나 '상象'이라는 글자가 없더라도, 거의 모든 장章에서 수數와 상象에 대한 설명은 홍수를 이루고 있다.

태음   역생도성   선천이후천   기제이미제
太陰은 逆生倒成하니 先天而后天이요 旣濟而未濟니라

일수지혼   사금지백
一水之魂이요 四金之魄이니

포어무위성도지월초일도   태어일구도
胞於戊位成度之月 初一度하고 胎於一九度하고

양어십삼도   생어이십일도   도성도어삼십
養於十三度하고 生於二十一度하니 度成道於三十이니라

종우기위성도지년초일도
終于己位成度之年初一度하고

복어무위성도지년십일도
復於戊位成度之年十一度니라

복지지리   일팔칠
復之之理는 一八七이니라

오일일후   십일일기   십오일일절
五日一候요 十日一氣요 十五日一節이요

삼십일일월   십이월일기
三十日一月이요 十二月一朞니라

태음은 거슬려 나서 거꾸로 이루니, 선천이로되 후천이요, 기제로되 미제로다. 일수의 혼이요 사금의 백이니, 무위 도수 이루는 달의 초일도에 포하고, 일구도에 태하고, 십삼도에 양하고, 이십일도에 생하니, 도수度數가 삼십에서 도道를 이룬다. 기위 도수를 이루는 해의 초일도에 마치고, 무위 도수를 이루는 해의 십일도에 회복한다. 회복하는 이치는 일팔칠이다. 오일이 일후요, 십일이 일기요, 십오일이 일절이요, 삼십일이 일월이요, 십이월이 일기니라.

『정역正易』제1장 「십오일언十五一言」 중 한 부분을 발췌한 내용이 위와 같으니, 한학漢學에 오랫동안 발을 들였던 사람이라 할지라도, 『정역正易』을 접하면 그 난해難解함에 금세 입학入學을 포기하는 경우가 대부분이다. 이렇듯 『정역正易』은 모든 장章마다 수數와 상象의 도식화를 통해 변화의 원리를 제시하고 있으며, 그 형식은 『주역周易』과는 또 다른 함의含意와 도수度數를 포함하고 있어, 초심자初心者가 작역자作易者의 정확한 의도를 알아내기란 쉽지 않은 일이다.

역易 경문經文의 광대실비廣大悉備[57]함과 함의성含意性은 그 본의本意를 이해하려는 입장에서야 답답할 노릇이겠지만, 경문經文 자체가 변화變化와 상황성狀況性을 모두 만족시키는 포괄적 의미를 함유해야하는 입장임을 감안한다면 당연한 귀결이라고 할 수 있다. 그래서 옛 사람들은 역易을 읽는 것을 독역讀易이라 하지 않고 '작역作易'이라 하여, 때마다 역易을 적용할 바에 대해 다양한 통로를 열어두었던 것이다. 매번 작역作易이 가능한 이유는 바로 경문經文이 가진 함의성含意性과 포괄성包括性 때문이다. 하지만 역易의 경문經文이 가지는 이러한 특성은 매번 오역誤譯의 폐해를 불러일으킨다. 공자孔子 이래로 『주역周易』에 대한 해설서가 수없이 출간되었지만 여전히 새로운 출간을 거듭하고 있는 것은 역易을 새롭게 해석하려는 이유 이외에도 이전 시기에 선행先行된 풍부한 오역誤譯의 번성蕃盛이 있었기 때문이다.

『정역正易』의 경우는 어떠한가? 『주역周易』과는 달리 『정역正易』은 작역作易 시기로부터 많은 시간이 경과되지도 않았지만, 이를 연구했던 학

---

[57] 廣大는 역의 적용 범위가 광범위하다는 뜻이고, 悉備는 萬事와 萬變에 대한 이치가 모두 구비되어 있다는 뜻이다. 이 때문에 易은 天道와 地道는 물론 人道까지 총망라하는 절대적 진리라고 말할 수 있다.

자들과 해석의 표본 또한 터무니없이 적은 탓으로, 오역誤譯의 확률은 오히려 더욱 높다 하겠다. 게다가 경문經文 자체에 수數와 상象에 대한 언급과 오행五行의 도식적인 셈법의 비중이 과도하다 싶을 정도여서,『정역正易』에 입문하더라도 해설서를 지을 수 있는 수준이 되기란 쉽지 않다. 더욱이『정역正易』의 내용에는『주역周易』은 물론 천문天文, 역법曆法, 조수潮水, 시문詩文과 육갑六甲 등의 생소한 배움의 분야들이 온축蘊蓄되어 있어 기본적인 이해조차 어려운 경우가 대부분이다. 이로 인하여『정역正易』경문經文이 종교적 목적에 의해 의도적으로 오역誤譯되거나, 학자들 사이에서 넘겨짚듯이 그릇된 용어로 인용되는 것은 가장 큰 위험이라고 할 수 있다. 작역作易 이후 연구가 적은 탓에 이렇다 할 정설定說이 굳어지지 않은 학문적 분위기 속에서,『정역正易』의 무분별한 오용誤用은『정역正易』을 자칫 종교적 산물이나 신비주의의 소재쯤으로 전락시킬 수 있기 때문이다.

　이러한 의미에서『정역正易』의 수지상수手指象數는『정역正易』경문經文을 올바르게 이해하는 안정적인 통로라고 할 수 있다. 수지상수手指象數는 일부一夫 선생이 직접 고안考案하고 작역作易에 활용하다가 한 제자에게 전수傳授해 주면서 전해 내려온『정역正易』특유의 도수度數 셈법이다. 이 수지상수手指象數는 수數, 상象, 오행五行, 육갑六甲을 수상手象에 붙여서 그것을 통해 역易의 본의本意를 구석까지 헤아릴 수 있으니, 손 안에서 천지설위天地設位가 가능하다는 선대先代의 전언傳言을 실감케 한다. 실제로 일부一夫 선생은『정역正易』경문經文의 대목마다 수상手象을 정리하여 전하였으니, 수상手象에 의해 경문經文이 만들어진 것인지, 경문經文에 의해 수상手象이 만들어진 것인지를 모를 정도로 수지상수手指象數와 경문經文은 밀접한 연관을 가지고 있다. 예를 들어 경문經文 중 '十土와 六水는 바뀌지 않을 땅이요, 一水와 五土는 바뀌지 않을 하늘이라'[58]든가, '地十이 天이 되고 天五가 地가 되니 卯가 丑으로 돌아가고 戌이 申에 의지하는구나'[59] 등의 구절句節은 수지상수手指象數로 셈하지 않고서는 도저히 이해가 불가능한 대목들이다.

　수지상수手指象數로 셈하는 『정역正易』이 가진 특성 중 뚜렷한 하나는 도덕성道德性의 잠장潛藏이다. 『정역正易』은 『주역周易』과 달리 정륜正倫에 대한 언급 이외에 군자지도君子之道, 윤리의식倫理意識, 덕업숭광德業崇廣에 대한 권유를 밖으로 드러내지 않는다. 그저 변화變化의 원리原理와 그 복잡한 부속附屬들 간의 관계를 열거하면서 도체道體의 공식公式을 설명할 뿐이다. 『주역周易』을 공부하는 학자學者가 경문經文의 온축성蘊蓄性과 함의성含意性보다 단상象象의 도덕성道德性에 매력을 느껴 역易에서 떨어지지 못하고 抑陰尊陽과 進德修業을 강요받았던 것과 달리, 『정역正易』은 調陽律陰, 性理之道의 시대가 온다는 뜻만 암시할 뿐, 그것을 위한 군자君子, 소인小人의 도리道理에 대해서는 직접 논하지 않는다. 이러한 이유로 『정역正易』의 경문經文은 『주역周易』에 비해 덜 매력적이며, 덜 사회적인 속성을 지닌다. 『정역正易』 경문經文의 이러한 속성은 『주역周易』의 윤리성이 선유先儒들을 오랫동안 역易을 궁구하도록 붙잡아 둔 결과 깊은 정치·사회적 영향을 낳았던 것과는 달리, 『정역正易』에 대한 비교적 짧거나 드문 연구 참여를 낳고 있다. 짧은 궁리와 드문 참여는 학문의 생명력을 약화시킨다.

　그러한 의미에서 '『정역正易』은 과연 믿을만하고 궁구할 만한 가치가 있는가'라는 질문이 가능해진다. '1년이 360일로 바뀌는 무윤無閏 정중正中의 시대가 도래하며, 그것이 일찍 올지, 늦게 올지는 모르겠다'[60]라

---

58 『正易』, 「十一一言」 : 十土六水는 不易之地니라 一水五土는 不易之天이니라.

59 『正易』, 「十一歸體詩」 : 地十爲天 天五地요 卯兮歸丑 戌依申을.

60 『正易』, 「一歲周天 律呂度數」 : 一夫 能言兮여 水潮南天하고 水汐北地로다 水汐北地兮여 朝暮難辨이로다.

는 것이 『정역正易』이 주는 정확한 메시지이다. 황당하고 터무니없게 느껴지겠으나 이러한 황당함을 무릅쓰고 파고들도록 만드는 것이 바로 수지상수手指象數의 견고함이다. 수지상수手指象數의 셈법과 논리를 전부 이해하는 것이 아직은 불가능하지만, 그 짜 맞춰진 정도가 매우 세밀하여, 배우는 사람들로 하여금 빠져들도록 만들기에 충분하다. 그리하여 『주역周易』이 도덕과 윤리의 마땅함으로써 寬居仁行[61]의 길로 선유先儒들을 몰아갔듯이, 『정역正易』은 수數·상象과 도수度數의 견고함으로써 學聚問辨[62]의 길로 후학後學들을 몰아갈지도 모르겠다. 『정역正易』경문經文에 '抑陰尊陽은 先天心法之學이며, 調陽律陰은 后天性理之道'[63]라 한 것이 이를 두고 말한 것이리라.

尺蠖之屈은 以求信也오 龍蛇之蟄은 以存身也오

精義入神은 以致用也오 利用安身은 以崇德也니

過此以往은 未之或知也니 窮神知化 德之盛也라

자벌레가 굽힘은 펴기 위함이요, 용과 뱀이 숨는 것은 몸을 보존하기 위함이요, 뜻을 정미롭게 하여 신묘한 경지에 들어섬은 쓰기 위함이요, 씀을 이롭게 하여 몸은 안정시킴은 덕을 높이기 위함이라. 이를 넘어서는 것은 혹 알지 못하니, 신을 궁구하여 변화를 아는 것이 덕의 성함이라.

---

61 寬居仁行은 『周易』 乾卦 「文言傳」의 九二爻에 대한 설명에 나오는 표현으로 寬以居之와 仁以行之의 줄임말이다. 先天에서 필요한 抑陰尊陽의 心法之學은 다름 아닌 너그러움과 어짊으로 타인을 대하는 자세라고 말할 수 있다.

62 學聚問辨은 『周易』 乾卦 「文言傳」의 九二爻에 대한 설명에 나오는 표현으로 學以聚之와 問以辨之의 줄임말이다. 后天에서 필요한 調陽律陰의 性理之道는 반드시 배움과 분별로서 깨우쳐 나가야 하는 것이다.

63 『正易』, 「一歲周天 律呂度數」: 陰을 누르고 陽을 높이는 것은 先天의 心法之學이며, 陽과 陰을 조율함은 后天의 性理之道이다.

윗글은 「계사하전繫辭下傳」 제5장의 일부로서 문장의 마지막 내용이 우리의 옷깃을 지긋이 잡아끈다. 신神을 궁구窮究하여 변화變化를 아는 것이 덕德 중의 성盛함이라고 하니, 신神은 앞서 「설괘전說卦傳」에서 설명된 '만물萬物을 묘妙하게 만드는 그 무엇'[64]이 아닌가. 그러므로 '窮神知化 德之盛也(궁신지화 덕지성야)'는 '만물萬物을 묘妙하게 하는 그 무엇을 궁구窮究하여 변화變化를 아는 것'이요, 그렇게 하는 것이 덕德이 성盛한 것이라는 뜻이 된다. 다시 말해 만물萬物을 묘妙하게 하는 여덟 가지의 속성(八卦)을 궁구窮究하여 변화變化의 원리原理를 알아보라는 것이니, 이것이 정역팔괘正易八卦를 의미함은 물론이다.

한편, 正德(정덕)하고 利用(이용)하여 厚生(후생)함[65]이 덕德 중에 성盛한 것일 진데, 이보다 窮神(궁신)하여 知化(지화)하는 것이 오히려 덕德이 성盛하다 함은 다소 생소한 감이 없지 않다. 하지만 식생食生을 후厚하게 이어가는 것보다 천리天理를 알고 그 본성本性을 실현하는 것이 인간이 금수禽獸와 특히 다른 이유일 것이므로, 窮神知化(궁신지화)는 利用厚生(이용후생)의 덕德보다 큰 것임을 짐작할 수 있다. 만약 『정역正易』이 진실로 천지변화天地變化의 이치理致를 꿰뚫은 일부一夫의 온축蘊蓄이라면, 어쩌면 수지상수手指象數는 일부一夫가 발견한 무중벽无中碧으로 가는 만부萬夫의 통로일지도 모르겠다. 이 무중벽无中碧의 이치理致, 즉 '變化(변화)의 道(도)'를 아는 것이야말로 '窮神知化(궁신지화) 德之盛也(덕지성야)'가 아니겠는가.

---

64 『周易』, 「說卦傳」 6 : 神也者는 妙萬物而爲言者也니라.

65 『書經』, 「禹書」, 大禹謨 제7장 : 禹曰 於라 帝아 念哉하소서. 德惟善政이요 政在養民하니 水火金木土穀이 惟修하며 正德, 利用, 厚生이 惟和하여 九功이 惟敍하여 九敍를 惟歌어든 戒之用休하시며 董之用威하시며 勸之以九歌하사 勿壞하소서. (正德은 덕을 바르게 함이요, 利用은 씀을 이롭게 함이며, 厚生은 식생을 두터이 함이니, 이 세 가지는 나라와 백성을 덕으로 다스리는 기본이라 할 수 있다.)

2) 手指象數의 傳授

수지상수手指象數는 일부一夫 선생에 의해 고안考案되어 일찍이 말제자末弟子인 덕당德堂 김홍현金洪鉉 선생에게 밀전密傳되었다. 일부一夫 선생의 문하門下에는 연산連山의 선비가 『정역正易』을 만들었다는 소문을 듣고 많은 학자들이 몰려들었는데, 김황현金黃鉉과 김정현金貞鉉은 그 들 중에서도 뛰어나 각각 일파를 형성했다고 한다. 김황현金黃鉉 등은 영가무도詠歌舞蹈에 열중했고, 김정현金貞鉉 등은 『정역正易』의 문리文理와 도체道體를 풀어내는 것에 집착했다고 한다. 이들은 일부一夫 선생으로부터 『정역正易』을 배우는 제자였지만 스스로의 문장文章으로도 세간世間에 명성名聲을 얻었다. 덕당德堂은 김황현金黃鉉의 동생으로, 문장가文章家인 형들에 비해 글을 잘 알지 못했지만 정의情誼는 순박했다. 공부하러 온 사람들에게 밥을 해 먹이느라 가산家産까지 탕진한 덕德 많은 제자에게 일부一夫 선생이 지어준 호號가 바로 덕당德堂이었다.

일부一夫 선생은 밤마다 어두운 이불 속에서 덕당德堂의 손가락을 만져가며 수지상수手指象數를 가르쳤다고 한다. 그렇게 전해진 것이 ①『정역正易』, ②『주역周易』의 건괘乾卦와 곤괘坤卦, ③「계사상전繫辭上傳」의 수지상수手指象數이다. 경문經文도 제대로 외지 못하던 덕당德堂에게 경문經文과 수지상수手指象數를 이불 속에서 가르쳤다고 하니, 그 세월이 짧지 않았음은 가히 상상할 수 있겠다. 이상한 것은 일부一夫 선생이 문장文章으로 이름난 선비들을 제치고 문자무식文字無識의 덕당德堂에게 수지상수手指象數를 밀전密傳한 일이다. 일부一夫 선생 사후死後 덕당德堂의 회고에 의하면, 김황현金黃鉉, 김정현金貞鉉 등은 공부가 많아서 일부一夫 선생이 전한 것에 자신들의 학문을 더하려 했겠지만, 덕당德堂 본인은 공부가 없었으니 선생의 뜻을 곧이곧대로 전하리라 생각한 것이 아닌가 추측했다고 한다. 말 그대로 덕당德堂은 스스로 배운 것만을 엄격하게 후대後代에 전해주었다.

한편 수지상수手指象數를 가르치던 일부一夫 선생이 덕당德堂에게 따로 당부한 것이 있었으니, 그것은 선생 자신의 사후死後 30년 동안 수지상수手指象數에 대해 함구緘口하라는 것이었다. 30년 뒤에는 머리를 깎은 사람이 찾아올 테니, 그 때가 되면 그에게 전해주라고 당부했는데, 그 당시 대부분의 사람들은 상투를 틀고 있어서 지금처럼 모두 머리를 깎고 살 것이라고 생각하지는 못했다고 한다. 실제로 덕당德堂은 30년 후 밀양密陽의 손구전孫九田이라는 사람이 찾아오기 전까지 수지상수手指象數에 대한 일체를 함구緘口했다. 손구전孫九田은 꿈속에서 연산連山에 사는 거북처럼 생긴 노인을 보고 길을 물어 찾아가 덕당德堂을 만났다고 한다. 덕당德堂은 일부一夫 선생의 말씀대로 찾아온 머리 깎은 손구전孫九田에게 30년 만에 수지상수手指象數를 전하게 되었다.

그 후 수지상수手指象數는 관상가로 유명했던 의산義山 김경운金慶雲 등에게도 전해져 알려지게 되었는데, 비슷한 때에 덕당德堂과 학산鶴山 이정호李正浩 선생의 만남이 이루어졌고, 밀전密傳은 학산鶴山 선생에 이르러 『정역연구正易硏究』, 『정역正易과 일부一夫』, 『주역정의周易正意』등의 저작著作을 통해 '연구된 결과'[66]로 일반에 공개되었다. 학산鶴山 선생은 그 외에도 일부一夫 선생이 공부하던 향적산香積山 국사봉國師峯에 향적산방香積山房이라는 작은 학당學堂을 짓고, 제자 10여인과 더불어 십수 년 동안 『정역正易』과 수지상수手指象數를 강론講論한 바, 수지상수手

---

66 鶴山 선생은 『周易』과 『正易』에 대한 연구결과를 저술을 통해 발표했지만, 手指象數의 셈법 자체를 글로 드러내지는 않았다. 다만 몇몇 제자들에게 口傳으로 전하려 했지만, 手指象數의 습득에는 많은 시간과 스스로 노력이 필요했기 때문에, 처음부터 끝까지 온전히 배우고 끝내 터득한 제자는 三正 權寧遠 선생이 유일하다.

指象數는 그의 제자들 중 삼정三正 권영원權寧遠 선생에게 이어져 후학後
學들에게도 전해지고 있다.

3) 手指象數의 기본규칙

〔수 지 상 수〕

    수지상수手指象數를 배우려면 일단 수상手象의 몇 가지 기본규칙을 알
아야 한다. 수지상수手指象數를 제대로 활용하기 위해서는 육갑六甲을
익숙하게 운용할 줄 알아야 함은 기본이요, 손가락을 곱고 펴는 굴신屈
伸의 의미, 셈을 시작하는 지점, 각각의 손가락에 머무르는 육갑六甲의
의미를 제대로 이해해야 한다. 이 외에도 수數와 상象을 수상手上에서 자
유롭게 운용할 수 있어야 하겠지만, 무엇보다도 중요한 것은 『주역周易』
과 『정역正易』의 경문經文에 대한 익숙함과 이해이다. 수지상수手指象數
는 다름 아닌 경문經文의 진의眞意를 헤아리기 위한 수단이기 때문이다.
이상에 대해 더 자세한 설명이 필요하겠으나 논외論外로 하고, 본서本書
에서는 수지상수手指象數의 가장 기본적인 몇 가지 규칙을 설명하기로
한다. 『정역正易』 수지상수手指象數에는 다음과 같은 기본 규칙이 있다.

    첫째, 수지상수手指象數에서 수상手上의 손가락을 곱는(屈) 것은 양陽
을 의미하고, 반대로 펴는(伸)는 것은 음陰을 의미한다. 처음 수지상수手
指象數를 접하면 손가락을 곱는(屈) 것을 '움츠림'으로 생각하여 음陰과
짝을 지으려 하는데, 수지상수手指象數의 규칙에서 펴진 손가락은 음陰
의 '늘어짐'으로, 곱아진 손가락은 양陽의 '세워짐'으로 여겨야 한다. 이

는 「계사전繫辭傳」에서 정의된 건곤乾坤의 모습이 적용된 것으로, 양陽은 곧추서서(直) 오므려진(翕) 모양이고, 음陰은 늘어져서(專) 열린(闢)[67] 모양으로 나타나기 때문이다. 이런 규칙을 통해 고안考案되어 오늘에 전해진 팔괘八卦의 기본 수상법手象法은 아래와 같다. 이 때 일건천一乾天으로부터 사진뢰四震雷까지는 무지拇指[68]를 초효初爻로 헤아리고, 오손풍五巽風으로부터 팔곤지八坤地까지는 소지小指를 초효初爻로 헤아린다.

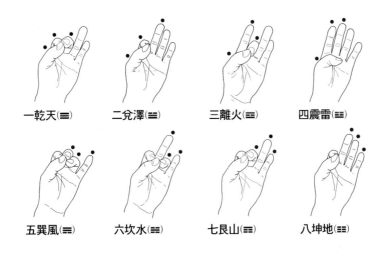

一乾天(☰)　　二兌澤(☱)　　三離火(☲)　　四震雷(☳)

五巽風(☴)　　六坎水(☵)　　七艮山(☶)　　八坤地(☷)

八卦의 기본 手象法

　둘째, 식지食指를 편 모양은 『주역周易』에서 중히 여기는 용구用九의 자리로, 용구用九의 자리는 乾知大始(건지대시)의 자리라고도 불린다. '마침이 곧 시작'인 終則有始(종즉유시)의 원칙에 따라 건괘乾卦와 곤괘坤卦는 모두 이 용구用九의 자리에서 도수度數의 셈을 시작한다.

---

67 『周易』, 「繫辭上傳」 6 : 夫乾은 其靜也 專하고 其動也 直이라 是以大生焉하며 夫坤은 其靜也 翕하고 其動也 闢이라. 是以廣生焉하나니….

68 본서에서는 수지상수를 자세히 설명하기 위해, 다섯 손가락의 이름을 편의상 다음과 같이 표현하기로 한다 : 엄지손가락=拇指, 집게손가락=食指, 가운데손가락=中指, 약손가락=藥指, 새끼손가락=小指.

셋째, 식지食指만을 펴서 용구用九를 짓기 위해 처음에 무지拇指를 구부리는 것을 安土라고 부르며, 이어서 용구用九 자리의 식지食指가 펴지는 모습을 敦乎仁이라고 부른다. 이 安土와 敦乎仁[69]은 「계사상전繫辭上傳」 제4장에 나오는 개념으로, 역易이 천지天地의 운행運行과 그 뜻이 동일함을 표현하는 과정에서 등장한다. 그 뜻은 '먼저 안토安土를 이뤄야 인仁을 돈독히 할 수 있다'는 것인데, 스스로의 마음과 형편을 안정시켜야 인仁의 실천을 돈독히 할 수 있고, 그런 다음에라야 외부에 대한 너그러운 사랑에 능할 수 있다는 뜻이다. 안토安土는 달리 말해 '允執厥中'과 '時中'으로 가는 기나긴 여정의 궤도軌道인 '중中'에 안착安着함이며, 시작을 위한 준비이니 곧 '공空'이라고도 말할 수 있다. 즉, 무지拇指를 구부려 安土를 짓는 것은 경세經世를 위해 영점零點을 맞추는 뜻이 되는 것이다.

安土하야

敦乎仁이라

넷째, 소지小指만 편 모양이 바로 용육用六이다. 용육用六의 자리는 구부리는 다섯과 펴는 여섯을 겹쳐서 셈하는 자리라고 해서 '包五舍六'의 자리라고도 불린다. 또 수상手象이 하나와 여섯을 겸한다고 하여 일륙궁一六宮의 자리로도 불리며, 그 외에 오황극五皇極, 이천二天, 천심天心 등

---

69 『周易』, 「繫辭上傳」 4 : 與天地相似라 故로 不違하나니 知周乎萬物而道濟天下라 故로 不過하며 旁行而不流하여 樂天知命이라 故로 不憂하며 安土하여 敦乎仁이라 故로 能愛하나니라.

의 여러 이름을 가지고 있다.

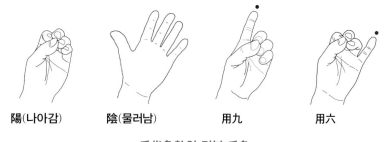

陽(나아감)　　陰(물러남)　　用九　　用六

手指象數의 기본 手象

　다섯째, 수지상수手指象數로 낙서수洛書數는 하나, 둘, 셋, 넷, 다섯,… 순으로 헤아려서 끝인 아홉까지 세는데, 처음에 하나를 세기 전에 무지拇指를 먼저 곱아주어야 하며, 이것이 앞서 언급됐던 안토安土이다. 셈하여 만물萬物·만사萬事의 오묘함을 알아가는 窮神知化^{궁신지화}는 오직 敦乎仁^{돈호인}을 하기 위함이니, 먼저 安土^{안토}를 이뤄야 敦乎仁^{돈호인}을 할 수 있다는 뜻이 수상手象에서도 적용되는 것이다. 또한 敦乎仁^{돈호인}의 뜻 속에는 모든 손가락의 값어치를 돈독히 곱아볼 수 있다는 실천의 논리도 들어있다.

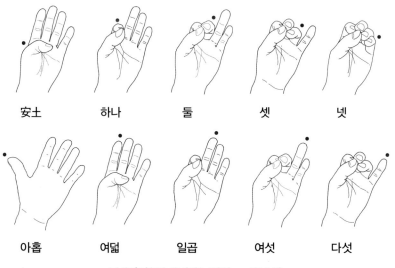

安土　　하나　　둘　　셋　　넷

아홉　　여덟　　일곱　　여섯　　다섯

手指象數의 洛書數 셈법 – 安土法

낙서수洛書數를 세는 방법에는 다른 한 가지가 더 존재하는데, 이 방법으로 헤아리면 문왕팔괘도文王八卦를 수상手上에서 간단하게 운용할 수 있다. 처음에 안토安土를 짓지 않고 무지拇指를 구부리며 하나, 둘, 셋, 넷… 순으로 세어나가되, 소지小指를 곱아서(屈) 다섯까지 헤아린 후, 소지小指를 다시 펼(伸) 때는 수數를 헤아리지 않는다. 그 이유는 문왕팔괘文王八卦에서 오중五中은 괘상卦象도 없고 짝도 없는 존재이기 때문이다. 다시 약지藥指를 펴며 여섯을 삼고, 일곱, 여덟을 지나 아홉에서 무지拇指를 펴며 낙서수洛書數를 끝낸다. 이렇게 헤아리면 소지小指를 제외한 네 손가락으로 문왕팔괘文王八卦의 순서와 모양을 손 위에서 쉽게 헤아릴 수 있다. 각각의 손가락에 부여된 굴신屈伸의 값을 더하면 모두 10을 이루고, 같은 손가락에서 연결된 괘卦는 문왕팔괘文王八卦에서와 똑같은 짝을 이룬다.

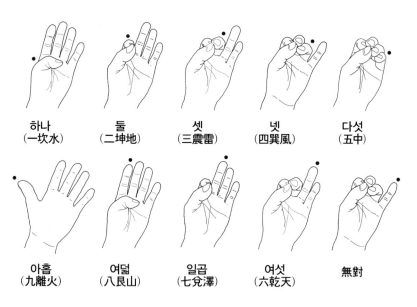

| 하나
(一坎水) | 둘
(二坤地) | 셋
(三震雷) | 넷
(四巽風) | 다섯
(五中) |
| 아홉
(九離火) | 여덟
(八艮山) | 일곱
(七兌澤) | 여섯
(六乾天) | 無對 |

手指象數의 洛書數 셈법 – 卦象法

예를 들어 무지拇指는 곱으면 일감수一坎水, 펴면 구리화九離火인데, 이 괘卦들은 문왕팔괘文王八卦에서 북감남리北坎南離로 상대를 이루는 제 짝이다. 낙서수洛書數를 헤아리는 방법은 안토법安土法과 괘상법卦象法 모두 마지막에 무지拇指를 펴며 아홉(九)으로 끝나게 되므로, 어떤 방법 으로 헤아려도 큰 차이는 없다고 한다.

　여섯째, 수지상수手指象數로 하도수河圖數는 낙서수洛書數의 아홉을 센 후에 곧바로 연결하여 셈을 시작하는데, 열을 시작으로 하여 아홉, 여 덟, 일곱,… 순으로 거꾸로 헤아려서 다시 하나까지 내려온다. 다시 말 해, 낙서수洛書數의 마지막인 아홉(九)에서 폈던 무지拇指를 다시 열(十) 로 곱으면서 곧바로 하도수河圖數로 넘어오는 것이다. 이 때 무지拇指는 낙서洛書에서 하도河圖로 전환되는 반환점이 되므로, 무지拇指는 반복적 으로 여닫는 손 위의 지도리(樞機)가 된다. 앞으로도 자세하게 설명하겠 지만, 건괘乾卦에서 終日乾乾의 구삼九三이 무지拇指의 자리에 해당됨에 '終日乾乾 反復道也'란 말이 맞아 떨어지게 되는 것이다.

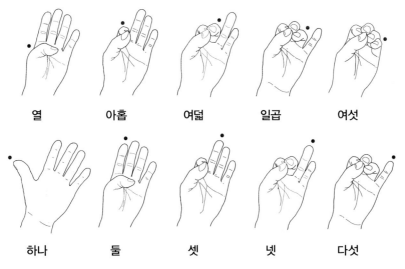

手指象數의 河圖數 셈법

무지拇指는 하도河圖와 낙서洛書의 지도리(樞機) 역할을 맡고 있지만, 값어치로는 하나(一)와 열(十)의 가치를 동시에 가지고 있으므로 '无極而太極'[70] 무극이태극 의 자리라고도 불린다. 또한 낙서洛書는 하나(一)에서 시작하여 다섯을 지나 아홉(九)까지의 선천先天을 셈하고, 하도河圖는 그 아홉(九)을 이어 열(十)에서 시작하여 다섯(五)을 지나 하나(一)까지의 후천后天을 셈하니, 『정역正易』이 말하는 열(十)과 다섯(五)이 하나(一)에서 융합을 이루는 십오일언十五一言은 바로 낙서洛書와 연결된 '하도河圖의 셈'을 가리키는 것이다.

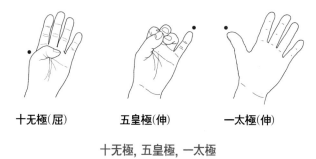

十无極(屈)　　　　五皇極(伸)　　　　一太極(伸)

十无極, 五皇極, 一太極

　　한편, 위와 같이 낙서수洛書數와 하도수河圖數를 셈하는 것은 본체 속의 셈법일 뿐이며, 실제로 셈을 헤아릴 때에는 하나부터 열까지 세는 보통의 셈법과 다르지 않다. 기본적인 수셈은 다음과 같다.

---

70 『正易』에서 无極은 十을, 太極은 一을 의미하므로, 无極而太極라는 말은 无極이면서 동시에 太極인 拇指의 자리를 설명한 말이다. 이는 북송의 周敦頤가 주창한 無極으로부터 太極이 나오는 선후과정을 설명한 無極而太極과는 다른 개념이다.

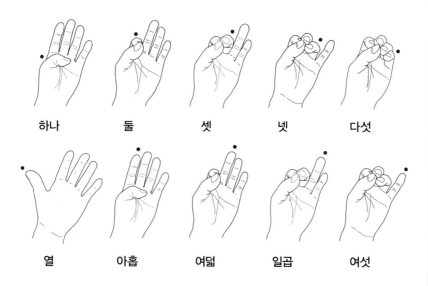

하나	둘	셋	넷	다섯
열	아홉	여덟	일곱	여섯

手指象數의 十數 셈법

　일곱째, 『정역正易』 수지상수手指象數는 정역팔괘도正易八卦圖의 상상象을 손위에 그대로 옮겨다 놓았다. 앞에서도 언급했지만, 『주역周易』을 공부했던 선유先儒들은 흔히 복희팔괘도伏羲八卦圖를 하도河圖와, 문왕팔괘도文王八卦圖를 낙서洛書와 체용관계體用關係로 연결 지었다. 즉, 하도河圖로부터 낙서洛書로 이어지는 순서를 정설로 받아들였던 것이다. 하지만 복희팔괘도伏羲八卦圖는 괘卦의 생성과 질서에 대한 개념을 표현한 '괘상卦象의 개괄槪括'일 뿐이지, 실제의 운행에 있어서 낙서洛書-하도河圖와 체용體用관계를 이루는 것은 문왕팔괘도文王八卦圖와 정역팔괘도正易八卦圖라고 『정역正易』은 주장한다. 그것은 마치 오행五行이 생생生하는 순서를 추론해 보면 수水·화火·목木·금金·토土의 순이지만, 실제로 운행運行을 할 때는 목木·화火·토土·금金·수水의 상생운행相生運行과 수水·화火·금金·목木·토土의 상극운행相剋運行만이 존재하는 것과 같은 이치이다.

伏羲八卦圖　　　　　文王八卦圖　　　　　正易八卦圖

　한편, 각 팔괘八卦의 정렬 순서에 따라 음양陰陽이 반복反復하는 순서를 괘卦별로 헤아려보면, 복희팔괘도伏羲八卦圖의 팔수八數는 陽–陰–陰–陽–陰–陽–陽–陰의 순서로 음陰과 양陽이 다소 불규칙적으로 뒤섞인 반면, 문왕팔괘도文王八卦圖 구수九數의 陽–陰–陽–陰–中–陽–陰–陽–陰의 순서와, 정역팔괘도正易八卦圖 십수十數의 陽–陰–陽–陰–陽–陰–陽–陰–陽–陰의 순서는 마치 '一陰一陽之謂道'[71]의 운행법칙運行法則에 합당한 모양을 취하고 있다. 이렇듯 복희팔괘도伏羲八卦圖는 본래, 사상四象이 팔괘八卦를 생생生하는 순서의 이론적 설명인 원역도原易圖일 뿐이어서, 문왕팔괘도文王八卦圖와 정역팔괘도正易八卦圖가 낙서洛書와 하도河圖에 정합된正合된 괘상卦象이라는 주장은 더욱 설득력을 얻게 된다. 다음은 정역팔괘正易八卦의 수상手象이다.

---

71 '한 번 음하고 한 번 양하는 것을 일러 道라고 한다'는 뜻으로, 「繫辭上傳」의 제5장에 나오는 道에 대한 간결한 정의이다.

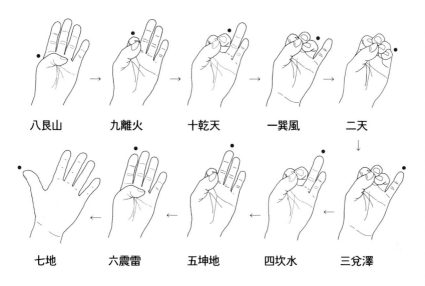

| 八艮山 | 九離火 | 十乾天 | 一巽風 | 二天 |
| 七地 | 六震雷 | 五坤地 | 四坎水 | 三兌澤 |

正易八卦의 手上 設位

　위의 그림처럼 수상手象으로 헤아리는 정역팔괘正易八卦의 순서는 팔간산八艮山부터 시작되는데, 이는 천지天地의 흐름을 본뜬 것이다. 수상手象은 산(八艮山)으로부터 위로 올라 태양(九離火)에 이르고, 곧바로 하늘의 성정性情(十乾天)을 지난 후 바람(一巽風)이 머무는 하늘(二天)가에 이른다. 곧이어 물이 되어 다시 내려와 갇힌 물인 연못(三兌澤)에 고였다가 터진 물인 하천(四坎水)으로 흘러서 땅의 성정性情(五坤地)을 지난 후 우레의 진동(六震雷)이 머무는 땅(七地)에 이른다. 이 때문에 수상手上에서 손가락으로 육갑六甲을 헤아리는 동안 도수度數는 자연스레 우주宇宙를 주회周回하는 셈이 되는 것이다.

　정역팔괘正易八卦의 수상법手象法은 모든 도수度數 셈법의 기본이 되므로 철저히 익혀두어야 한다. 이후 전개될 수상手象과 관련된 내용의 이해를 돕기 위해서, 아래에 정역팔괘正易八卦의 수상手象에 대해 몇 가지를 정리한다.

① 무지拇指의 자리는 굴굴屈하면 팔간산八艮山, 신신伸하면 칠지七地가 되는 동시에 열(十)과 하나(一)의 자리이기도 하므로, 일태극一太極과 십무극十无極의 자리를 겸한다. 하나에서 셈을 시작한 낙서수洛書數가 아홉에 이르러 펴진 무지拇指에 도착한 후 하도수河圖數로 넘어가면서 열이 되고, 다시 아홉, 여덟… 등으로 내려오다가 마침내 하나에서 무지拇指를 다시 펴게 되니, 무지拇指는 일태극一太極과 십무극十无極의 자리를 겸한다고 하는 것이다. 또한 『정역正易』경문經文의 '復之之理는 一八七이니라', '擧便无極이시니 十이니라 十便是 太極이시니 一이니라'[72] 등은 모두 무지拇指의 자리에 대한 설명이다.

② 식지食指의 자리는 굴굴屈하면 구리화九離火, 신신伸하면 육진뢰六震雷가 되며, 약지藥指와 더불어 뇌풍雷風과 일월日月로 짝을 이룬다. 또한 수數로는 구九와 이二, 오행五行으로는 금金과 화火가 교역交易하는 자리라서 '九二錯綜', '金火互宅'의 자리라고도 불린다. 또한 식지食指는 용구用九의 자리로서, 건괘乾卦와 곤괘坤卦의 도수度數를 헤아리는 출발점이 된다. 이 내용은 뒤에서 더 자세히 다루도록 하겠다.

③ 중지中指의 자리는 굴굴屈하면 십건천十乾天, 신신伸하면 오곤지五坤地가 되는데, 양물陽物과 음물陰物의 대표인 건곤乾坤이 겹쳐지는 물상잡勿相雜 또는 문文, 장章의 자리로도 불리며, 이 물상잡勿相雜은 『주역周易』곤괘坤卦의 해석에서 중요한 의미로 쓰인다.

④ 약지藥指의 자리는 굴굴屈하면 일손풍一巽風, 신신伸하면 사감수四坎水가 되는데, 수數로는 사四와 칠七, 오행五行으로는 금金과 화火를 이루므로 식지食指와 함께 또 다른 금화金火의 자리가 되며, 태양太陽이 회복回復하는 일칠사一七四의 뜻이 숨어있는 자리이기도 하다.

⑤ 소지小指의 자리는 굴굴屈하면 이천二天, 신신伸하면 삼태택三兌澤이 되는데,

---

72 『正易』, 「十五一言」 : (拇指를) 문득 들면 无極이니 十이니라, 十이 문득 太極이니 一이니라.

용육用六의 자리이자 포오함육包五舍六의 자리이며, 『정역正易』 경문經文
에서 나오는 오황극五皇極, 천심월天心月, 천심天心, 오토육수五土六水에
해당되는 자리이다.

『정역正易』 수지상수手指象數의 정역팔괘正易八卦 셈법은 위와 같은 규
칙을 통해 수상手上에서 천지설위天地設位를 시행施行하며, 이렇게 정의
된 여러 가지 수상手象들을 『주역周易』과 『정역正易』의 경문經文에 결
합시킨다.

여덟째, 『정역正易』 수지상수手指象數의 운용運用은 육갑六甲에 순서를
맞춰 셈하여 나가되, 각각의 수상手象을 헤아릴 때는 오행五行이 함께 동
원된다. 『주역周易』에 대한 수지상수手指象數의 셈법이 『정역正易』의 경
문經文, 『주역周易』의 건괘乾卦, 곤괘坤卦와 「계사상전繫辭上傳」에 국한되
어 전승되어 왔지만, 건괘乾卦, 곤괘坤卦의 도수度數를 수지상수手指象數
로 헤아리면 괘사卦辭와 효사爻辭의 내용에 육갑六甲과 수상手象이 묘妙
하게 부합되는 것을 확인할 수 있다. 이것을 다시 말하면 『주역周易』이나
『정역正易』의 경문經文이 애초부터 도수度數와 육갑六甲의 운행運行에 맞
춰 작역作易되었다는 주장이 가능해지며, 실제로 일부一夫 선생이 전했
던 뜻 또한 그러하다.

아홉째, 마음에 드는 해석을 얻으려고 수지상수手指象數에 사용되는
수상手象을 억지로 연결 짓지는 말아야 한다. 처음 수지상수手指象數를
배울 때 손가락을 곱으면서 경문經文을 헤아리다보면 여러 가지 셈법의
교차점을 우연히 발견하게 된다. 하지만 이는 초심자가 흔히 겪는 혼란
일 뿐이지, 아무런 가치가 없는 경우가 대부분이다. 즉, 여러 종류의 수

지상수手指象數 셈법들은 대체로 독립적으로 구별되어 있음을 생각해야 하는 것이다. 예를 들어 식지食指의 도수度數가 계해癸亥라고 해서 오행五行의 값인 해륙수亥六水의 육六으로 여섯째 손가락인 소지小指와 연결 지으려 하는 등의 해석은 터무니없는 억지라는 것이다. 또한 도수度數를 헤아릴 때마다 각각의 독립적인 셈법이 한 자리에서 우연히 겹치는 것에도 마음을 두지 말아야 한다.

마지막으로, 수지상수手指象數의 헤아림은 마디가 중심이다. 육갑六甲을 헤아리는 도중의 도수度數들은 그저 지나치는 값일 뿐이므로, 각각의 손가락마다 과도하게 의미를 두어서는 안 된다. 간혹 마디와 맞붙은 도수度數를 의미로 취하기도 하지만, 마디가 맺어지는 지점의 값만을 취하는 것이 대체의 원칙이다.

4) 天地設位
천 지 설 위

『정역正易』 수지상수手指象數는 일부一夫 선생에 의해 고안되어 후대後代에 전승되었지만, 예로부터 천문天文, 역수曆數, 조수潮水 등의 자연법칙을 헤아리는 수지상수手指象數의 원안原案이 별도로 존재했던 것으로 보인다. 수 년 뒤의 열두 달 합삭일合朔日을 정확하게 예측했던 고대古代의 역산법曆算法이라든지, 날짜별 조수潮水의 시간변동을 손가락으로 헤아렸던 셈법과, 달과 이십팔수二十八宿의 위치를 예측해내는 셈법 등은 육갑六甲의 운용運用에 능했던 선유先儒들의 이야기와 더불어 수지상수

手指象數의 연원淵源을 더욱 더 장구長久하게 여기도록 만든다.

『주역周易』의 「계사상전繫辭上傳」 제7장에는 "하늘과 땅이 각각의 위位를 베풀면, 역易이 그 중中으로 행하니…"[73]라는 구절이 있다. 여기서 천지설위天地設位란 무슨 뜻인가? 그저 하늘과 땅이 운행運行의 위位를 갖추었다는 조건의 의미뿐일까? 「계사하전繫辭下傳」에 또 한 번 나오는 천지설위天地設位를 살펴보자.

부건　천하지지건야　덕행　항이이지험
夫乾은 天下之至健也니 德行이 恒易以知險하고

부곤　천하지지순야　덕행　항간이지조
夫坤은 天下之至順也니 德行이 恒簡以知阻하나니

능열저심　　능연저려
能說諸心하며 能研諸慮하야

정천하지길흉　　성천하지미미자
定天下之吉凶하며 成天下之亹亹者니

시고　변화운위　길사유상
是故로 變化云爲에 吉事有祥이라

상사　지기　점사　지래
象事하야 知器하며 占事하야 知來하나니

천지설위　성인　성능　인모귀모　백성　여능
天地設位에 聖人이 成能하니 人謀鬼謀에 百姓이 與能하나니라.

저 건은 천하의 지극히 굳건함이니 덕행이 항상 쉬우니 이로써 험함을 알고, 저 곤은 천하의 지극히 순함이니 덕행이 항상 간략하니 이로써 막힘을 아느니, 능히 마음에 기뻐하며, 능히 생각을 연구하여서, 천하의 길흉을 정하며, 천하의 아름다운 것들을 이루나니, 그러므로 변화를 운위云爲함에 길한 일은 상서로움이 있음이라, 일을 상象하여서 기물器物을 알며, 일을 점쳐서 미래를 알아내니, 천지설위天地設位에 성인이 능함을 이루니, 사람들이 도모하고 귀신이 도모함에 백성이 함께 능하느니라.

---

73 『周易』, 「繫辭上傳」 7 : 天地設位어든 而易이 行乎其中矣니….

위 내용에서 건곤乾坤에 대한 설명에 덕행德行이 먼저 나오는 것으로 보아, 하늘과 땅의 덕행德行을 본받으라는 의미로 다가온다. 어떻게 본받는가? 능히 그 마음에 기뻐하고, 능히 그 생각에 궁구窮究하며 열심히 배우며 본받으라고 한다. 그런데, 천지설위天地設位에 대해 성인聖人이 능能함을 이룰(成) 수 있다는 것은 이해가 되더라도, 백성百姓도 함께 능能할 수 있다는 것은 대번 낯설게 느껴진다. 공자孔子는 일찍이 '百姓은 (道를) 日用하더라도 不知한다'[74]고 그 한계限界를 탄식하지 않았던가. 게다가 與能이라는 말은 '해본다', '참여한다'의 수준을 넘어, 누구나 잘 할 수 있다는 의미를 가지고 있으니, 이것은 실로 엄청난 이야기가 아닐 수 없다. 도대체 天地設位를 통해 聖人이 成能하고 百姓이 與能할 수 있다는 것은 무엇을 의미하는가?

이와 관련하여 천지설위天地設位를 단순한 조건환경의 차원과 다르게 헤아리는 견해가 있다. 천天을 천간天干으로 보고, 지地를 지지地支로 보아서, "(천지변화天地變化를 상징象徵하는) 육갑六甲이 위位를 베풀거든, 역易이 그 가운데로 행할 것이니…"라는 뜻으로 보는 견해도 있고, 천天을 천문天文 즉, 별자리로, 지地를 지방地方 즉, 방위方位로 보아서, 이십팔수二十八宿와 땅의 십이방위十二方位의 조합으로 보는 견해도 있다. 두 가지는 모두 천지설위天地設位에 대해, "성인聖人이 별들의 이름을 짓고 땅의 방위方位를 정하거나 각각에 육갑六甲을 붙여서 그 운행법칙의 셈법에 능하게 되니, 마침내 백성百姓도 함께 능하게 될 것이다"라는 뜻으로 해석된다. 이러한 견해는 공자孔子가 언급한 천지설위天地設位가 본래 수지상수手指象數를 의미했는지도 모른다는 상상을 가능케 한다. 더 나아가,

---

74 『周易』, 「繫辭上傳」 제7장은, 道라는 것은 어진 사람이 보기에는 어짊으로 보이고, 지혜로운 사람이 보기에는 지혜로 보이지만, 백성들은 그 道를 매일같이 사용해도 알지는 못하니, 세상에는 君子의 道가 드문 것이라고 설명하고 있다.

수지상수手指象數를 '變化의 道'에 접근하는 통로로 여겨서, '變化의 道를 아는 것이 신神이 하는 바(所爲)를 아는 것'[75]이라고 당부한 공부자孔夫子 스스로, 백성百姓이 變化의 道를 알아감에 與能하기를 꿈꾼 것이라는 추론도 가능해진다. 일부一夫 선생 또한 수지상수手指象數로 헤아리는 셈법의 이름을 '天地設位'라고 전했으니 이러한 추론은 더욱 더 힘을 받는다. 만약 그렇다면, 이제 수상手上의 천지설위天地設位를 통해 앞선 성인聖人들의 작역作易 과정을 복기復棋해 보는 일만 남았다. 다음 장章부터는 『주역周易』 건괘乾卦와 곤괘坤卦를 수지상수手指象數의 도수度數 셈법으로 헤아려 보고, 애초 작역作易에 사용된 천도天道의 운행이 수상手上에서 어떠한 규칙으로 운용되며, 그 규칙이 가지는 의미가 무엇인지를 살펴보겠다.

正易手指象數 周易乾坤篇┃…

---

75 『周易』, 「繫辭上傳」 9 : 子曰 知變化之道者 其知神之所爲乎인저.

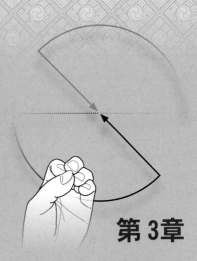

第 3 章

<ruby>周易<rt>주 역</rt></ruby> <ruby>乾卦<rt>건 괴</rt></ruby>와 <ruby>坤卦<rt>곤 괴</rt></ruby>의 <ruby>解釋<rt>해 석</rt></ruby>

1. 乾卦의 解釋
건 괘   해 석

1) 元亨利貞
원 형 이 정

건   원   형   이   정
乾은 元코 亨코 利코 貞하니라

건은 시작하고 형통하고 이롭고 올곧다

　원형이정元亨利貞은 천도天道의 네 가지 모습이다. 천도天道 자체가 '크고 형통하고 이롭고 올바른' 운행이라 하겠으나, 자체의 속성 이외에도 천지만물天地萬物을 '크게 해주고 형통하게 해주고 이롭게 해주고 올바르게 해주는' 왕성한 기운이야말로 원형이정元亨利貞의 참모습이라고 할 수 있으니, 이는 또 다시 천덕天德이라 이를 수 있다. 스스로가 '그러한 모습'을 넘어 그 영향이 천지만물天地萬物을 뒤덮을 지경에 이르니 천덕天德이라고 말할 수 있는 것이다. 그러므로 천지天地가 끝없이 순환하는 한, 크게는 자강불식自强不息의 천행天行으로부터 작게는 한낱 미물微物의 계대繼代에 이르기 까지도 원형이정元亨利貞의 도道를 본받지 않고 그 덕德을 입지 않는 존재란 있을 수 없다.

원형이정元亨利貞은 한마디로 천지天地가 끊임없이 돌아가도록 만드는 숨은 원동력이다. 원元은 크게 시작함이니, 만약 시작하지 않고 크게 틔워주지 않으면 형통亨通함은 바랄 수가 없다. 형통亨通함은 그 틔워진 상하上下·사방四方을 통해 풍성하게 뻗어나가 다채로워짐이니, 뒤따를 결실의 이利로움은 모두 형통亨通한 힘이 있기 때문에 얻어지는 것이다. 이利로움은 결실을 이룸(成)이니, 만사萬事는 반드시 이利로움을 향해 피어나며 결국 가장 이롭고 마땅한 선택으로 귀결된다. 이렇게 하여 선택된 이로움은 마침내 오랜 시간동안 지켜가야 할 '올곧음(貞)'으로 저장된다. 시작하여 형통하게 하고, 형통하여 이롭게 하고, 이로움으로 선택하여, 그 선택으로 올곧게 나아가니, 원형이정元亨利貞 네 가지는 모두 능동적 주체가 된다. 전체로는 도道로써 순환을 이루지만 스스로도 사방으로 덕德을 베풀어 대니, 곧 천도天道요 사덕四德이라 이르는 것이다.

문왕文王[76]에 의해 정리된 원형이정元亨利貞은 이후 공자孔子에 의해 춘하추동春夏秋冬의 사계절과 맺어져 자연법칙을 통관하는 원형原形으로 굳어졌으며, 仁^인·禮^예·義^의·幹^간[77]이라는 인간의 도덕체계道德體系와 연결되어 그 범위와 구체성을 더하기도 했다. 인간 심리에 이르러서는 맹자孟子에 의해 惻隱^{측은}·辭讓^{사양}·羞惡^{수오}·是非^{시비}[78]의 의미로 전환되어 성선性善의 근거로 인용되기도 하였다. 여하튼 건괘乾卦의 元^원·亨^형·利^이·貞^정은 곤괘坤卦의 元^원·亨^형·利^이·牝馬之貞^{빈마지정}과 더불어 천지天地를 쉴 없이 순환하도록 몰아대지만, 스스로를 드러내지 않는 대덕大德의 원형原形이라 할 수 있다. 다음은 원형이정元亨利貞에 대한 정자程子의 해설이다.

---

76 乾卦의 卦辭를 元亨利貞이라 지은 사람은 주나라 文王이며, 孔子는 彖傳, 象傳, 文言傳을 지음으로써 元亨利貞의 뜻을 풀어냈다.

77 孔子는 『주역周易』의 「문언전文言傳」에서 元·亨·利·貞의 天道에 상대되는 人道의 실천항목으로 仁·禮·義·幹의 四德을 내세웠고, 이는 후대에 이르러 仁義禮智로 변화되어 정리됐다.

78 孟子가 주창한, 사람이 가진 네 가지의 선한 본성으로 이를 四端이라고 한다.

원 형 이 정　위 지 사 덕　　원 자　만 물 지 시
元亨利貞을 謂之四德이니 元者는 萬物之始요

형 자　만 물 지 장　　이 자　만 물 지 수
亨者는 萬物之長이요 利者는 萬物之遂요

정 자　만 물 지 성　　유 건 곤　유 차 사 덕
貞者는 萬物之成이라 唯乾坤이 有此四德이요…

원형이정을 사덕이라 이르니, 원은 만물을 시작함이요, 형은 만물을 길러냄
이요, 이는 만물이 따름이요, 정은 만물이 이룸이니, 오직 건과 곤만이 이
네 가지 덕을 가지고 있고…[79]

　　만약 공자孔子에 의한 「문언전文言傳」의 해설이 없었다면 지금의 초학
자들에게조차 친숙한 원형이정元亨利貞에 대한 정자程子의 해설(윗글)은
아마도 세상에 나오지 못했을 뿐만 아니라, 그 뜻을 헤아림에 그저 주자
朱子『본의本義』의 '大通而至正'[80] 정도에 만족했을지도 모른다. 원元을
선善의 으뜸으로 풀어내고, 그 의미를 천하天下를 이롭게 할 목적의 '비
롯함'[81]으로 헤아려, 천덕天德의 범주를 인간 삶의 영역으로 끌어들인 것
은 순전히 공자孔子의 공덕功德이다. 다시 말해 현재의 우리는 공자孔子
의 혜안慧眼에 의해 추출된 작역作易 성인聖人의 본래 의도와 경문經文이
가진 글됨의 인류학적 위대성을 접하고 있는 것이다. 그리하여 공자孔子
이래로『주역周易』에 대한 모든 접근은 공자孔子의 십익十翼 찬술撰述 이
전으로 거슬러 오르지 못한다. 건도변화乾道變化를 온축蘊蓄하여 표현한
네 글자 원형이정元亨利貞에 감히 손을 댈 수 없음은 물론이요, 경문經文
자체가 어떠한 과정을 통해 도출되었는지에 대한 의문조차 무모한 도전

---

79 程頤,『易傳』, 重天乾.

80 朱子는 자신이 지은『周易』해설서인『本義』에서 元亨利貞을 '크게 형통하고 지극히
바르다'라고 간략하게 정의하였다.

81 孔子는『周易』「文言傳」에서 乾卦에 대하여, '乾이 시작함에, 능히 아름다운 이로움으
로 天下를 이롭게 하고, 그 이로움을 말하지 않으니 위대하구나!'라고 설명하며, 元이 '이롭
게 할 목적의 비롯함'의 뜻임을 밝혀주었다.

일 뿐이다. 그저 공부자孔夫子가 풀어놓은 해설 속에서 겨우 실마리를 찾으려는 수준인 것이다.

이러한 분위기 속에서 '夫子親筆 吾己藏'[82]이라 외치며, 원형이정元亨 利貞의 해설이 아닌 그 소이연所以然(그렇게 만드는 까닭 또는 원리)의 영역 에 손을 댄 일부一夫 선생의 수지상수手指象數를 통한 경문經文의 해석 은 그 가치의 높고 낮음을 떠나 실로 엄청난 사변事變이라 이를 수 있다. 앞서 언급했듯이, 수지상수手指象數를 통한『주역周易』건괘乾卦와 곤괘 坤卦의 해석은 도덕·윤리적 범주를 초월한다. 일부一夫 선생이 시도했던 운행원리運行原理와 도수度數를 통한 접근이 문왕文王과 주공周公의 그것 과 같았는지는 모르겠으나, 문왕文王과 주공周公은 적어도 운행원리運行 原理와 도수度數를 온전히 무시하지는 않았을 것이다. 오히려 그것을 철 저히 구현하지 못할 것을 두려워했을 것이다.『주역周易』자체가 육십사 괘六十四卦의 상象象과 수數의 철저한 조합과 구별을 통해 만들어진 인류 학적人類學的 산물産物이라는 점에서 그 이유는 더욱 더 명확해진다.『정 역正易』이 새로운 역易일뿐만 아니라, 기존의 두루뭉술한(周)『주역周易』 의 뜻을 '바로(正)'잡아주는 '바로(正) 그 역易'[83]이라는 선대先代의 전언 傳言은 이와 맥脈을 같이 한다.

건괘乾卦는 건도乾道의 변화과정을 설명하면서 용龍을 등장시킨다. 변 화變化의 상징인 용龍은 건괘乾卦에서 초효初爻의 잠룡潛龍으로부터, 현 룡見龍, 건건군자乾乾君子, 약룡躍龍, 비룡飛龍을 거쳐 마침내 항룡亢龍에 이르기까지, 건도변화乾道變化 각 단계의 각정성명各正性命을 결단하여

---

82 一夫 선생은『正易』의「大易序」에서, '孔子의 親筆이 내 몸 속에 서려있다'고 표현했다.
83 正易은 '올바른 易'의 뜻 외에도, '두루뭉술(周) 周易을 바로(正) 잡는 易'이라는 뜻과 '세상을 밝혀줄 바로(正) 그 易'이라는 뜻도 가지고 있다.

표현한다. 일단 용龍에 대한 설명을 살펴보자.

> 龍이란 變化의 異名이니, 龍字의 右傍은 으로 뿔 달린 易이다. 그러므
> 로 龍은 다름 아닌 易이요, 易은 변화를 맡은 龍인 동시에 변화를 나타
> 내는 日月이기도 하다. 그래서 日月爲易이라고도 하는 것이다. 다시 말
> 하여 龍의 변화는 日月의 변화인 것이다. 日月이 변화하여야 四時成歲
> 하고 雲行雨施하여 天始地生에 만물이 咸亨하는 것이다. 천하태평이
> 아니고 무엇이겠는가. 이것이 바로 元亨利貞이다.[84]

예로부터 신령스러운 존재로 인식되어온 용龍은 스스로가 다름 아닌 역
易이요 일월日月이기도 하며, 사시운행四時運行과 만물함형萬物咸亨의 변
화를 일으키는 존재이다. 그러므로 용龍은 건괘乾卦에서 주인공으로 등
장하며 변화를 능동적으로 주도한다. 건곤乾坤은 변화變化의 문門으로
서, 동정動靜의 관점에서 바라보자면 양동陽動의 주체는 바로 이 용龍인
것이다.

　본격적으로 건괘乾卦의 원형이정元亨利貞을 헤아리는 도수度數 셈법으
로 들어가 보자. 원형이정元亨利貞을 도수度數로 셈하려면, 먼저 수상手象
에서 식지食指를 들어서 계해癸亥를 시작으로 삼고, 무지拇指를 펴서 갑
자甲子로 삼고, 방금 폈던 무지拇指를 다시 곱으면서 을축乙丑으로, 계해
癸亥의 자리였던 식지食指를 다시 곱으면서 병인丙寅으로, 중지中指를 곱
으면서 정묘丁卯로, 마지막으로 약지藥指를 곱으면서 무진戊辰에 이른다.
건괘乾卦의 천지설위天地設位는 이렇게 무진戊辰에서 끝이 난다. 무진戊
辰은 용龍이니 그래서 건괘乾卦는 용龍에 대한 이야기로 가득한 것이다.
무진戊辰으로 마친 건괘乾卦의 수상手象을 살펴보면, 소지小指만 남겨놓

---

84 이정호, 『周易正義』, 아세아문화사, 1980, pp.2.

고 나머지 네 손가락이 모두 양陽으로 솟아 있는 것을 확인할 수 있다. 「계사상전繫辭上傳」 제6장에 '건乾이 정靜하면 늘어져 있고 동動하면 곧 추서니 이로 인해 크게 생생生한다'[85]고 했으므로, 건乾의 원형이정元亨利貞을 셈하는 손가락의 모양에서 건도乾道의 모습이 그대로 드러나는 셈이다.

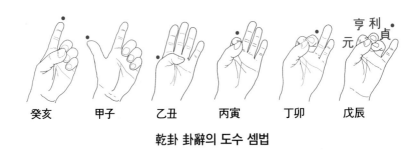

乾卦 卦辭의 도수 셈법

곱아진 네 손가락은 원형이정元亨利貞이 순서대로 갖춰진 모습이며, 남겨진 소지小指는 그 의미이다. 즉, 소지小指는 앞서 언급되었던 정역팔괘正易八卦의 수상手象 중 이천二天 자리에 해당되니, 건괘乾卦를 도수度數로 셈하고 있는 상황에서 이천二天의 소지小指가 그 의미로 표시됨은 수지상수手指象數의 견고한 짜임새를 보여주는 하나의 예라고 할 수 있다.

乾卦 元亨利貞의 手象과 度數

乾卦	元	亨	利	貞
手象	拇指	食指	中指	藥指
度數	乙丑	丙寅	丁卯	戊辰

무지拇指는 원元이 되고, 식지食指는 형亨이 되고, 중지中指는 이利가 되

---

85 『周易』, 「繫辭上傳」 6 : 夫乾은 其靜也 專하고 其動也 直이라 是以 大生焉하며….

고, 약지藥指는 정貞이 된다. 도수度數로 보면 건乾은 을축乙丑(元), 병인丙寅(亨), 정묘丁卯(利), 무진戊辰(貞)에 해당되는 것이다. 원형이정元亨利貞이 건도乾道의 체體라면 도수度數 셈법에 의해 도출된 축丑·인寅·묘卯·진辰은 건도乾道의 용用이 되는데, 다음 장章에서 더 자세하게 설명하겠지만, 이는 곤괘坤卦에서 유酉·신申·미未·오午가 도수度數의 역순逆順으로 정렬되며 곤괘坤卦의 용用이 되는 것과 대조를 이룬다.

2) 食指의 자리

그런데 원형이정元亨利貞을 수지상수手指象數로 셈하는 도수度數 셈법의 시작이 왜 하필 계해癸亥여야 하며, 또한 반드시 식지食指에서 출발해야 하는가? 출발점의 원리에 대해서는 다양한 논거들이 구전口傳으로 전해지고 있지만, 그 핵심적인 원리에 이르러서는 하나같이 '기갑야반己甲夜半 생계해 정묘두生癸亥 丁卯頭'라는 새로운 역법曆法의 출현으로 논리가 모아진다. 내용인즉, 기존 윤역閏曆의 시대가 끝나고 새로운 정역正曆의 시대가 올 것이라는 논리이다. 『주역周易』 건괘乾卦의 도수度數를 헤아리는 시작지점의 원리에 '새로운 역법曆法으로의 전환轉換'이라는 기저논리基底論理가 바탕을 이루고 있다니, 이것이 사실이라면 놀라운 주장이 아닐 수 없다. 언뜻 이해가 된다고 하더라도 더 근본적인 이치理致를 파악하기란 쉽지 않으니, 『정역正易』의 전승과정에서 거론되었던 몇 가지 흥미로운 논거들을 먼저 만나보자.

첫 번째, 가장 대표적인 논거는 '마친 곳에서 다시 시작해야 한다'는 종즉유시終則有始의 논리이다. 선천先天에서 무지拇指를 곱으며 자子로 시작한 지지地支의 헤아림이 한 바퀴를 모두 돌아 다시 식지食指에 이르러 해亥로 끝났으니, '그 굴屈한 곳에서 다시 신伸해야 하는 것'이 식지食指에서 셈을 시작하는 이치라는 것이다. 육갑六甲 도수度數의 끝인 계해癸亥를 시작의 도수度數로 삼는 것 또한 같은 논리이다. 종즉유시終則有始는 『주역周易』의 「단전彖傳」에 등장하는 표현이다. 『주역周易』에는 '終則有始'라는 말이 두 곳에서 나오는데, 산풍고괘山風蠱卦 「단전彖傳」의 '終則有始 天行也'와 뇌풍항괘雷風恒卦 「단전彖傳」의 '利有攸往 終則有始也'가 그것이다. 내용인즉, '끝마치면 새로운 시작이 있는 것이 하늘의 운행'이며, '갈 바가 이로운 것도 새로운 시작이 있기 때문'이라는 의미이다. 도수度數의 헤아림에도 끝과 시작이 있음은 당연할 것이니, 해亥에 이르러 식지食指에서 도수度數가 끝을 맺었다면, 당연히 식지食指와 해亥가 새로운 시작의 자리가 된다는 논리이다.

두 번째 흥미로운 논거는 식지食指의 자리가 아홉의 자리 즉, 용구用九의 자리라는 것이다. 정자程子가 『역전易傳』에서 이른바, '구九는 양수陽數가 성성盛한 것이므로 양효陽爻의 이름으로 삼았다'[86]고 했듯이, 아홉은 용수用數 중에 가장 큰 수數이자 마지막 수數라는 것에 주목할 필요가 있다. 건괘乾卦와 곤괘坤卦에는 효사爻辭의 마지막에 다른 괘卦에는 없는 용구用九와 용육用六이라는 개념이 존재하는데, 그 중 용구用九에 대한 작역作易 선성先聖의 의지를 먼저 살펴보자.

---

86 程頤, 『易傳』, 重天乾 : 九는 陽數之盛이라 故로 以名陽爻라.

용 구   견 군 룡   무 수   길
用九는 見群龍호되 无首하면 吉하니라

아홉을 씀은 뭇 용들을 돌아보되, 머리를 하지 않으면 길하리라.

'뭇 용들을 돌아본다' 함은 육효지동六爻之動의 각각이 아닌 전체를 눈여겨봄을 뜻한다. 즉, 전체를 돌아보면 '머리하지 않음이 길하다'는 것을 이해할 수 있다는 것이다. 건괘乾卦는 용龍의 일생을 빌어 천덕天德이 가지는 기회機會와 경계警戒의 의미를 동시에 드러낸다. 침잠沈潛된 잠룡潛龍으로 시작한 용龍의 변화는 현룡見龍, 건건군자乾乾君子, 약룡躍龍을 거치며 진덕수업進德修業의 노력을 아끼지 않는다. 이러한 노력은 오직 한 가지 목적을 위한 것이니, 그것은 용龍의 본분이자 최종목표인 날아오름(飛)이다. 마침내 때를 타고 날아올라 이어천以御天하려는 뜻이다. 비룡飛龍으로 마침내 천덕天德의 자리(位)에 올라 운행우시雲行雨施로써 천하평天下平을 이루는 것이 바로 용龍의 용룡龍됨이기 때문이다.

하지만 비룡飛龍을 넘어서면 곧바로 항룡亢龍 즉, '다한 용龍'이 되니, 용龍의 여정은 즉시 끝을 보게 된다. 끝을 '목표에 도달한 것'으로 여길 수도 있겠으나, 이는 비룡飛龍이라는 목표를 이미 지나쳐서 과過에 이른 것이며, 천덕天德의 순환循環에서 과過는 곧 재앙災殃을 의미한다. 그러므로 본성本性을 이루면 지긋이 물러나서 또 다른 시작을 기약함이 길吉한 법이다. 끝내 머리 꼭대기까지 오르려는 기세는 천덕天德의 제재制裁를 받을 수 있으니, 현명賢明하고 길吉한 선택을 권유하는 뜻을 보인 것이다. 수數의 꼭대기는 십十이고, 구九는 양陽으로서 가장 왕성한 상태이니, 구九를 쓰되 머리 꼭대기인 십十까지 가지 않는 것이 좋다는 권유이다. 용구用九에 대한 이러한 권유적 표현은 「상전象傳」에서도 다음과 같이 거듭해서 설명되고 있다.

象曰 用九는 天德은 不可爲首也라.

상에 이르길, 용구는 천덕은 머리를 삼지 않음이라.

  공자孔子는 「상전象傳」에서 용구用九에 대해 아예 엄혹한 경계로 뜻을 내비친다. '머리까지 이르지 않으면 길하다'는 권유를 넘어, '천덕天德은 머리까지 오르려는 참람僭濫됨을 절대로 그냥 내버려 두지 않는다'는 경고를 던지는 것이다. 십十에 오르면 여지없이 내쳐질 것이니, 구九까지만 쓰라는 뜻이다. 또한 수상手象으로도 안토安土를 지은 후에 하나(一), 둘(二), 셋(三)… 아홉(九)까지는 여전히 낙서수洛書數이지만, 열(十)에 이르면 하도수河圖數가 되어, 곧바로 내리막길로 들어서는 새로운 시작이 된다. 『정역正易』의 「십오일언十五一言」에서 '十便是太極이니 一'이라 했듯이 십十이 곧바로 일一로 향하는 뜻도 용구用九를 넘어서서 만나게 되는 천도天道의 전환轉換과 연관이 있었던 것이다. 이상의 내용을 종합하면, 식지食指의 계해癸亥는 수數의 마지막을 쓰는 용구用九가 육갑六甲의 마지막인 계해癸亥와 함께 아홉 번째 손가락인 식지食指에서 그 뜻을 겸하니, 건괘乾卦 원형이정元亨利貞의 순환은 계해癸亥에서 셈을 시작해야 한다는 논리가 성립된다. 이것이 구九를 써서 시작되는 건도乾道의 순환이고, 건원乾元이 구九를 쓰면 마침내 하늘의 법칙(天則)을 확인할 수 있다는 뜻이다.

乾元用九는 乃見天則이라.

세 번째 논거는 『정역正易』 경문經文에 등장하는 연담蓮潭 이운규李雲圭 선생의 시詩 한 수와 관련된 내용이다. 앞서 언급되었듯이, 연담蓮潭 선생은 제자인 일부一夫 선생이 장차 큰 깨달음을 얻을 사람임을 알아보고, 뒷날에 그가 쓰게 될 책(正易) 속에 자신의 시詩 한 수를 넣어달라고 부탁했다. 바로 이 시의 첫 행과 둘째 행의 내용이 다름 아닌 계해癸亥와 식지食指를 가리킨다는 것이 수지상수手指象數와 함께 구전口傳된 내용이다. 즉, 첫 행의 '觀淡 莫如水'는 곧 계륙수癸六水와 해륙수亥六水의 계해癸亥요, 둘째행의 '好德 宜行仁'은 앞서 수지상수手指象數의 기본규칙에서 설명했던 '安土 敦乎仁'의 식지食指를 가리킨다는 것이다.

관 담　　막 여 수
觀淡은 莫如水요　　맑음을 보기에는 물 만한 것이 없고

호 덕　　의 행 인
好德은 宜行仁을　　덕을 좋아하면 마땅히 인을 행함이라

영 동 천 심 월
影動天心月하니　　달빛이 천심월에서 움직이니

권 군 심 차 진
勸君尋此眞하소　　그대에게 권하노니 이 진리를 찾아보소.

계해癸亥에서 셈을 시작하는 終則有始의 맑은 이치를 보는 것을 '觀淡'이라 표현하고, '덕德을 좋아함이 인仁을 행行하기 위함'이듯이, '무지拇指를 구부려 안토安土를 짓는 것은 식지食指를 펴며 돈호인敦乎仁을 하기 위함'임을 시詩를 통해 표현한 것이다. 연담蓮潭 선생이 남긴 이 짧은 메시지는 바로 식지食指의 자리에서 계해癸亥로 셈을 시작해야 한다는 새로운 역산법曆算法에 대한 실마리였다. 『정역正易』이 주장하는 바에 따르면, 윤월閏月을 사용하는 기존의 역법曆法은 수상手象의 헤아림이

戊辰·戊戌日에 초하루에 닿게 되는데, 이것을 '天心月'이라고 부르고, 이와는 달리 장차 사용하게 될 새로운 역법曆法은 癸未·癸丑日에 초하루에 닿게 되며, 이것을 '皇心月'이라 부른다.

安土하야　　　敦乎仁이라
(好德은)　　　(宜行仁을)

　이렇게 볼 때 연담蓮潭 선생이 자신의 시詩에 숨겨 전하려 했던 정확한 메시지는 다음과 같이 짐작될 수 있다. 숨긴 뜻이란, '종즉유시終則有始의 이치로 계해癸亥가 식지食指에서 겹쳐져 셈을 시작하고, 그 결과로 달(月)이 戊辰·戊戌日에 초하루에 닿는 기존 역법曆法의 천심월天心月에서 움직여(動), 癸未·癸丑日에 초하루에 닿는 새로운 역법曆法의 황심월皇心月로 향하니, 이 속에 숨어 있는 진리眞理를 그대가 찾아보소'라고 할 수 있겠다.

　종합해 볼 때, 『정역正易』과 수지상수手指象數, 그리고 연담蓮潭 선생이 이끄는 방향이 계해癸亥의 위치를 모두 '새로운 역법曆法'으로 이끌고 있으니, 이제 '己甲夜半 生癸亥 丁卯頭'의 새로운 역산법曆算法을 살펴볼 차례이다.

3) 己甲夜半에 生癸亥
<small>기 갑 야 반　생 계 해</small>

　이번에는 『정역正易』의 경문經文 속에서 계해癸亥가 가지는 종즉유시終則有始 상의 더욱 구체적인 의미를 찾아보자. 『정역正易』은 「구이착종오원수九二錯綜五元數」에서, 고대古代로부터 전해져 현재까지 사용되고 있는 년두법年頭法, 시두법時頭法인 '甲己夜半 生甲子 丙寅頭'의 윤역법閏曆法이 '기일己日이나 갑일甲日 야반夜半의 날짜 변경시각이 계해시癸亥時'[87]가 되는 새로운 정역법正曆法으로 변화될 것이라고 주장한다. 새로운 역법曆法이란 '己甲夜半 生癸亥 丁卯頭'의 새로운 년두법年頭法과 시두법時頭法을 가진 역법曆法이다.

<small>삼 오 착 종 삼 원 수</small>
三五錯綜三元數[88]

<small>갑 기 야 반　생 갑 자　병 인 두</small>
甲己夜半에 生甲子하니 丙寅頭니라

<small>을 경 야 반　생 병 자　무 인 두</small>
乙庚夜半에 生丙子하니 戊寅頭니라

<small>병 신 야 반　생 무 자　경 인 두</small>
丙辛夜半에 生戊子하니 庚寅頭니라

<small>정 임 야 반　생 경 자　임 인 두</small>
丁壬夜半에 生庚子하니 壬寅頭니라

<small>무 계 야 반　생 임 자　갑 인 두</small>
戊癸夜半에 生壬子하니 甲寅頭니라

---

87 『正易』, 「九二錯綜五元數」 : 己甲夜半에 生癸亥하니 丁卯頭니라.

88 『正易』의 經文에 등장하는 「三五錯綜三元數」로 寅月을 正月로 삼는 기존의 曆算法이다.

기존의 '<ruby>甲己<rt>갑기</rt></ruby><ruby>夜半<rt>야반</rt></ruby> <ruby>生甲子<rt>생갑자</rt></ruby> <ruby>丙寅頭<rt>병인두</rt></ruby>'의 역법曆法과 새로운 '<ruby>己甲<rt>기갑</rt></ruby><ruby>夜半<rt>야반</rt></ruby> <ruby>生癸<rt>생계</rt></ruby><ruby>亥<rt>해</rt></ruby> <ruby>丁卯頭<rt>정묘두</rt></ruby>'의 역법曆法 사이에서 첫 번째로 주목해야 할 점은 바로 세수歲首의 변화이다. 세수歲首란 한 해의 첫 달을 의미하는데, 현재 우리가 사용하고 있는 세수歲首는 인월寅月을 정월正月로 삼는 인월세수寅月歲首이다. 세수歲首는 고대古代로부터 몇 차례의 변화를 겪었는데, 하夏나라 때는 인월寅月이 한 해의 세수歲首로 사용되었고, 은殷나라 때는 축월丑月(현재의 12월)이, 주周나라 때는 자월子月(현재의 11월)이, 진秦나라 때에는 해월亥月(현재의 10월)이 각각 세수歲首로 사용되다가, 한무제漢武帝 때에 이르러 다시 인월寅月로 복원되어 지금껏 사용되고 있다.

그래서 현재 매년의 정월正月은 인월寅月이고, 2월은 묘월卯月이며 12월은 항상 축월丑月이 된다. 이렇게 매 달의 지지地支가 바뀌지 않는 까닭에 달(月)에 붙이는 간지干支의 이름을 월건月建이라고 부른다. 월건月建의 건建은 '항건恒健'의 의미로, 매년의 12달이 동일한 지지地支를 유지하고, 중간에 윤월閏月이 낀다 하더라도 전월前月의 간지干支가 바뀌지 않고 이어져서, 그 동일한 흐름이 지속된다는 뜻을 품고 있다. 월건月建이라는 이름 자체에 이미 변치 않는 법칙의 뜻이 배어 있는 것이다.

『정역正易』이 주장하는 세수歲首의 변화變化란 아래의 표에서 확인할 수 있듯이, 기존의 역법曆法에서 항건恒健하게 고정되어온 정월正月의 월건月建인 '<ruby>丙寅<rt>병인</rt></ruby> · <ruby>戊寅<rt>무인</rt></ruby> · <ruby>庚寅<rt>경인</rt></ruby> · <ruby>壬寅<rt>임인</rt></ruby> · <ruby>甲寅<rt>갑인</rt></ruby>'이 '<ruby>丁卯<rt>정묘</rt></ruby> · <ruby>己卯<rt>기묘</rt></ruby> · <ruby>辛卯<rt>신묘</rt></ruby> · <ruby>癸卯<rt>계묘</rt></ruby> · <ruby>乙卯<rt>을묘</rt></ruby>'로 바뀌는 것을 뜻한다. 즉, 수천 년간 사용되어온 인월세수寅月歲首가 묘월세수卯月歲首로 변화한다는 주장으로 정리될 수 있는데, 그 배경논리가 자못 치밀하다.

기존 曆法과 새로운 曆法의 時頭法 비교

기존의 曆法(三五錯綜 三元數)		새로운 曆法(九二錯綜 五元數)	
時頭法	年頭法	時頭法	年頭法
甲己夜半 生甲子	甲己之年 丙寅頭	己甲夜半 生癸亥	己甲之年 丁卯頭
乙庚夜半 生丙子	乙庚之年 戊寅頭	庚乙夜半 生乙亥	庚乙之年 己卯頭
丙申夜半 生戊子	丙申之年 庚寅頭	辛丙夜半 生丁亥	辛丙之年 辛卯頭
丁壬夜半 生庚子	丁壬之年 壬寅頭	壬丁夜半 生己亥	壬丁之年 癸卯頭
戊癸夜半 生壬子	戊癸之年 甲寅頭	癸戊夜半 生辛亥	癸戊之年 乙卯頭

『정역正易』은 현재 사용 중인 기존의 역법曆法 속에 낙서洛書 삼원수三元數의 원리原理가 기반되어 있다고 주장한다. 여기에서 삼원수三元數의 삼三이란, 날짜 변경 시각인 자子로부터 그해 정월正月의 월건月建인 인寅까지의 도수度數가 삼도三度(子丑寅)인 것을 말한다. 시두법時頭法과 년두법年頭法은 고대로부터 전해 내려오는 역산법算法 중 하나이지만, 그것이 본래는 낙서洛書의 원리에 기반을 두고 있었고, 삼三과 오五가 착종錯綜하는 삼원수三元數의 이치理致를 지니고 있다는 것은 지금까지 접해 보지 못한 새로운 논리임에 틀림없다. 삼오三五와 착종錯綜은『주역周易』「계사상전繫辭上傳」제10장의 '參伍以變하며 錯綜其數하야…'의 대목에서 나온 표현으로, 현재까지도 해석이 명확하지 않은「계사전繫辭傳」의 몇몇 대목 중 하나이다.『정역正易』과 함께 전승된 내용인즉, 이것은 하도河圖를 뜻하는 정유궁丁酉宮의 갑진甲辰이 낙서洛書를 뜻하는 신유궁辛酉宮의 무진戊辰으로 착종錯綜하는 변화變化라고 한다. 즉, 갑삼甲三이 무오戊五로 변하는 것을 三五錯綜이라고 하는 것이다.

구 이 착 종 오 원 수
九二錯綜五元數[89]

기 갑 야 반　　생 계 해　　정 묘 두
己甲夜半에 生癸亥하니 丁卯頭니라

경 을 야 반　　생 을 해　　기 묘 두
庚乙夜半에 生乙亥하니 己卯頭니라

신 병 야 반　　생 정 해　　신 묘 두
辛丙夜半에 生丁亥하니 辛卯頭니라

임 정 야 반　　생 기 해　　계 묘 두
壬丁夜半에 生己亥하니 癸卯頭니라

계 무 야 반　　생 신 해　　을 묘 두
癸戊夜半에 生辛亥하니 乙卯頭니라

　이와는 반대로 새롭게 맞이하게 될 역법曆法에 대해서는 하도河圖 오원수五元數의 원리原理를 내놓는다. 즉, 새로운 역법曆法의 날짜 변경 시각인 해亥로부터 그해 정월正月의 월건月建인 묘卯까지의 도수度數가 오도五度(亥子丑寅卯)인 것을 오원수五元數라고 부르는 것이다. 이 원리를 九二錯綜 五元數라고 하는데,『정역正易』의 구전口傳은 이것을 낙서洛書의 신유궁辛酉宮이 하도河圖의 정유궁丁酉宮으로 착종錯綜하는 변화變化라고 주장한다. 즉, 신구辛九가 정이丁二로 변變하니 九二錯綜이라는 것이다.『정역正易』은 이러한 주장을 뒷받침하는 근거로 건곤교乾坤橋라 불리는 특유의 지변간지도至變干支圖[90]를 내세운다. 건곤교乾坤橋는 언뜻 육갑六甲의 운행표처럼 보이지만, 수지상수手指象數와 특별하게 연결된『정역正易』특유의 도수度數 셈법 순서이다. 건곤교乾坤橋 또한 작역作易 당시로부터 전승傳承된 내용 외에는 추가적인 해석이나 심층적 원리

89『正易』의 經文에 등장하는「九二錯綜五元數」로 卯月을 正月로 삼는 새로운 曆算法이다.

90 一夫 선생이 창안하여 德堂 선생에 의해 전승된 乾坤橋를 鶴山 선생이 至變干支圖라고 이름붙임.

는 아직까지 분석되지 못하고 있다. 현재까지 밝혀진 부분은, 건곤교乾坤橋는 적어도 열 손가락 위에서 천간天干을 중심으로 헤아리던 기존의 도수度數 계산법과 다르다는 점이다. 식지食指를 중심으로 손가락과 지지地支를 애써 맞추려 하는 점과, 마디마다 착종錯綜을 통해 도수度數와 도수度數 사이를 건너뛰는 방식의 헤아림은 건곤교乾坤橋 셈법이 가진 가장 큰 특징이다. 건곤교乾坤橋라는 이름도 건乾과 곤坤이 다리(橋)처럼 서로를 건너뛴다는 뜻으로 붙여졌다고 하니, 하도河圖와 낙서洛書의 이면에 서려있는 원리는 다름 아닌 착종錯綜이라고 할 수 있겠다. 여하튼 이 건곤교乾坤橋 안에서 벌어지는 삼오三五와 구이九二의 착종錯綜이 역법변화曆法變化의 핵심원리이며, 여기에서 식지食指의 계해癸亥가 도출됐다는 것이다.

〈乾坤橋〉

손도수	9	10	1	2	3	4	5	6	7	8	9	10	
	酉	戌	亥	子	丑	寅	卯	辰	巳	午	未	申	
	辛酉(1)	壬戌(2)	癸亥(3)	甲子(4)	乙丑(5)	丙寅(6)	丁卯(7)						(30)
	丁酉(8)	戊戌(9)	己亥(10)	庚子(11)	辛丑(12)	壬寅(13)	癸卯(14)	甲辰(15)／戊辰(16)	己巳(17)	庚午(18)	辛未(19)	壬申(20)	(24)
	癸酉(21)	甲戌(22)	乙亥(23)	丙子(24)	丁丑(25)	戊寅(26)	己卯(28)	庚辰(28)	辛巳(29)	壬午(30)	癸未(31)	甲申(32)／庚申(33)	(36)
	辛酉(34)	壬戌(35)	癸亥(36)	甲子(37)	乙丑(38)	丙寅(39)	丁卯(40)	戊辰(42)／甲辰(41)	乙巳(43)	丙午(44)	丁未(45)	戊申(46)／丙申(54)	36
	己酉(47)	庚戌(48)	辛亥(49)	壬子(50)	癸丑(51)	甲寅(52)	乙卯(53)	丙辰(42)					40
	丁酉(55)	戊戌(56)	己亥(57)	庚子(58)	辛丑(59)	壬寅(60)	癸卯(61)	甲辰(62)	乙巳(63)	丙午(64)	丁未(65)	庚申(66)	
	辛酉(79)	壬戌(80)	癸亥(81)	甲子(82)	乙丑(83)	丙寅(84)	丁卯(85)	戊辰(74)	己巳(75)	庚午(76)	辛未(77)	壬申(90)	20
								壬辰(91)	癸巳(92)	甲午(93)	乙未(94)	丙申(95)	20
								丙辰(96)	丁巳(97)	戊午(98)	己未	庚申	20
								庚辰(99)	辛巳(100)	壬午(101)	癸未	甲申(102)	20
	乙酉(103)	丙戌(104)	丁亥(105)	戊子(106)	己丑(107)	庚寅(108)	辛卯(109)	壬辰(110)	癸巳(111)	甲午(112)	乙未(113)	丙申(114)	20
								丙辰(115)	丁巳(116)	戊午(117)	己未	庚申(118)	
	辛酉(119)	壬戌(120)	癸亥(121)	甲子(122)	乙丑(123)	丙寅(124)	丁卯(125)	戊辰(126)	己巳(127)	庚午(128)	辛未(129)	壬申(130)	20
								壬辰(131)	癸巳(132)	甲午(133)	乙未(134)	丙申	20
								丙辰(135)	丁巳(136)	戊午(137)	己未	庚申(138)	20
								庚辰(139)	辛巳(140)	壬午(141)	癸未	甲申(142)	20
	乙酉(143)	丙戌(144)											=216

여기서 잠깐, 역법曆法의 변화를 설명하는 수상手象을 살펴보자. 현재의 역법曆法은 갑일甲日과 기일己日의 자시子時를 기준으로 헤아림을 시작한다. 먼저 무지拇指를 곱으면서(屈) 갑자甲子(子時)로 삼은 다음, 을축乙丑, 병인丙寅 순으로 헤아려 삼도三度를 나아가는 것이다. 이와는 달리 새로운 역법曆法에서는 기일己日과 갑일甲日의 해시亥時를 기준으로 헤아림을 시작한다. 식지食指를 펴면서(伸) 계해癸亥로 삼고, 무지拇指를 펴면서(伸) 갑자甲子로 삼고, 폈던 무지拇指를 다시 곱으면서(屈) 을축乙丑으로 삼아, 병인丙寅, 정묘丁卯 순으로 오도五度를 헤아리며 나아가는 것이다. 이것이 수지상수手指象數로 셈하는 낙서삼원수洛書三元數와 하도오원수河圖五元數의 셈법이고, 또한 이 대목이『정역正易』수지상수手指象數가 '식지食指와 계해癸亥를 출발의 도수度數로 삼는 원리'라고 가장 강력하게 제시하는 부분이다. '己甲夜半에 生癸亥'라고 외치며 힘차게 식지食指를 펴는 모습은 수지상수手指象數의 백미白眉라고 부를 정도로 강조되어 전승된 부분이다. 하지만, 드러난 수상手象이 명확함에도 불구하고, 그 이면裏面의 원리는 여전히 감춰져 있다. 역법曆法과 하도河圖·낙서洛書가 수상手象에서 어우러지는 셈법의 이치가 지금까지도 밝혀지고 있지 않은 것이다. 다만, 두 가지 역법曆法 모두 중지中指에서 정월正月의 월건月建을 만나는 것은 향후의 연구를 위해 단서로서 주목해야할 부분이다.

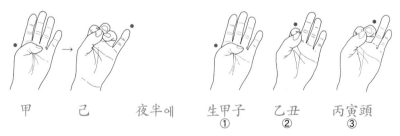

甲　　　己　　　夜半에　　　生甲子　　乙丑　　丙寅頭
　　　　　　　　　　　　　　　①　　　　②　　　③

기존 曆法의 手象

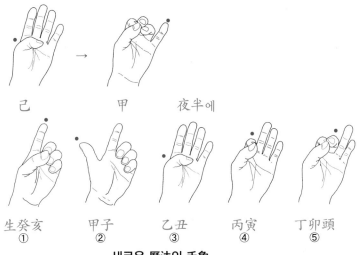

己	甲	夜半에		
生癸亥 ①	甲子 ②	乙丑 ③	丙寅 ④	丁卯頭 ⑤

새로운 曆法의 手象

　새로운 역법曆法과 기존의 역법曆法의 차이에서 두 번째로 주목해야 할 점은 갑기甲己와 기갑己甲의 순서 바뀜이다. 기존의 역법曆法에 의한 천간도수天干度數의 순서는 '甲_갑乙_을丙_병丁_정戊_무 · 己_기庚_경辛_신壬_임癸_계'였다. 그래서 선오先五의 시작과 후오後五의 시작을 따서 '갑기甲己'라고 불렀던 것인데, 새로운 역법曆法에서는 천간도수天干度數의 순서가 '己_기庚_경辛_신壬_임癸_계 · 甲_갑乙_을丙_병丁_정戊_무' 순으로 바뀌게 된다는 것이다. 수천 년을 이어온 '갑기순甲己順'의 천간도수天干度數가 '기갑순己甲順'으로 바뀐다 함은 어떤 차이가 숨어 있는가? 언뜻 비교할 때는 그저 선오先五와 후오後五만 바뀔 뿐, 순서도 그대로여서 특별한 차이는 보이지 않는 듯하다.

　하지만 그 뜻 속에는 엄청난 변화가 숨겨져 있으니, 『정역正易』에서 주장하는 바, 미래의 어느 순간에 역산曆算에서 15일을 감减하면서 달력의 기준점이 달라지게 되는데, 그 결과로 갑기甲己의 순서가 기갑己甲의 순서로 뒤바뀌게 되는 것이다. 순舜임금 때 정해져서 제순지기帝舜之期[91]로

---

91 『正易』, 「十五一言」 : 帝堯之碁는 三百有六旬有六日이니라. 帝舜之碁는 三百六十五度四

불리는 현재의 1년인 365¼일日의 일기一期는 19년에 7윤閏을 사용해야만 일월성신日月星辰이 제 자리로 돌아오는 윤역閏曆을 사용하고 있다. 다시 말해 현재는 태양太陽의 주기週期와 달의 주기週期가 정합正合되지 않고 있어서, 정확하게 같은 지점으로 복귀復歸하려면 매번 19년이 걸리고 있는 것이다. 그런데 이러한 천행天行이 어느 순간 변화하여, 한 달이 30일, 1년이 360일로 바뀌면서 윤달이 필요 없는 무윤정중역無閏正中曆을 사용하게 된다는 것이다.

365¼일과 360일과의 차이는 5¼일인데, 이 차이가 기일己日과 갑일甲日의 순서가 뒤바뀌는 변화와 연관되어 있다는 것이 『정역正易』이 주장하는 논리이다. 어떤 특정한 시기에 단발적單發的인 변화變化가 일어나는데, 그 시점에 15일을 감減한 후 달력의 시작점을 새롭게 정해야 한다. 그리고 이 때부터 1년은 기존 한 해의 날짜에서 5¼일이 빠진 360일로 계산하되, '己甲夜半기 갑 야 반에 生癸亥생 계 해 丁卯頭정 묘 두'의 년두법年頭法과 시두법時頭法을 사용하라는 메시지이다. 여기서 주목해야 할 것은 감減해진 날짜와 감해야할 날짜 사이의 차이이다. 『정역正易』이 주장하는 변화變化에 의해 결과적으로 줄어드는 날짜는 5¼일이지만, 과정상過程上에서는 단발적으로 15일을 줄여 기준점을 삼는 단계가 필요하다. 갑甲에서 십오十五를 지나면 곧바로 기己가 되니, 이것이 『정역正易』에서 이르는 '十五尊空십 오 존 공'[92]이다.

分度之一이니라. 一夫之朞는 三百七十五度니 十五를 尊空하면 正吾夫子之朞 當朞三百六十日이니라.

92 『正易』, 「金火五頌」: 一夫之朞는 三百七十五度니 十五를 尊空하면 正吾夫子之朞 當朞 三百六十日이니라. (一夫의 朞인 375일에서 15일을 尊空하면, 孔夫子가 「계사상전」 제9장에서 언급한 360의 1朞가 구해진다. 尊空은 空으로 높인다는 뜻이므로 새로운 시작을 위해 15일을 曆算에서 감하여 기준점을 삼는 것을 의미한다.)

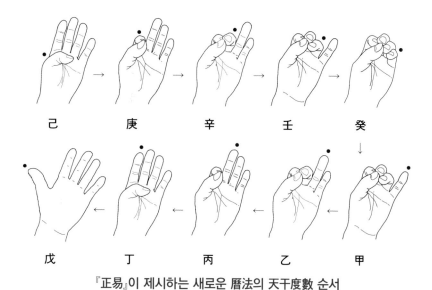

己　　　庚　　　辛　　　壬　　　癸

戊　　　丁　　　丙　　　乙　　　甲

『正易』이 제시하는 새로운 曆法의 天干度數 순서

　　다시 원형이정元亨利貞으로 돌아가 보자. 여하튼『정역正易』이 주장하고 있는 천지변화天地變化의 수리적數理的 정리整理는 계해癸亥라는 도수度數의 시작지점을 계산해 냈다. 그리고 그것을 건원용구乾元用九의 식지食指 자리에 의미상으로 중첩시켜 도수度數의 셈을 시작하니,『주역周易』건괘乾卦의 괘사卦辭인 원형이정元亨利貞이 도출된 것이다. 이러한 논리는 자연스레『주역周易』의 작역作易에 참여한 문왕文王과 주공周公, 그리고 십익十翼 찬술撰述의 공자孔子 모두가 삼백육십三百六十 정중正中의 천지변화天地變化를 이미 예견하고 있었다는 주장을 포함한다. 다소 놀랄 만한 주장이나『정역正易』전반에 흐르고 있는 역학적易學的 입장에서는 너무나 당연한 논리이다. 더욱이 수지상수手指象數에 의한『주역周易』의 해석은 기본적으로 복희伏羲 이후 십오성인十五聖人의 출현과 그들의 모든 업적이 같은 인식과 목적의 맥락에서 대代를 이어 계승되고 있다는 논리를 전제로 하고 있다.

지금까지 상술한 바를 정리하면 다음과 같다.

① 『정역正易』은 사변적事變的 천지변화天地變化를 예견했는데, 그것은 1년
이 360일로 바뀌는 무윤無閏 정중역正中曆으로의 변화變化이다.

② 새로운 역법曆法의 년두법年斗法에 의해 인월세수寅月歲首가 묘월세수卯月歲首로 변화하
고, 시두법時頭法도 '갑기야반甲己夜半에 생갑자生甲子 병인두丙寅頭'가 '기갑야반己甲夜半에 생계해生癸亥
정묘두丁卯頭'로 바뀌게 되어, 날짜변경의 시각은 해시亥時로 변화된다.

③ 이를 통해 수천 년간 사용되어온 '갑을병정무甲乙丙丁戊 · 기경신임계己庚辛壬癸'의 천간天干
운행순서가 '기경신임계己庚辛壬癸 · 갑을병정무甲乙丙丁戊'로 변화하는데, 논리적으로는 선
오先五와 후오後五가 뒤바뀌는 것처럼 보이지만, 현실적으로는 시작점이
바뀌는 것이며, 그것을 위해 미래의 어느 시점에 15일을 역산曆算에서 감
減해야 한다. 『정역正易』은 이것을 십오존공十五尊空이라 부른다.

④ 계해癸亥를 도수度數 셈법의 시작점으로 삼아 건도乾道를 헤아리면
을축乙丑 · 병인丙寅 · 정묘丁卯 · 무진戊辰의 원元 · 형亨 · 이利 · 정貞에 해당되는 본체도수本體
度數가 구해진다.

⑤ 계해癸亥로 시작되는 도수度數의 셈법은 종즉유시終則有始를 의미하는
용구用九의 식지食指 자리에서 헤아림을 시작하니, 이를 통해 식지食指
에 육갑순환六甲循環의 종終 자리와 수상數象의 종終자리가 겸兼해져 있
음을 엿볼 수 있다.

⑥ 원형이정元亨利貞을 나타내는 축丑 · 인寅 · 묘卯 · 진辰의 손가락은 모두 곱아
(屈)져서 양陽(天)을 나타내며, 오직 소지小指만이 정역팔괘正易八卦의
이천二天자리에서 펴지며(伸), 곱아진 나머지 손가락들의 의미를 드러
낸다.

⑦ 『정역正易』은 이러한 모든 변화의 논리를 작역作易에 참여한 성인聖人들
과 십익十翼 찬술撰述의 공자孔子가 이미 인식하고 있었다고 주장하며,
『주역周易』 곳곳에 숨어있는 역리曆理들을 그 근거로 내세운다.

3) 乾元의 意味

여기부터는 건원乾元에 대한 설명이다. 이 부분에는 수지상수手指象數의 핵심이론이 녹아 있으므로, 이어지는 건괘乾卦와 곤괘坤卦의 효사爻辭를 다 훑고 나서 되돌아와 다시 곰곰이 읽어보기를 추천한다.

象曰 大哉라 乾元이여! 萬物이 資始하나니 乃統天이로다
雲行雨施하야 品物이 流形하나니라.

단에 이르길, 위대하구나 건원이여! 만물이 바탕삼아 비롯하나니, 이에 하늘을 거느리는구나. 구름이 행하고 비가 베풀어져 만물이 형태를 갖추는도다.

우선 「단전彖傳」의 건원乾元에 대한 설명을 살펴보자. 독특하게도 『정역正易』수지상수手指象數에서 '大哉! 乾元'의 '元'은 '元亨利貞'의 '元'과 구분하여 이해한다. 건원乾元은 건도乾道의 운행運行을 시작시키는 출발점出發點이고, 원형이정元亨利貞의 원元은 그 결과로 도출된 사덕四德 중의 하나이니 별개로 봐야 한다는 것이다. 즉, 건원乾元은 괘사卦辭를 셈하기 위해 출발했던 자리인 계해癸亥를 의미한다. 이 때 주의해야 할 것이, 건원乾元 용구用九의 자리를 출발하는 도수度數 셈법의 방향이 두 갈래라는 점이다. 하나는 원형이정元亨利貞의 사덕四德을 산출算出시키는 본체도수本體度數의 출발점인 계해癸亥이고, 또 다른 하나는 육효지동六爻之動을 발휘發揮케 하는 작용도수作用度數의 출발점인 신유辛酉가 그것이다. 두 출발점은 서로 종속적 관계를 이루는데, 종속적이라 함은 신유辛酉가 계해癸亥의 출발에 의해서만 발휘發揮되는 것을 뜻한다. 즉, 신유辛酉는 계해癸亥의 출발 없이는 스스로의 힘으로 발휘發揮하지 못하는 것이다. 그럼에도 불구하고 두 출발은 어디까지나 동시에 일어난다. 본체本體와 작용作用이라는 두 갈래의 도수度數 셈법은 계해癸亥와 신유辛酉로부터 동시에 출발하지만, 그 본래의 시작은 계해癸亥가 주도한다는 의미이다. 이것을 잘 설명해주는 대목이 萬物資始와 大明終始인데, 萬物資始는 종시終始인 신유辛酉[93]가 건원乾元인 계해癸亥를 바탕(資)으로 삼아서 출발한 뒤에야 만물萬物이 쏟아져 나온다는 뜻에서 만물萬物의 근원根源으로서의 계해癸亥에 대해 말한 것이고, 大明終始는 종시終始인 신유辛酉를 건원乾元인 계해癸亥가 크게 밝혀주니(大明) 그 후로 품물品物인 육룡六龍이 때를 맞춰 각각의 위位를 갖춘다는 뜻에서 그 시작의 순간을 말한 것이다. 그래서 '大明終始하면 六位가 時成'하게 된다고 이른 것이다. 그렇게 볼 때 萬物資始의 '萬物'은 건도乾道의 '육룡六龍'을 의미하고, '資'는 건원乾元인 '계해癸亥'를 가리키며, '始'는 종시終始인 '신유辛酉'를 뜻하는 것이다. 종시궁終始宮 신유辛酉에 대해서는 이하에서 별도로 자세히 설명하겠다.

大哉라 乾元이여!   萬物이   資始하나니   乃統天이로다

癸亥의 乾元이 終始宮 辛酉를 출발시켜 乃統天에 이르는 모습

---

93 辛酉으로부터 丙申까지의 36궁을 洛書宮, 辛酉宮 또는 終始宮이라 하며, 萬物資始의 '始'와 大明終始의 '終始'는 모두 辛酉를 의미한다.

계해癸亥에서 출발하여 사덕四德을 내놓은 건원乾元은 다른 한편으로 신유辛酉를 발휘시켜 내통천乃統天을 이룬다. 이에 따라 운우雲雨가 행시行施하여 육룡六龍으로 대표되는 품물品物이 지어져, 각각의 성명性命대로 유형流形을 이루고 그 결과 만국萬國은 함녕咸寧하게 되니, 이 모든 것은 건원乾元인 계해癸亥의 발휘에서 비롯되는 것이다. 문맥 속의 乃統天^{내통천}은 분명 건원乾元이 하늘을 거느리는 과정과 그 효과를 찬讚한 것이겠지만, 수상手象으로는 식지食指를 출발한 도수度數가 정묘丁卯에 이르는 순간을 뜻한다. 즉, 건원乾元에 의해 당겨진 도수度數가 신유辛酉를 출발하여 임술壬戌, 계해癸亥, 갑자甲子, 을축乙丑, 병인丙寅을 지나 정묘丁卯에 이르면 모든 손가락이 곱아져 하늘자리에 오르는 모습을 짓게 되는데, 이것을 乃統天^{내통천}이라 부른다. 이 때의 수상手象 또한 무언가를 움켜쥔 듯한 형상形象이니, 乃統天^{내통천}은 다름 아닌 건도乾道가 하늘을 움켜쥔 모양인 것이다.

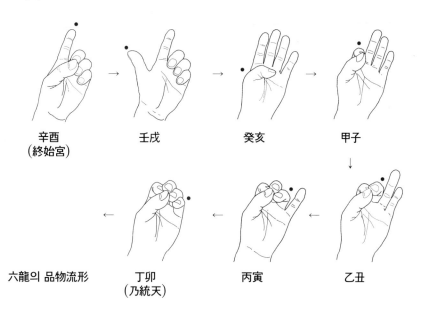

辛酉
(終始宮)　　　壬戌　　　癸亥　　　甲子

六龍의 品物流形　　　丁卯
　　　　　　　　　(乃統天)　　　丙寅　　　乙丑

用九자리에서 終始宮 辛酉를 출발하여 乃統天의 丁卯까지

乃統天은 건괘乾卦의 초효初爻인 초무진初戊辰의 잠룡潛龍이 나오기 바로 직전의 도수度數이다. 그러므로 乃統天은 건도乾道가 지극히 충천衝天된 상태인 것이다. 건도乾道가 신유辛酉를 출발하여 급격히 부풀어 올라 처음으로 하늘을 단숨에 움켜쥔 상태이니, '마침내 하늘을 장악掌握하여 통괄統括하기 시작했다는 뜻'에서 乃統天이라 표현한 것이다. 하늘을 장악한 건도乾道는 곧바로 다음 도수度數를 향해 나아가면서, 雲行雨施와 더불어 品物이라는 매듭을 짓기 시작한다. 이제야 비로소 본격적인 하늘의 정사政事가 시작되는 것이다. 萬物資始로부터 乃統天까지가 건도乾道가 시작하여 하늘을 장악掌握하는 자체생장自體生長의 과정이라면, 乃統天 이후는 장악한 하늘에서 건도乾道가 주도적으로 품물品物을 빚어내는 천정행사天政行事의 과정이라고 할 수 있다.

乾道의 生長과 萬物의 形成

元	亨	利	貞
萬物資始 （始作）	乃統天 （掌握）	雲行雨施 （行事）	品物流形 （形定）

乃統天은 사덕四德의 순서로 볼 때, 건도乾道가 원元을 지나 부풀어 오른 형亨의 순간이라 하겠다. 그러므로 형亨은 하늘의 모든 일을 주재主宰할 수 있는 힘을 장악한 때를 말한다. 뒤따르는 雲行雨施가 하늘이 주재主宰하는 대표적인 정사政事이니, 雲行雨施는 충천된 乃統天의 힘을 써서 천하天下를 이롭게 하는(利天下) 모습임에 틀림없다. 즉, 원元으로 시작하여 형성된 '형亨의 힘을 쓰는 것이 곧 이利'라는 뜻이므로, 이를 통해 자구字句의 짜임 또한 도체道體의 순서順序에 맞게 쓰인 것을 알 수 있다. 공자孔子의 글은 이처럼 세세한 자구字句 속에도 도체道體의 흐름을

심어놓았다. 雲行雨施(운행우시)가 이利라면 品物流形(품물유형)이 정貞을 의미하는 것도 같은 관점에서 다시 한 번 확신되는 바이다.

大明終始(대명종시)하면 六位時成(육위시성)하나니 時乘六龍(시승육룡)하야 以御天(이어천)하나니라.

끝과 시작을 크게 밝히면 여섯 위가 때를 맞춰 이뤄지나니, 때로 육룡을 타고 하늘을 거느리는구나.

다음은 大明終始(대명종시)로부터 以御天(이어천)까지의 흐름이다. 종시終始는 종시궁終始宮인 신유辛酉를 의미하니, 종시終始를 밝혀주는 대명大明의 주체는 누구인가? 종시終始인 신유辛酉 스스로가 밝은 것이 아니므로, 大明終始(대명종시)의 주체는 바로 건원乾元인 계해癸亥라고 할 수 있다. 계해癸亥가 본체本體로서 그 쓰임(用)인 종시궁終始宮—신유辛酉를 밝혀주면, 그 결과로 건도乾道가 부풀어 올라 乃統天(내통천)의 뜻처럼 하늘을 장악掌握하게 된다. 장악한 하늘에서 육위六位가 때에 맞게 빚어지고, 또한 그 때를 맞춰 육룡六龍을 타고 하늘을 운행運行해 나가는 것이다. 이것이 이어천以御天이다. 수지상수手指象數로 以御天(이어천)은 乃統天(내통천)과 다른 도수度數로 헤아린다. 以御天(이어천)은 초무진初戊辰의 잠룡潛龍을 출발한 도수度數가 육위六位의 종착점인 상무진上戊辰의 항룡亢龍에까지 도착한 후에, 그 흐름을 이어서 기사己巳, 경오庚午, 신미辛未, 임신壬申까지 왔다가, 다시 계유癸酉에 이를 때 용구用九자리로 옮겨 탄 다음, 갑술甲戌, 을해乙亥, 병자丙子, 정축丁丑, 무인戊寅을 거쳐 기묘己卯에 이르러 모든 손가락이 다시 하늘에 오르는 것을 말한다.

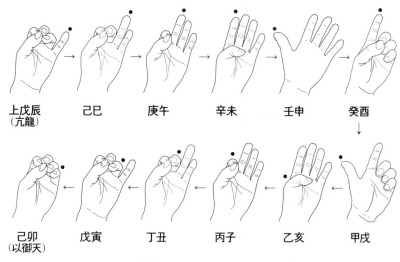

上戊辰 (亢龍)	己巳	庚午	辛未	壬申	癸酉

己卯 (以御天)	戊寅	丁丑	丙子	乙亥	甲戌

六龍을 이룬 뒤 以御天의 己卯까지

　다시 말해 乃統天^{내통천}은 정묘丁卯에서 끝나는 것으로, 본체本體의 의미처럼 한번에 훑어서 통괄하여 하늘을 가르는 것이고, 以御天^{이어천}은 기묘己卯에서 끝나는 것으로, 효사爻辭처럼 하늘의 곳곳을 때로 일궈가는(時乘六龍) 것이다. 단, 정묘丁卯의 乃統天^{내통천}과 기묘己卯의 以御天^{이어천}이 천지역수天之曆數와 어떤 관련이 있는지는 안타깝게도 전해진 바가 없다. 以御天^{이어천}의 수상手象은 뒤에서 설명될 육룡六龍의 마지막인 항룡亢龍의 수상手象을 연습한 후에, 다시 한 번 헤아려봐야 깊이 이해할 수 있을 것이다.

乾道變化^{건도변화}에 各正性命^{각정성명}하나니 保合大和^{보합대화}하야 乃利貞^{내이정}하니라.

건도가 변화함에 따라 각각의 성과 명을 바루나니 보합으로 대화해서 이에 이롭고 바르게 되느니라.

　지금부터는 건도乾道가 사덕四德을 짓는 순서와 그 사이에서 벌어지는 복잡한 상호작용에 대해 알아보자. 이 대목은 건원乾元의 비롯함으로부터 변화變化가 시작됨에 따라, 만물각각萬物各各의 성性과 명命이 바르게 만들어지고, 보합保合하고 대화大和해서 곧 이利코 정貞케 되는 건도乾道의 순서를 나열한 것이다. 자구字句의 순서로 보면, 乾道變化는 各正性命이라는 결과를 도출하고, 保合大和는 마침내 利貞의 결과를 도출한다. 다른 각도에서 살펴보면, 乾道變化의 방향은 保合과 大和요, 各正性命의 방향은 이정利貞으로의 귀결歸結임이 드러난다. 즉, 건도乾道는 보합保合과 대화大和를 위해 변화變化하며, 만물각각萬物各各은 마침내 가장 이利로운 선택을 통한 올곧음(貞)의 지속을 목적으로 성性과 명命을 바루는 것이다.

　원형이정元亨利貞을 보충하여 설명하는 이 대목에서 우리는 '역易의 글됨(易之爲書)'의 위대성을 다시 한 번 접할 수 있다. 공자孔子의 모든 글이 그러하듯이, 이 대목에 쓰인 자구字句의 짜임에서도 도체道體의 흐름을 여실히 발견할 수 있기 때문이다. 乾道는 원元을 의미한다. 원元은 도道의 총체總體이기 때문에 한마디로 건도乾道라고 말할 수 있다. 變化는 형亨을 의미한다. 건도乾道가 발휘發揮됨에 따라 상하上下·사방四方으로 그 힘이 뻗어나가며 변화變化함은 형亨을 이루는 모습이다. 各正은 이利를 의미한다. 이利는 쇠락의 때를 앞두고 저마다 선택한 이로움으로 각자의 올바름(正)을 짓고 나머지는 쳐냄(征)이니, 이는 각정各正의 모습이다. 마지막으로 性과 命은 쇠세지의衰世之意[94]에 따라 알맞게(正) '선택한 뜻을 길게 간직하기 위해 저장된 정貞'이라고 할 수 있다. 이와 같은 형식으로 다시 살펴보건대, 保合은 원元의 작용作用이고, 大和는 형亨

---

94 『周易』,「繫辭下傳」 제6장에 나오는 표현으로 그 의미는 '쇠락한 세상의 뜻'이다 : 생명의 수명이 쇠락하거나 또는 환경이 쇠락하면, 모든 존재는 지금껏 이뤄놓은 것 중 가장 이로운 것만을 수렴·온축하여 다음 세대나 다음 순환을 위해 저장하고 준비하는 특성이 있는데, 이 모든 저장과 준비의 과정은 '쇠락한 세상의 뜻'이 있었기 때문에 만들어진 원리이다.

의 현상現象이니, 이렇듯 원元의 작용作用과 형亨의 현상現象을 통해 이내 利하고 貞한 결과를 얻게 된다. 더욱 크게 볼 때는 乾道變化는 원元과, 各正性命은 형亨과, 保合大和는 이利와, 乃利貞은 정貞과 짝지을 수 있음 또한 물론이다. 그야말로 원형이정元亨利貞을 설명하는 글귀 속에 또 다시 원형이정元亨利貞이 겹겹이 배어 있는 것이다. 이에 대해 일찍이 삼정三正 선생은 '포개지며 설명되는 역易의 글귀에서 은은한 도체道體의 냄새를 맡을 수 있다'고 표현했다.

元亨利貞의 설명에 元亨利貞의 의미를 넣은 易之爲書

元	亨	利	貞
乾道	變化	各正	性命
保合	大和	利	貞
乾道變化	各正性命	保合大和	乃利貞

수상手象으로 보합保合은 손가락을 모두 세워서 모은 모양으로, 대화 大和는 손가락을 모두 편 모양으로 그려낸다. 그러므로 '합리적으로 합 쳐진 보합保合'은 양陽으로, '합리적으로 화化하는 대화大和'는 음陰으로 표현되는 것이다. 수상手象에서 보면 보합保合은 천원天圓의 모습으로 보듬는 형상이고, 대화大和는 지방地方의 모습으로 화하는 형상인 것을 알 수 있다.

保合   大和하야   乃   利   貞하니라

保合(陽)과 大和(陰)

단순히 保合大和(보합대화)라고 하면 '잘 화합해서'라는 뜻으로 대충 얼버무려서 해석할 수 있는데,『정역正易』의 수지상수手指象數는 공자孔子가 헛된 글자를 쓰지 않았음을 확신시켜주며,『주역周易』의 각 자구字句 속에 숨어 있는 음양陰陽과 이기理氣의 원리를 찾아내고 있는 것이다.

首出庶物(수출서물)에 萬國(만국)이 咸寧(함녕)하나니라.

머리가 서물을 내니 만국이 모두 편안하느니라.

'首出庶物 萬國咸寧(수출서물 만국함녕)'도 마찬가지로 원형이정元亨利貞 사덕四德의 또 다른 표현이다. 앞서의 '乾道變化 各正性命(건도변화 각정성명)'과 '保合大和 乃利貞(보합대화 내이정)'이 사덕四德이 운행되는 순서를 강조한 설명이라면, '首出庶物 萬國咸寧(수출서물 만국함녕)'은 머리(首)가 서물庶物을 냈기 때문에 만국萬國이 함녕咸寧하게 된다는 의미에서, 건원乾元의 절대성을 강조한 표현이라 하겠다. 건원乾元이 곧 머리(首: 으뜸, 시작)이므로, 건원乾元이 서물庶物을 내니 만사萬事가 제대로 이루어지는 것이다. 서물庶物이 쏟아져 나오고 만국萬國이 함녕咸寧함은 원형이정元亨利貞이 순환하는 각각의 모습이겠으나, 이는 모두 건원乾元의 시작이 있은 이후에야 가능한 일들이다. 그러므로 '首出庶物 萬國咸寧(수출서물 만국함녕)'은 건원乾元, 즉 시작의 절대성과 초월성을 강조한 표현이라고 말하는 것이다. 여기서 수首는 건원乾元 즉, 종즉유시終卽有始의 계해癸亥이며 그 쓰임으로는 신유辛酉이고, 서물庶物은 건도乾道가 주도하는 육갑六甲의 운행運行이며, 만국萬國은 육룡六龍과 품물品物이라 할 수 있으니, 이 모든 순환이 제대로 이루어짐은 곧 함녕咸寧의 뜻이 된다.

乾道가 萬物을 形成시키는 과정

元	亨	利	貞
首出	庶物	萬國	咸寧

이 구절의 여덟 글자에도 마찬가지로 원형이정元亨利貞의 순환이 숨어 있다. 수출首出은 건원乾元인 계해癸亥를 의미하고, 서물庶物은 건원乾元이 내놓은 육갑六甲의 향연饗宴으로, 이는 곧 형亨의 모습이 된다. 쏟아져 나온 서물庶物이 이로로움을 좇아 각종기류各從其類 하듯 선택하여 구획되니 만국萬國이라 이른 것이고, 알맞게 선택된대로 길게 안정安貞되니 함녕咸寧의 정貞이 되는 것이다. 다만, 이 모든 것이 건원乾元의 시작에서 비롯된다는 뜻에서 맨 앞의 글자에 수首를 골라서 쓴 것이므로, 한마디로 봄에 씨앗을 잘 내놓아야 온 나라가 즐겁다는 것이다. 그만큼 건원乾元의 절대성을 강조하고 있으니, 이 대목에 대해 전해지는 수상手象은 오직 건원乾元인 계해癸亥의 모습뿐이다.

首出庶物

문 언 왈 원 자　선 지 장 야　형 자　가 지 회 야
文言曰 元者는 善之長也요 亨者는 嘉之會也요

이 자　의 지 화 야　정 자　사 지 간 야
利者는 義之和也요 貞者는 事之幹也니

군 자 체 인　족 이 장 인　가 회 족 이 합 례
君子 體仁이 足以長人이며 嘉會 足以合禮며

이 물   족 이 화 의   정 고 족 이 간 사   군 자 행 차 사 덕 자
利物이 足以和義며 貞固 足以幹事니 君子行此四德者라
고   왈 건 원 형 이 정
故로 曰 乾 元亨利貞이라.

문언에 이르길, 원은 선의 으뜸이요, 형은 아름다움이 모인 것이요, 이는 의
가 화한 것이요, 정은 일의 곧은 줄기이니, 군자가 인을 체득함으로써 족히
사람들을 길러내며, 아름다움을 모음으로써 족히 예에 합하며, 타물을 이
롭게 함으로써 족히 의를 조화롭게 하며, 정고함은 족히 일의 곧은 줄기가
될 수 있으니, 군자가 이 사덕을 행하니, 그러므로 건은 '원'하고 '형'하고
'이'하고 '정'하다고 하는 것이다.

　　이번에는 「문언전文言傳」의 사덕四德에 대한 설명이다. 이 대목에서 공
자孔子는 천도天道인 원형이정元亨利貞으로부터 군자君子에게 요구되는
인도人道의 사덕四德이 추출되는 과정을 논리적으로 설명하고 있다. 훗
날, 사람이 갖춰야 할 네 가지 덕목(四德)으로 알려진 仁義禮智는 바로
이 대목으로부터 나온 것이다. 다만 주역周易의 경문經文은 인도人道의
사덕四德을 표현함에 있어 우리에게 익숙한 仁義禮智로 종합하여 지목
하지 않고, 仁·禮·義·幹이라 하여 元·亨·利·貞의 천도天道에 연
결된 군자君子의 행동으로 나열하고 있다. 동양에서 '지혜知慧의 근원根
源'이라 불리는 주역周易의 경문經文에는 적어도 저 유명한 仁義禮智라
는 표현이 직접 등장하지는 않는 것이다. 추측컨대, 공자孔子는 인도人道
의 사덕四德에 '지智'를 포함시킬 생각을 하지 않았던 것으로 짐작된다.
물론, 정貞의 뜻에 지智의 내용이 녹아 있기는 하지만 공자孔子는 사덕四
德을 풀어내는 글자로 간幹을 선택하여 '선택된 올바름의 지속성'을 특
히 강조한 것이다. 그로 인해 후대後代에 정리된 것이 거의 확실시되는
仁義禮智의 사덕四德이 '사람이 지켜야 할 도리道理를 짐 지우는 각각의
의무義務'처럼 느껴진다면, 주역周易의 仁禮義幹은 천도天道의 순환循環

에 주목하여 추출된 '도체道體의 흐름'처럼 다가온다. 주역周易을 해설하는 공자孔子의 글이 지금껏 도체道體의 흐름을 중심에 두고 설명을 풀어 왔기 때문에, 이 대목의 해설 또한 도체道體를 중심에 두는 것은 지극히 당연하다. 여하튼 공자孔子에 의해 인도人道로서 추출된 사덕四德의 초기원형初期原形을 차례대로 만나보자. 이하의 내용에서는 일반에게 널리 알려진 사덕四德의 내용보다는 공자孔子의 원문原文 속에서 자구字句가 가진 의미에 충실하여 사덕四德의 근원根源을 풀어보고자 한다.

體仁과 長人

공자孔子는 인仁을 설명하면서 굳이 '체인體仁'과 '장인長人'이라는 두 가지 표현을 사용했다. 이것은 인仁의 '실천實踐'과 '체득體得'이 가지는 동시성同時性과 상호성相互性을 설명하는 공자孔子 특유의 정미精美로운 표현방식이다. 특히 공자孔子는 군자君子가 인仁을 체득하는 방법으로 '장인長人' 즉, 다른 사람을 성장시킬 것을 추천했다. 다른 사람을 성장시키는 일은 군자君子에게 있어서 갈등葛藤과 인내忍耐의 시간이다. 배우려는 자의 성장이 느리거나 의지가 미흡할 경우, 군자君子는 이에 대해 답답함을 느껴 상대에게 실망하거나 다그칠 수도 있게 된다. 미숙한 상황이나 사람을 대하는 동안 군자君子의 좁은 도량이 고스란히 드러나는 것이다. 이 때의 상황은 군자君子가 다른 사람을 길러주고 있는 것인지, 혹은 다른 사람의 미숙함이 군자君子의 도량을 넓혀주고 있는 것인지가 애매해진다. 즉, 체인體仁과 장인長人의 작용 사이에 주체와 대상이 묘하게 뒤얽히는 것이다. 그러므로 군자君子에게 있어 완숙한 인仁의 실천은 큰 도량을 필요로 한다. 군자君子는 미흡하고 의지가 약한 사람들을 상대하면서도 여유롭고 능숙하게 대처할 수 있어야 하기 때문이다. 그런

데, 사람을 대하는 도량은 반드시 미숙한 사람들을 대하면서 길러지는
법이다. 다른 사람을 기르면서 내가 길러지는 것, 이것이 공자孔子가 던
져준 장인長人과 체인體仁의 떨어질 수 없는 숙명이다. 그러니, '장인長人'
은 체인體仁을 위한 시도이지만, 체인體仁 또한 장인長人에 능숙하기 위한
실천이라고 할 수 있다. 이러한 까닭에, 본래 할 줄 아는 것을 실천하는
뜻의 '행인行仁'이라고 하지 않고, 시도해 보면서 스스로도 얻어지는 '체
인體仁'이라고 표현했던 것이다.

또한 체인體仁의 종국적인 목표가 다른 사람에 대한 실천을 향하고 있
으니, 그 과정에서 '장인長人'을 방법으로 내세운 것이다. 이는 공자가 『논
어論語』에서 이른바, '내가 일어서고자 한다면 남을 일어서게 하라'[95]고
말한 것은 물론, '남들이 모른다고 노여워하지 않으면 또한 군자가 아니
겠는가'[96]라고 찬미했던 것과 뜻을 같이하는 표현이다. 이렇게 볼 때, 인
仁의 정확한 뜻은 주객主客이 함께 뒤얽힘이요, 타인의 무지無知를 꿋꿋
이 참아냄이요, 또한 항상 그러함을 받아들임이요, 그리하여 스스로의
도량이 넓어짐이요, 이를 위해 끊임없이 실천함이요, 그리고 마침내 '넉
넉한 꼭 맞음(中)'에 이르는 것이라 하겠다.

文明과 文化

형亨은 건도乾道가 원元을 지나 최대로 부풀어 오른 상태를 말한다. 만
물萬物의 생장生長으로 보면, 물오른 여름(夏)의 무성함과 싱그러움이 이
형亨의 때에 해당되는 모습이다. 만물萬物 각각各各이 가장 아름다운 모
습으로 스스로를 뽐내니, 공자孔子는 형亨을 일컬어 '아름다운 것들의 모

---

95 『論語』, 「雍也」 28 : 夫仁者는 己欲立而立人하고 己欲達而達人이니라.
96 『論語』, 「學而」 1 : 子曰 學而時習之면 不亦說乎아 有朋이 自遠方來면 不亦樂乎아 人不
知而不慍이면 不亦君子乎아!

임(嘉之會也)'이라고 표현했다. 또한 형亨은 '통通함'을 전제로 한다. 物^물이
窮^궁하면 變^변하고, 變^변하면 通^통하고, 通^통하면 오래간다[97]고 했듯이, 형亨은 통
하여 오래 가는 중에 가장 왕성하고 능력이 최대치로 발현되는 때이다.
사람의 사회에도 어김없이 이 형亨의 모습이 나타나니, 문명文明과 문화
文化의 아름다움이 바로 그것이다. 문명文明은 사람들이 물질物質과 기
술技術로써 이로움을 좇아 변變하고 통通해서 만들어지는 것이고, 문화
文化는 그 이로움이 세상을 고르게 뒤덮어서 모두가 달갑게 반기는 상태
를 말한다. 앞서 이利는 충천된 형亨의 힘을 쓰는 것이라고 정리했듯이,
문명文明과 문화文化가 발달된 사회는 스스로의 이로움도 넉넉하고, 다
른 사회를 이롭게 도와줄 수 있는 능력도 넉넉한 상태를 말한다. 문명文
明과 문화文化는 인간이 만들어 가는 알록달록한 무늬와 매듭이므로, 이
것을 제도의 뜻을 가진 예禮라고도 말할 수 있다. 그러므로 공자孔子가
이른바 아름다운 것들이 모여서 예禮에 합合한다는 뜻은, 인간이 문명文
明과 문화文化로 아름다운 무늬를 지어서 대대토록 예禮에 예禮를 합合
해가는 뜻이 있다 하겠다.

마땅한 뜻(義)에 대한 화합(和)

이물利物은 만물萬物을 이롭게 하는 '대리大利'의 뜻을 가지고 있다. 대
리大利는 스스로의 이로움을 추구하는 '사리私利'와는 엄격히 구별된다.
공자孔子는 만물萬物을 이롭게 하는 뜻의 이물利物에 '화和'와 '의義'를 연
결 지었는데, 여기서 '화和'는 이利로움이 그 대상 속으로 들어가 하나를
이루는 '화합和合'을 의미하고, '의義'는 물物이 본래 가지고 있던 '마땅한
뜻'을 의미한다. 만물萬物은 저마다 주장하는 이로움이 제각기 다른 존

---

97 『周易』, 「繫辭下傳」 2 : 易이 窮則變하고 變則通하고 通則久라.

재이다. 그러므로 '마땅한 뜻(義)'이란 각각의 '물物이 이롭게 여기는 그 어떤 방향'을 말하는 것이다. 그래서 어떤 물物이 그 물物일 수 있도록 보존시켜주고 그 상태를 더욱 안정시켜 주는 것은 물物에게 있어 가장 큰 이로움이 된다. 이는 물物이 본래 가지고 있는 '마땅한 뜻(義)에 화합(和)하는 것'이니, 이물利物의 정확한 뜻은 '물物을 오래토록 안정된 상태로 보존시키는 외부의 작용'을 말하는 것이다. 그런데 만약 어떤 이물利物의 작용이 오히려 적지 않은 타물他物의 존재나 안정을 어그러뜨린다면, 이는 큰 틀의 의미에서 화합和合을 저해沮害하는 뜻이 된다. 특히 작은 규모의 이물利物 즉, 소리小利를 위해 대다수의 안정이 어그러지는 결과는 더 이상 '화합'이라고 말할 수 없다. 이물利物의 결과가 '대체의 화합和合'를 저해沮害하는 현상은 '마땅한 뜻(義)'에 대한 심각한 훼손을 초래하기 때문이다. 우리는 이 훼손을 가리켜 '불의不義'라고 부르는 것이다.

선택과 줄기참

그동안 정貞은 대체로 '올바름(正)'의 뜻으로 해석되어 왔다. 그 뜻 속에 '올바름'이 함유되어 있긴 하지만, 단순히 올바름을 뜻하는 '정正'자를 쓰지 않고 '정貞'자를 쓴 것은 올바름 이외의 특정한 뜻이 더 포함되어 있기 때문일 것이다. 필자의 생각에 정貞은 곧 '선택된 올곧음'이다. 이는 나무의 줄기가 곧게 뻗어 나가는 것과 같은 의미를 가지고 있다. 성장하는 나무는 두 갈래로 갈라지기 전까지 줄기처럼 오직 한 길만을 고집한다. 이것이 나무가 가지고 있는 본래의 곧음이다. 나무가 더 성장하여 두 개의 가지로 갈라설 때는 가장 이로운 방향을 선택하기 위한 내적 갈등이 치열하게 벌어진다. 그리고 일단 갈라서고 난 다음에는 또 다시 각자의 방향으로 곧은 줄기를 유지하며 뻗어나간다.[98] 뒤돌아보거나 후회하는 일은 나무에게 일어나지 않는 것이다. 즉, 선택한 이후의 방향을 스스로의 올바름(正)으로 삼아 뒤를 돌아보지 않고 곧게 나아가는 것, 이것이 바로 '정貞'의 뜻인 것이다.

공자孔子가 정貞을 일러 '일의 곧은 줄기(事之幹也)'라고 표현한 것도, 한번 결정된 일을 한눈팔지 않고 힘 있게 추진하는 뜻이 나무의 줄기가 곧게 뻗어가는 모양과 같았기 때문이다. 실제로 어떤 조직의 실무를 담당하는 간사幹事의 역할 또한 선택과 결정의 권한은 없지만, 위에서 결정된 사항을 올곧게 추진하는 사람을 의미한다. 그러므로 貞固는 한 번 결정된 일에 대해 흔들리지 않고 밀고나가는 견고함을 뜻한다. 즉, 선택한 뒤 줄기차게(幹) 뻗어가는 것이 '貞'이고, 그것을 후회하지 않는 것을 '固'라고 하는 것이다. 만사萬事의 변화는 물론 생명의 진화에도 '정貞'은 '선택된 올곧음'의 입장을 철저히 견지한다.

느닷없이 험난한 환경에 직면한 생명은 스스로 변화를 꾀하며 생존을 추구한다. 이 때 처지와 환경에 알맞은 선택은 생존으로 이어지고, 그렇지 않은 선택은 쇠락의 길로 접어든다. 그리고 생존에 도움을 줬던 '선택'은 후대에까지 올곧게 전해줘야 하는 '정貞'이 되는 것이다. '정貞'의 뜻이 이와 같으니, 공자孔子도 '모든 길흉吉凶은 마침내 정貞이 이긴 것이요, 천하天下의 모든 움직임(動)도 끝내는 정貞, 그 하나일 뿐'[99]이라고 말했던 것이다. 이렇게 볼 때, 인도人道의 사덕四德인 仁義禮智의 '智'는 '선택에 따른 줄기참'을 뜻하는 '幹'을 대신하여 후대에 이르러 '智'로 치환된 것이니, '智'에는 '올바름을 저장'한다는 비슷한 의미가 들어 있기는 하지

---

98 엄밀히 말하자면, 가장 이로운 선택의 순간까지는 利의 과정이고, 선택 뒤에 줄기차게 나아감은 貞의 과정이라 판단된다.

99 『周易』, 「繫辭下傳」1 : 吉凶者는 貞勝者也니 天地之道는 貞觀者也오 日月之道는 貞明者也오 天下之動은 貞夫一者也라.

만, 애석하게도 '선택된 줄기참'의 뜻이 엿보이지는 않는 듯하다.

건 원 자　시 이 형 자 야　이 정 자　성 정 야
乾元者는 始而亨者也오 利貞者는 性情也라.

건원이라는 것은 시작해서 형통한 것이고, 이와 정은 곧 성과 정이라.

「문언전文言傳」은 곧이어 건원乾元에 대한 설명으로 넘어간다. 이 대목은 건원乾元의 발휘發揮에 의해 형통亨通해진 양적量的 기운이 곧 성정性情이라는 질적質的 의미意味로 온축蘊蓄되는 원리를 뚜렷하게 밝혀준다. 즉, 천지만물天地萬物의 성정性情은 모두 건원乾元이 시작해서 형통해진 바가 있은 연후에야 뒤이어 처해지는 형세에 맞게 고착되는 것이다. 보합保合과 대화大和를 통해 최대한 부풀어 오른 건도乾道가 이정利貞이라는 쇠락衰落과 수렴收斂의 때를 만나 선택을 강요받고, 그 선택된 뜻이 또 다시 성정性情으로 정리되는 것이 건도乾道의 순서이다. 이치理致의 순서가 이러하니, 생명의 진화進化에는 반드시 종種의 번성蕃盛이 있은 연후에 쇠락衰落의 때를 이겨낸 적자適者의 계대繼代가 반복되었던 것이고, 문명文明의 풍요豊饒가 앞서고 난 이후에야 문화文化의 침습浸濕이 뒤따르는 이유도 여기에 있는 것이다.

乾元者는　　始而　　亨者也오　　利貞者는　　性情라
　　　　　　（癸亥）　　（甲子）

이 대목에 대해 전해지는 수상手象은 건원乾元이 형亨으로 넘어가는 사이의 시공간적 변화가 즉각적이고 대폭적임을 보여준다. 계해癸亥에서 시작된 건원乾元이 갑자甲子로 넘어가는 동시에 곧바로 형亨의 풍요로운 상황이 연출되는 것이다. 펴진 무지拇指와 식지食指의 자리는 곱으면 다름 아닌 원元과 형亨의 자리이니, '始而亨者也^{시 이 형 자 야}'라는 말이 나온 것이다. 여기서 잠시 살펴봐야 할 것이 바로 성정性情이다. 利貞者^{이 정 자}가 性情也^{성 정 야}라 함은 '이利'를 '성性'에 붙이고, '정貞'을 '정情'에 붙이는 뜻이 된다. '이利'는 풍요豊饒와 쇠락衰落의 기로岐路에서 각득기소各得其所를 이룸(成)이니, '성性'에는 반드시 때(時)에 맞춰 이利로움을 선택하는 뜻이 녹아 들어간다. '정貞'은 시始·형亨·이利의 체體와 용用이 모두 한 곳에 갈무리되는 뜻이니, '정情'에는 전체의 모든 뜻이 녹아 들어간다. 즉, '성性'에는 때(時)와 선택과 이利로움의 이룸(成)이 들어있으며, '정情'에는 시始와 형亨과 이利로움과 때맞은 선택의 모든 순환이 녹아있으니, '정情'은 곧 '성性'을 포괄하는 뜻이 된다. 이는 '성性'을 천리天理로 높이고, '정情'을 인욕人慾으로 낮췄던 주자학朱子學의 논리와는 다른 방향이다. 주자학朱子學을 중심으로 배워온 독자들에게는 다소 낯선 주장이겠으나, 적어도 주자학朱子學의 근원根源인『주역周易』에서의 '성性'이 이利로움과 짝을 짓고 있는 것은 사실이다. 이어지는 대목에서도 공자孔子는 아예 이로움을 중심에 놓고 건도乾道를 설명한다.

乾始能以美利^{건 시 능 이 미 리}로 利天下^{이 천 하}라 不言所利^{불 언 소 리}하니 大矣哉^{대 의 재}라.

건이 시작하여 능히 아름다운 이로움으로 천하를 이롭게 하고도, 그 이로운 바를 말하지 않으니, 위대하구나.

　　도체道體의 출발은 계해癸亥인 건원乾元의 발휘發揮로부터 비롯되었으
나, 뒤따르는 순환循環은 결국 이利로움을 통해 이어진다는 뜻이다. 건도
乾道의 시작 이후에 사덕四德의 순환을 매개하는 힘은 바로 이利로움에
있는 것이다. 실제로 이로움은 현실 세계를 순환케 하는 원동력이다. 변
화變化의 원리 속에도 당연히 이로움이 핵심을 이룰 터이니, 공자孔子도
아예 한 대목을 떼어내서 건도乾道에서 이로움이 차지하는 비중을 강
조하고 있다. 공자孔子의 글 속에 도체道體의 짜임은 어떠한가? 乾始能은
元이 되고, 以美利는 亨이 되며, 利天下는 利가 되고, 不言所利는 貞이
된다. 사덕四德의 순환이 온통 利투성이다. 다만, 乾始에 利가 붙지 않은
것은 적어도 건원乾元의 시작이 이로움에 의존하지 않음을 보인 것이다.
乾始의 뒤에 오는 能은 건원乾元이 건도乾道를 시작시키는 기운이 자발
적自發的이고 능동적能動的임을 표현한 것이다. 건원乾元의 시작에 대한
能함은 곧바로 美利의 亨을 만들어낸다. 가능성이 최대로 발현되어 형
통亨通한 모양을 美利라고 표현했으니, 美利는 뒤따라 이어지는 利天下
를 위해 쓰이는 것이다. 즉, 뒤이어 천하天下를 이利롭게 하는 주체는 다
름 아닌 '美利'이므로, 元亨利貞의 '利'는 곧 '亨을 쓰는(用) 뜻'이라고
단언할 수 있다.

元亨利貞의 순환은 利로움의 작용

元	亨	利	貞
乾始能	以美利로	利天下라	不言所利하니

　　건도乾道의 변화變化는 '利天下'에서 마침내 목적을 이룬(成)다. 스스
로를 이롭게 하는 경지를 넘어 천하天下를 이롭게 함이 건도乾道가 이
뤄야 하는 종국의 목적인 것이다. 「계사전繫辭傳」에 이른바 '잇는(繼)

것이 선善이요, 이루는(成) 것이 성性이라'[100]는 말에서의 '이룸' 또한 '利天下'를 이루(成)는 뜻일 것이다. 즉, 이룸(成)은 이로움(利)이 맺어진 것이니, 말의 어원에서도 선현先賢들의 철학을 엿볼 수 있다. 건도乾道가 시작한 이유도, 能히 美利를 만든 이유도, 모두 '利天下'를 하기 위해서 였으니, 목적을 이룬 건도乾道는 이제 마지막 종착역을 향해 나아간다. 천하를 뒤덮었던 그 이로움을 밖으로 드러내지 않고 안으로 갈무리함으로써 건도乾道가 선택한 올바름(貞)을 짓는 것이다. 천하天下를 이롭게 하는 능력을 고르고 선택하여 '뜻'으로 온축蘊蓄하는 것, '不言所利'는 공자孔子가 권장하는 올곧음(貞)의 결정체라고 할 수 있다. 이처럼 도체道體의 순환循環에 있어 이로움은 절대적인 요소이다. 건도乾道가 이로움을 매개로 순환하듯이, 곤도坤道 또한 이로움으로 그 성정性情을 드러낸다. 건괘乾卦가 '不言所利'로 이利의 뜻을 안으로 숨겨둔다면, 곤괘坤卦는 '主利'로써 이利의 뜻을 밖으로 드러내는 것이다. 이것이 元亨利貞을 순환하도록 만드는 '이利'의 역할이다.

乾始 能以美利로

사덕四德에서 이로움이 차지하는 비중이 중대함에도 불구하고, 전해지는 수상手象은 오직 '乾始 能以美利'에 국한된다. 용구用九의 자리에서 펴진 식지食指의 모습이 乾始를 뜻하는 것은 물론이다. 다만 식지食指가 美利까지 의미하는지에 대해서는 뒤에서 더 논의해볼 필요가 있다. 그리

---

100 『周易』, 「繫辭上傳」 5 : 繼之者善也오 成之者性也라.

고 이 대목의 수상手象은 향후 곤괘坤卦의 괘사卦辭에서 '主利하나니라'를
표현할 때도 또 한 번 반복된다.

대 재   건 호   강 건 중 정 순 수 정 야
大哉라 乾乎여 剛健中正純粹 精也오.

위대하구나! 건이여! 강·건·중·정·순·수한 정미로움이여!

  대 재   건 호
  '大哉라 乾乎여!'로 시작되는 이 간결한 대목에서, 공자는孔子는 건乾
      강 건 중 정 순 수   정
을 剛健中正純粹한 精이라 부르며 그 위대함을 찬讚하고 있다. 먼저 건
乾의 성정性情을 나열한 것으로 보이는 이 여섯 가지가 정확히 무엇을 의
미하는지에 대해 살펴볼 필요가 있다. 주자朱子는 『본의本義』에서 이 대
목에 대해, '강剛은 체體를 말함이요, 건健은 용用을 겸하여 말함이요, 중
中은 그 행실에 과불급過不及이 없는 것이요, 정正은 그 세움(立)에 치우
치지 않은 것이니, 강건중정剛健中正의 네 가지는 건乾의 덕德이다. 순純은
음유陰柔에 섞이지 않음이요, 수粹는 사악邪惡에 섞이지 않음이니, 순수
純粹는 강건중정剛健中正이 지극한 것이요, 정精은 또한 이 순수純粹함이
지극한 것이다'[101]라고 표현하였다. 즉, 강건중정剛健中正이 지극하면 순
수純粹를 이루고, 순수純粹가 지극하면 정精을 이룬다는 뜻이다. 대단히
합리적인 설명으로 보이지만, 너무나 일반적이어서 오직 건괘乾卦를 찬
讚하는 설명으로 적합한지가 의문스럽다.
  수지상수手指象數와 함께 구전口傳된 『정역正易』의 시각은 주자朱子와
는 완연히 다른 방향으로 건괘乾卦의 여섯 성정性情을 설명한다. 『정역正

---

101 朱熹, 『本義』, 重天乾 : 剛은 以體言이요 健은 兼用言이요 中者는 其行无過不及이요 正
者는 其立不偏이니 四者는 乾之德也라. 純者는 不雜於陰柔요 粹者는 不雜於邪惡이니 蓋
剛健中正之至極이요 而精者는 又純粹之至極也라.

易』은 剛健中正純粹가 본래부터 건괘乾卦의 육효六爻를 지목하고 있다고 주장한다. 정확하게는 강剛은 상구上九를, 건健은 초구初九를, 중中과 정正은 각각 구오九五와 구이九二를, 순수純粹는 구사九四와 구삼九三을 뜻한다는 것이다. 그 내용을 좀 더 구체적으로 살펴보자.

강剛과 건健은 모두 굳건한 뜻이 있으나 구체적 의미에는 차이가 있다. 강剛은 오랜 풍파風波를 견디는 산山처럼 외부로 드러남이 끝없이 견고堅固한 모습이다. 특히 커다란 바위처럼 굳고 뼈대를 이루는 산을 강岡이라 하므로, 강剛은 외부로 드러남이 견고하되 본래부터 강하고 그 강함을 오랫동안 잃지 않음을 뜻한다. 그래서 강剛은 강함으로 시작하여 끝내 강함에 머문 상구上九를 지목하고 있다고 헤아린 것이다. 이와는 반대로 건健은 단련과 노력으로 세워진 굳건함이므로, 사람의 건강健康한 몸처럼 내부로부터 애써 만들어진 굳건함을 의미한다. 강剛이 본래부터 타고난 강함의 뜻이라면 건健은 의지로써 강함이니, 노력을 통해 굳건함을 유지해야 하는 상태이다. 그러므로 단련과 노력은 건健의 필요조건이 된다. 이와 같은 이유로 이제 갓 건행健行의 노력을 시작한 안쪽의 초구初九를 건健과 짝지은 것이다.

중정中正은 구오九五와 구이九二를 각각 설명한 것이다. 『정역正易』은 구오九五를 中正之道로, 구이九二를 正中之道로 구분하여 헤아린다. 중정中正과 정중正中은 모두 중中과 정正을 가지고 있지만, 그 의미에 있어서는 큰 차이를 보인다. 정중正中은 스스로를 바르게 유지하기 위해 노력해야만 겨우 중中에 이를 수 있는 수준이다. 「문언전文言傳」에 이른바, 말의 미더움을 떳떳이 하고(庸言之信), 행동의 삼감을 떳떳이 하고(庸行之謹), 사특함을 막아서 그 정성됨을 지키고(閑邪存其誠), 세상에 착하게 하고도 자랑하지 않으려 함(善世而不伐)은 모두 자신을 바르게(正) 하여 중中에 이르기 위한 군자君子의 부단한 노력이다. 그래서 '용덕龍德이 정중正中으로(龍德而正中者也)' 노력하는 상태에 있다고 표현한 것이다. 이와는 달리 중정中正은 이미 중中을 이룬 채 여유롭게 정正을 쓰는 상태를 의미한다. 구오九五의 위치는 천덕天德의 자리(位)로써 이미 중中 그 자체라고 말할 수 있다. 중中에 거하면서 정正을 쓰는 경지가 천지天地와 더불어 그 덕德에 합하고(與天地合其德), 일월日月과 더불어 그 밝음에 합하고(與日月合其明), 사시四時와 더불어 그 순서順序에 합하고(與四時合其序), 귀신鬼神과 더불어 그 길흉吉凶에 합할(與鬼神合其吉凶) 정도인 것이다. 그러므로 정중正中은 애써 바르게 정正하여 겨우 중中에 이르려 함이고, 중정中正은 이미 중中에 이르러 매사每事에 정正할 수 있는 수준이니, 구오九五와 구이九二를 차례로 가리켜 중中과 정正이라고 표현한 것이다.

순수純粹는 구사九四와 구삼九三의 군자君子에게 허여許與된 무구无咎를 뜻한다. 순純은 삶거나 물들이지 않은 명주실이고, 수粹는 찧어서 껍질을 벗긴 깨끗한 쌀이다. 즉, 순純은 본래부터 깨끗하여 오염으로부터 지키는 뜻이 있고, 수粹는 본래 가진 티끌을 걷어내서 깨끗해지려는 노력의 뜻이 있다. 구사九四는 때를 기다려 나아가려는 준비된 군자君子의 모습이다. 지위地位에 오르려 하는 것도 사사로운 목적이 아니고(上下无常, 非爲邪也), 나아가고 물러남이 일정하지 않은 것도 주변을 배신하려 함이 아니다(進退无恒, 非離群也). 그러므로 처음부터 뜻이 깨끗한 구사九四의 약룡躍龍이 때를 만나 뛰어 오르니 무구无咎라 한 것이고, 이것을 일컬어 아직 때 묻지 않은 순純이라고 표현한 것이다. 구삼九三은 종일토록 노력해야 할 군자君子의 처지이다. 충忠과 신信으로 덕德을 밀고 나아가고(忠信, 所以進德也), 말을 닦고 정성스러움을 세워서 업業

에 거함은(脩辭立其誠, 所以居業也) 모두 건건군자乾乾君子가 스스로의 미숙함을 벗어가려는 노력이라고 할 수 있다. 즉 방아를 찧어 곡식의 껍질을 깨끗이 벗기는 노력이라 할 수 있는 것이다. 방아를 찧는 일은 때(時)에 따라 손길을 조심(惕)만 한다면 위태로움(厲)이 있어도 허물은 없으니(无咎), 노력하여 껍질을 벗기는 뜻의 수粹라고 표현한 것이다.

종합해 보면, 剛健中正純粹^{강 건 중 정 순 수}는 건괘乾卦의 여섯 효爻를 '6·1·5·2·4·3'의 순서로 점차 중앙을 향하면서 나열한 것임에 틀림이 없다. 『정역正易』이 설명하는 내용은 주자朱子의 설명과는 비교가 되지 않을 정도로 논리가 정연하며 그 뜻이 이치에 매우 가깝다. 이치理致가 정연한 『정역正易』의 논리는 후진後進으로 하여금 건괘乾卦의 여섯 효가 가진 본래의 뜻을 깊이 궁구할 수 있도록 도와준다. 나열된 순서와 숨어 있는 뜻을 아래와 같이 정리하면, 공자孔子가 이 여섯 글자를 통해 설명하려 했던 육효六爻의 이치가 확연히 드러난다. 여섯효의 '타고남'과 '노력함'이 건도乾道를 정미精美롭게 유지시키는 것이다.

剛健中正純粹는 六爻에 대한 설명

六爻	剛	健	中(中正)	正(正中)	純	粹
	上九	初九	九五	九二	九四	九三
본뜻	타고난 강함이 외부로 드러나서 오랫동안 유지됨	단련과 노력으로 굳건함을 애써 유지함	中에 거하여 매사에 正할 수 있음	正을 닦으며 中에 이르려 노력함	애초의 가진 뜻이 깨끗하며 세상에 나갈 때를 기다리는 상황	언행을 삼가며 수신으로 노력하지만 아직은 조심해야 할 처지
능력	타고남	노력함	타고남	노력함	타고남	노력함

전해지는 수상手象은 건괘의 육효六爻를 헤아리는 순서와 그 결과로

도출된 정精의 모습이다. 무지拇指를 시작으로 剛健中正純粹를 모두 헤아리고 나면 펴진 소지小指가 나타나는데, 이것이 바로 정精의 모습이다. 펴진 소지小指는 앞서 수지상수手指象數의 기본규칙에서 설명했던 용육用六이자 황극皇極의 모습이다. 용육用六은 음수陰數에서 중中을 쓰는 뜻이고 황극皇極은 그 자체로서 중中을 의미하므로, 이를 통해 건괘乾卦의 剛健中正純粹함은 모두 정미精美로운 중中을 향해 나아가려 한다는 결론이 도출된다. 건도乾道의 덕德은 다름 아닌 중中의 궤도軌道를 통해 흐른다고 할 수 있는 것이다.

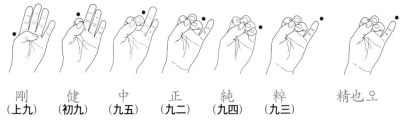

| 剛
(上九) | 健
(初九) | 中
(九五) | 正
(九二) | 純
(九四) | 粹
(九三) | 精也오 |

※주의) 위의 手象은 六爻의 각각이 아닌 '剛健中正純粹精也오'의 구절에 해당되는 手象임

　그렇다면 정精은 무엇인가? 수지상수手指象數로 볼 때 정精은 황극皇極이요 용육用六으로서 중中의 자리에 거함이다. 또한 정精의 수상手象은 뒤에서 자세히 설명하겠지만, 초무진初戊辰 잠룡潛龍의 모습이기도 하다. 이는 剛健中正純粹한 정精이 곧이어 무진戊辰의 잠룡潛龍이 된다는 뜻이니, 정精이 장차 지을 바는 다름 아닌 품물品物인 것이다. 「계사전繫辭傳」에도 같은 뜻의 표현이 나오는데, '精氣爲物, 遊魂爲變'[102]이 바로 그것이다. 이 역시 '정기精氣가 품물品物이 된다'는 뜻이므로, 수지상수手指象數는 이 대목에도 동일한 용육用六의 수상手象을 붙여 자구字句 사이

---

102 『周易』, 「繫辭上傳」 4 : 易이 與天地準이라 故로 能彌綸天地之道하나니 仰以觀於天文하고 俯以察於地理라 是故로 知幽明之故하며 原始反終이라 故로 知死生之說하며 精氣爲物이요 遊魂爲變이라 是故로 知鬼神之情狀하나니라.

의 의미를 연결하여 정의定義해준다.

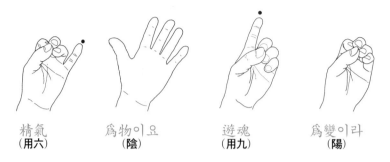

精氣
(用六) 爲物이요
(陰) 遊魂
(用九) 爲變이라
(陽)

　이치理致를 헤아려 보면, 품물品物은 필연적으로 험난한 여정을 뚫고 만들어진다. 하나의 씨앗이 땅에 떨어져 새싹의 과정을 무사히 넘기고, 묘목으로 자라나기까지의 그 험난함은 말로 다 표현할 수 없을 것이다. 얽히고설킨 세상에서 하나의 품물品物이 지어질 확률은 그만큼 낮은 것이다. 확률이 낮은 이유는 모두 험난함 때문인데, 이 험난함을 뚫고 나올 수 있는 힘이 정精 즉, 정미精美로움이다. 정미精美로움의 뜻은 '정밀한 여유로움'이라고 말할 수 있다. 뜻과 노력이 정밀하되, 다가오는 위험을 여유롭게 대처할 수 있는 능能함의 경지를 정미精美롭다고 하는 것이다. 이는 다름 아닌 중中의 모습이니, 정기精氣에 중中을 뜻하는 용육用六의 수상手象을 붙여놓은 것이다.

　정기 위 물
精氣爲物에 용육用六의 수상手象을 붙이는 것과는 달리, 遊魂爲變에
유 혼 위 변
는 용구用九의 수상手象을 붙인다. 遊魂爲變은 '떠도는 넋이 변화가 된다'는 뜻인데, 변화는 그처럼 느닷없이 시작되는 것이다. 떠도는 넋은 의도치 않음과 예상치 못함의 다른 이름이며, 세상에 드러나는 모든 변화는 이 떠도는 넋이 방아쇠를 당겨서 마침내 찾아오는 것이다. 정밀하고 여유로운 대처를 통해 어렵게 만들어진 품물品物의 견고함도 매 순간의 변화는 피할 수 없는 운명이다. 이 변화는 떠도는 넋이 시작시키는 것이

니, 이처럼 무엇이든 만들기는 어려워도 흩기는 쉬운 법이다. 떠도는 넋은 바로 계해癸亥요, 신유辛酉이며, 용구用九이자 건원乾元이다. 변화를 부르는 그 무엇을 하나로 이름 짓기 어려워 '遊魂유혼'이라 한 것이고, 그 수상手象을 '변화의 시작'을 의미하는 건원乾元의 자리에 붙인 것이다. 이렇듯 수지상수手指象數에서 동일한 수상手象은 멀리 떨어진 문장 사이에서도 도체道體의 숨은 뜻을 해석해주는 경위經緯와 공식公式이 된다.

六爻發揮는 旁通情也오.
육효의 발휘는 방이 정에 통한 것이요.

과거로부터 위의 대목은 '육효六爻의 발휘發揮는 뜻에 두루 통通하는 것'이라고 해석되어왔다. 즉, 旁방을 '두루'의 뜻으로 해석한 것인데, 문리文理로만 따지자면 이것이 가장 정확한 해석이라고 할 수 있다. 하지만 수지상수手指象數는 이 문장을 '육효六爻의 발휘發揮는 旁방이 情정에 通통한 것'이라고 해석한다. 즉, '旁방'을 부사인 '두루'로 해석하지 않고 '명사'로 지목한 것이다. 그렇다면 '旁방'은 과연 무엇인가? 수지상수手指象數의 헤아림에서 旁방은 식지食指의 자리에서 발휘發揮되는 건원乾元이다. 역易의 추기樞機인 무지拇指를 중심에 놓고 보면, 식지食指는 그 곁에 붙어 있으니 이것을 '旁방'이라고 지목하여 글 속에 뜻으로 숨겨놓았다는 것이다. 그래서 旁방이 情정에 通통한다는 뜻은 추기樞機의 곁에 붙어 있는 식지食指의 건원乾元이 '숨은 뜻'인 情정에 通통하여 발휘發揮를 시작한다는 의미가 된다. 이에 따라 육룡六龍을 타고 以御天이어천하며, 雲行雨施운행우시를 통해 天下平천하평을 이루니, 이 모두는 애초에 旁방이 情정에 通통했기 때문에 가능했다는 것이다.

旁通情也오

위와 같이 방旁이 식지食指의 자리를 의미한다는 가정 하에, 이제 앞의 두 문장을 겹쳐서 공자孔子가 펼쳐놓은 문자文字의 퍼즐을 감상해보자. 두 문장을 겹쳐서 해석을 연결하는 시도는 아마도 처음이라 생각된다.

		6	1	5	2	4	3		
大哉라	乾乎여	剛	健	中	正	純	粹	精	也오
		∣	∣	∣	∣	∣	∣	∣	
		六	爻	發	揮	旁	通	情	也오

언뜻 보기에도 공자孔子가 써놓은 두 개의 문장은 어떤 특별한 의도를 가지고 쓰였음을 짐작케 한다. 짝지어진 문자의 조합을 자세히 분석해보면 그 내용을 다음과 같이 정리할 수 있다.

① 6번째 효爻인 상구上九를 의미했던 '강剛'은 아래의 문장에서 '육六'과 짝을 짓고, 초효初爻인 '건健'은 '효爻'와 짝을 지어 두 문장 모두 의미상 육효六爻의 범위를 나타낸다.

② 중中의 힘에 의해 정正의 효과가 나타나는 '중정中正'은 아래의 문장에서 발發의 힘에 의해 휘揮두르는 효과가 나타나는 '발휘發揮'와 짝을 지어서, 원천적인 힘과 그 힘이 만들어내는 효과로써 각각 상대를 지었다.

③ 구사九四를 의미하는 '순純'에는 식지食指의 자리로 해석했던 '방旁'을 짝

지었는데, 구사九四의 자리는 육효六爻 중에서 천지인天地人의 어느 쪽에 도 속하지 않은 곁붙이(旁)의 처지[103]이므로, 이미 방旁의 뜻을 포함하 고 있다.

④ 구삼九三을 의미하는 '수粹'에는 '통通'을 짝지었다. 건괘乾卦의 「문언전文 言傳」은 '구삼九三이 종일건건終日乾乾함은 행사行事하는 것이다'[104]라고 정의했고, 「계사전繫辭傳」은 '변화를 통通하게 만드는 것을 일러 사事라 한다'[105]고 정의 했으니, 수粹와 짝지어진 통通은 사事를 사이에 두고 본 래부터 그 뜻이 서로 통했던 것이다.

⑤ 두 문장은 마지막 글자에 이르러서는 정精과 정情으로 아예 시운詩韻까 지 맞춰 놓았다.

위의 분석에서 확인할 수 있듯이, 서로 다른 내용을 설명하고 있는 두 문장이 속으로는 같은 뜻을 품고 있는 것이다. 바로 이것이 도체道體를 숨겨 놓는 공자孔子의 치밀한 글 솜씨다. 그렇다면 앞서 식지食指의 자리 로 지목했던 방旁과 짝지어진 순純의 수상手象은 어떠한가? 아래의 그림 에서 확인할 수 있듯이 우연치고는 너무나 확연하게, 방旁의 수상手象과 순純에 해당되는 구사九四-약룡躍龍의 수상手象이 모두 식지食指에서 굴 신屈伸으로 만나고 있으니, 방旁이 식지食指의 자리를 가리키고 있음은 거듭 증명된다 하겠다. 그리고 이 해석을 통해 우리는 수상手象의 동일 함 이외에 또 하나의 사실을 발견하게 된다. 바로 공자孔子의 문장이 모

---

103 『周易』, 重天乾, 『文言傳』:九四는 重剛而不中하야 上不在天하며 下不在田하며 中不 在人이라 故로 或之하니 或之者는 疑之也니 故로 无咎라.(九四의 처지는 中의 자리를 얻지 못하고, 天의 자리에도 없으며, 田의 자리에 있지 않고도 또한 人의 자리에도 없으니, 九四 는 제대로 된 자리를 얻지 못한 곁붙이의 신세가 된다. 이는 앞서 旁을 곁붙이로 헤아렸던 뜻과 같은 맥락을 이룬다.)

104 『周易』, 重天乾, 『文言傳』:終日乾乾은 行事也오.

105 『周易』, 「繫辭上傳」 5 : 通變之謂事오.

두 도수度數를 품고 서로 연결되어 있다는 엄청난 사실이다. 하지만 이것
은 뒤에 이어질 육효六爻에 대해 공자孔子가 얽어놓은 문文의 씨줄과 날
줄에 비하면 그저 맛보기 수준에 불과하다.

旁通情也오

九四 躍龍

한편, 정精의 경우와 마찬가지로 방旁도 역시, 「계사전繫辭傳」에 한 차
례 더 등장한다.

방 행 이 불 류　　낙 천 지 명
旁行而不流하야 樂天知命이라

고　불 우　안 토　돈 호 인　　고　능 애
故로 不憂하며 安土하야 敦乎仁이라 故로 能愛하나니라.

방(곁)으로 행해도 육갑의 헤아림이 틀리지 않아서, 하늘을 즐거워하고 사
명을 아는지라, 고로 근심하지 않으며, 안토해야 인에 도타울 수 있으니, 고
로 능히 사랑할 수 있느니라.[106]

　　　　　방 행 이 불 류
　　지금까지 '旁行而不流'에 대한 문리적文理的 해석은 역易이 '두루 행하
면서도 잘못으로 흐르지 않는다'는 뜻이었다. 이 대목 역시 문리文理대
로 해석하는 뜻 외에 도체道體의 흐름이 따로 숨겨져 있으니, 방행旁行은
곧 '육갑六甲의 흐름'을 의미한다. 즉, 방행旁行은 추기樞機의 역할인 무지

---

106 『周易』, 「繫辭上傳」 4.

拇指를 시작으로 육갑六甲을 行行하지 않고, 곁에 붙어 있는 식지食指를 시작으로 육갑六甲을 行行하라는 뜻이 되는 것이다. 그러니 아예 '방旁으로 行行하면 불류不流한다'로 읽는 편이 오히려 본래의 뜻에 가까울 것이다.

건원乾元인 식지食指에서 도수度數의 셈법을 시작하여 육갑六甲을 헤아리려도 엉뚱한 곳으로 흘러가지 않는다는 뜻, 즉 도수度數를 잃지 않는다는 뜻이다. 특히 방행旁行을 시작할 수 있으려면 무지拇指를 먼저 곱아줘야 하는데, 무지拇指를 곱음은 곧 安土를 지음이니, 이렇게 볼 때 旁行而不流는 安土를 지은 후에 모든 도수度數를 놓치지 않는 敦乎仁과 같은 뜻이 되고, 樂天知命은 能愛와 같은 뜻이 된다. 旁行而不流와 安土敦乎仁 또한 서로 대對를 이루며 문장文章을 형성하니 이 속에도 도체道體의 흐름이 숨겨진 것은 이제 어렵지 않게 발견된다. 다시 말해, 동일한 수상手象이 동일한 도수度數를 품고 있다는 것이 증명되는 것이다.

旁行而不流하야　　　　安土하야　　　　敦乎仁이라
樂天知命이라　　　　　　　　　　　故로 能愛하나니라
故로 不憂하며

4) 乾卦 爻辭와 終始宮 辛酉

　　건괘乾卦의 괘사卦辭가 본체本體의 입장에서 건도乾道의 순환循環을 드러낸 것이라면, 효사爻辭는 작용作用의 입장에서 군룡群龍이 처한 상황과 그에 따른 방책을 건도乾道의 순서대로 풀어나간 것이다. 효사爻辭의 수지상수手指象數는 괘사卦辭를 풀어낼 때보다 더욱 더 흥미진진하다. 효사爻辭를 풀 때도 괘사卦辭와 마찬가지로 종즉유시終則有始의 원칙에 따라 용구用九의 자리인 식지食指에서 셈을 시작하는데, 다만 특이한 것은 앞서 언급했듯이, 그 시작하는 도수度數가 계해癸亥가 아닌 신유辛酉라는 점이다. 그런데 왜 하필 신유辛酉인가? 그 의문은 하도河圖와 낙서洛書, 그리고 『주역周易』에서 찾을 수 있다.

先甲三日·後甲三日, 先庚三日·後庚三日

　　효사爻辭를 구하기 위해 용구用九의 식지食指 자리에서 신유辛酉로 시작하는 도수度數 셈법은 임술壬戌, 계해癸亥, 갑자甲子, 을축乙丑, 병인丙寅, 정묘丁卯, … 을미乙未를 지나 36번째인 병신丙申에 이르러 절반의 순환을 마치게 된다. 이 36궁宮 전체를 신유궁辛酉宮,[107] 종시궁終始宮 또는 낙서궁洛書宮이라 부른다. 아래의 표에서 확인할 수 있듯이, 36궁宮 속에는 무진戊辰, 경진庚辰, 임진壬辰의 세 진辰 자리가 포함되어 있는데, 이들이 바로 건괘乾卦의 육룡六龍 중 초효初爻, 이효二爻, 삼효三爻인 잠룡潛龍, 현

---

107 『正易』에서 宮이라는 표현은 일정하게 정해진 도수의 범위를 뜻한다. 대개 六甲 운용의 범위를 일컬을 때는 가장 앞의 도수를 이름으로 붙이는데, 이 때문에 辛酉로부터 丙申까지의 36도를 辛酉宮이라고 부르는 것이다.

룡見龍, 건건군자乾乾君子의 자리이다. 여기서 잠깐, 주역周易과 육갑六甲을 엮는 것에 대해 여전히 어색한 느낌을 가진 독자들을 위해, 낙서궁洛書宮의 32번째 도수度數인 임진壬辰을 함께 살펴보자.

洛書宮과 河圖宮 속의 乾卦와 坤卦

洛書宮					
1 辛酉	2 壬戌	3 癸亥	4 甲子	5 乙丑	6 丙寅
7 丁卯	8 潛龍 戊辰	9 己巳	10 履霜堅冰 庚午	11 辛未	12 壬申
13 癸酉	14 甲戌	15 乙亥	16 丙子	17 丁丑	18 戊寅
19 己卯	20 見龍 庚辰	21 辛巳	22 直方大 壬午	23 癸未	24 甲申
25 乙酉	26 丙戌	27 丁亥	28 戊子	29 己丑	30 庚寅
31 辛卯	32 乾乾君子 壬辰	33 癸巳	34 含章可貞 甲午	35 乙未	36 丙申

河圖宮					
1 丁酉	2 戊戌	3 己亥	4 庚子	5 辛丑	6 壬寅
7 癸卯	8 躍龍 甲辰	9 乙巳	10 括囊无咎 丙午	11 丁未	12 戊申
13 己酉	14 庚戌	15 辛亥	16 壬子	17 癸丑	18 甲寅
19 乙卯	20 飛龍 丙辰	21 丁巳	22 黃裳元吉 戊午	23 己未	24 庚申
25 辛酉	26 壬戌	27 癸亥	28 甲子	29 乙丑	30 丙寅
31 丁卯	32 亢龍 戊辰	33 己巳	34 龍戰于野 庚午	35 辛未	36 壬申

　표를 살펴보면 임진壬辰의 乾乾君子(건건군자)는 낙서궁洛書宮의 끝자락에 거의 도달해 있음을 알 수 있다. 하루로 따지면 저녁이 다 된 것인데, 마침 구삼九三의 효사爻辭에 나오는 '저녁이 되어 두려워하면'이라는 뜻의 '夕惕若(석척약)'은 주역周易의 자구字句가 도수度數의 흐름과 연결되어 쓰였다는 주장에 힘을 보태준다. 더욱이 공자孔子는 여기에다 '이를 것을 알고 이른 것이요(知至至之)'와 '마칠 것을 알고 마친 것이니(知終終之)'라는 말까지 덧붙여 놓았다. 이는 하괘下卦의 끝에 도착한 乾乾君子(건건군자)의 구삼九三이

도수度數로도 낙서궁洛書宮의 끝자락에 도달한 상황임을 표현하고 있는 것이다.

이렇게 볼 때 낙서궁洛書宮의 끝인 병신丙申 다음의 정유丁酉부터 시작되는 36궁宮은 두말할 필요도 없이 하도궁河圖宮이 될 터이고, 그 안에서 건도乾道는 또 다시 사효四爻, 오효五爻, 상효上爻인 약룡躍龍, 비룡飛龍, 항룡亢龍과 만나게 된다. 갑진甲辰의 약룡躍龍이 낙서洛書에서 하도河圖로 건너뛰는(躍) 자리이기 때문에 얻은 이름임을 알게 된다면 그 누가 놀라지 않겠는가? 더불어 살펴보면, 낙서궁洛書宮과 하도궁河圖宮의 흐름에 또 하나의 줄기가 엿보이니, 그것은 바로 곤괘坤卦의 육효六爻이다. 낙서궁洛書宮에는 경오庚午, 임오壬午, 갑오甲午가 곤괘坤卦의 초효初爻, 이효二爻, 삼효三爻를 이루고, 하도궁河圖宮에는 병오丙午, 무오戊午, 경오庚午가 사효四爻, 오효五爻, 상효上爻를 이룬다. 건괘乾卦의 진辰이 용龍이라면 곤괘坤卦의 오午는 말(馬)이므로, 곤괘坤卦의 괘사卦辭에 암말(牝馬之貞)이 나오는 것도 도수度數의 흐름과 연결된 표현인 것이다.

이렇듯 신유辛酉의 낙서궁洛書宮은 정유丁酉의 하도궁河圖宮과 짝을 이루며 육룡六龍 변화變化의 무대가 된다. 건괘乾卦와 곤괘坤卦의 셈법이 속으로는 신유辛酉의 낙서洛書에서 출발하여 정유丁酉의 하도河圖로 이어지고 있는 것이다. 이로 인하여 앞서 설명했던 낙서선천洛書先天 → 하도후천河圖后天의 논리는 여기에서도 드러나는 셈이다.

이번에는 『주역周易』의 두 괘卦에서 나오는 신유辛酉와 정유丁酉에 대한 실마리를 찾아보자.

고　원형　　이섭대천　　선갑삼일　　후갑삼일
蠱는 元亨하니 利涉大川이니 先甲三日하며 後甲三日이니라.

고는 크고 형통하니, 큰 내를 건너는 것이 이로우니, 갑보다 앞서 삼일을 하
며 갑보다 뒤에 삼일을 하느니라.[108]

단왈고　　강상이유하　　　손이지고
象曰 蠱는 剛上而柔下하고 巽而止 蠱라.

고　원형　　이천하치야　　이섭대천　　왕유사야
蠱 元亨하야 而天下治也오 利涉大川은 往有事也오

선갑삼일후갑삼일　　종즉유시　천행야
先甲三日後甲三日은 終則有始 天行也라

단에 가로되 고는 강이 위에 있고 유가 아래에 있어, 겸손해서 그침이 고라.
고가 크고 형통해서 천하가 다스려짐이요, 이섭대천은 (건너)가서 일을 두
라는 뜻이요, 선갑삼일후갑삼일은 마치면 곧 비롯함이 있는 것이 천행이라
는 뜻이다.[109]

　　신유辛酉의 실마리는 먼저 『주역周易』 산풍고괘山風蠱卦의 괘사卦辭에
서 찾을 수 있다. 내용인즉, '선갑삼일先甲三日과 후갑삼일後甲三日이 각각
종즉유시終則有始의 자리이며 이것이 천행天行'이라는 것인데, 선갑삼일
先甲三日과 후갑삼일後甲三日은 각각 무엇을 뜻하는가. 선유先儒들의 해석
은 대부분 갑甲을 시작으로 여겨서, '시작의 전후로 조심하고 사려 깊게
행동해야 하는 것이 하늘의 운행'이라며 도리道理의 측면에서 대강의 뜻
을 헤아렸다. 하지만 『정역正易』이 바라보는 시각은 이와 다르다. 『정역正
易』의 작역자作易者는 뒤따르는 공자孔子의 해설 중 천행天行이라는 단어
에 착목着目했다. 『주역周易』에는 천행天行이라는 단어가 네 번 사용되는

데, 그 중 하나는 건괘乾卦의 상사象辭[110]이다. 하지만 이는 군자君子에게 권하는 인륜적 지침의 뜻일 뿐이므로, 실제의 천행天行과는 관련이 없는 내용이다. 나머지 셋은 괘상卦象의 원리를 결단決斷하여 설명하는 「단전象傳」에 나오는데, 이 세 가지가 공자孔子가 내놓은 천행天行의 공식적인 모습이라고 할 수 있다. 세 가지는 모두 날(日)과 달(月)의 변화에 대한 표현들이므로, 공자孔子가 「단전象傳」에서 천행天行의 도수度數를 넌지시 드러냈다는 것이 『정역正易』이 바라보는 시각이다. 그 중 선갑삼일先甲三日과 후갑삼일後甲三日이 바로 신유辛酉와 정유丁酉의 실마리가 되는 것이다.

『周易』의 象辭 중 天行이라는 표현이 사용된 부분

山風蠱	先甲三日後甲三日은 終則有始 天行也라
山地剝	君子尙消息盈虛 天行也라
地雷復	反復其道하야 七日來復은 天行也요

갑甲으로부터 세 자리 앞은 신辛이고, 갑甲으로부터 세 자리 뒤는 정丁이다. 「단전象傳」의 내용인즉, '신辛과 정丁이 각각 종즉유시終則有始를 행하는 중요한 지점이며, 이것이 천행天行의 요체要諦'라는 메시지이다. 『정역正易』과 수지상수手指象數의 논리는 종즉유시終則有始의 천행天行이라고 지목된 신辛과 정丁에 내포되어있는 '낙서洛書와 하도河圖의 연결된 흐름'에 주목한다. 선갑삼일先甲三日의 신辛은 낙서궁洛書宮을 시작하는 자리이고, 후갑삼일後甲三日의 정丁은 하도궁河圖宮을 시작하는 자리인 것이다. 게다가 위험危險과 이변異變이 예상되는 큰 내를 건너는 뜻의 '利涉大川'은 낙서궁洛書宮의 선천先天에서 하도궁河圖宮의 후천后天

---

110 『周易』, 重天乾, 「象傳」: 天行이 健하니 君子 以하야 自强不息하니니라.

으로 건너가는 전도轉倒의 순간이 자연스레 연상된다. 특히 선·후천先后天 전도轉倒의 순간을 무릅쓰고 건너는 것이 종국終局에는 이롭다고 권장하는 것은 종시終始의 상황을 직면直面하려는 공자孔子의 세계관이 잘 드러나는 대목이라 하겠다.

山風蠱卦의 先甲三日·後甲三日   重風巽卦의 先庚三日·後庚三日

다음은 중풍손괘重風巽卦 오효五爻의 효사爻辭이다.

<small>구 오　　정　　길　　　회 망　　　무 불 리　　무 초 유 종</small>
九五는 貞이면 吉하야 悔亡하야 无不利니 无初有終이라
<small>선 경 삼 일　　　후 경 삼 일　　　길</small>
先庚三日하며 後庚三日이면 吉하리라.

구오는 정하면 길해서 후회가 없어서 이롭지 않음이 없으니, 처음은 없고 마침은 있느니라. 경보다 앞서 삼일하며, 경보다 뒤로 삼일하면 길하리라.

　중풍손괘重風巽卦는 산풍고괘山風蠱卦와 깊은 인연을 가지고 있는데, 그 핵심은 중풍손괘重風巽卦의 구오九五에 있다. 그 이유는 중풍손괘重風巽卦의 구오九五가 음효陰爻로 변하면 곧 산풍고괘山風蠱卦가 되기 때문이다. 그러므로 선경삼일先庚三日, 후경삼일後庚三日이 중풍손괘重風巽卦 구오九五의 효사爻辭가 되는 것은 대단히 의미심장하다. 앞서와 같은 방법으로 경庚으로부터 세 자리 앞은 다시 정丁이고, 경庚으로부터 세 자리 뒤는 곧 계癸가 된다. 아마도 산풍고괘山風蠱卦의 후갑삼일後甲三日

과 중풍손괘重風巽卦의 선경삼일先庚三日이 정丁으로서 같은 이유는 중풍손괘重風巽卦의 후경삼일後庚三日의 계癸와 건괘乾卦 괘사卦辭의 시작 도수度數인 계해癸亥의 계癸가 같은 것과 연결고리를 가지고 있을 것이다.

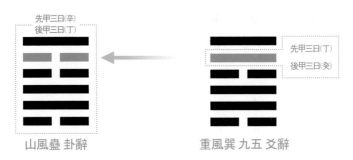

重風巽卦 九五爻의 변화

이번에는 선갑삼일先甲三日·후갑삼일後甲三日과 선경삼일先庚三日·후경삼일後庚三日의 대목에 대해 전해지는 수상手象을 살펴보자. 두 가지 수상手象 모두 식지食指에서 유酉로 시작되는 순서를 가지고 있으나, 선갑후갑先甲後甲은 낙서궁洛書宮의 시작 위치인 신유辛酉에서 출발하고, 선경후경先庚後庚은 하도궁河圖宮의 시작 위치인 정유丁酉에서 출발한다.

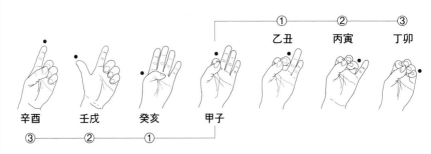

先甲三日 後甲三日의 手象

수상手象이 전하려는 뜻이 정확히 무엇을 의미하는지는 아직까지 밝혀지지 않았다. 다만, 선갑삼일先甲三日·후갑삼일後甲三日의 수상手象은 건원乾元이 발휘發揮를 시작하여 乃統天을 이루는 모습과 동일하고, 선경삼일先庚三日·후경삼일後庚三日의 수상手象은 새로운 역법曆法으로 전환된 후의 천간도수天干度數 순서(己庚辛壬癸·甲乙丙丁戊)와 동일한 모습이다. 이 부분은 건곤교乾坤橋 안에서의 도수변화度數變化와 밀접한 연관을 가진 것으로 여겨지는 만큼, 향후 심도 깊은 연구가 필요한 대목이라 하겠다.

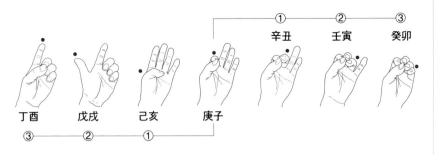

先庚三日 後庚三日의 手象

그런데 왜 낙서궁洛書宮과 하도궁河圖宮을 시작하는 도수度數인 신辛과 정丁의 뒤에 하필 유酉가 붙었는가? 이 부분에 대해 앞서 주목했던 학산鶴山 선생의 주장을 먼저 살펴보자.

> 先天에는 干支가 甲子로 시작하여 癸亥로 끝났음은 다 아는 바이다. 이것은 所謂 甲己夜半에 生甲子하기 때문이다. 그러나 後天에는 甲己가 己甲의 秩序로 變하여 己甲夜半에 生癸亥하여 先天의 甲子는 後天에는 癸亥로 變하고 癸亥를 先頭에 사용하려니 自然 그 二度前인 辛酉는 先天에 끝닿았던 자리, 다시 말하여 先天에 終하고 後天에 始하여 처음 열어 놓는 그 자리에 오게 되니, 辛酉를 洛書의 終始宮이라 하여 이것이 「乾卦」 初爻의 始初를 나타낸다.[111]

---

111 이정호, 『正易硏究』, 아세아문화사, 1976, pp.106.

내용인즉, 甲己夜半 生甲子 기반의 기존 역법曆法이 갑자甲子를 시작으로 삼고 그 끝은 1도度 전인 계해癸亥였으니, 己甲夜半 生癸亥 기반의 새로운 역법曆法은 계해癸亥를 시작으로 삼되, 그 2도度 전의 신유辛酉를 종終자리인 식지食指에 맞춰 셈을 시작해야 한다는 것이다. 식지食指를 펴며 신유辛酉로 미리 출발하면, 뒤이어 새롭게 무지拇指를 곱을 때 도수度數가 계해癸亥에 당도한다는 논리이다. 하지만 학산鶴山 선생의 논리적 설명에도 불구하고 필자는 이 부분을 말끔하게 이해하지 못했다. 낙서궁洛書宮의 신유辛酉는 그렇다 치고, 하도궁河圖宮의 정유丁酉는 어떻게 설명할 것인가? 도대체 유酉는 어디에서 온 것인가? 이해의 부족은 후학後學으로 하여금 엉뚱한 방향으로의 상상을 촉발시킨다. 그리고 그 엉뚱한 상상이 때로는 그럴싸한 결과를 도출해낸다.

신辛과 정丁에 유酉를 붙이게 된 배경에 혹여 곤괘坤卦의 괘사卦辭, 元·亨·利·牝馬之貞의 본체도수本體度數인 酉·申·未·午가 관련되어 있지 않은가 하는 생각이 바로 필자의 억측臆測이다. 뒤에서 자세히 다루겠지만, 건괘乾卦 元·亨·利·貞의 본체도수本體度數가 丑·寅·卯·辰이 되는 것과 달리, 곤괘坤卦 元·亨·利·牝馬之貞의 본체도수本體度數는 酉·申·未·午가 된다. 즉, 곤괘坤卦의 원元은 유酉가 되고, 형亨은 신申이 되며, 이利는 미未가 되고, 빈마지정牝馬之貞은 오午가 된다. 이 때 元·亨·利·牝馬之貞의 원元은 곤괘坤卦의 사덕四德으로는 첫 번째 자리이지만, 도수度數의 순서로는 끝자리인 것을 유념해야 한다. 지지地支의 본래 순서인 午·未·申·酉가 아닌 酉·申·未·午의 순서로 거꾸로 헤아리는 것이다. 여하튼 곤괘坤卦 본체도수本體度數의 끝자리로 도출된 유酉가 신辛과 정丁의 뒤에 붙어 신유辛酉와 정유丁酉를 형성했다는 것이 필자의 생각이다. 게다가 곤괘坤卦의 원元인 유酉가 위치한 자리가 용구用九 즉, 식지食指의 자리이고, 건곤乾坤은 역易의 문門으로서 함께 짝을 이루니, 건괘乾卦와 곤괘坤卦가 도수度數의 흐름에서도 서로 머리와 꼬리를 물고 돌아가지 않겠느냐는 것이다.

신유辛酉와 정유丁酉의 뒤에 붙은 유酉가 곤괘坤卦 본체도수本體度數의 끝자리로부터 왔고, 건괘乾卦와 곤괘坤卦가 서로 도수度數의 끝을 물고 돈다는 논리를 뒷받침하려면, 앞서 새로운 역법曆法에서 언급했던 구이착종九二錯綜과 삼오착종三五錯綜을 다시 한 번 살펴봐야 한다. 앞서 우리는 신구금辛九金의 신유辛酉가 정이화丁二火의 정유丁酉로 넘어가는 것을 구이착종九二錯綜이라 하고, 갑삼목甲三木의 갑진甲辰이 무오토戊五土의 무진戊辰으로 넘어가는 것을 삼오착종三五錯綜이라 정리했던 것을 기억한다. 그러므로 방금 계산해낸 곤괘坤卦 본체도수本體度數의 유酉는 신유辛酉─정유丁酉의 구이착종九二錯綜에 대한 도수 셈법의 근거가 되는 것이다. 그렇다면 이와 상대되는 삼오착종三五錯綜의 갑진甲辰과 무진戊辰의 뒤에 붙는 진辰 역시 도수 셈법의 근거를 가지고 있는가? 건괘乾卦의 본체도수本體度數는 丑·寅·卯·辰이니 끝자리는 과연 갑진甲辰─무진戊辰과 연결되는 진辰이 된다. 필자의 억측이 셈법의 공식과 정확히 맞아떨어지는 것이다.

그러므로 신유辛酉에서 정유丁酉로 넘어가는 구이착종九二錯綜은 낙서궁洛書宮에서 하도궁河圖宮으로 넘어가는 도수변화度數變化의 무대舞臺라고 할 수 있다. 구이착종九二錯綜의 변화는 신구금辛九金과 정이화丁二火를 천간天干으로 삼고, 곤괘坤卦의 본체도수의 끝자리인 유酉를 지지地支로 삼아 두 36궁宮의 시작점을 맺는다. 이렇게 맺어진 신유辛酉가 건괘乾卦의 효사爻辭를 헤아리는 도수 셈법의 출발점이 되었으니, 건괘乾卦 효사爻辭의 출발에는 곤괘坤卦의 끝자락 도수度數인 유酉와 신구금辛九金이 식지食指의 용구用九 자리에서 뜻을 포개는 의미가 있는 것이다. 이와 달리 갑삼목甲三木이 무오토戊五土가 되는 삼오착종三五錯綜의 갑진

甲辰과 무진戊辰은 건괘乾卦의 약룡躍龍과 잠룡潛龍의 자리로서, 각각 상
괘上卦의 초효初爻와 하괘下卦의 초효初爻를 이룬다. 이렇게 볼 때 갑진甲
辰-무진戊辰의 변화는 낙서궁洛書宮과 하도궁河圖宮의 무대에서 지어지
는 품물品物의 변화變化라고 할 수 있는 것이다. 즉, 신유辛酉-정유丁酉의
구이착종九二錯綜이 '변화의 무대'라면, 갑진甲辰-무진戊辰의 삼오착종
三五錯綜은 그 무대에서 일어나는 '시간에 따른 변화'라고 할 수 있겠다.

九二錯綜과 三五錯綜

구　분	九二錯綜(錯綜其數)		三五錯綜(參伍以變)	
천간도수	辛九金	丁二火	甲三木	戊五土
지지도수	坤卦度數 酉申未午의 酉		乾卦度數 丑寅卯辰의 辰	
도수결합	辛酉	丁酉	甲辰	戊辰
도수역할	乾卦 爻辭의 출발지점		九四 躍龍	初九 潛龍
	乾道變化의 무대 (空間)		乾道의 變化 (時間)	

九二錯綜과 金火交易
구 이 착 종　금 화 교 역

금화교역金火交易은 『정역正易』에서 숱하게 강조되는 변화의 핵심적인
원리이다. 내용인즉, 금金과 화火가 서로 자리를 맞바꾼다는 뜻인데, 그
중 구금九金과 이화二火가 교역交易하는 것이 대표적인 구이착종九二錯綜
이다. 구이착종九二錯綜이라는 말은 『정역正易』에서만 사용되는 용어이
지만 그 근원은 『주역周易』에서 찾는다. 이번에도 역시 학산鶴山 선생의
설명을 먼저 살펴보자.

　『周易』에는 九二錯綜이란 말이 없다. 다만 "參伍以變 錯綜其數"라 하

였는데, 先儒들은 參으로 伍로 變하는 數를 錯하고 綜하여 陰陽老少의 九六七八의 數를 究하여 卦爻의 動靜을 定하는 揲蓍求卦의 方法으로 보기 때문에 이것을 '參伍錯綜'으로만 알고 있다. 그러나 "參伍以變 錯綜其數"는 易에 있는 "聖人之道四焉者" 중의 하나로서 天下의 至變原理로 보아야 옳고, 이것을 揲蓍立卦의 節次를 說明한 것으로만 보는 것은 主客을 顚倒한 見解임은 筆者가 이미 本書「十五一言」의 三五錯綜 條下에서 明記하였다. 그러므로 "參伍以變"을 三五錯綜, "錯綜其數"를 九二錯綜으로 보아 三五錯綜은 先天數이므로 이미 그 數를 '參伍'라 하여 들어내고, 九二錯綜은 後天數이므로 其數라 하여 덮어둔 것으로 보는 것이다.[112]

　학산鶴山 선생의 주장은,『주역周易』은 이미 삼오착종三五錯綜의 원리를 '參伍以變'으로 드러내놓고, 구이착종九二錯綜의 원리는 '錯綜其數'라고 하여 오직 뜻으로만 남겨두고, 직접 구이착종九二錯綜이라고 드러내서 표현하지 않았다는 설명이다. 직접 언표言表하지 않은 이유는 「계사상전繫辭上傳」의 끝부분에서 이른바, 공자孔子의 '不言而信'에서 찾는다. 공자孔子는 자신의 명命이 아니면 말하지 않는 철저한 정명주의자正命主義者였기 때문에,『주역周易』 전반에 걸쳐 거듭 언급되는 '기인其人'의 출현出現을 기다렸다는 것이 『정역正易』의 주장이다. 실제로 「계사상전繫辭上傳」 제12장의 '神而明之 存乎其人'의 대목은 '신묘하게 밝혀주는 그 사람인 기인其人'을 기다리는 마음에 대한 직접적인 표현이라고 전해진다. 뒤따라 이어지는 '默而成之 不言而信 存乎德行'은 묵묵히 이루고 말없이 믿어야 하는 사명使命을 가진 공자孔子 스스로를 겸손하게 표현했다는 것이니, 여기서 德行은 곧 공자孔子 자신을 지칭한다.

---

112 이정호,『正易硏究』, 아세아문화사, 1976, pp.142.

극 천 하 지 색 자　　존 호 괘　　고 천 하 지 동 자　　존 호 사
極天下之賾者는 存乎卦하고 鼓天下之動者는 存乎辭하고

화 이 재 지　　존 호 변　　추 이 행 지　　존 호 통　　신 이 명 지
化而裁之는 存乎變하고 推而行之는 存乎通하고 神而明之는

존 호 기 인　　묵 이 성 지　　불 언 이 신　　존 호 덕 행
存乎其人하고 默而成之하며 不言而信은 存乎德行하나라.

천하의 숨겨진 것을 지극히 하는 것은 괘에 있고, 천하의 움직임을 고무시키는 것은 말에 있으며, 변화해서 마름질함은 변화에 있고, 미루어 행함은 통함에 있으며, 신묘하게 밝혀주는 것은 그 사람(一夫)에 있고, 묵묵히 이루고 말없이 믿음은 덕행(孔子)에 있느니라.[113]

　　여하튼 착종기수錯綜其數가 구이착종九二錯綜을 의미한다는 명제命題가 참이라는 전제 하에, 과연 구이착종九二錯綜은 무엇인가. 이것은 앞서 언급된 신유辛酉와 정유丁酉를 말하는 것으로, 정확히 말하자면 건괘乾卦가 하괘下卦인 초효初爻, 이효二爻, 삼효三爻를 지나 상괘上卦인 사효四爻, 오효五爻, 상효上爻로 넘어가듯이, 신유辛酉를 출발한 낙서궁洛書宮이 정유丁酉로 시작되는 하도궁河圖宮으로 넘어가는 변화變化를 말하는 것이다. 신辛은 구금九金이고, 정丁은 이화二火이므로 구금九金이 이화二火로 변화한다고 해서 구이착종九二錯綜이라고 하는 것이다. 또한 신유辛酉가 정유丁酉로 넘어가는 것은 금金이 화火로 바뀌는 것이므로 이것을 달리 금화교역金火交易이라고도 부른다. 금화교역金火交易은 『정역正易』의 핵심원리核心原理로서 구이착종九二錯綜은 금화교역金火交易의 여러 모습들 중 한 단면에 지나지 않는다. 『정역正易』의 경문經文 전반에 등장하는 금화교역金火交易과 관련된 구절句節들을 모두 모아보면 다음과 같다.

① 金火互宅은 倒逆之理니라 (十五一言)

---

113 『周易』, 「繫辭上傳」 12.

② 聖人垂度하시니 金火明이로다 (金火一頌)

③ 氣 東北而固守하고 理 西南而交通이라 (金火二頌)

④ 庚金 九而氣盈하고 丁火 七而數虛로다 (金火二頌)

⑤ 理 金火之互位하여 經 天地之化權이라 (金火二頌)

⑥ 赤赤白白互互中에 中有學仙呂하여 吹簫弄明月을 (金火三頌)

⑦ 四九二七 金火門은 古人意思 不到處라 (金火四頌)

⑧ 嗚呼라 金火互易은 不易正易이니 (金火五頌)

⑨ 大哉라 金火門이여 天地出入하고 一夫出入하니 三才門이로다 (一歲周天 律呂度數)

⑩ 嗚呼라 金火正易하니 否往泰來로다 (化翁親視 監化事)

⑪ 武功은 平胃散이요 文德은 養心湯을 (亢角二宿 尊空詩)

⑫ 正明金火理하니 律呂 調陰陽을 (亢角二宿 尊空詩)

⑬ 十五一言兮여 金火而易이로다 金火而易兮여 萬曆而圖로다 (十五歌)

⑭ 火入金鄕 金入火요 金入火鄕 火入金을 火金金火 原天道라 (十一歸體詩)

⑮ 十一歸體兮여 五八尊空이로다 五八尊空兮여 九二錯綜이로다 (十一吟)

⑯ 九二錯綜兮여 火明金淸이로다 火明金淸兮여 天地淸明이로다 (十一吟)

　　금화교역金火交易은 『정역正易』 경문經文의 거의 모든 장章에 걸쳐 반복적으로 강조되고 있는 정역변화正易變化의 핵심원리이며, 그 표현형식은 때로는 직접적이고 구체적이며, 때로는 은유적이고 우회적이다. 『정역正易』이 제시하는 변화의 원리들 중 언급되는 횟수와 방향이 가장 많은 금화교역金火交易은 표면적으로는 오행五行의 변화이지만, 본질적으로는 수數의 변화이다. 오행五行의 금화金火는 수數로는 사구四九와 이칠二七의 교역交易이기 때문이다.

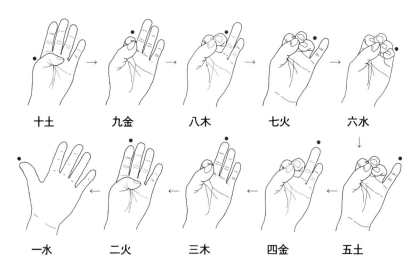

十土   九金   八木   七火   六水

一水   二火   三木   四金   五土

河圖數에서 食指와 藥指의 九二·四七 金火交易

　　수數의 변화과정을 하도河圖와 낙서洛書의 관점에서 살펴볼 때,『정역正易』이 주장하는 천지변화天地變化는 낙서洛書로부터 하도河圖로의 변화이자, 구수九數로부터 십수十數로의 귀환이며, 다시 일一로의 귀일歸一이라고 말할 수 있다. 본서本書 제2장의 수지상수手指象數의 기본규칙에서도 언급했듯이, 낙서수洛書數는 무지拇指를 구부려 안토安土를 지은 후에 식지食指에서 하나(一)로 셈을 시작하여 아홉(九)까지 거슬러(逆) 오르고, 하도수河圖數는 낙서수洛書數를 이어서 무지拇指를 구부리며 열(十)로 받아서 하나(一)까지 순(順)하게 내려오며 셈을 행한다. 이 때 다섯 손가락 중 식지食指와 약지藥指에서 금화金火의 교역交易이 일어나는데, 앞의 그림에서 수상手象에 나타나는 금화金火의 대대관계對待關係를 확인할 수 있다. 이 중 식지食指는『정역正易』의 여러 구문句文에서 금화교역金火交易을 상징하는 수상手象으로 사용된다. 하도궁河圖宮으로 향하는 낙서궁洛書宮의 출발점인 신유辛酉가 식지食指에서 시작됨은 아마도 식지食指가 금화교역金火交易의 자리인 이유도 포함될 것이다.

내친김에, 금화교역金火交易에 대한 하도河圖·낙서洛書 사이의 교통관계交通關係를 살펴보자. 『정역正易』의 「금화이송金火二頌」에는 '氣는 東北而固守하고 理는 西南而交通이라'라는 말이 나온다. 이 구절에는 금화金火라는 말이 직접적으로 표현되고 있지는 않지만, 금화교역金火交易의 핵심을 이보다 더 구체적으로 설명한 구문句文은 찾을 수 없을 것이다. 과연 '西南交通'과 '東北固守'는 무엇을 뜻하는가? 아래의 그림에서 낙서洛書와 하도河圖의 모습을 잘 살펴보면, 낙서洛書 서방西方의 이칠二七은 하도河圖의 남방南方으로 이동하고, 낙서洛書 남방南方의 사구四九는 하도河圖의 서방西方으로 옮겨진다.

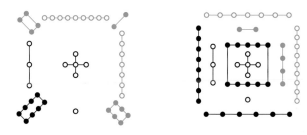

洛書(左)와 河圖(右)의 西南 交通

이칠二七은 화火이고 사구四九가 금金인 것은 주지의 사실이므로, 서西와 남南이 서로 자리를 바꿀 때 금화교역金火交易이 일어나는 것이다. 그와는 대조적으로 낙서洛書와 하도河圖 모두 일육一六은 북방北方에, 삼팔三八은 동방東方에 고착固着된 상태를 유지하고 있으니 '氣가 東北에서 固守'한다는 말은 서로 교통交通하지 않는다는 뜻이 된다. 뒤에서도 설명하겠지만 곤괘坤卦의 괘사卦辭에 '西南에서 벗을 얻고, 東北에서 벗을

잃으니 安貞해야 吉하다'[114]는 말 또한, 곤음坤陰이 安貞해야 하는 뜻 이

외에도, 낙서洛書와 하도河圖의 西南交通을 표현하고 있었던 것이다.

　이와는 별도로, 앞서 언급했던 새로운 역법曆法의 천간도수天干度數 순

서에도 금화교역金火交易의 원리가 숨어있다. 새로운 천간도수天干度數의

순서는 '己庚辛壬癸'의 선오先五와 '甲乙丙丁戊'의 후오後五로 나누어진

다. 이 때 무지拇指의 기십토己十土를 시작으로 천간도수十干度數를 헤아

리면, 식지食指는 곱으면 경庚으로서 손가락의 순서로는 구금九金에 해당

되고, 펼 때에는 정丁으로서 도수度數와 손가락 순서 모두 이화二火가 되

니, 식지食指는 구이九二가 교차되는 곳임을 알 수 있다.

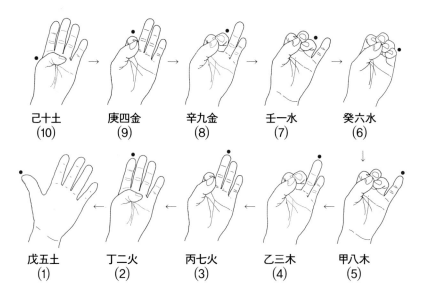

己十土　　庚四金　　辛九金　　壬一水　　癸六水
(10)　　　(9)　　　(8)　　　(7)　　　(6)

戊五土　　丁二火　　丙七火　　乙三木　　甲八木
(1)　　　(2)　　　(3)　　　(4)　　　(5)

새로운 天干度數에서의 金火交易

　『정역正易』의 「금화이송金火二頌」에 나오는 '庚金九而氣盈하고 丁火七而

數虛로다'는 말은 바로 이 원리를 설명하는 대목이다. 선천先天의 역법曆

---

114 『周易』, 「重地坤」 : 西南은 得朋이요 東北은 喪朋이니 安貞하야 吉하니라.

法인 갑기甲己순에서 펴진 약지藥指의 경사금庚四金이 후천后天의 기갑己
甲순에서 식지食指의 구금九金 자리로 올라곱아지니 기기가 찼다고 말
하는 것이요, 선천先天의 갑기甲己순에서 곱아진 약지藥指의 정칠화丁七
火는 후천后天의 기갑己甲순에서 펴진 식지食指의 이화二火로 자리를 옮
기니 수수數도 허虛하고 기기氣도 허虛해졌다는 뜻에서 수허數虛라고 표현한
것이다. 이는 오행五行으로는 금화교역金火交易에 대한 내용이고, 수상手
象으로는 식지食指의 자리에 대한 설명이라 하겠다.

5) 六位時成
육 위 시 성

이제, 건괘乾卦의 효사爻辭를 수지상수手指象數로 셈하여 군룡群龍의
변화를 차례대로 만나볼 시간이다. 앞서 설명했던 낙서궁洛書宮으로부
터 하도궁河圖宮까지의 범위가 변화變化의 무대舞臺이자 종시終始의 공
간空間이라면, 그 안에서 유형流形되는 품물品物인 육룡六龍은 변화의 매
듭이자 각정성명各正性命의 시간時間이라고 할 수 있다. 즉, 신유辛酉-정
유丁酉의 구이착종九二錯綜은 공간空間의 변화를 뜻하고, 갑진甲辰-무진
戊辰의 삼오착종三五錯綜은 시간時間의 변화를 뜻하는 것이다. 그래서 시
간時間에 맞춰 이뤄지는 육위六位 각각의 맺음을 일러 '時成'이라고 표현
한 것이다. 이처럼 육위六位의 변화는 '시간'이 중심이다. 아니 어감이 주
는 의미에 맞춰 말하자면 차라리 '때'라는 표현이 더 적합할 것이다. 특
히 건괘乾卦는 육효六爻의 변화에서 이 '때'를 부단히 강조한다. 육효六爻
가 '때'로써 차례대로 맺어짐을 뜻하는 '時乘六龍'은 물론이요, 초구初
九는 '때'를 쓰지 않음의 '勿用'으로, 구이九二는 '時舍也'로, 구삼九三은

'因其時而惕'과 '與時偕行'으로, 구사九四는 '欲及時也'로, 구오九五는 '與四時合其序'와 '後天而奉天時'로, 상구上九는 '與時偕極'으로, 육효六爻의 모든 상황에서 '때'와 더불어 그 뜻을 풀어나간다. 그러므로, 육효六爻는 剛健中正純粹의 '때(時)를 당한 건괘乾卦의 여섯 처지'를 이름이고, 효사爻辭는 그 '때(時)에 따라 제시되는 상황과 해법'이라고 할 수 있겠다.

첫 번째로, 초구初九인 잠룡潛龍을 수지상수手指象數로 헤아려 보자. 초구初九는 용구用九의 자리인 식지食指를 종시궁終始宮─신유辛酉로 삼아 손가락을 펴면서(伸) 셈을 시작한다. 이후 무지拇指를 펴며(伸) 임술壬戌로 삼고, 폈던 무지拇指를 다시 곱으며(屈) 계해癸亥로, 신유辛酉 자리였던 식지食指를 곱으면서 갑자甲子로, 중지中指를 곱으면서 을축乙丑으로, 약지藥指를 곱으면서 병인丙寅을 지나, 소지小指를 곱으면서 정묘丁卯에 이르러 내통천乃統天으로 마침내 하늘을 장악한다. 힘 있게 부풀어 올라 하늘을 장악한 건도乾道는 곧바로 첫 번째 품물品物을 지어낸다. 즉, 내통천乃統天에 이를 때 곱았던 소지小指를 다시 펴면서 초구初九의 자리인 무진戊辰에 이르는 것이다. 여섯 용龍 중 첫 번째 품물品物인 무진룡戊辰龍이 나왔다.

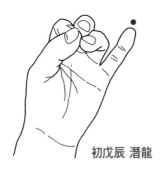
潜龍勿用
잠 룡 물 용

初九는 潛龍이니 勿用이니라.
초 구 잠 룡 물 용

초구는 잠긴 용이니 쓰지 말지니라.

初戊辰 潛龍

    건괘乾卦에는 두 개의 무진룡戊辰龍이 존재하는데, 하나는 초구初九의 무진룡戊辰龍이고 다른 하나는 상구上九의 무진룡戊辰龍이다. 그래서 두 무진룡戊辰龍을 구분하기 위해 초구初九는 초무진初戊辰으로 부르고, 상구上九는 상무진上戊辰으로 부른다. 초무진初戊辰이 거하고 있는 소지小指의 자리는 앞서 여러 차례 언급했던 포오함육包五含六의 자리이다. 포오함육包五含六이란 말 그대로 오五를 감싸고 육六을 머금고 있다는 뜻이다. 이는 소지小指의 자리가 값으로는 오五와 육六을 겸하고 있음을 나타낸 것이다. 이러한 특성은 수지상수手指象數를 헤아리는 모든 손가락에서 동일하게 나타나는데, 다섯 손가락 모두 이렇듯 두 가지씩의 가치를 지니고 있다. 무지拇指는 일一과 십十을 겸하고, 식지食指는 이二와 구九를 겸하고, 중지中指는 삼三과 팔八을 겸하고, 약지藥指는 사四와 칠七을 겸하고, 소지小指는 오五와 육六을 겸하니, 다섯 손가락이 겸하는 자릿값의 합은 하나같이 십일十一을 이룬다. 초무진初戊辰은 그러한 포오함육包五含六 중에서도 육수六水의 자리에 거하고 있는 것이다.

수지상수手指象數의 기본규칙에 따라 펴진 소지小指는 음陰을 뜻하므로, 양陽의 속屬인 용龍이 음陰의 자리이자 육수六水의 자리에 거하게 되니 잠룡潛龍이라는 말이 나왔다. 소지小指는 또한 정역팔괘正易八卦로는 삼태택三兌澤의 자리이기도 하다. 육수六水는 물이지만 삼태택三兌澤은 갇힌 물(水)이므로 초구初九는 갇힌 물속에 침잠沈潛되어 있는 것이다. 초구初九는 양陽이 움트기 직전의 상태로 아직은 밖으로 드러나지 않은 양陽이다. 미약한 양陽을 처음부터 써버리면 싹이 마를 수도 있으니, 때가 무르익기까지는 쓰지 말아야 하는 법이다.

상 왈 잠 룡 물 용　양 재 하 야
象曰 潛龍勿用은 陽在下也오.

상에 이르길, 잠긴 용이니 쓰지 말라는 것은 양이 아래에 있다는 것이오.

초구初九는 육효六爻 중 가장 아래에 위치하므로, '陽在下也'는 분명 전체의 괘상卦象에서 초구初九가 위치한 자리를 설명한 것으로 볼 수 있다. 하지만 앞서 건원乾元을 분석할 때 확인했던 공자孔子의 글들이 도수度數의 흐름까지 내포하고 있었던 점을 감안한다면, 초무진初戊辰에 대한 설명 또한 도수度數의 흐름을 마땅히 포함하고 있어야 한다. 즉, '陽在下也'는 초무진初戊辰이 소지小指의 음수陰水까지 내려가 아래(下)에 거하는 뜻을 표현한 것으로도 함께 헤아려야 하는 것이다. '음수陰水의 환경'과 '소지小指의 위치'로부터 '潛龍'과 '陽在下也'라는 표현이 함께 나온 것이니, 수상手象과 문장文章은 그야말로 짝을 이루듯 맞아떨어진다. 바로 이것이 수지상수手指象數의 묘미妙味이자 도수度數를 통해 경문經文과 공자孔子의 부연敷衍을 재현해보는 방식이다.

「문언전文言傳」은 왜 공자孔子가 '문학文學의 종장宗長'[115]이 되었는지를 보여주는 가장 확실한 예문例文이다. 글 자체가 명문名文인 이유도 있겠지만, 그보다 더 큰 이유는 도체道體를 설명하는 자字와 구句의 의미와 짜임 속에 또 다시 도체道體의 흐름을 넣어 놓은 공자孔子의 기막힌 치밀함 때문이다. 아마도 공자孔子가 쓴 십익十翼 전체가 모두 그렇게 짜였을 것이 분명하지만, 우매한 후학後學들은 버젓이 드러난 문자文字의 배열 속에서도 도체道體의 씨줄과 날줄을 쉽게 발견하지 못한다. 앞서 설명했던 剛健中正純粹(강건중정순수)가 건괘乾卦의 여섯 효를 '6·1·5·2·4·3'의 순서대로 설명했다는 사실도 1800년대 말에 이르러서야 일부一夫 선생에 의해 발견될 정도였으니, 여전히 드러나지 않은 씨줄과 날줄은 또 얼마나 많을 것인가. 이번에 발견된 「문언전文言傳」의 대목 또한 그야말로 '도체道體의 흐름을 품고 있는 씨줄과 날줄의 향연饗宴'이라 이를 정도이다. 「문언전文言傳」은 '무엇을 이르는 것인가'라는 뜻의 '何謂也(하위야)'로 질문을 던지고 곧이어 상세한 답변을 내놓는 방식으로 육효六爻의 본래 모습을 설명해 나간다. 육효六爻를 자세히 설명하는 이 여섯 개의 답변 속에 공자孔子가 넣어둔 도체道體의 흐름이 고스란히 담겨져 있으니, 이 모두를 통괄統括하여 조명照明하면 건괘乾卦의 실상을 밝게 볼 수 있는 것이다.

건괘乾卦의 「문언전文言傳」 내용 중 '何爲也(하위야)…' 이하의 대목은 육룡六龍이 가진 여섯 용덕龍德을 설명하는 글이다. 용덕龍德은 육룡六龍이 각각의 육룡六龍일 수 있도록 만들어주는 핵심된 성정性情이다. 예를 들어

---

115 『正易』은 「大易序」에서, '嗚呼! 聖哉라 夫子之聖乎여 文學宗長은 孔丘是也시며 治政宗長은 孟軻是也니…'라 하여, 공자는 문학의 종장으로, 맹자는 치정의 종장으로 극진히 올려 세웠다. 공자를 도덕이나 예악의 종장이 아닌 문학의 종장으로 올려 세운 것은 공자가 쓴 '문장의 글됨'이 도덕과 예악의 업적을 능가하는 수준이기 때문이다. 문장의 글됨이란 '文理와 道理와 度數에 모두 어긋나지 않는 經'을 말한다.

초구初九의 용덕龍德은 '潛^잠'이므로, 그로인해 초구初九가 '潛龍^{잠룡}'이 되는 것이다. 육룡六龍은 여섯 가지의 용덕龍德에 의해 만들어진 것이니, 건괘乾卦가 건괘乾卦일 수 있도록 만드는 핵심은 다름 아닌 이 여섯 가지의 용덕龍德이라고 할 수 있다. 공자孔子는 「문언전文言傳」의 '何謂也^{하위야}' 이하의 설명을 통해 육룡六龍의 핵심 인자인 '용덕龍德'을 설명하려 했다. 하지만 그는 이 글을 지으면서 용덕龍德의 참모습을 '너무나 치밀하게 감추듯 표현'해 놓았다. 그 감춰놓은 씨줄과 날줄의 짜임이 너무나 견고한 나머지, 과거의 수많은 현사賢士들조차 용덕龍德의 짜임을 발견하지 못했다. 그저 문리文理가 이끌어 가는 방향에서 그 뜻만을 취하며 육룡六龍의 모습에만 집착했던 것이다.

공자孔子의 위대한 작법作法은 각각의 용덕龍德을 설명하는 글 속에 나머지 다른 용덕龍德들을 모두 넣어 놓았다. 더 구체적으로 말하자면, 육효六爻를 세밀하게 설명하는 자字와 구句 전체가 모두 다른 효爻의 용덕龍德을 조금씩 차용하여 만들어진 '문文의 화합물化合物'이라는 것이다. 즉, 초구初九의 용덕龍德은 구이九二, 구삼九三, 구사九四, 구오九五, 상구上九의 용덕龍德이 모여서 만들어진 것이고, 나머지 오효五爻의 용덕龍德 또한 모두 같은 법칙에 의해 만들어진 것이다. 이 글에서 드러나는 용덕龍德의 참모습과 그것을 짜놓은 공자孔子의 작법作法을 대하고 춤추지 않을 자 그 누구이겠는가! 지금부터 '문학文學의 종장宗長'에 의해 치밀하게 숨겨졌던 용덕龍德의 매듭을 하나씩 풀어보자.

초 구 왈 잠 룡 물 용　　하 위 야　　자 왈 용 덕 이 은 자 야
初九曰 潛龍勿用은 何謂也오 子曰 龍德而隱者也니

불 역 호 세　　불 성 호 명　　돈 세 무 민　　불 견 시 이 무 민
不易乎世하며 不成乎名하야 遯世无悶하며 不見是而无悶하야

낙 즉 행 지   우 즉 위 지   확 호 기 불 가 발   잠 룡 야
樂則行之하고 憂則違之하야 確乎其不可拔이 潛龍也라.

초구에 말하길, 잠긴 용이니 쓰지 말라는 것은 무엇을 이름인가. 공자가 말하길, 용덕이 숨겨져 있는 것이니, 세상을 바꾸지도 않고, 이름을 이루지도 않으며, 세상을 피해 살아도 번민하지 않고, 옳음을 보지 않아도 번민하지 않으며, 즐거우면 행하고, 근심스러우면 어거서, 그 드러내지 않음을 확신함이 곧 잠룡이라.

용덕龍德이 숨어 있다는 것은 소지小指의 무진룡戊辰龍이 육수六水에 잠겨서 그 덕德이 세상에 드러나지 않는 상황을 말한다. 즉, 초구初九는 용덕龍德을 분명히 간직하고는 있으나 밖으로 드러나지 않는 상태인 것이다. 공자孔子는 이 대목에서 숨겨진 용덕龍德을 설명하기 위해 나머지 다섯 효爻의 용덕龍德을 감추듯 가져와서 그 뜻을 거꾸로 표현했다. 다시 말해 공자孔子는 나머지 다섯 효爻의 '드러난 용덕龍德'으로 초구初九의 '잠긴 용덕龍德'을 표현한 것이다. 그 다섯 가지 용덕龍德을 정리하면 아래와 같다.

初九 潛龍의 숨겨진 龍德

潛龍의 龍德 (잠긴 龍德)	龍德의 根源表現 (드러난 龍德)	龍德의 出處	내 용 연 결
① 不易乎世	上下无常	九四 (甲辰)	九四가 가진 上下无常의 혁명의지를 침잠시킴
② 不成乎名	貴而无位 高而无民	上九 (上戊辰)	上九의 高貴함을 침잠시킴
③ 遯世无悶	善世而不伐	九二 (庚辰)	九二가 세상에 착하게 대하고도 자랑하지 않음을 침잠시킴
④ 不見是而无悶	聖人作而萬物覩	九五 (丙辰)	九五의 聖人이 聖業을 지은 것에 萬物이 目覩함을 침잠시킴
⑤ 樂則行之	居上位而不驕	九三 (壬辰)	높고 낮은 처지를 개의치 않는 九三의 終日乾乾함을 침잠시킴
憂則違之	在下位而不憂		가끔 때에 따라 움츠리지만 대체로 乾乾함을 침잠시킴
確乎其不可拔	乾乾, 因其時而惕		

① 不易乎世는 구사九四의 용덕龍德인 '上下无常의 혁명의지'가 침잠沈潛된
모습이다.

구사九四의 약룡躍龍은 상하上下의 질서가 항상恒常된 것은 아니라는 혁
명의지革命意志를 용덕龍德으로 갖추고 변혁을 꾀하는 존재이다. 잠룡潛
龍은 구사九四의 용덕龍德을 간직하고는 있으나 아직 침잠沈潛된 상태
이므로 세상을 바꾸는 것은 생각조차 하지 못하는 처지이다. 도수度數
로 볼 때 초무진初戊辰이 처한 세상은 아직 낙서궁洛書宮의 초기에 머무
르고 있다. 초무진初戊辰의 잠룡潛龍은 갑진甲辰의 약룡躍龍처럼 때에 맞
춰 하도궁河圖宮으로 건너뛰어 세상을 바꾸지도 못하는 침잠沈潛의 상
황에 처해 있는 것이다. 그러므로 '不易乎世'는 구사九四의 용덕龍德인
'上下无常'의 혁명의지革命意志를 침잠沈潛시켜서 그 뜻을 취한 것이다.

② 不成乎名은 상구上九의 용덕龍德인 '貴而无位와 高而无民'이 침잠沈潛

된 모습이다.

초구初九와 상구上九는 모두 무진룡戊辰龍으로 같은 이름을 가지고 있다. 하지만 상구上九의 무진룡戊辰龍이 귀하고 높은 자리에 거하고 있으므로, 초무진初戊辰은 두려운 나머지 스스로를 감히 무진룡戊辰龍이라 칭하지도 못한다. 초무진初戊辰은 높고(高) 귀한(貴) 자리에 오르려는 뜻을 간직하고는 있으나, 처해진 자리가 낮고 상무진上戊辰이 가진 지위에 억눌리니, 같은 도수度數에 거함에도 불구하고 눈치를 살피며 스스로의 이름을 떳떳이 내세울 수 없는 상황이다. 그러므로 '不成乎名^{불성호명}'은 상구上九의 용덕龍德인 貴而无位의 '귀貴'와 高而无民의 '고高'를 침잠沈潛시켜서 그 뜻을 취한 것이다.

③ 遯世无悶^{돈세무민}은 구이九二의 용덕龍德인 '善世而不伐^{선세이불벌}'이 침잠沈潛된 모습이다.

구이九二의 현룡見龍은 정중지도正中之道를 용덕龍德으로 갖추고 있으므로, 문명의 텃밭인 세상에 나와 착하게(善世) 다스리고도 자랑하지 않고(不伐) 끊임없이 노력하면서, 오로지 德博而化^{덕박이화}의 중中에 도달하지 못함을 번민煩悶[116]하는 존재이다. 이와 달리 잠룡潛龍은 현룡見龍의 용덕龍德인 선세善世[117]의 뜻을 간직하고는 있으나 아직은 세상을 피해야(遯世) 하는 때이므로 번민煩悶조차 감추고(无悶) 있는 처지이다. 그러므로 '遯世无悶^{돈세무민}'은 구이九二의 용덕龍德인 '善世而不伐^{선세이불벌}'을 침잠沈潛시켜서 그 뜻을 취한 것이다.

④ 不見是而无悶^{불견시이무민}은 구오九五의 용덕龍德인 '聖人作而萬物覩^{성인작이만물도}'가 침잠沈潛된 모습이다.

만물萬物이 각각 그 종류를 따르듯이(各從其類), 성인聖人은 천덕天德

---

116 无悶은 九二의 見龍이 人君의 德으로 노력하며 天德의 中에 이르지 못함을 번민하는 모습과 비교하여 나온 표현이다.

117 善世는 九二의 龍德인 正中之道 중 正에 해당되는 모습이다.

을 따르고 만물萬物은 성인聖人의 성업聖業을 따른다. 성인聖人은 중中에 거하여 매사每事를 정正으로 행하며, 언제나 천덕天德의 뜻에 합合하지 못할까 번민煩悶하는 존재이다. 이에 만물萬物은 성인聖人이 옳음(正)으로 행하는 성업聖業을 바라보며(覩) 경도傾倒되지만, 오직 초구初九의 잠룡潛龍만이 그 옳음(是)을 외면하고도(不見) 또한 번민하지 않는(无悶)다. 이는 초구初九가 천덕天德의 중정中正에 오르려는 뜻을 간직하고는 있으나, 처한 상황이 땅에 근본을 두고(本乎地者) 아래와 친해서(親下) 음수陰水에 잠겨야 할 때(時)에 놓여 있기 때문이다. 그러므로 '不見是而无悶'은 구오九五의 용덕龍德인 '聖人作而萬物覩'를 침잠沈潛시켜서 그 뜻을 취한 것이다. '聖人作'은 '是'와 '萬物覩'는 '見'과 의미상의 짝을 이룬다.

⑤ 樂則行之와 憂則違之는 구삼九三의 용덕龍德인 '居上位而不驕와 在下位而不憂'가 침잠沈潛된 모습이고, 確乎其不可拔은 '終日乾乾'과 '因其時而惕'이 침잠된 모습이다.

구삼九三은 종일토록 건건乾乾하게 노력하는 군자君子이다. 건건乾乾은 어느 상황에서나 쉬지 않고 목적하는 바를 위해 진력盡力하는 모습이므로, 구삼九三의 乾乾君子는 오로지 進德脩業을 위해 매진한다. 구삼九三의 용덕龍德은 특히 처한 상황에 차이 없이, 위에 있어도 교만하지 않고(居上位而不驕) 아래에 있어도 근심하지 않는다(在下位而不憂). 하지만 잠룡潛龍은 終日乾乾으로 매진하는 구삼九三의 용덕龍德을 간직하고는 있으나, 음수陰水에 잠긴 처지여서 오로지 처한 상황에 따라 행동을 달리한다. 즉, 달가운 상황이면 행하고(樂則行之) 근심스런 상황이면 그냥 어겨버리는(憂則違之) 것이다. 그러므로 '樂則行之'와 '憂則違之'는 구삼九三의 용덕龍德인 '居上位而不驕'와 '在下位而不憂'를 침잠沈潛시켜서 그 뜻을 취한 것이다. 그리고 確乎其不可拔은 때에 따라(因其時) 움츠리기는(惕) 해도 종일終日토록 건건함乾乾함을 대체로 유지하는 구삼九三의 상황을 침잠沈潛시켜서, 항시 움츠리고(惕) 나아가지 않음을 확신確信하는 確乎其不可拔을 이룬 것이다. 그러므로 確乎는 因其時를 침잠沈潛시켜서 그 뜻을 취한 것이고, 不可拔은 終日乾乾을 침잠沈潛시켜서 그 뜻을 취한 것이다.

이상의 분석을 통해 우리는 초구初九의 '何爲也' 이하의 내용에서, 공자孔子가 초구初九의 용덕龍德을 만들기 위해 사용한 재료가 다름 아닌 나머지 오효五爻가 가진 용덕龍德이었음을 확인했다. 그리고 이러한 분석을 통해 자세히 드러난(見) 용덕龍德의 모습에서 잠룡潛龍이 정확히 무엇을 의미하는지도 확인했다. 정리하여 말하자면, 잠룡潛龍은 다섯 용龍들이 가진 용덕龍德의 가능성을 모두 간직하고는 있으나, 아직은 드러내지 않고 숨겨야 하는 상태를 말하는 것이다. 그리고 이러한 잠룡潛龍의 처지는 용덕龍德을 간직하고 있지 않아서 발발拔하지 못하는 것이 아니라, 간직하고는 있지만 아직 때가 이르지 않아서 스스로 발발拔하지 않는 상태를 말하는 것이다. 그러므로 '確乎其不可拔'이라는 표현은 간직한 용덕龍德을 발발拔하지 않을 것을 스스로 '확신確信'한다는 의미가 되는 것이다.

초구初九의 용덕龍德에 대한 설명은 여기까지이다. 서술의 편의상 육효六爻를 나눠서 설명하다 보니 용덕龍德에 대한 서술 또한 나눠질 수 밖에 없기 때문이다. 참고로, 초구初九에서 확신確信의 뜻으로 언급된 確乎는 구이九二와 구삼九三에서 초구初九를 설명하는 표현으로 다시 거론될 예정이니 잘 기억해 두길 바란다.

잠 룡 물 용　하 야
潛龍勿用은 下也오.

잠긴 용이니 쓰지 말라는 것은 아래에 있음이요.

　　초구初九는 육효六爻의 가장 밑에 위치하고 있으니, 下也는 효爻의 위치를 나타낸 것이기도 하지만, 더 구체적으로는 구오九五의 上治也와 상대되는 위치와 역할을 의미한다. 구오九五는 천덕天德을 베푸는 상위上位에 거하지만, 이에 비하면 초구初九는 덕德은 커녕 올바름을 보지 않아도(不見是) 번민하지 않는(无悶) 하류下流의 존재이기 때문이다. 초구의 下也와 구이九二의 時舍也와 구삼의 行事也는 모두 시운詩韻을 맞춘것이다.

잠 룡 물 용　양 기 잠 장
潛龍勿用은 陽氣潛藏이요.

잠긴 용이니 쓰지 말라는 것은 양기가 잠겨서 감춰짐이요.

　　이 대목에서 공자孔子는 초구初九의 陽氣에 대해 굳이 潛藏이라는 표현을 사용한다. 양陽이 양陽을 潛藏시킬 수는 없으므로, 陽氣가 潛藏되어 있는 자리는 당연히 음위陰位가 되어야 할 것이다. 하지만 효상爻象에 대한 기존의 상식으로 초효初爻는 음陰의 자리가 될 수 없다. 초효初爻, 삼효三爻, 오효五爻는 양위陽位로, 이효二爻, 사효四爻, 상효上爻는 음위陰位로 해석하는 것이 효상爻象을 보는 종래의 상식이었기 때문이다. 이 때문에 선유先儒들은 潛藏의 뜻에 대하여, 오직 '양陽이 아래에 위치하므로 그 세력이 약해서 陽氣가 드러나지 못하는 처지'로만 해설하였다. 이같은 해설은 지금까지도 정설로 받아들여지고 있는데, 그 이유는 그 외에 潛藏이라는 표현에 대해 달리 해석할 단서가 없었기 때문이다. 하지만, <ruby>潛<rt>잠</rt></ruby><ruby>藏<rt>장</rt></ruby>이라는 표현은 특히 물(水) 속에 잠겨서 그 존재와 행위가 모두 드러나지 않는 뜻이 있으므로, 세력이 약한 양위陽位에 거하는 뜻으로 해석하는 것은 사실상 마땅하지 않다. 이와 달리 수지상수手指象數의 헤아림으로 볼때, 초구初九가 위치한 소지小指는 육수六水의 자리에 해당된다. 초무진初戊辰의 도수度數가 마침 육수六水와 삼태택三兌澤을 겸하는 소지小指의 자리에 당도했으니, 무진룡戊辰龍이 음수陰水의 자리에 <ruby>潛<rt>잠</rt></ruby><ruby>藏<rt>장</rt></ruby>된 뜻이 고스란히 드러나는 것이다.

<ruby>君<rt>군</rt></ruby><ruby>子<rt>자</rt></ruby><ruby>以<rt>이</rt></ruby><ruby>成<rt>성</rt></ruby><ruby>德<rt>덕</rt></ruby><ruby>爲<rt>위</rt></ruby><ruby>行<rt>행</rt></ruby>하나니 <ruby>日<rt>일</rt></ruby><ruby>可<rt>가</rt></ruby><ruby>見<rt>견</rt></ruby><ruby>之<rt>지</rt></ruby><ruby>行<rt>행</rt></ruby><ruby>也<rt>야</rt></ruby>라

<ruby>潛<rt>잠</rt></ruby><ruby>之<rt>지</rt></ruby><ruby>爲<rt>위</rt></ruby><ruby>言<rt>언</rt></ruby><ruby>也<rt>야</rt></ruby>는 <ruby>隱<rt>은</rt></ruby><ruby>而<rt>이</rt></ruby><ruby>未<rt>미</rt></ruby><ruby>見<rt>현</rt></ruby>하며 <ruby>行<rt>행</rt></ruby><ruby>而<rt>이</rt></ruby><ruby>未<rt>미</rt></ruby><ruby>成<rt>성</rt></ruby>이라

<ruby>是<rt>시</rt></ruby><ruby>以<rt>이</rt></ruby><ruby>君<rt>군</rt></ruby><ruby>子<rt>자</rt></ruby><ruby>弗<rt>불</rt></ruby><ruby>用<rt>용</rt></ruby><ruby>也<rt>야</rt></ruby>하나니라.

군자는 덕을 이룸으로써 행실을 삼으니 나날이 행실을 볼 수 있음이라. 잠潛의 말됨은 숨어서 나타나지 않고, 행해도 이루지 못함이라. 이 때문에 군자는 쓰지 않느니라.

위의 문장은 건괘乾卦「문언전文言傳」의 끝 부분에 나오는 대목으로, 육효六爻의 모습을 중中을 쓰는 관점에서 설명하고 있다. 이 대목은 본래 剛健中正純粹로부터 이어지는 문장인데, 필자가 건괘乾卦를 효爻별로 나누어 해설하고 있기 때문에 편의상 분리해 놓은 것이다. 여하튼 '大哉라 乾乎여! 剛健中正純粹精也오' 이후에 나오는 설명은 '中'의 관점에서 바라본 육효六爻에 대한 해설임을 유념하기 바란다.[118]

---

118 乾卦「文言傳」의 마지막 부분은 乾卦의 六爻를 中의 관점에서 바라보며 설명하고 있다. 初九는 成德의 中과 행실의 正에 모두 미치지 못하는 潛龍의 처지를, 九二는 學聚問辨의 正으로부터 寬居仁行의 中에 이르는 君子의 노력을, 九三과 九四는 모두 重剛而不中에 처

초구初九의 중中은 '쓰지 않음'이다. 다시 말해 초구初九의 때에는 '쓰지 않음'이라는 중中을 써야하는 것이다. 그런데 왜 쓰지 말아야 하는가? 위에 나온 공자孔子의 글은 그 이유를 설명한 것이다. 공자孔子는 '쓰지 않음'을 써야 하는 이유를 설명하기에 앞서, 군자君子가 향하고 있는 본래의 목적과 그에 따른 실천행동을 먼저 거론한다. '成德성덕'이란 덕德을 이뤄가는 것으로, 군자君子가 이것을 행실行實로 삼고 실천하면, 그 결과로 군자의 행실行實은 나날이 밖으로 드러나게(見) 된다. 成德성덕을 실천함으로써 나타난(見) 행실行實 또는 용덕龍德, 이것은 구이九二의 '見龍현룡'에 대한 설명이다. 초구初九의 '潛잠'을 설명하기 위해 먼저 구이九二의 '見현'을 앞세우는 것이다. 구이九二가 처한 때와는 달리 초구初九의 때는 아무리 실천해도 그 행실이 밖으로 드러나지 않는 상황이다. 감춰져서 나타나지도 않고(隱而未見), 실천해도 이뤄지지 않으니(行而未成), 초구初九의 '潛잠'은 무엇이든 해봤자 소용이 없는 때를 말하는 것이다. 그러므로 '潛잠'이란 어떤 목표를 향해 실천하는 행동과 결과가 모두 드러나지 않는 때를 말함이니, 이 때를 당하면 '쓰지 않음(勿用)'이란 중中을 써야 하는 것이다.

한 爻의 위치를, 九五는 中에 거한 大人이 天德과의 合德을 이룸을, 上九는 中을 잃은 亢龍의 처지를 차례대로 설명하고 있다.

현 룡 재 전
見龍在田

구 이   현 룡 재 전   이 견 대 인
九二는 見龍在田이니 利見大人이니라.

구이는 나타난 용이 밭에 있으니 대인을 봄이 이로우니라.

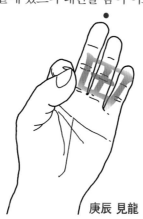

庚辰 見龍

다음으로 구이九二의 현룡見龍을 살펴보자. 현룡見龍은 '노력과 실천이 밖으로 나타난(見) 용龍'으로 경진룡庚辰龍이다. 도수度數가 육수六水의 자리인 소지小指의 초무진初戊辰에서 다시 출발하여, 약지藥指를 펴며 기사己巳로 삼고, 중지中指를 펴며 경오庚午로 삼아서, 신미辛未, 임신壬申, 계유癸酉, 갑술甲戌, 을해乙亥, 병자丙子, 정축丁丑, 무인戊寅, 기묘己卯를 거쳐 경진庚辰에 이르러 펴진(陰) 중지中指와 만나게 된다. 구이九二의 경진룡庚辰龍이 거하는 위치는 정역팔괘正易八卦의 수상手象으로 볼 때 오곤지五坤地의 자리임과 동시에 음陰의 자리이며, 오행으로는 팔목八木의 자리이다. 육수六水에 잠장潛藏되어 있던 용龍이 조심스레 세상으로 나와 스스로를 살펴보니 거하는 위치가 坤厚載物의 자리인 것이다. 또한 펴진 중지中指는 오행五行으로는 팔목八木의 자리이니, 坤厚載物의 두터운 대지에 팔목八木의 수풀이 자라는 모습이 연상된다. 게다가 우연치고는 너무나 확연하게도 펼쳐진 세 손가락의 수상手象에 밭전(田)자가 드러나니 경진룡庚辰龍은 '밭(田)'에 나타난 것이다. 산천山川과 달리 밭은 사람이 일궈서 만들어내는 것이므로, 현룡見龍이 나타난 곳은 다름 아닌 '문명文明의 텃밭'이라 하겠다. 현룡見龍이 거하는 중지中指는 또한 '文'의 뜻을 함유한 자리인데, 「계사하전繫辭下傳」 제10장에는 '文'에 대한 다음과 같은 해설이 나온다.

도 유 변 동　　고 왈 효　효 유 등　　고 왈 물
道有變動이라 故曰爻오 爻有等이라 故曰物이오
물 상 잡　　고 왈 문　문 불 당　　고　길 흉　생 언
物相雜이라 故曰文이오 文不當이라 故로 吉凶이 生焉하니라.

도에는 변화와 움직임이 있으니 효라 이르고, 효에는 차등이 있으므로 물이라 이르고, 물은 서로 섞이므로 문이라 이르고, 문은 합당함과 부당함이 있으므로, 고로 길흉이 생기느니라.

「계사하전繫辭下傳」의 文에 대한 설명은 변동變動과 차등差等이 物을 만들고, 物과 物이 서로 섞여서 文을 이룬다고 말한다. 그렇다면 物은 또 무엇인가? 이번에는 「계사하전繫辭下傳」 제6장에 나오는 物의 뜻도 알아보자.

자 왈 건 곤　기 역 지 문 야　　건　양 물 야　곤　음 물 야
子曰乾坤은 其易之門邪인저 乾은 陽物也오 坤은 陰物也니
음 양　합 덕　　이 강 유 유 체
陰陽이 合德하야 而剛柔有體라.

공자가 말하기를, 건곤은 역의 문이로구나. 건은 양물이고 곤은 음물이니 음양이 덕을 합하여 강유가 체를 두는 구나.

正易
수지상수

186

十乾天　　　　　　五坤地

乾과 坤이 만나 物相雜의 文을 이루는 中指

「계사전繫辭傳」에 정리된 공자孔子의 설명을 종합해보면, 변동變動과 차등差等이 陽物과 陰物을 만들고, 건乾과 곤坤은 각각 陽物과 陰物의 대표가 된다. 이 陽物과 陰物이 物相雜으로 섞여 文을 이루니, 文은 다름 아닌 건乾과 곤坤이 뒤섞여서 만들어지는 것이다. 이렇게 보면, 수지상수手指象數로 정역팔괘正易八卦를 헤아릴 때 중지中指의 자리는 펴면 오곤지五坤地가 되고 곱으면 십건천十乾天이 되므로, 중지中指는 건乾과 곤坤을 동시에 겸하여 物相雜을 이루는 자리가 된다. 그러므로 중지中指에 도착한 경진룡庚辰龍은 文의 뒤섞임 속에서 경구금庚九金으로써 '문명文明의 텃밭'을 일구는 것이다.

象曰 見龍在田은 德施普也오.

상에 이르길, 나타난 용이 밭에 있다는 것은 덕이 널리 베풀어짐이요.

경진룡庚辰龍은 사람이 일구는 문명文明의 텃밭에 모습을 드러낸 인군人君이다. 인군人君은 세상에 나와 스스로를 드러내며 문명文明의 혜택(德)을 일구기 시작한다. 아직 경험이 많지 않고 어설픈 수준이지만 곳곳에서 사업을 만들어 보이면서(見) 사람들을 모아내기 시작한다. 德과 施와 普는 중지中指의 오곤지五坤地에 도착한 경진룡庚辰龍이 德과 사업事

業을 널리 베풀어대는 모습이다. 특히 普는 곤괘坤卦에서 지류地類인 빈마牝馬가 넓은 대지를 지경 없이 뛰어다니는 行地无疆을 연상시킨다. 이는 모두 도수度數의 흐름이 坤厚載物을 의미하는 오곤지五坤地와 만났기 때문인데, 德施普也라는 표현은 경진룡庚辰龍의 실천이 밖으로 드러나는(見) 모습이라 하겠다.

九二曰 見龍在田利見大人은 何謂也오

子曰 龍德而正中者也니 庸言之信하며

庸行之謹하야 閑邪存其誠하며 善世而不伐하며 德博而化니

易曰 見龍在田利見大人이라하니 君德也라.

구이에 이르길, 나타난 용이 밭에 있으니 대인을 봄이 이롭다는 말은 무엇을 이름인가. 공자가 말하길, 용덕이 정중인 것이니, 평상시 말을 미덥게 하고, 평상시 행실을 삼가며, 간사함을 막아서 그 정성됨을 보존하며, 세상에 착하게 하고도 자랑하지 않으며, 덕을 널리 펼쳐 화를 이루니, 역에 이르길 나타난 용이 밭에 있다 하니 인군의 덕이라.

　용덕龍德이 正中이라 함은 경진룡庚辰龍의 용덕龍德이 正에 힘써 中에 이르려는 正中之道의 노력임을 적시한 것이다. 구이九二의 현룡見龍은 이제 갓 세상을 다스리기 시작한 인군人君이므로, 천하天下의 다양하고 복잡한 일들을 결단하고 해결해야 하는 위치이지만, 아직은 완숙한 수준인 中에 이르지 못한 상태이다. 그래서 현룡見龍은 품지 못하는 中을 대신해 현실적인 대안인 正을 선택한다. 모든 일에 바름(正)을 구현하여 마침내 中에 이르려 노력하고 실천하는 것이다. 이는 다시 말해

進德修業을 통해 崇德廣業에 이르려는 뜻이니, 경진룡庚辰龍의 노력이 드러나는(見) 과정이 곧 正中之道의 모습이라 하겠다. 공자孔子는 구이九二의 正中之道를 설명하는 위의 글 속에도 다섯 효爻가 만들어내는 도체道體의 흐름을 숨겨 놓았다. 아래에서 공자孔子가 다섯 효爻로 짜놓은 正中之道의 씨줄과 날줄을 만나보자.

九二 見龍의 드러난(見) 龍德

見龍의 龍德		龍德의 根源表現	龍德의 出處	내용 연결
①	庸言之信	確乎其不可拔	初九 (初戊辰)	確乎其不可拔에서 信을 드러냄
②	庸行之謹	行事也	九三 (壬辰)	行事也에서 庸行을 드러냄
		因其時而惕		因其時而惕으로부터 謹을 드러냄
③	閑邪 存其誠	非爲邪也	九四 (甲辰)	非爲邪也에서 閑邪를 드러냄
		進德脩業		進德脩業에서 存其誠을 드러냄
④	善世	水流濕, 火就燥 (利天下)	九五 (丙辰)	水, 火의 文明에서 善世의 뜻을 드러냄
	不伐	雲從龍, 風從虎 (不言所利)		雲, 風의 겸손함을 不伐로 드러냄
⑤	德博而化	貴而无位 (雲行雨施, 天下平也)	上九 (上戊辰)	貴→无位의 量質전환을 德博而化로 드러냄

① 庸言之信은 초구初九의 용덕龍德인 '確乎其不可拔'로부터 그 뜻을 취한 것이다.

잠룡潛龍은 침잠沈潛된 처지에 있으므로 다섯 용들의 용덕龍德을 간직하기만 할 뿐 밖으로 드러내며 사용하지는 못하는(勿用) 처지이다. 하지만 잠룡潛龍은 향후 다섯 용들의 용덕龍德을 반드시 사용할 것과 지금은 때가 아니기에 사용하지 않을 것임을 확신(確)하고 있다. 이 확신

確信을 강하게 표현한 것이 잠룡潛龍의 용덕龍德인 確乎其不可拔(확호기불가발)이다.

庸言之信(용언지신)의 '言(언)'은 행동으로 드러내지 않고 말하는 것에 그쳐야하는 초구初九의 침잠沈潛된 처지로부터 그 뜻을 취하여 밖으로 드러낸(見) 것이고, '信(신)'은 잠룡潛龍의 확신을 표현한 '確乎(확호)'에서 그 뜻을 취하여 밖으로 드러낸(見) 것이다.

② 庸行之謹(용행지근)은 구삼九三의 용덕龍德인 '行事也(행사야)'와 '因其時而惕(인기시이척)'으로부터 그 뜻을 취한 것이다.

구삼九三의 乾乾君子(건건군자)는 낙서궁洛書宮의 끝자락에 도달한 임진룡壬辰龍이며, 한 세상이 저무는 때를 만나 두렵고 삼갈 줄(因其時而惕) 아는 존재이다. 구이九二의 현룡見龍은 육효六爻가 가진 용덕龍德을 밖으로 드러내는 때에 처해 있으므로, 乾乾君子(건건군자)의 행사行事와 因其時而惕(인기시이척)을 庸行之謹(용행지근)이라는 용덕龍德을 통해 드러낸다. 그러므로 庸行之謹(용행지근)의 '行(행)'은 구삼九三의 임진군자壬辰君子가 가진 終日乾乾(종일건건)한 '行事(행사)'에서 그 뜻을 취하여 드러낸(見) 것이고, '謹(근)'은 때에 따라 두려워하며 삼가는 '因其時而惕(인기시이척)'에서 그 뜻을 취하여 드러낸(見) 것이다.

③ 閑邪存其誠(한사존기성)은 구사九四의 용덕龍德인 '非爲邪也(비위사야)'와 '進德脩業(진덕수업)'으로부터 그 뜻을 취한 것이다.

구사九四의 약룡躍龍은 앞서 설명했던 剛健中正純粹(강건중정순수) 중에서 순純에 해당되는 존재이다. 순純은 오염되지 않은 순결純潔함을 의미한다. 구사九四의 약룡躍龍은 세상을 뒤집을 上下无常(상하무상)의 혁명을 시도하지만, 이는 순수한 도전일 뿐이지 절대 사특邪慝한 목적을 위한 것이 아니다. 구이九二는 구사九四가 가진 순수純粹함과 進德修業(진덕수업)의 정성精誠을 閑邪存其誠(한사존기성)이라는 용덕龍德을 통해 드러낸다. 그러므로 閑邪存其誠(한사존기성)의 '閑邪(한사)'는 사특함을 위하지 않는 구사九四의 '非爲邪也(비위사야)'에서 그 뜻을 취하여 드러낸(見) 것이고, '存其誠'[119]은 군자君子가 때를 기다리며 '進德脩業'으로 노력하는 정성精誠스러움에서 그 뜻을 취하여 드러낸 (見) 것이다.

④ 善世而不伐은 구오九五의 용덕龍德인 '水流濕, 火就燥'와 '雲從龍, 風從虎'로부터 그 뜻을 취한 것이다.

구오九五의 비룡飛龍은 천덕天德의 자리(位)에 거하여서, 행行하는 것마다 모두 정正이요, 이루는(成) 것마다 모두 덕德인 존재이다. 구오九五가 짓는(作) 성업聖業은 만물萬物이 일제히 목도目覩할 정도로 정正함을 유지하지만, 오히려 구오九五 자신은 그 공功을 애써 자랑하지 않고 겸손함을 유지한다. 이는 건도乾道가 발휘를 시작하여 美利로 利天下하고도 不言所利하는 바로 그 모습이다. 善世而不伐의 '善世'는 구오九五의 용덕龍德인 '水流濕'과 '火就燥'에서 그 뜻을 취한 것이다. 물(水)과 불(火)은 세상으로 흐르고(流) 나아가서(就) 문명文明을 일구고 혜택(德)을 쏟아 내는 '善世'의 모습이지만, 구오九五의 용덕龍德에서는 겉으로 그 뜻이 드러나지 않는다. 구이九二는 구오九五의 용덕龍德 속에 감춰진 水火의 혜택을 취하여 善世라는 용덕龍德으로 그 뜻을 드러낸(見) 것이다. 이와는 달리, '不伐'은 '雲從龍'과 '風從虎'로부터 그 뜻을 취한 것이다. 구름은 스스로 높으나 날아오르는 용龍을 좇으며, 순손順巽한 바람은 스스로도 낮으나 땅에 붙어서 달리고도 미쁜(有孚) 대인大人의 虎變[120]을 좇으니, 이들은 모두 구오九五가 겸손하여 '不伐'하는 모습이라고 할 수 있다. 마찬가지로 雲從龍과 風從虎 또한 구오九五의 용덕龍德에서는 겸손한 의미를 감추고 있으나, 구이九二가 그 뜻을 취하여 不伐

---

119 정성됨을 높이지 않고 그저 보존하는 정도에 머무는 것은 閑邪에 많은 힘을 써야 겨우 存誠할 수 있는 수준이기 때문이다.

120 『周易』, 澤火革 : 九五는 大人이 虎變이니 未占에 有孚니라(구오는 대인이 범이 변하듯 함이니, 점치지 않고도 미쁨이 있느니라).

의 용덕龍德으로 드러낸(見) 것이다.

⑤ 德博而化는 구오九五의 용덕龍德인은 '貴而无位'로부터 그 뜻을 취한 것이다.

상구上九는 양강陽剛이 극극極으로 흐른 나머지 지위만 높고 귀할 뿐 오히려 실속은 없는 존재이다. 상구上九의 용덕龍德인 貴而无位의 '貴'는 오로지 높은 곳을 향해 오르기만 하는 양강陽剛의 '양적量的 팽창膨脹'을 표현한 것이고, 뒤따르는 '无位'는 그로 인해 결국 실속을 잃고 마는 '질적質的 변화變化'를 표현한 것이다. 이는 마치 雲行雨施의 시간적 축적을 통해 天下平이라는 질적 화합을 이루는 것과 같은 이치이며, 더 깊게는 變의 축적이 通이라는 질적質的 평형平衡으로 전환되는 모습과도 같은 이치이다. 그러므로 덕德을 넓게(博) 펼쳐서 마침내 질質로서 '化'를 이루는 구이九二의 용덕龍德인 '德博而化'는 상구上九의 용덕龍德인 '貴而无位'가 가진 양질量質의 전환轉換에서 그 뜻을 취한 것이다. 사실 貴而无位는 상구上九의 용덕龍德에서는 양질전환量質轉換의 뜻이 드러나지 않고 있다. 구이九二가 마침 감춰진 용덕龍德을 드러내는 때이므로, 德→博→化로 향하는 전환의 과정이 구이九二에서 적나라하게 드러나는(見) 것이다. 正을 실천하는 인군人君의 德은 中을 향해 힘겹게 나아간다. 庸言之信→庸行之謹→閑邪存其誠→善世而不伐 의 순서는 正을 지키려는 노력이 점차 성취되어 中으로 다가가는 군자君子의 성장 과정이다. 그리하여 마침내 德博, 즉 德이 넓게 베풀어지면 질적質的으로 化하여서 中을 이룰 수 있으니, 德을 넓히는 것은 인군人君이 中을 이룰 수 있는 최고의 방법이라 하겠다.

현 룡 재 전　시 사 야
見龍在田은 時舍也오.

나타난 용이 밭에 있다는 것은 때를 버림이요.

　기존에 時舍는 '때로 그침', '때에 따라 버림', '때를 둠' 등으로 다양하게 해석되어 왔는데, 지금까지도 그 뜻에 대한 의견이 분분하다. 필자의 해석은 경진庚辰의 현룡見龍이 '때를 버리는' 처지라고 정리했다. 왜 '때를 버린다'고 헤아리는가? 그것은 현룡見龍의 때가 얼마만큼의 세월을 보내야 하는 처지이기 때문이다. 현룡見龍은 세상에 갓 나와 崇德廣業의 대업大業을 도모하기 시작한 인군人君의 처지이다. 먼저 근거지를 정하고 (居其室)[121] 말과 행실을 착하게 하여(出其言善) 천리 밖의 인물들을 끌어모으는 때(千里之外應之)인 것이다. 모으는 방법은 단연 德施普也이니, 천하天下가 아직 무르익지 않았으므로 중지中指의 오곤지五坤地에 처한 뜻에 맞춰 먼저 厚德으로 載物해야 하는 것이다. 그리하여 德을 널리 베풀면 마침내 化를 이룰 수 있으니, 명태조明太祖 주원장朱元璋이 성벽을 높이 쌓고(高築墻), 식량을 널리 모으며(廣積糧), 왕이라 칭하는 일을 늦춘(緩稱王) 때도 이와 같다 하겠다. 천하天下를 도모하기 위해 때를 기다림은 매일같이 '때를 버림'과 같으니, 오직 때가 무르익기를 기다리는 것이다.

현 룡 재 전　천 하 문 명
見龍在田은 天下文明이오.

나타난 용이 밭에 있다는 것은 천하가 문명함이요.

---

121 『周易』, 「繫辭上傳」 8 : 君子 居其室하야 出其言에 善이면 則千里之外應之하나니 況其邇者乎아 居其室하야 出其言에 不善이면 則千里之外違之하나니 況其邇者乎아.

천하문명天下文明! 건乾과 곤坤을 겸하여 물상잡물相雜을 이루는 중지中指의 '문文'이 공자孔子의 설명에 그대로 드러났다. 특히 '문명文明'이라 직접 칭하니, 경진룡庚辰龍이 나타난 밭이 '문명文明의 텃밭'임은 더욱 더 확실해졌다. 천하天下는 사람이 사는 세상을 일컬음이요, 또한 잇속을 좇는 사특함이 한가득인 곳이다. 천도天道와 지도地道만이 교합하는 솔성率性의 마당 위에서, 인도人道의 문명文明을 개척해가는 것은 대단한 정성과 피나는 노력의 연속일 것이다. 천지天地의 조화造化가 아무리 뛰어나도 밭(田)은 저절로 만들어지지 않는 법이니, 밭은 사람이 시간과 노력을 들여 만든 '문명文明 토대土臺'이기 때문이다. 문명文明은 기술과 제도로서 사회를 번성蕃盛시킨다. 문화文化라 하지 않고 문명文明이라 한 것은 그 수준이 아직 문화文化에는 미치지 못하기 때문이다. 즉, 문명文明은 正이고 문화文化는 中이라 할 수 있으니, 문명文明은 애써 일구는 것이고, 문화文化는 넘쳐서 저절로 침습浸濕되는 것이다.

군자 학 이 취 지　　문 이 변 지　　관 이 거 지
君子 學以聚之하고 問以辨之하며 寬以居之하고

인 이 행 지　　역 왈 현 룡 재 전 이 견 대 인　　군 덕 야
仁以行之하니 易曰 見龍在田利見大人이라하니 君德也라.

군자가 배워서 모으고, 물어서 판단하며, 관대함으로 거하고, 어짊으로 행하니, 역에 말하길 나타난 용이 밭에 있어 대인을 봄이 이롭다고 하니 인군의 덕이라.

배워서 모으고(學以聚之) 물어서 분별함(問以辨之)은 스스로에 대한 확신이 부족하기 때문이니, 군자君子가 애써 '正'을 유지하기 위한 노력이

요, 그것을 꼭 잡아서 놓지 않는 擇善固執[122]의 모습이다. 너그러이 거하고(寬以居之) 어짊으로 실천함(仁以行之)은 여유롭게 '正'을 쓰는 모습이니, 힘들이지 않고 '中'에 거하는 不勉而中[123]에 가까운 모습이다. 즉, 구이九二의 현룡見龍의 때에는 '正'에 힘써 노력하여 '中'으로 향하는 정중지도正中之道가 '中'을 쓰는 방법이라 하겠다. 그리고 이 모두를 '君德'이라 일컬으며, 굳이 '德'을 내세운 이유는 경진庚辰의 현룡見龍이 중지中指의 오곤지五坤地에 자리했기 때문이다.

終日乾乾

九三은 **君子** **終日乾乾**하야 **夕惕若**하면 **厲**하나 **无咎**리라.

구삼은 군자가 종일토록 굳세고 굳세어서 저녁이 되어 조심한다면 수고스러우나 허물은 없으리라.

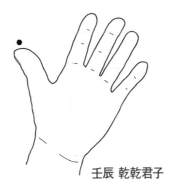

壬辰 乾乾君子

　다음으로 구삼九三의 乾乾君子를 만나보자. 乾乾君子는 임진룡壬辰龍이다. 펴진(陰) 중지中指의 오곤지五坤地 자리에 거하던 경진룡庚辰龍이 다

---

122 擇善而固執은『中庸』제22장에 나오는 표현으로, 正의 상태를 유지하기 위해 선함을 택하여 놓치지 않으려 굳게 잡고 있는 모습이다.
123 不勉而中도『中庸』제22장에 나오는 표현으로, 힘들이지 않아도 道에 들어맞는 中의 상태를 말한다.

시 출발하여, 식지食指를 펴며 신사辛巳로 삼고, 무지拇指를 펴며 임오壬午로 삼아서, 계미癸未, 갑신甲申, 을유乙酉, 병술丙戌, 정해丁亥, 무자戊子, 기축己丑, 경인庚寅, 신묘辛卯를 거쳐 임진壬辰에 이르러 펴진(陰) 무지拇指와 다시 만나니, 임진룡壬辰龍의 모습은 모든 손가락이 펴진 깨끗한(粹) 상태이다. 구삼九三의 임진룡壬辰龍이 거하는 자리는 정역팔괘正易八卦의 상象으로 볼 때 칠지七地의 자리에 해당되는데, 칠지七地는 무지拇指를 곱으며 헤아림을 시작하는 정역팔괘正易八卦의 수상手象에서 팔간산八艮山(拇指:屈), 구리화九離火(食指:屈), 십건천十乾天(中指:屈), 일손풍一巽風(藥指:屈), 이천二天(小指:屈), 삼태택三兌澤(小指:伸), 사감수四坎水(藥指:伸), 오곤지五坤地(中指:伸), 육진뢰六震雷(食指:伸)를 거쳐 마지막에 모든 손가락을 다 펴면서 이르게 되는 자리이다. 즉, 시작이자 마침의 자리이니, 임진룡壬辰龍은 선천先天 하괘下卦의 끝자락에 다다른 것이다. 그래서 끝까지 와서 '빈 손바닥'이 만들어졌으므로 하루를 '마친다'는 뜻의 '終日^{종일}'이라는 말이 나왔다.

최초에 신유辛酉를 출발한 도수度數의 흐름이 초구初九인 무진戊辰 잠룡潛龍과 구이九二의 경진庚辰 현룡見龍을 지나 낙서洛書의 36궁宮 전체에서 32번째인 임진壬辰의 건건군자乾乾君子에 도달한 것이니, 건도乾道는 어느덧 선천先天의 끝자락인 저녁(夕)에 이르렀다. 괘상卦象으로도 구삼九三은 하괘下卦의 끝자리에 있으므로, 하루의 저녁(夕)이라 표현한 것이 낯설지 않다. 또한 괘상卦象을 전체로 보면 상괘上卦도 건乾이요 하괘下卦도 건乾이므로, 終日乾乾^{종일건건}의 乾乾^{건건}은 괘상卦象의 모양으로도 '굳세고 굳센' 뜻을 드러낸 것이다.

洛書宮과 河圖宮 속의 六龍

洛書宮

1 辛酉	2 壬戌	3 癸亥	4 甲子	5 乙丑	6 丙寅
7 丁卯	8 潛龍 戊辰	9 己巳	10 庚午	11 辛未	12 壬申
13 癸酉	14 甲戌	15 乙亥	16 丙子	17 丁丑	18 戊寅
19 己卯	20 見龍 庚辰	21 辛巳	22 壬午	23 癸未	24 甲申
25 乙酉	26 丙戌	27 丁亥	28 戊子	29 己丑	30 庚寅
31 辛卯	32 乾乾君子 壬辰	33 癸巳	34 甲午	35 乙未	36 丙寅

河圖宮

1 丁酉	2 戊戌	3 己亥	4 庚子	5 辛丑	6 壬寅
7 癸卯	8 躍龍 甲辰	9 乙巳	10 丙午	11 丁未	12 戊申
13 己酉	14 庚戌	15 辛亥	16 壬子	17 癸丑	18 甲寅
19 乙卯	20 飛龍 丙辰	21 丁巳	22 戊午	23 己未	24 庚申
25 辛酉	26 壬戌	27 癸亥	28 甲子	29 乙丑	30 丙寅
31 丁卯	32 亢龍 戊辰	33 己巳	34 庚午	35 辛未	36 壬申

저녁이 되는 것은 한 세상이 저무는 것이고, 곧 새로운 세상으로 뒤바뀔 것을 기약함이다. 도수度數가 선천先天에서 후천后天으로 뒤바뀌듯이, 세상이 뒤바뀔 때 군자君子는 꿋꿋함을 잃지 않고 나아가되, 때로 두렵고 신중하게 행동하면 수고스럽더라도 허물은 없는 것이다. 역易을 볼 때, 한 가지 잊지 말아야 할 점이 정확한 의도의 해석, 즉 지언知言이다. 구삼九三의 건건군자乾乾君子에 '수고스러우나(厲) 허물은 없다(无咎)'고 했으니, 마지막의 무구无咎만을 살펴서 '허물이 없다'는 결론만을 취하는 실수는 말의 뜻을 제대로 알지 못하는 해석이다. 작역作易 성인聖人의 의도는 하나의 세력이 끝을 마치는 환경에서 군자君子의 태도란 그 세상이 저무는 순간까지 나아감을 지속하되, 때로 두렵고 신중하게 행동해야 함을 경고하는 것이다. 그렇지 않으면 허물이 없는 정도가 아니라 크게 위태롭다는 말을 이렇게 표현한 것이다. 괘사卦辭와 효사爻辭에 이런

식으로 쓰인 곳이 허다하니, 실로 역易의 말 속에서 두려움을 느낄 수 있는 바이다.

<ruby>象曰 終日乾乾<rt>상 왈 종 일 건 건</rt></ruby>은 <ruby>反復道也<rt>반 복 도 야</rt></ruby>오.

상에 이르길, 종일토록 건건함은 반복되는 도이다.

'<ruby>終日乾乾<rt>종 일 건 건</rt></ruby> <ruby>反復道也<rt>반 복 도 야</rt></ruby>'라는 말은 무슨 뜻인가? 이 부분을 도수度數의 흐름까지 제대로 해석해내는 것은 수지상수手指象數가 아니면 불가능할 것이다. 이에 대해 선유先儒들의 해설은 어떠했는지를 먼저 살펴보자. 『역전易傳』에 나온 정자程子의 설명이다.

<ruby>進退動息<rt>진 퇴 동 식</rt></ruby>은 <ruby>必以道也<rt>필 이 도 야</rt></ruby>라.

나아가고 물러나며 움직이고 멈춤은 반드시 도로써 하는 것이다.

정자程子의 말처럼 '나아가고 물러나며 움직이고 멈추는 것을 반드시 도道로써 해야 함'은 꼭 건괘乾卦 구삼九三의 상황에만 적용되는 원칙은 아닐 것이다. 게다가 정자程子는 終日乾乾의 상황에서 '反復되는 道'라는 말이 왜 나왔는지에 대해서는 아예 해설을 내놓지 않았다. 해석의 미흡함은 주자朱子의 『본의本義』또한 이에 뒤지지 않는다.

<ruby>反復<rt>반 복</rt></ruby>은 <ruby>重複踐行之意<rt>중 복 천 행 지 의</rt></ruby>라.

반복은 거듭하여 실천한다는 뜻이다.

주자朱子는 반복反復을 '거듭 실천하는 뜻'으로 해석했으니, 의미에서 반복反復을 중심에 놓기는 했으나 '終日乾乾'의 때와 '反復'이 어떤 연관을 가지는지에 대해서는 언급하지 않았다. 그렇다면 『정역正易』의 수지상수手指象數는 이것을 과연 어떻게 해석하는가? 수상手象에서 무지拇指는 도수度數의 흐름에서 가장 큰 반환점返還點이다. 무지拇指를 곱아 안토安土를 지으며 하나(一)로 시작한 낙서수洛書數의 헤아림은 둘, 셋, 넷… 으로 한 바퀴를 돌아 다시 무지拇指를 펴면서 아홉으로 끝이 난다. 곧이어 폈던 무지拇指를 다시 곱으며 열(十)로 받아 하도수河圖數를 시작하면 아홉, 여덟… 로 내려와 다시 무지拇指에서 하나로 끝을 맺는다. 시작과 끝은 물론이요, 낙서洛書와 하도河圖의 전환도 모두 무지拇指에서 일어나니, 무지拇指는 도수度數 흐름의 가장 큰 반환점이 되는 것이다. 이런 의미로 수지상수手指象數에서 무지拇指는 역易의 지도리(樞機)라는 별칭을 가지고 있다.

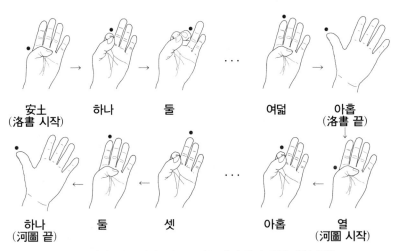

手指象數의 洛書數와 河圖數 셈법에서 반환점인 拇指

반환점의 자리인 무지拇指는 펴면서(伸) 셈을 마친 다음에 곧바로 다시 곱아야(屈) 하는 굴신屈伸이 반복되는 자리이다. 그 자리에 빈 손바닥을 펴서 하루를 마친 임진壬辰의 乾乾君子가 도착했으니, '終日乾乾은 反復道也'라는 말이 당연히 나오는 것이다. 도수度數의 흐름은 모르더라도 괘상卦象을 보고도 비슷한 해석이 가능할 수는 있다. 건건군자乾乾君子가 선천先天에 끝자락에 다다르니, 아래를 봐도 건乾이요, 건너뛸 위를 봐도 또한 건乾이니, '乾乾한 乾道가 또다시 반복되는구나'라고 말할 수 있는 것이다. 또한 무지拇指는 『정역正易』 경문經文에 이른바 '不易之地'인 십토十土와 '不易之天'인 일수一水의 자리이며, '擧便无極'과 '十便是太極'을 겸하는 까닭에 출발出發과 종착終着이 뒤섞이는 자리이니, 역易의 문짝이며 지도리(樞機)라고 할 수 있는 것이다. 처處한 곳이 도道의 전환轉換이 반복反復되는 중요한 자리이므로, 이 때를 당한 군자君子가 취해야 할 입장은 오로지 쉼 없이 나아가며 때로 삼갈 뿐이다.

九三曰君子 終日乾乾 夕惕若 厲无咎는 何謂也오

子曰君子 進德脩業하나니 忠信이 所以進德也오

脩辭立其誠이 所以居業也라

知至至之라 可與幾也며 知終終之라 可與存義也니

是故로 居上位而不驕하며 在下位而不憂하나니

故로 乾乾하야 因其時而惕하면 雖危나 无咎矣리라.

구삼에 이르길, 군자가 종일토록 건건해서 저녁이 되어 두려워하면 허물이 없다는 말은 무엇을 이름인가. 공자가 말하길, 군자는 덕에 나아가고 업을 닦나니, 충과 신이 덕에 나아가는 방법이요, 말을 닦고 그 정성스러움을 세우는 것이 업에 거하는 방법이니, 이를 줄 알고 이른 것이라 기미와 더불어 할 수 있음이며, 마칠 줄 알고 마침이라 뜻을 보존할 수 있음이니, 이런 까닭에 위에 거하면서도 교만하지 않으며, 아래에 있으면서도 근심하지 않나니, 그러므로 굳세고 굳세어서 때에 따라 두려워하면 비록 위태로우나 허물은 없으리라.

　구삼九三의 임진王辰 군자君子는 세상이 뒤바뀌는 혁명의 때가 가까워졌음을 느낀다. 급격한 변혁이 찾아오면 상하上下는 다시 한 번 무상无常해질 것이고, 진퇴進退의 선택에 따라 동류同類들도 각자의 살길을 찾아서 떠나게 될 것이다. 변혁은 새로운 기회를 제공하기도 하지만 그만큼의 위험을 동반할 수도 있는 것이다. 그러나 아직은 저녁(夕)에 이른 것뿐이지 새날이 밝은 것이 아니요, 한 세상의 끝자락에 거의 도달한 것이지 세상이 뒤집어지지는 않았다. 이 때 군자君子가 행해야 할 용덕龍德은 오직 '乾乾'과 '惕'일 뿐이다. 즉, 줄곧 이어오던 진덕수업進德修業의 노력은 흔들림 없이 지속하되, 변혁과 함께 다가올 위험에 대해서는 두려움을 가지고 대비해야하는 것이다. 이렇게 볼 때 '乾乾'과 '惕'은 서로 상반된 행동임이 드러난다. '乾乾'은 해오던 노력을 한눈팔지 않고 지속함이며, '惕'은 조짐兆朕을 미리 헤아려서 다가올 위험을 피하려 움츠리는 것이다. 구삼九三의 군자君子는 이 두 가지 용덕龍德을 모두 갖추고 있어야하지만, 용덕龍德의 핵심은 앞으로 나아가는 乾乾함에 있다. 왜냐하면 구삼九三은 한 도수度數라도 더 나아가서 선천先天을 마쳐야 하는 때에 이르렀기 때문이다.

　아래부터는 공자孔子가 치밀하게 숨겨놓은 乾乾君子에 대한 씨줄과 날줄의 경위經緯를 살펴볼 차례이다. 여기에서 주목해야할 것은 구삼

九三의 모든 용덕龍德이 나머지 오효五爻의 용덕龍德에서 한걸음이라도 더 나아가려는 방향성을 가지고 있다는 점이다.

九三 乾乾君子의 한걸음 더 나아가는(行) 龍德

乾乾君子의 龍德		龍德의 根源表現	龍德의 出處	내 용 연 결
①	忠	不易乎世	初九 (初戊辰)	不易에서 忠으로 나아감
	信	確乎其不可拔		確乎에서 信으로 나아감
	所以進德也	龍德而隱者		龍德而隱者에서 進德으로 나아감
②	脩辭立其誠	閑邪存其誠	九二 (庚辰)	閑邪存其誠에서 脩辭立其誠으로 나아감
	所以居業也	善世而不伐		善世而不伐에서 居業으로 나아감
③	知至至之	進退无恒	九四 (甲辰)	進退无恒에서 知至至之로 나아감
	可與幾也	欲及時也		欲及時也에서 可與幾也로 나아감
④	知終終之	水流濕, 火就燥	九五 (丙辰)	맹목적인 流·就에서 知終終之로 나아감
	可與存義也	各從其類也		맹목적인 各從에서 存義로 나아감
⑤	居上位而不驕	貴而无位, 高而无民	上九 (上戊辰)	貴而无位, 高而无民에서 居上位而不驕로 나아감
⑥	在下位而不憂	賢人 在下位而无輔		在下位而无輔에서 在下位而不憂로 나아감

① 忠, 信, 所以進德也는 초구初九의 '不易乎世', '確乎', '龍德而隱者也'로 부터 그 뜻을 취한 것이다.

進德의 방법으로 내세운 忠과 信은 모두 마음속에 품어서(潛) 겉으로는 드러나지 않는 침잠沈潛된 용덕龍德의 모습이다. 군자君子는 '묵직한 忠'을 하나의 건乾으로 삼아 세상을 지켜내고(不易), '미더운 信'을 또 하나의 건乾으로 삼아 주변에 충忠에 대한 확신(確)을 심어준다. 숨어

(隱) 있던 군자君子의 덕德이 忠과 信의 건건乾乾함을 통해 밖으로 드러나는 것이다. 그러므로 충신忠信의 '忠'은 초구初九의 '不易乎世'에서 그 뜻을 취하여 한 걸음 더 나아간(行) 것이고, '信'은 '確乎'에서 그 뜻을 취하여 한 걸음 더 나아간 것이며, 所以進德也의 '進德'은 숨은 용덕龍德인 '龍德而隱者'에서 그 뜻을 취하여 한 걸음 더 나아간 것이다.

② 脩辭立其誠과 所以居業也는 구이九二의 '閑邪存其誠'과 '善世而不伐'로부터 그 뜻을 취한 것이다.

居業은 문명文明의 텃밭에 해당되는 오곤지五坤地에 거하면서 대업大業을 일구는 경진룡庚辰龍의 모습을 표현한 것이다. 구삼九三은 세상에 착하게 대하고도 자랑하지 않는 구이九二의 소극적 실천인 '善世而不伐'을 한층 더 확장시켜서 업業의 수준까지 끌어올린다. 그러므로 구삼九三의 적극적 용덕龍德인 '所以居業也'는 구이九二의 소극적 용덕龍德인 '善世而不伐'에서 그 뜻을 취하여 한 단계 더 발전시킨 것이다. 거업居業의 방법으로 내세운 修辭立其誠 또한 구이九二의 閑邪存其誠보다 한층 더 적극적인 표현이다. 사특함을 막는 수준을 넘어 성인聖人의 말씀을 닦으며, 정성스러움을 보존하는 수준을 넘어 그 정성스러움을 높이 세우니, 문장文章의 차이에도 乾乾君子가 한 걸음 더 나아가려는 모습이 그대로 드러난다. 그러므로 '修辭'는 구이九二의 '閑邪'를 취하여 그 뜻을 확장시킨 것이고, '立其誠'은 '尊其誠'을 취하여 그 뜻을 발전시킨 것이다.

③ 知至至之와 可與幾也는 구사九四의 '進退无恒'과 '欲及時也'로부터 그 뜻을 취한 것이다.

구삼九三은 선천先天의 끝자락에 조금이라도 더 가까이 다가가려 노력하는 군자君子이다. 나아가면서(進) 간혹 위험을 피해 움츠려야(退) 할 때도(无恒) 있지만, 그 움츠림은 앞으로 더 나아가기 위한 것이지 멈추거나 물러서려 하는 것은 아니다. 구삼九三의 군자君子는 기미幾微를 알아서 위험을 피하되, 오로지 목표하는 때(時)에 이르고자(及) 한 걸음 한 걸음을 건건乾乾히 나아가는 것이다. 그러므로 '知至至之'는 머뭇거리는 구사九四의 '進退无恒'에서 그 뜻을 취하여 이를(至之) 것을 아는(知) 수준으로 한 층 더 높인 것이고, '可與幾也'는 구사九四가 희망하는 欲及時也에서 그 뜻을 취하여 기미幾微와 함께하는 수준으로 한 단계 더 발전시킨 것이다.

④ 知終終之와 可與存義也는 구오九五의 '水流濕 火就燥'와 '各從其類'로부터 그 뜻을 취한 것이다.

구삼九三의 군자君子가 한 걸음이라도 더 나아가서 도수度數의 끝자락에 이르려고 노력하는 것은 선천先天을 마치고(終) 후천后天을 앞두려 하기 때문이다. 즉, 구삼九三의 목표는 선천先天의 끝에 이르려는 것일 뿐이지 그 보다 더 나아가려 하지는 않는 것이다. 그러므로 구삼九三의 용덕龍德인 '知終終之'는 멈춤 없이 앞으로 나아가기만 하려는 구오九五의 '水流濕'과 '火就燥'에서 그 뜻을 취하여, 멈추고 마칠(終) 것을 아는(知) 수준으로 한 층 더 끌어 올린 것이다. 可與存義也는 만물萬物이 자신의 동류同類를 맹목적으로 따르는 뜻의 '各從其類'에서 그 뜻을 취하여, 그저 따르기만 할 것이 아니라 따르면서 뜻(義)도 함께 보존(存)하는 수준으로 한 단계 더 발전시킨 것이다.

⑤ 居上位而不驕는 상구上九의 '貴而无位'와 '高而无民'으로부터 그 뜻을 취한 것이다.

상위上位에서 교만하지 않음은 구삼九三 군자君子의 용덕龍德이 상위上位와 하위下位 모두에서 乾乾한 모습 중 상위上位에서의 겸손함을 표현한 것이다. 이에 비하여 상구上九가 가진 용덕龍德은 귀하지만(貴) 자리도 없고(无位), 높지만(高) 백성도 없는(无民) 실속 없는 상태에 놓여 있다. 그러므로 구삼九三의 용덕龍德인 居上位而不驕는 항룡亢龍의 실속 없는 용덕龍德인 貴而无位와 高而无民에서 그 뜻을 취하여, 높기만 한 것이 아니라 높은 위치에도 불구하고 오히려 겸손한 임진壬辰 군자君子의 모습으로 발전시켜 표현한 것이다.

⑥ 在下位而不憂는 상구上九의 '賢人在下位而无輔'로부터 그 뜻을 취한 것이다.

구삼九三은 하괘下卦에 머물지만, 그 중 상위上位에 거하여 乾乾한 모습으로 자신의 일을 행사行事해 나가는 군자君子이다. 이에 비하여 상구上九의 항룡亢龍은 높은 자리에 올라 구오九五의 현인賢人을 밑에 두고 있지만, 정작 보필輔弼을 받지 못하는 실속 없는 처지에 놓여 있다. 그러므로 구삼九三의 용덕龍德인 賢人在下位而不憂는 현인賢人을 밑에 두고도 보필輔弼을 받지 못하는 항룡亢龍의 실속 없는 용덕龍德에서 그 뜻을 취하여, 스스로 하위下位에 거하면서도 오히려 걱정하지 않는 건건乾乾한 수준으로 한 단계 더 발전시킨 것이다.

구삼九三의 건건군자乾乾君子는 건괘乾卦의 剛健中正純粹 중 마지막인 수粹에 해당되는 존재이다. 절구질로 껍질을 벗겨낸 쌀을 수粹라고 하니, 수粹는 본래부터 깨끗한 것이 아니라 껍질을 벗겨 빈 손바닥처럼 깨끗하게 만든 결과를 뜻한다. 수상手象에서도 임진壬辰의 건건군자乾乾君子에 도달하기 위해서는 곱아진 모든 손가락을 하나씩 벗겨내서 깨끗한 빈 손바닥을 이뤄야 하니, 껍질을 벗겨내는 구삼九三의 뜻은 손 위에서도 그대로 드러난다. 즉, 구삼九三이 종일終日토록 건건乾乾함은 꿍꿍대며 진덕수업進德修業의 절구질로 자신의 껍질을 벗겨내는 군자君子의 노력이라고 할 수 있다.

종 일 건 건　행 사 오
終日乾乾은 行事也오.

종일토록 건건함은 일을 행함이오.

　행사行事는 일을 하는 것이다. 수상手象에 빈 손바닥이 펴지고, 도수度數가 끝자락에 도달했다고 해서 일이 마쳐진 것은 아니라고 당부하는 것이다. 乾乾은 건건健健의 뜻으로 충실히 노력하는 군자君子의 모습이므로, 처음부터 끝까지 진덕進德과 수업修業의 일을 열심히 행사行事하는 것이다. '行事也'는 현룡見龍의 '時舍也'와 시운詩韻을 맞춘 것이고, 때를 버리는 '時舍也'와 일을 행하는 '行事也'는 뜻으로도 대조를 맞춘 것이다.

종 일 건 건　여 시 해 행
終日乾乾은 與時偕行이오.

종일토록 건건함은 때와 더불어 함께 행함이오.

　'때와 더불어 함께 행한다'함은 군자君子가 선천先天의 끝자락에 도달한 때(時)를 알고 한 걸음이라도 더 나아가려고(行) 노력하는 뜻이다. 임진군자壬辰君子의 노력은 때(時)와 유불리有不利를 따지지 않고 오직 건건乾乾하게 나아갈 뿐이니, 與時偕行의 뜻은 더 나아가려 하는 '行'에 그 핵심이 있는 것이다. 도수度數의 흐름으로 볼 때, 임진룡壬辰龍은 낙서수洛書數의 끝자락에서 겨우 4도度만을 남겨놓고 있으니, 하도수河圖數로 건너뛰기 위해 한 걸음 한걸음을 끙끙(乾乾)대며 나아가야(行) 하는

처지에 놓여 있다. 이와는 반대로, 하도수河圖數의 끝자락에 이르러 겨우 4도만을 남겨놓은 항룡亢龍은 나아가는 도수度數마다 수명壽命이 줄어 들어 후회後悔를 만드는 때이므로, 與時偕行과는 반대되는 與時偕極이 라는 표현이 나온 것이다.

九三은 重剛而不中하야 上不在天하며 下不在田이라
故로 乾乾하야 因其時而惕하면 雖危나 无咎矣리라.

구삼은 거듭된 강이고 중하지 못하여서, 위로는 하늘에도 있지 않고, 아래 로는 밭에도 있지 않는지라, 그러므로 건건하여 때에 따라 두려워하면, 비 록 위태로우나 허물은 없으리라.

　다시, 중中의 관점에서 바라보는 구삼九三에 대한 해설이다. 乾乾君子 는 위아래가 모두 강剛으로 겹쳐있다. 위로 구오九五의 하늘(天)에 오른 다면 中正을 얻을 것이요, 아래로 구이九二의 밭(田)에 거한다면 적어도 天下文明의 正中을 얻을 것이다. 하지만 임진壬辰의 乾乾君子는 中正도 正中도 얻지 못했을 뿐만 아니라, 오히려 세상이 뒤바뀌는 혼란의 때에 가까이 이르렀다. 進德과 修業의 길은 큰 고비에 이르렀는데, 날은 이미 저물고 있으니 구삼九三의 처지는 애처롭기 그지없다. 한낱 필부匹夫였다 면 당장에 끝장을 냈겠지만, 건건乾乾한 군자君子는 간혹 찾아오는 위험 을 피하며 어려운 상황에서도 변함없는 정성으로 하던 일을 꿋꿋이 이 어간다. 그래서 깨끗한 손바닥처럼 허물을 벗고 때를 잘 살펴서 신중히 움츠리되(惕) 乾乾한 노력을 멈추지는 않으니, 이 때문에 비록 위태롭지 만 허물은 없다고 하는 것이다. 다시 말해, 한 세상의 끝자락에 도달하여,

닥쳐올 도약의 때를 준비하는 구삼九三의 상황에는 '乾乾'과 '惕'을 모두

<small>건 건</small> <small>척</small>

잃지 않는 것이 중中을 쓰는 방법이라 하겠다.

<small>혹 약 재 연</small>
或躍在淵

<small>구 사   혹 약 재 연   무 구</small>
九四는 或躍在淵하면 无咎리라.

구사는 혹 뛰어 연못에 있으면 허물은 없으리라.

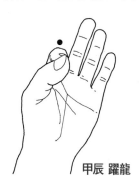

甲辰 躍龍

　다음은 구사九四의 약룡躍龍이다. 약躍은 뛰는 것이고, 혹或은 때를 보
고 뛰는 것이니, 약룡躍龍은 선천先天에서 후천后天으로 갓 건너뛴 것이
다. 용龍의 입장에서 보면, 지금까지 머물렀던 선천先天 하괘下卦의 세 용
龍 모두가 손가락이 펴지는(伸) 땅에 머물러 있었다면, 이제부터는 후천
后天으로 건너 뛰어 곱아진(屈) 하늘가를 노닐게 된다. 건도乾道가 이내
바뀌는(乃革) 것이다. 구삼九三의 임진룡壬辰龍이 다시 출발하여, 무지拇
指를 구부리며 계사癸巳로 삼고, 식지食指를 구부려 갑오甲午로 삼아서,
을미乙未, 병신丙申, 정유丁酉, 무술戊戌, 기해己亥, 경자庚子, 신축辛丑, 임인
壬寅, 계묘癸卯를 지나 갑진甲辰에서 뛰어드니, 약룡躍龍은 구사九四의 갑
진룡甲辰龍이 되는 것이다. 갑진룡甲辰龍의 수상手象은 終日乾乾하던 펴

<small>종 일 건 건</small>

진 손바닥 위에, 계묘癸卯의 무지拇指가 먼저 올라서고 그 위에 갑진甲辰

의 식지食指가 뛰어오른 형상이다.

구사九四의 갑진룡甲辰龍이 거하는 자리는 정역팔괘正易八卦의 상象으로 볼 때 구리화九離火의 자리에 해당되며, 수수數로도 이화二火의 자리이다. 하지만 연못(淵)과는 아무런 연관을 찾을 수 없으니 어찌된 영문인가. 해답은 갑진룡甲辰龍이 약룡躍龍이라는 것에 숨어있다. 막 뛰었으므로 약룡躍龍이 어디로 뛰었는지를 생각해야 한다. 수상手象을 보면 갑진甲辰의 약룡躍龍은 뛰어서 계묘癸卯의 무지拇指에 올라와 있다. 계묘癸卯인 무지拇指의 자리는 수수數로도 일수一水의 자리이고 천간天干으로도 계륙수癸六水의 자리이니, 갑진甲辰의 약룡躍龍은 무지拇指인 계묘연癸卯淵으로 뛰어든 것이다. 앞서 소지小指가 육수六水에 잠겨서 잠룡潛龍이라 칭했던 것과 같이, 효사爻辭의 자구字句는 모두 도수度數와 수상手象으로부터 추출되었다는 논리가 설득력을 얻게 된다. 혹자는 이러한 시각에 대해 여전히 어색함을 느낄 수도 있겠으나, 다음에 나올 구오九五의 비룡재천飛龍在天에서도 어김없이 수상手象에 의해 자구字句가 증명되니, 도수度數의 헤아림에 의심 없이 뛰어들기를 청한다.

갑진甲辰의 약룡躍龍은 마침내 하도궁河圖宮으로 뛰어올랐다. 낙서洛書의 신유辛酉에서 출발한 도수度數가 건건군자乾乾君子의 임진壬辰을 지나 선천先天의 36궁宮을 다 마치고, 드디어 정유丁酉로 시작되는 하도궁河圖宮으로 뛰어 넘어온 것이다. 그야말로 세상이 뒤바뀐 것이니, 갑진甲辰의 약룡躍龍은 이 변혁變革이 엄습掩襲하는 시기의 주인공이다. 하괘下卦에서 상괘上卦로 뛰어 넘어온 주인공이기도 하지만 약룡躍龍은 이에 만족하지 않고 지속적으로 도약跳躍을 시도한다. 그 목적은 오로지 하늘에 오르기 위해서이다. 세상이 뒤바뀌는 시기에는 도처에서 수많은 약룡躍龍들이 출몰한다. 저마다 세상을 바꾸는 사명使命을 자처하며 스스로 뛰어오르지만, 하늘은 '衰世之意'[124]와 '貞'[125]으로써 그들을 말끔히 정리한다. 그러므로 변혁의 시기에 맞춰 뛰어오름은 어떻게 평가되어야 하는가? 아래에서 그 해답을 찾아보자.

상 왈 혹 약 재 연　진　무 구 야
象曰 或躍在淵은 進이 无咎也오.

상에 이르길, 혹 뛰어 연못에 있음은 나아감에 허물이 없음이오.

공자孔子가 약룡躍龍의 무구无咎를 부연敷衍한다. 혹약或躍과 재연在淵 중 어느 것이 무구无咎의 원인原因인지를 명확히 가려주려 하는 것이다. 「상전象傳」의 해설은 무구无咎가 지목하는 주체를 혼동할 것을 우려한 공자孔子의 당부이다. 공자孔子는 무구无咎의 주체를 '進'으로 못 박았다. 즉, '나아가는 시도試圖 자체에 허물이 없다'는 뜻을 보인 것이다. 공자孔子의 명확明確한 선언宣言에 대해 선유先儒들은 어떤 관점으로 논리를 정리했을까? 정자程子는 '가능한지를 헤아려서 때를 적당히 (나아가면)하면 허물이 없다'[126]라고 해설했고, 주자朱子는 '나아갈 수는 있으나 반드시 나아가는 것은 아니라'[127]고 덧붙였다. 모두 나아감을 제한하는 뜻의 단서를 붙인 것이다. 이는 '나아감에 허물이 없다'고만 헤아릴 경우에,

---

124 衰世之意 : 『周易』「繫辭下傳」 제6장에 나오는 표현으로, 만물은 복잡하게 뒤섞여 있지만 동시에 스스로의 경계를 넘어서지는 않는데, 그 이치를 자세히 들여다보면, 그 속에는 衰世之意(쇠락한 세상의 뜻)가 작용하고 있다는 의미이다. 즉, 혹독한 환경이 만물을 그런 성향이 되도록 만들었다는 뜻이다. 기존에 이 내용은 주로 괘卦와 효爻의 작용에 대한 설명으로만 해석되어왔으나, 생명이나 자연의 이치까지도 포괄하여 헤아려야 할 것이다.

125 하늘이 쇠락한 세상의 뜻(衰世之意)으로써 만물을 정리할 때 반드시 스스로의 강건함은 물론 세상에 이롭게 하는 정도를 모두 고려하며, 하늘에 의해 선택된 쪽은 이후의 세상을 대표하는 올곧음 즉, 貞이 되어 그 뜻을 간직한 채 줄기차게(幹) 뻗어나간다.

126 程頤, 『易傳』, 重天乾 : 量可而進하야 適其時則无咎也라.

127 朱熹, 『本義』, 重天乾 : 可以進而不必進也라.

자칫 불순不純한 준동蠢動까지도 허물이 없다며 장려될 것을 걱정한 해설이다. 하지만 단언컨대 공자孔子는 '進이 无咎也'라며 '나아감에 허물이 없음'을 확실히 지목했다. 그리고 이어지는 글에서 그 시도試圖가 사특하거나 무리를 등지려는 것이 아니라며(非爲邪也 非離群也) 변혁變革을 위해 뛰어오르는 약룡躍龍의 시도試圖를 변호辯護한다.

구 사 왈 혹 약 재 연 무 구   하 위 야
九四曰 或躍在淵无咎는 何謂也오

자 왈 상 하 무 상   비 위 사 야   진 퇴 무 항   비 리 군 야
子曰 上下无常이 非爲邪也며 進退无恒이 非離群也라

군 자 진 덕 수 업   욕 급 시 야   고   무 구
君子進德脩業은 欲及時也니 故로 无咎니라.

구사에 이르길, 혹 뛰어 연못에 있어도 허물은 없다는 말은 무엇을 이름인가. 공자가 말하길, 위아래가 항상함이 없음은 사사로움을 위해서가 아니며, 진퇴가 항상함이 없음은 무리를 배신하지 않음이라. 군자가 덕을 밀고 나아가고 업을 닦음은 때에 이르고자 함이니 그러므로 허물은 없느니라.

또 다시 공자孔子가 숨겨놓은 도체道體의 씨줄과 날줄을 찾아볼 차례이다. 구사九四의 용덕龍德을 설명하는 윗글에도 공자孔子는 어김없이 나머지 오효五爻의 다섯 용덕龍德을 숨겨 놓았다. 구사九四의 용덕龍德이 가진 사명使命은 때를 살펴 위로 뛰어 오르는 것에 있으니, 이 대목에 대한 모든 해석은 때(時)와 효爻의 위치를 중심에 두고 헤아려야 한다.

九四 躍龍의 때맞은(時) 龍德

躍龍의 龍德		龍德의 根源表現	龍德의 出處	내 용 연 결
①	上下无常	上九(上), 高而无民	上九 (上戊辰)	上 = 上九, 高
		初九(下), 下也	初九 (初戊辰)	下 = 初九, 下也
	非爲邪也	不成乎名		사사로운 욕심이 아님
②	進退无恒	見龍(進)	九二 (庚辰)	나아감(進) = 드러남(見)
		因其時而惕(退)	九三 (壬辰)	물러남(退) = 움츠림(惕)
	非離群也	모두 下卦	九二 (庚辰)	九二는 進하고 九三은 退하지만 결국 모두 下卦에 머물고 있으니 非離群也의 상태임
			九三 (壬辰)	
③	進德脩業	與天地合其德	九五 (丙辰)	進德 = 合其德
	欲及時也	與四時合其序		欲及時 = 與四時

① ^{상 하 무 상}上下无常과 ^{비 위 사 야}非爲邪也는 상구上九의 '^{항 룡}亢龍'과 초구初九의 '^{잠 룡}潛龍'에서 그 때를 취한 것이다.

초구初九와 상구上九의 무진룡戊辰龍은 본래 같은 도수度數와 같은 이름을 가지고 있지만, 상하上下의 관계로는 엄격히 구별된다. 상구上九는 현인賢人을 밑에 두고 있을 정도로 고귀高貴한 존재이지만, 초구初九는 세상을 피해(遯世) 살면서도 번민조차 하지 않는(无悶) 하층의 존재이다. 구사九四 갑진룡甲辰龍의 용덕龍德인 상하무상上下无常은 이러한 귀천貴賤의 질서조차 단번에 뒤엎을 만큼의 큰 변혁을 갈망한다. 변화는 얼핏 안정을 어그러뜨리는 것 같지만 세상의 모든 안정은 약룡躍龍이 갈아 엎는 변혁을 통해 마련된다. 그러므로 上下无常의 '上'은 '上九'의 높음(高)을 취한 것이고 '下'는 '初九'를 낮음(下也)을 취한 것이며, '无常'은 이들 사이의 질서가 '고정된 것이 아니라 뒤바뀔 수 있음'을 표현한 것이다. '非爲邪也'는 하위下位가 상위上位로 치고 올라가는 것은 사사로운 명성名聲을 얻기 위한 것이 아니라는 의미의 '不成乎名'에서 그 뜻을 취한 것이다.

② 進退无恒과 非離群也는 구이九二의 '見龍'과 구삼九三의 '乾乾君子'에서 그 때를 취한 것이다.

구이九二와 구삼九三은 하괘下卦에서 상괘上卦로의 진출을 위해 進德修業에 매진하는 존재들이다. 구이九二는 문명文明의 텃밭에 진출進出한 見龍이고, 구삼九三은 한 세상이 저무는 때를 만나 그 위험에 움츠리면서도(退) 꿋꿋이 나아가는(進) 乾乾君子이다. 進退无恒의 '進'은 구이九二의 '見龍'에서 '나아감(進)'의 뜻을 취한 것이고, '退'는 구삼九三의 '因其時而惕'에서 '움츠림(退)'의 뜻을 취한 것이다. '非離群也'는 구이九二와 구삼九三의 나아갈 방향이 진進과 퇴退로 서로 갈라지지만, 모두 하괘下卦에 머무르니 '동류同類의 무리를 떠나는 것이 아니라'는 뜻을 취한 것이다.

③ 進德脩業과 欲及時也는 구오九五의 '飛龍'에서 그 때를 취한 것이다.

군자君子가 進德修業에 그토록 매진했던 이유는 飛龍의 때를 만나 천덕天德의 위位에 오르려 한 것이니, 이는 구사九四의 용덕龍德이 진실로 바라는 때이다. 이를 위해 군자君子는 상하上下를 뒤엎는 시도까지도 무릅쓰지만, 이는 오직 성업聖業을 지어(作) 만물과 함께 상응相應하기 위한 것이니, 구사九四의 의도는 사특한 것이 아니다. '進德脩業'의 '德'은 군자君子가 대인大人의 '與天地合其德'을 이루려는 '德性'에서 그 뜻을 취한 것이고, 欲及時也의 '時'는 '與四時合其序'를 이루려는 '時中'에서 그 뜻을 취한 것이다.

여기서 잠깐 上下无常과 進退无恒에 대한 기존 해석의 오류를 바로잡고 가자. 먼저 대부분의 선유先儒들이 따랐던 정자程子의 해설을 살펴보자.

或躍或處하야 上下无常하고

或進或退하야 去就從宜는 非爲邪枉이요 非離群類니…

혹 뛰고 혹 처하여서 상하가 항상함이 없고, 혹 나아가고 혹 물러나서 거취가 마땅함을 따르는 것은 간사하거나 굽히는 것이 아니요, 동류의 무리와 떨어짐이 아니니…

정자程子는 上下无常을 혹 뛰어 오르기도 하고, 혹 처하기도 하는 '약룡躍龍의 위치'로 해석했다. 즉, '上'을 용龍이 뛰어 오른 위치로 보고, '下'를 머물러 있는 위치로 본 것이니, 上下无常을 '용龍의 위치가 일정하지 않음'으로 해석한 것이다. 進退无恒에 대한 해석으로 뒤따르는 非爲邪枉도 마찬가지다. 非爲邪는 '혹 뛰어오르는 목적이 사특하지는 않다'로 해석하고, 非爲枉은 '뛰지 않고 머무른다고 뜻을 굽힌 것은 아니라'고 해석했으니, 이 대목에서도 정자程子는 확실히 上下无常을 '구사九四의 약룡躍龍이 처하는 위치가 일정치 않음'으로 여겼다. 다시 말해, 구사九四의 거취去就가 항상恒常하지 않고 변덕스러운 것으로 해석한 것이다. 즉, 정자程子는 '구사九四의 행실이 일정치 않음'이 간사奸邪하거나 비굴卑屈해서가 아니라고 표현한 것이다.

역易의 뜻을 바로 잡는 『정역正易』의 해석은 이와 거의 비슷하지만, 그 결론은 전혀 다른 방향으로 흘러간다. 수지상수手指象數의 헤아림은 구사九四의 약룡躍龍이 剛健中正純粹 중 純에 해당된다고 명확히 지목했다. 앞서 설명했듯이 純(순)은 삶거나 물들이지 않은 생사生絲를 뜻한다. 껍질을 벗겨 깨끗해진 쌀을 의미하는 粹(수)가 구삼九三인 건건군자乾乾君子가 행行하는 수신修身의 노력이라면, 구사九四는 본래의 뜻이 순결純潔하고 때 묻지 않은 몸으로서, 때를 기다려 뛰어오르려는 존재이다. 그래서 혹 뛰어서 상하上下의 질서를 넘어선다고 하더라도, 그 뛰는 뜻이 본래 삿되지 않으므로 허물은 아니라는 것이다. 삿되지 않은 뜻 즉, 변화變化의 지향志向이 옳음을 강조한 대목이다. 약룡躍龍이 뛰는 목적은 오직 천덕天德의 위位인 하늘에 오르려 한 것이다. 구사九四가 뛰어서 용케 연못에 안착한다면, 그 순간 구사九四는 상괘上卦로 올라서니 더 이상 하위下位의 존재가 아니게 된다. 이는 달리말해, 하위下位가 상위上位로 모셨던 존재를 범하는 뜻이니, 上下无常(상하무상)은 '상위上位와 하위下位가 항상 고정된 것'이 아니라는 뜻으로 발전한다. 그런데, 하위下位가 상위上位를 넘어서는 것은 분명 참람僭濫된 행동으로 여겨질 수 있으므로, 애초에 넘어서는 목적 자체가 사특邪慝하지는 않을 것이라고 공자孔子가 미리 변명한 것이다. 進退无恒(진퇴무항)의 뒤에 '무리를 등지지 않는다'는 뜻의 非離群也(비리군야)가 붙은 이유도, 천덕天德의 위位에 오르려는 목적 자체가 삿되지 않을 뿐만 아니라, 오히려 '만물萬物의 생육과 만민萬民의 번영을 위한 뜻'임을 주장하는 것이다.

　은殷나라의 탕왕湯王과 주周나라의 무왕武王이 역성혁명易姓革命을 때 맞춰 일으켜서 지난 왕조王朝를 갈아치운 일이 바로 上下无常(상하무상)의 실질적인 본보기다. 또한 두 왕조王朝 모두, 혁명 이후 우환憂患을 걷어내고 대덕大德의 돈화敦化를 이룬 것은 분명 삿된 목적을 위한 것이 아니었으며(非爲邪也), 백성들을 등지려 한 것도 아니었음을(非離群也) 보여주는 좋은 예라고 할 수 있다. 臣弑其君(신시기군)과 子弑其父(자시기부)의 참람僭濫됨을 가장 꺼려했던 공자孔子가 이 대목을 부연할 때 그는 어떤 감정을 가졌을까? 아마도 '삿되지 않은 목적과 무리를 등지지 않으려 하는 명분'을 중심에 두고 애써 해명하며 글을 썼을 것이다. 이런 시각으로 바라본다면, '上下无常 非爲邪也'와 '進退无恒 非離群也'는 맹자孟子가 주장한 왕도정치王道政治의 본질이라고 할 수 있다. 아무리 상위上位의 임금이라 할지라도 패덕悖德이 인의仁義를 그르칠 수준이면 천하天下가 단숨에 갈아엎을 수 있다는 것이다.

수천 년에 걸친 세월 속에서, 上下无常의 이러한 뜻을 짐작했던 선유先儒들이 이미 존재했을 터이지만, 그 뜻을 겉으로 드러내지 않은 것은 군신君臣과 상하上下의 질서가 문란紊亂해질 것을 경계했기 때문일 것이다. 게다가 공자孔子가 숨겨놓은 용덕龍德의 씨줄과 날줄 속에서도, 上下无常을 상구上九와 초구初九의 귀천貴賤과 고하高下로 내세워 그 뜻을 확연히 드러냈으니, 上下无常을 더 이상 '약룡躍龍의 위치가 일정치 않음'으로 해석하지는 말아야 할 것이다.

혹약재연 자시야
或躍在淵은 自試也오.

혹 뛰어 연못에 있음은 스스로 시험함이요.

自試也 또한 上下无常의 본뜻을 확실하게 보여준다. 갑진룡甲辰龍의 뛰어오름은 위에서 지시하는 것이 아니고 스스로 시도하는 것이다. 이런 해석을 가능케 하는 실마리는 공자孔子가 쓴 문장의 짜임 속에 들어있다. 공자孔子는 或躍在淵의 自試也를, 곧이어 등장할 飛龍在天의 上治也와 시운詩韻으로 맞추고, 뜻은 서로 반대가 되도록 자구字句를 짜놓았다. 이는 見龍在田의 時舍也와 終日乾乾의 行事也에서 서로 시운詩韻을

맞추고 뜻은 반대로 두었던 것과 동일한 규칙이다. 그러므로 ^{혹 약 재 연}或躍在淵의 ^{자 시 야}自試也는 상하上下의 질서에 따라 위의 다스림(上治)을 받는 것이 아닌, 허물없는 명분名分을 가지고 스스로(自) 뛰어오름을 시도하는(試) 뜻이 되는 것이다.

효	九二	九三	九四	九五
상황	見龍在田	終日乾乾	或躍在淵	飛龍在天
의미	時舍也 ↔	行事也	自試也 ↔	上治也
해석	때를 버림 ↔	일을 행함	스스로 시도함 ↔	위에서 다스림

^{혹 약 재 연}或躍在淵은 ^{건 도 내 혁}乾道乃革이오.

혹 뛰어 연못에 있음은 건도가 마침내 바뀜이요.

　^{건 도 내 혁}乾道乃革은 도수度數의 흐름이 지금까지와는 달리 질적質的으로 뒤바뀌는 때를 설명한 표현이다. 괘상卦象으로는 하괘下卦에서 상괘上卦로 넘어갔으니 건도乾道가 뒤바뀐 것이며, 도수度數로는 낙서궁洛書宮에서 하도궁河圖宮로 넘어가 새로운 36궁宮의 흐름이 시작됐으니 ^{건 도 내 혁}乾道乃革이라는 말이 나온 것이다. ^{건 도 내 혁}乾道乃革의 모습은 수상手象에서도 명확히 드러난다. 초무진初戊辰, 경진庚辰, 임진壬辰의 하괘下卦 삼효三爻는 지금까지 모두 펴진 손가락의 음위陰位에 자리를 잡아왔다. 그러나 갑진甲辰에 이르러 계묘연癸卯淵으로 뛰어오른 식지食指의 약룡躍龍은 처음으로 곱아진(屈) 하늘가로 뛰어오른 것이다. 이제야 비로소 수상手象에서도 건도乾道가 바뀐 것이다.

下卦 모두 手象이
땅(陰)에 있음

甲辰 躍龍　　丙辰 飛龍　　上戊辰 亢龍

甲辰龍의 手象이
처음으로 하늘에 오름

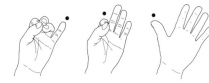

初戊辰 潛龍　　庚辰 見龍　　壬辰 君子

下卦에서 上卦로 이동할 때 手象의 變化도 乾道乃革

　　구사　중강이부중　　상부재천　　하부재전
九四는 重剛而不中하야 上不在天하며 下不在田하며

　중부재인　고　혹지　혹지자　의지야　고　무구
中不在人이라 故로 或之하니 或之者는 疑之也니 故로 无咎라.

구사는 거듭된 강이지만 중하지는 못하여서, 위로는 하늘에 있지 않고, 아래로는 밭에 있지도 않고, 가운데로는 사람의 자리에도 있지 않은지라, 그러므로 혹하니, 혹이란 의심함이니, 그러므로 허물은 없느니라.

　　갑진甲辰의 약룡躍龍은 강강剛으로서 구삼九三과 구오九五의 강강剛에 둘러싸여 있지만, 육효六爻에서는 중효中爻의 자리에 거하지는 못하는 처지이다. 도약跳躍하여 연못에 올랐지만, 위로는 飛龍在天의 천덕天德을 관장하는 자리도 아니요, 아래로는 見龍在田의 문명文明을 일구는 자리도 아니며, 육효六爻의 전체에서 보면 또한 중中이라 할 수 있는 구삼九三과 구사九四에 속하지만, 하괘下卦의 상위上位에서 안정을 이룬 乾乾君子의 자리도 아니다. 갑진룡甲辰龍은 천지인天地人의 삼재三才 중 어느 쪽에도 속하지 않는 애매한 상황에 처해 있는 것이다.

正易
수지상수

　구삼九三은 하괘下卦에 머물지만 상위上位에 있으므로 근심도 교만도 하지 않는(不憂不驕) 안정된 자리인데 반하여, 구사九四는 상괘上卦에 머물지만 가장 하위下位에 처해 있으므로 백성도 없이(无民) 근심만 많은 자리이다. 이러한 까닭에 약룡躍龍은 자신의 처지가 온전하지 않음에 불안을 느끼게 된다. 그래서 연못에 머물면서 또 다시 도약跳躍할 때를 살피는 것이다. 즉, 약룡躍龍이 기미幾微를 헤아리며 거듭 뛰어오르는 이유는 자신의 처지에 대한 확신確信[128]이 없기 때문이다. 견룡見龍은 '나타난 용龍'으로서, 용행지신庸行之信과 용행지근庸行之謹으로 그 행동을 드러내며(見) 덕박이화德博而化를 향해 계속해서 나아가고, 비룡飛龍은 천덕天德의 위位에 올라 하늘가에서 운행우시雲行雨施로 천하평天下平을 이루기 위해 이어천以御天을 이어가듯이, 약룡躍龍 또한 하괘下卦에서 뛰어 올라 연못에 들은 이후로 비룡飛龍이 될 때가지는 계속해서 뛰어 올라야 하는 것이다. 그러니 약룡躍龍의 때에 중中은 스스로 시도하는 '때를 살핌' '뛰어 오름'에 있다 하겠다.

비룡재천 飛龍在天

구오 비룡재천 이견대인
九五는 飛龍在天이니 利見大人하나라.

구오는 나는 용이 하늘에 있으니 대인을 봄이 이로우니라.

丙辰 飛龍

---

128 필자는 孔子가 '疑之'라고 해석한 '或之'의 뜻을 '처지를 확신하지 못함'으로 헤아렸다.

구오九五의 비룡飛龍이 드디어 하늘에 오른다. 용龍은 본래의 명命이 비飛에 있으므로, 구오九五는 육룡六龍 중에서 본래의 성性을 제대로 발휘發揮하는 때이다. 용龍은 비상飛翔하기 전에 혹약或躍하니, 비약飛躍이란 말은 용龍의 일을 이야기했던 것이다. 구오九五의 비룡飛龍은 병진룡丙辰龍이다. 구사九四 갑진룡甲辰龍의 식지食指에서 다시 출발하여, 을사乙巳, 병오丙午, 정미丁未, 무신戊申, 기유己酉, 경술庚戌, 신해辛亥, 임자壬子, 계축癸丑, 갑인甲寅, 을묘乙卯를 지나 병진丙辰에서 곱아진 약지藥指가 비룡飛龍이 되어 하늘로 날아 오른다.

수상手象을 자세히 살펴보면, 앞서 구사九四의 갑진룡甲辰龍이 도약跳躍하여 계묘연癸卯淵으로 뛰어들었던 것처럼, 구오九五의 병진룡丙辰龍이 비상飛翔하여 도착한 곳은 무지拇指(癸丑), 식지食指(甲寅), 중지中指(乙卯)가 만나는 건乾[129]의 자리이다. 중지中指는 정역팔괘正易八卦의 수상手象에서도 십건천十乾天의 자리이므로, 비룡飛龍이 오른 곳은 다름 아닌 중지中指의 '천天'인 것이다. 飛龍在天의 수상手象을 알게 된 사람치고 '手之舞之와 足之蹈之'[130]를 하지 않는 사람 그 누구이겠는가.

象曰 飛龍在天은 大人造也오.

상에 이르길, 나는 용이 하늘에 있다는 것은 대인이 짓는 것이요.

구오九五의 비룡飛龍이 天德의 位에서 자유로이 以御天할 수 있는 힘

---

129 本書의 제2장 수지상수의 기본규칙에서 一乾天의 手象을 拇指·食指·中指가 곱아 합쳐진 모양으로 소개하였다.

130 '손으로는 춤을 추고 발로는 땅을 구른다'는 뜻으로, 앞의 기쁨이 큰 것을 표현할 때 쓰는 말이다. 이는 程子가 『論語』를 읽은 사람들 중에 깨달음이 큰 사람의 행동으로 묘사한 표현이다.

은 中正之道에 있다. 中正之道는 매사每事에 中에 처하여서 저절로 正을
쓸 수 있음인데, 이것을 구현할 수 있는 사람이 곧 大人이다. 이와는 반
대로 正에 힘써서 中에 이르려 노력하는 것이 正中之道인데, 구이九二
의 현룡見龍이 이와 같은 처지이다. 中을 행하지 못하는 사람은 애써 正
으로 노력해도 中을 얻기 힘들다. 잠시 잠깐 中의 효과를 얻었다고 해도
그것은 正으로써 그 순간을 견딘 것이지 中이라고 할 수는 없는 것이다.
中은 사물事物의 이치理致와 전모全貌를 꿰뚫은 뒤에라야 처할 수 있는
자리이기 때문이다. 大人은 中을 잡은 사람이며, 飛龍在天의 以御天은
그 大人이 中으로써 지어(造)나가는 德을 말하는 것이다.

구 오 왈 비 룡 재 천 이 견 대 인　하 위 야
九五曰飛龍在天利見大人은 何謂也오

자 왈 동 성 상 응　　동 기 상 구　　수 류 습　　화 취 조
子曰同聲相應하며 同氣相求하야 水流濕하며 火就燥하며

운 종 룡　　풍 종 호　　성 인　작 이 만 물　도
雲從龍하며 風從虎라 聖人이 作而萬物이 覩하나니

본 호 천 자　친 상　　본 호 지 자　친 하
本乎天者는 親上하고 本乎地者는 親下하나니

즉 각 종 기 류 야
則各從其類也니라.

구오에 이르길, 나는 용이 하늘에 있어 대인을 봄이 이롭다는 것은 무엇을
이름인가. 공자가 말하길, 같은 소리는 서로 응하고, 같은 기운은 서로 구해
서, 물은 습한 곳으로 흐르고, 불은 마른 곳으로 나아가며, 구름은 용을 좇
고, 바람은 범을 좇는지라, 성인이 일어남에 만물이 우러르니, 하늘에 근본
을 둔 자는 위와 친하고, 땅에 근본을 둔 자는 아래와 친하니, 곧 각각 그
동류를 좇느니라.

구오九五의 '何爲也…'이하는 해석이 가장 어려운 대목이다.

각 종 기 류
各從其類의 뜻으로 세세世世토록 유명했던 이 글의 어디에 다섯 효爻

의 용덕龍德이 숨겨져 있겠는가. 믿기 어렵겠지만 공자孔子의 글은 이

대목에도 어김없이 씨줄과 날줄의 경위經緯를 드리우고 있다. 구오九五

의 모든 용덕龍德은 만물萬物이 각각 자신이 속한 동류同類를 따르는

각 종 기 류
各從其類의 입장에서 헤아려야 한다.

九五 飛龍의 따르는(從) 龍德

飛龍의 龍德		龍德의 根源表現	龍德의 出處	내 용 연 결
①	同聲相應	不成乎名	初九 (初戊辰)	同聲 = 名(이름이 같음)
	同氣相求	不易乎世		相求 = 不易 (어기지 않고 서로 구함)
②	水流濕	庸言之信	九二 (庚辰)	君子의 말이 멀리 퍼져나감 (水, 言出乎身 加乎民)
	火就燥	庸行之謹		君子의 행실이 멀리까지 드러남 (火, 行發乎邇 見乎遠)
③	雲從龍	居上位而不驕	九三 (壬辰)	스스로도 높지만 飛龍을 따르는 구름의 겸손함
	風從虎	在下位而不憂		스스로도 順巽하지만 땅을 달리는 범을 따르는 바람의 겸손함
④	聖人作而	或躍	九四 (甲辰)	作 = 躍, 의미와 소리를 모두 취함
	萬物覩	非離群也		萬物 = 群
⑤	本乎天者親上	高而无民	上九 (上戊辰)	親上 = 高
	本乎地者親下	貴而无位		親下 = 无位

동 성 상 응   동 기 상 구   불 성 호 명   불 역 호 세
① 同聲相應과 同氣相求는 초구初九의 '不成乎名'과 '不易乎世'에서 그 뜻

을 취한 것이다.

먼저 문리적文理的 구조로 볼 때, 초구初九의 不成乎名과 不易乎世는 '不

○乎○'의 반복구조를 가지고 있어서, 同聲相應과 同氣相求의 '同○相 ○'의 반복구조와 상대를 이룬다. 또한, 초구初九의 용덕龍德은 '不易' 과 '不成'으로 침잠된 상태이지만, 이와는 반대로 구오九五의 용덕龍德 은 '相應'하고 '相求'하는 합덕合德의 상태이므로, 그 의미로도 뚜렷한 상대를 이룬다. 그리고 同聲相應은 이름(名)을 부르면 대답(應)하는 소 리를 '상응相應'의 뜻으로 드러낸 것이고, 同氣相求는 어기지 않고(不易) 서로 구하는 상구相求의 모습을 뜻으로 엮은 것이다. 한편, 수지상수手 指象數의 도수度數와 수상手象을 통한 해석은 도체道體의 본질을 파악하 는 측면에서 보다 매력적이다. 수지상수手指象數의 헤아림으로 초구初九 는 상구上九와 동일한 도수度數인 무진룡戊辰龍에 도착하고, 또한 같은 수상手象인 소지小指에 거하고 있다. 초구初九가 이름을 얻지 못하는(不 成乎名) 이유는 지위가 높은 상무진上戊辰과 같은 이름을 감히 주장하 지 못하기 때문이다. 즉, 同聲相應에서 '同聲'은 초구初九와 상구上九가 모두 무진룡戊辰龍으로 같은 소리를 내는 것에서 그 뜻을 취한 것이고, 同氣相求에서 '同氣'는 두 효爻의 수상手象이 모두 소지小指의 자리로써 동일한 모양(氣)을 짓고 있는 것에서 그 뜻을 취한 것이다.

同聲相應하며
(初戊辰-上戊辰)

同氣相求하야
(小指-小指)

② 水流濕과 火就燥는 구이九二의 '庸言之信'과 '庸行之謹'에서 그 뜻을 취한 것이다.

구이九二는 천하문명天下文明의 텃밭을 일구는 군덕君德의 자리이다. 화전火田으로 밭을 개간하며 문명文明을 일구던 상고시대上古時代에 있어 불(火)과 물(水)은 생존을 위해 가장 필요한 요소였겠지만, 공자孔子는 문명文明의 창달暢達을 의미하는 수水와 화火를 군자君子의 추기樞機인 언言과 행行에 연결시켰다. '水'와 '火'를 '言行'과 짝지은 것은 용덕龍德의 짜임 중에서 단연 백미白眉라고 이를 수 있다.『계사상전繫辭上傳』제8장에는 '水'와 '火'에 연결되는 '言行'에 대한 공자孔子의 명확한 정리가 실려 있다.

언 출 호 신　　가 호 민　　행 발 호 이　　현 호 원
言出乎身하야 加乎民하며 行發乎邇하야 見乎遠하니
언 행　군 자 지 추 기　　추 기 지 발　　영 욕 지 주 야
言行은 君子之樞機니 樞機之發이 榮辱之主也라
언 행　군 자 지 소 이 동 천 지 야　　가 불 신 호
言行은 君子之所以動天地也니 可不愼乎아.

말은 몸에서 나와 백성에게 가해지며, 행실은 가까이서 발하여 멀리에서도 나타나니, 말과 행실은 군자의 추기니, 추기의 발함이 영욕의 주체라. 말과 행동은 군자가 천지를 움직이는 방법이니 삼가지 않을 수 있겠는가.

몸에서 나와 백성에게 가해주는 말(言)은 물(水)이 흘러 밭으로 스며드는 것과 그 뜻이 통하고, 가까이서 발하여서 멀리까지 보이는 행실(行)은 멀리서도 그 존재를 확인할 수 있는 문명의 불빛(火)과 그 뜻이 통한다. 즉, 구오九五의 용덕龍德인 '水流濕'과 '火就燥'는 구이九二의 용덕龍德인 '庸言之信'과 '庸行之謹'에서 각각 그 뜻을 취했던 것이다.

③ 雲從龍과 風從虎는 구삼九三의 '居上位而不驕'와 '在下位而不憂'에서 그 뜻을 취한 것이다.

구삼九三은 한 세상이 저물어가는 마당에서 자신의 일을 꿋꿋하게 행사하는 乾乾君子이다. 상효上爻를 의미하는 윗자리에 있어도 교만하지 않고(居上位而不驕), 하괘下卦를 의미하는 아래에 있어도 근심하지 않음은 스스로의 꿋꿋함을 잃지 않으려는 乾乾君子의 강직함이다. 공자孔子는 乾乾君子의 이러한 꿋꿋함을 구오九五의 雲從龍과 風從虎에 붙여놓았다. 구름은 높은 자리에 머물지만 스스로 교만하지 않고 날아오르는 비룡飛龍을 좇으며, 바람은 순손順巽하여 아래로 내려앉지만 스스로 근심하지 않고 오히려 더 낮은 땅에 붙어서 달리는 大人虎變[131]의 미쁨(有孚)을 좇으니, '雲從龍'과 '風從虎'는 구삼九三의 乾乾君子가 '居上位而不驕'하고 '在下位而不憂'하는 모습에서 그 뜻을 취했던 것이다.

④ 聖人作而萬物覩는 구사九四의 '或躍'과 '非離群也'에서 그 뜻을 취한 것이다.

구사九四의 약룡躍龍이 선천先天의 하괘下卦를 마치고 후천后天의 상괘上卦로 건너뛴 것은 다른 삿된 목적을 가진 것이 아니라 동류同類인 만물萬物·만민萬民과 함께 천하평天下平을 이루기 위해서였다. 이는 성인聖人이 목적하는 바와 크게 다르지 않으니, 성인聖人이 성업聖業을 지음(作)에 만물이 일시에 목도目覩하는 것과 같은 이치이다. 그러므로 구오九五의 용덕龍德인 '聖人作而萬物覩'에서 '聖人作'은 구사九四의 '或躍'에서 그 뜻을 취한 것이고, '萬物覩'는 구사九四의 '뛰어오름'이 동류同類를 등지려 한 것은 아니라는 의미의 '非離群也'에서 그 뜻을 취한 것이다.

이 같은 의미 외에도 작作과 약躍은 별도의 운韻을 맞춘 것으로 보인다.

⑤ 本乎天者親上과 本乎地者親下는 상구上九의 '貴而无位'와 '高而无民'

---

131 『周易』, 澤火革 : 九五는 大人이 虎變이니 未占에 有孚니라(구오는 대인이 범이 변하듯 함이니, 점치지 않고도 미쁨이 있느니라).

에서 그 뜻을 취한 것이다.

貴而无位와 高而无民은 오직 고귀高貴함만을 추구하는 상구上九의 실속 없는 속성을 설명한 대목이다. 그러나 공자孔子는 이 대목을 구오九五의 용덕龍德 중 가장 화려한 결론부에 해당되는 本乎天者親上과 本乎地者親下에 붙여서 짝을 지었다. 즉, 백성을 다스리지 않고(无民) 높음(高)만을 지향하는 뜻으로부터 '本乎天者親上'을 취하고, 반대로 귀하지만(貴) 자리가 없는(无位) 낮음의 뜻으로부터 '本乎地者親下'를 취한 것이다. 즉, 만물萬物이 스스로의 한계를 향해 치닫는 까닭에는 모두 各從其類의 이치가 숨어있는 것이다.

　이번에는 同聲相應 이하의 내용에 대해 구전口傳으로 전승傳承된 수지상수手指象數의 수상手象을 살펴보자. 이 대목은 수지상수手指象數와 공자孔子의 「문언전文言傳」이 만나서 피우는 찬란한 꽃이라고 할 수 있다. 병진룡丙辰龍이 거하는 약지藥指는 본래 신유辛酉를 떠나서 처음 지나칠 때 병인丙寅의 자리였고, 그 이후로 육룡六龍이 모두 나올 때까지도 계속 병丙의 자리를 지킨다. 출발할 때의 도수度數인 병인丙寅과 도착할 때의 도수度數인 병진丙辰의 천간天干이 같은 소리이므로, 同聲相應이라는 말이 나온 것이다. 소리는 양陽에 속屬하므로 천간天干으로 맞춘 것이고, 同氣相求의 기氣는 음陰에 속屬하므로 이제는 지지地支를 맞춰야 할 차례이다. 이 때는 『정역正易』특유의 건곤교乾坤橋라는 육갑六甲 운행순서運行順序의 도움을 빌어야 하는데, 그 순서는 식지食指를 펴며 신유辛酉로 출발하여, 무지拇指를 펴며 임술壬戌로, 폈던 무지拇指를 다시 곱으며 계해癸亥로, 식지食指를 곱으며 갑자甲子로, 중지中指를 곱으며 을축乙丑으로, 飛龍在天의 자리인 약지藥指를 곱으며 병인丙寅을 지나 정묘丁卯에서 乃統天을 이룬 다음, 갑자기 식지食指로 옮기며 하도궁河圖宮인 정유

丁酉로 건너뛰고, 다시 무지拇指를 펴며 무술戊戌로, 폈던 무지拇指를 다시 곱으며 기해己亥로, 식지食指를 곱으며 경자庚子로, 중지中指를 곱으며 신축辛丑을 지나 임인壬寅에 이르러 또 한 번 飛龍在天^{비룡재천}의 자리인 약지藥指에 도착하니, 병인丙寅과 임인壬寅의 지지地支인 인寅(범)이 같아져, 동기同氣인 호랑이가 서로 구求하는 모습을 보이게 되는 것이다.

同聲相應하며
(丙寅 → 丙辰)　　同氣相求하야
(丙寅 → 壬寅)　　雲從龍하며
(四坎水 → 飛龍在天)　　風從虎라
(一巽風 → 丙寅·壬寅)

　　雲從龍^{운종룡}은 병진룡丙辰龍의 약지藥指 자리가 펴지면 정역팔괘正易八卦의 수상手象으로 사감수四坎水[132]의 자리이니 사감수四坎水가 병진룡丙辰龍을 따르는 것이고, 風從虎^{풍종호}는 곱은 약지藥指의 일손풍一巽風의 자리가 병인丙寅, 임인壬寅의 호랑이를 따른다는 말이다. 용龍은 본래 하늘에 근본을 둔 것이므로 무지拇指·식지食指·중지中指가 모인 하늘가에 곱아져(屈) 날아올라 비룡飛龍이 되고, 나머지 손가락인 육수六水의 음속陰屬은 펴져서(伸) 땅에 남게 되니, 즉 각종기류各從其類라는 말이 나온 것이다.

本乎天者는 親上하고

本乎地者는 親下하나니

---

132 四坎水는 물과 구름의 뜻을 가지고 있다.

飛龍在天은 上治也오.

나는 용이 하늘에 있는 것은 위에서 다스린다는 것이다.

　비룡飛龍이 날아서 하늘에 오르는 것은 오직 다스림(治)을 위한 것이다. 침잠沈潛된 잠룡潛龍으로 시작하여 현룡現龍으로 용덕龍德을 드러내고, 간혹 움츠리기도 하지만(惕) 건건乾乾하게 앞으로 나아가서, 때(時)에 맞춰 뛰어(躍) 올랐던 것은 오직 비룡飛龍이 되어 상위上位에 거하며 아래를 다스리기 위해서였다. 비룡飛龍의 다스림은 짓밟고 제압하며 자리만을 지키기 위한 사적私的 통치統治와는 근본적으로 구별된다. 비룡飛龍의 상치上治는 천하天下의 모든 관계와 질서를 관장하는 주재자主宰者로서의 다스림이며, 만물萬物의 생육生育과 화화化和의 목적을 가지고 다스림을 행하는 것이다. 즉, 비룡飛龍의 上治는 '利天下를 위한 통치統治'라고 할 수 있겠다. 이 점을 강조하고 싶었던 공자孔子는 이어지는 글에서 비룡飛龍의 上治를 '天德'으로 규정한다.

飛龍在天은 乃位乎天德이오.

나는 용이 하늘에 있다는 것은 마침내 천덕에 자리함이요.

乃位乎天德이오

비룡飛龍이 마침내 天德의 位에 올랐다. 天德은 구이九二가 가진 君德
과는 질적으로 다르다. 君德은 庸言之信 → 庸行之謹 → 閑邪存其誠 →
善世而不伐의 순서로써, 수신修身을 통해 德博而化로 나아가려는 인군
人君의 노력(正→中)이지만, 天德은 곧 大德으로, 하늘이 雲行雨施하면
만물萬物이 얽히며 병육並育하듯이, 저절로 敦化(中→正)를 일궈낸다. 즉,
구이九二의 君德은 인군人君이 덕德을 높여 天德을 닮아가려 노력하는
것이고, 구오九五의 비룡飛龍은 萬國을 咸寧하게 만드는 天德의 位에 오
른 것이다. 天權이라 하지 않고, 天德이라 한 것은 휘두름이 아닌 보살핌
을 중히 여긴 뜻이라 하겠다.

부 대 인 자　　여 천 지 합 기 덕　　　여 일 월 합 기 명
夫大人者는 與天地合其德하며 與日月合其明하며

여 사 시 합 기 서　　　여 귀 신 합 기 길 흉
與四時合其序하며 與鬼神合其吉凶하야

선 천 이 천 불 위　　　후 천 이 봉 천 시
先天而天弗違하며 後天而奉天時하나니

천 차 불 위　　　이 황 어 인 호　　황 어 귀 신 호
天且弗違온 而況於人乎며 況於鬼神乎여!

무릇 대인이란 천지와 더불어 그 덕을 합하며, 일월과 더불어 그 밝음을 합
하며, 사시와 더불어 그 순서를 합하며, 귀신과 더불어 그 길흉을 합해서,
하늘보다 먼저 해도 하늘이 어기지 않고, 하늘보다 늦게 해도 천시를 받드
니, 하늘조차 어기지 않는데, 하물며 사람이며 하물며 귀신이랴!

앞서 언급했듯이, 대인大人이란 중中에 처하여 정正을 행하는 자이다.
대인大人은 『중용中庸』에 이른바 '천지天地의 화육化育을 돕고, 천지天地
와 더불어 그 운행運行에 참여할 수 있는 자이니, 이미 자신의 본성과 사

람의 본성과 만물의 본성을 다한 자'[133]를 말한다. 이 대목에 대한 해석도 경계해야 할 점이 있는데, 내용의 중심을 '대인大人의 능력'에 두는 것이 그것이다. 마치 대인大人은 천지天地, 일월日月, 사시四時, 귀신鬼神을 부리고, 하늘조차도 이러한 대인大人을 어기지 않는다고 하니, 이는 모두 대인大人의 능력을 찬讚하는 내용으로 해석할 수 있기 때문이다. 이런 해석은 자칫하면 선가仙家의 사례처럼 대인大人의 능력을 흠모하는 흐름을 만들 수 있다. 그렇게 되면 결국 사사로운 목적의 수양修養과 참선參禪이 행렬을 이룰 것이니, 설령 가능해진다 한들 그것을 천덕天德이라고 할 수는 없을 것이다. 공자孔子가 제시한 문장文章이 이끄는 방향의 정확한 핵심은 '合^합'에 있다. 천지天地, 일월日月, 사시四時, 귀신鬼神이 행하는 천덕天德의 흐름에 미력微力의 힘이나마 보태려는(合) 자세가 곧 대인大人이 중中을 쓰는 방법의 핵심인 것이다. 그러므로 대인大人은 내놓는 것마다 덕德이요, 행하는 것마다 중中이어서, 천덕天德의 흐름에 인덕人德을 보태(合)서 그 덕德의 영향이 끝없이 큰(大) 사람(人)을 말하는 것이다.

다른 시각으로 보면, 앞서 나온 同聲相應^{동성상응} 이하가 만물萬物이 各從其類^{각종기류}하는 냉혹한 현실의 상황을 설명한 글이라면, 夫大人者^{부대인자} 이하는 그 상황에 대처하여 이상을 실현시키는 방법을 제시한 글이라고 할 수 있다. 同聲相應^{동성상응}하고 同氣相求^{동기상구}하는 것은 세상의 자연스러운 이치理致이므로, 대인大人처럼 중中으로써 만사萬事를 정正하게 대처하는 것이 천덕天德에 인덕人德을 보태며 상응相應하는 방법이라 말할 수 있는 것이다. 물질物質과 현실상황現實狀況이 낙서洛書와 연결되고 정신精神과 해결방안解

133『中庸』, 23章 : 唯天下至誠이야 爲能盡其性이니 能盡其性則 能盡人之性이오 能盡人之性則 能盡物之性이오 能盡物之性則 可以贊天地之化育이오 可以贊天地之化育則 可以與天地參矣니라.

決方案이 하도河圖와 연결되는 뜻을 감안한다면, 이 두 대목 또한 낙서洛書에서 하도河圖로 넘어가는 뜻을 글 속에 감춰놓은 공자孔子 특유의 화법話法이 적용된 글이라 할 수 있다. 실제로도 同聲相應 이하는 낙서수洛書數인 45글자로 되어 있고, 夫大人者 이하는 하도수河圖數인 55글자로 되어 있음에 주목해야 할 것이다. 낙서洛書에서 하도河圖로 흘러가는 흐름은 여기에도 숨겨져 있는 것이다.

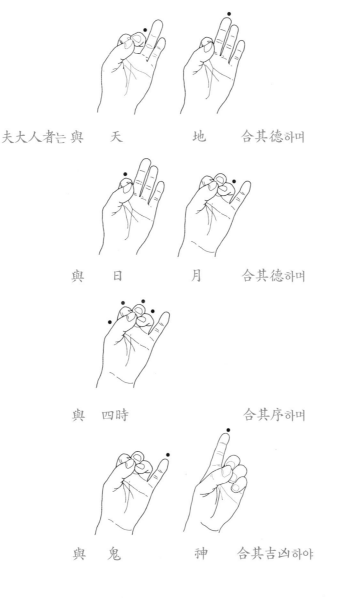

夫大人者는 與　　天　　　　地　　合其德하며

與　　日　　　　月　　合其德하며

與　　四時　　　　　合其序하며

與　　鬼　　　　神　　合其吉凶하야

亢龍有悔

상 구　　항 룡　　유 회
上九는 **亢龍**이니 **有悔**라.

상구는 다한 용이니 후회가 있으리라.

上戊辰 亢龍

　　상구上九는 상무진上戊辰이다. 건괘乾卦에는 무진戊辰이 둘이므로, 초구初九의 무진룡戊辰龍과 상구上九의 무진룡戊辰龍을 구분하기 위해 초무진初戊辰과 상무진上戊辰으로 부르는 것을 앞서 설명한 바 있다. 초무진初戊辰과 상무진上戊辰은 수상手象 또한 동일해서 서로를 구분 짓기 어려운 모습이다. 이 때문에 상구上九의 상무진上戊辰에는 초구初九와 동일한 도수度數와 수상手象을 가진 이유로 벌어지는 불편함과 허탈함이 녹아 있다. 최초 초무진初戊辰에서 출발하여 경진庚辰, 임진壬辰, 갑진甲辰, 병진丙辰을 거쳐 다시 무진戊辰에 도달하려면 육갑六甲 한 바퀴를 모두 돌아야만 하니, '다 돌았다'는 뜻으로 항룡亢龍이라는 말이 나왔다. 높은 뜻을 품고 초무진初戊辰에서 잠룡潛龍으로 시작하여, 현룡見龍, 건건군자乾乾君子, 약룡躍龍, 비룡飛龍을 거쳤으나 결국은 다시 무진戊辰으로 되돌아온 것이다. '하나마나 제자리인데 뭘 그리 힘겹게 돌아왔나'라는 후회後悔가 있으므로 또한 '有悔'라는 표현이 나온 것이다.

　　상무진上戊辰의 항룡亢龍은 초무진初戊辰의 잠룡潛龍과 같은 포오함육包五舍六의 자리에 거하고 있다. 앞서의 언급처럼 포오함육包五舍六의 자리에 무진戊辰이 거하는 상황은 '勿用물용'과 '有悔유회'로 그 쓰임이 부정당하고 있으므로 그 내막은 좀 더 궁구해 볼 일이다.

상 왈 항 룡 유 회　영 불 가 구 야
象曰 亢龍有悔는 盈不可久也오.

상에 이르길, 다한 용이니 후회가 있다는 것은 차면 오래가지 못함이오.

차면 오래가지 못한다는 것은 구九를 쓰는 용구用九의 뜻이다. 십十까지 다 채우지 말고 구九까지만 쓰라는 것이다. 일一에서 구九까지는 낙서수洛書數이고, 십十으로 넘어가면 하도수河圖數가 시작되어 곧바로 내리막길이 되므로, 어느 정도 찬 것 같으면 지긋이 물러나거나 적어도 오래 갈 수 없음을 인정해야 하는 것이다. 도수度數로는 정유丁酉로 시작한 하도궁河圖宮의 36궁宮 중 20번째인 병진丙辰의 비룡飛龍을 지나 24번째 경신庚申까지는 온전한 하도궁河圖宮이지만, 경신庚申을 지나 신유辛酉부터 는 낙서궁洛書宮과 겹치는 12궁宮이 뒤따른다. 하도궁河圖宮의 끝자락이 지만 이미 속으로는 낙서궁洛書宮으로 넘어서고 있는 것이다. 그러므로 병진丙辰 또는 경신庚申까지 차면 그 뒤로는 오래가지 못할 것을 짐작해야 한다.

河圖의 36宮 속에서 25번째부터는 洛書宮의 度數 시작

1	2	3	…	19	20 飛龍	21	22	23	24	25	26	27	28	29	30	31	32 亢龍	33	34	35	36
丁酉	戊戌	己亥	…	乙卯	丙辰	丁巳	戊午	己未	庚申	辛酉	壬戌	癸亥	甲子	乙丑	丙寅	丁卯	戊辰	己巳	庚午	辛未	壬申

←　하도궁 속에서 낙서궁의 도수가 반복됨　→

上九曰 亢龍有悔는 何謂也오

자 왈 귀 이 무 위   고 이 무 민   현 인   재 하 위 이 무 보
子曰 貴而无位하며 高而无民하며 賢人이 在下位而无輔라

시 이 동 이 유 회 야
是以 動而有悔也니라.

상구에 이르길, 다한 용이 후회가 있다는 말은 무엇을 이름인가. 공자가 말하길, 귀해도 자리가 없으며, 높아도 백성이 없으며, 현인이 아래에 있어도 보필하지 않는지라, 이 때문에 움직여도 후회만 있느니라.

이제, 건괘乾卦의 「문언전文言傳」에 남긴 공자孔子의 마지막 경위經緯를 살펴볼 차례이다. 공자孔子가 남긴 상구上九의 경위經緯는 지위와 신분이 높고(高) 귀하지만(貴) 중中을 잃어 실속이 없는 상구上九의 상태를 중심에 놓고 헤아려야 한다.

上九 亢龍의 실속 없는 龍德

亢龍의 龍德		龍德의 根源表現	龍德의 出處	내 용 연 결
①	貴而	君德也	九二 (見龍)	貴 = 君
	无位	不成乎名	初九 (初戊辰)	无位 = 不成乎名
②	高而	本乎天者親上	九五 (丙辰)	高 = 親上
	无民	非離群也	九四 (甲辰)	民 = 群
③	賢人	見龍	九三 (壬辰)	賢 = 見(音)
	在下位	在下位而不憂		在下位 = 在下位(音)
	无輔	无咎		无輔=无咎(音)

귀 이 무 위   현 룡   잠 룡
① 貴而无位는 구이九二의 '見龍'과 초구初九의 '潛龍'에서 그 뜻을 취한 것이다.

見龍^{현룡}은 문명文明의 텃밭을 일구는 인군人君으로 존귀尊貴한 신분이다. 이에 비하여 초구初九의 潛龍^{잠룡}은 이름도 이루지 못하고(不成乎名) 지위가 없는 무위无位의 존재이다. 亢龍^{항룡}의 용덕龍德은 지위만 높고 실속은 없는 뜻이므로, 貴而无位^{귀이무위}는 구이九二의 존귀함과 초구初九의 자리 없음을 짝지어서 상구上九의 무진룡戊辰龍이 가진 용덕龍德으로 표현한 것이다. 그러므로 貴而无位^{귀이무위}에서 '貴^귀'는 구이九二의 '君德也^{군덕야}'에서 '귀함'의 뜻을 취한 것이고, '无位^{무위}'는 초구初九의 '不成乎名^{불성호명}'에서 '자리없음'의 뜻을 취한 것이다.

② 高而无民^{고이무민}은 구오九五의 '飛龍^{비룡}'과 구사九四의 '躍龍^{약룡}'에서 그 뜻을 취한 것이다.

구오九五의 飛龍^{비룡}은 천덕天德의 높은(高) 자리(位)에 오른 성인聖人이다. 이에 비하여 구사九四의 약룡躍龍은 상괘上卦에는 머무르지만 그 중에 가장 낮은 곳에 거하므로, 자신의 밑에 부릴 백성이 없는 무민无民의 존재이다. 이 둘도 마찬가지로, 구오九五의 높음과 구사九四의 실속 없음을 짝지어서 상구上九의 무진룡戊辰龍이 가진 용덕龍德을 표현한 것이다. 그러므로 高而无民^{고이무민}의 '高^고'는 구오九五의 '本乎天者親上^{본호천자친상}'의 '上^상'에서 그 뜻을 취한 것이고, '无民^{무민}'은 구사九四의 '非離群也^{비리군야}'의 '群^군'에서 반대의 뜻을 취한 것이다.

③ 賢人在下位而无輔^{현인재하위이무보}는 구삼九三의 '乾乾君子^{건건군자}'에서 뜻과 소릿값을 취한 것이다.

구삼九三은 상괘上卦에서 가장 높은 자리에 올라서 있고, 게다가 아래에는 인군人君의 덕德을 갖춘 見龍^{현룡}이 자리를 잡고 있다. 하지만 見龍^{현룡}은 자신이 목적하는 善世而不伐^{선세이불벌}에만 집중하고 있으니, 구삼九三의 건건군자乾乾君子는 현인賢人을 밑에 두고도 보필輔弼을 받지 못하는 처지이다. 賢人在下位而无輔^{현인재하위이무보} 중 '賢人^{현인}'은 구이九二의 '見龍^{현룡}'에서 소릿값을 취한 것이고, '在下位^{재하위}'는 '在下位而不憂^{재하위이불우}'에서 동일한 문자와 소릿값을 취한 것

235

이며, '无輔'는 '无咎'의 소릿값을 취한 것이다.

항룡亢龍은 상왕上王의 자리이다. 귀貴하지만 다스리는 자리가 없고, 높지만 다스릴 백성이 없는 것이다. 아래에 현인賢人과 같은 신하들은 모두 구오九五에 줄을 대고 있으니, 이러한 상황에는 행동하는 것마다 오직 후회가 있을 뿐이다. 수상手象으로 상무진上戊辰의 亢龍有悔는 병진丙辰의 飛龍在天과 손모양이 비슷하지만 자리는 엄연히 다르다. 모양이 비슷하니 스스로 높다고 착각하지만, 항룡亢龍의 도수度數는 곱은(屈) 약지藥指에 있지 않고 편(伸) 소지小指에 있는 것이다.

丙辰
飛龍在天

上戊辰
亢龍有悔

도수度數의 흐름으로 볼 때, 항룡亢龍의 자리인 무진戊辰은 그 뒤에 기사己巳, 경오庚午, 신미辛未, 임신壬申의 4도度만을 남겨두고 있다. 정유丁酉로 시작했던 하도河圖의 36궁宮 중 끝자락인 32번째에 이른 것이다. 그렇기 때문에 항룡亢龍의 처지는 한 도수度數를 움직일 때마다 도수度數의 수명壽命이 줄어들게 되므로, '움직일 때마다 후회한다'는 뜻의 動而有悔라는 표현이 나온 것이다.

항 룡 유 회　궁 지 재 야
亢龍有悔는 **窮之災也**오.

다한 용이니 후회가 있다는 것은 궁극에 이르러서 나온 재앙이요.

궁 지 재 야
　窮之災也는 도수度數가 막바지에 이른 용龍의 움직임이 혹 후회後悔의 정도를 넘어서 재앙災殃이 될 수 있음을 경고하는 것이다. 즉, 건원용구 乾元用九의 천칙天則에 따라 머리까지 올라온 항룡亢龍의 준동蠢動을 천 덕天德은 그냥 내버려 두지 않는다고 경고하는 것이다.

항 룡 유 회　여 시 해 극
亢龍有悔는 **與時偕極**이오.

다한 용이니 후회가 있다는 것은 때와 더불어 함께 극에 달함이요.

　극極에 달한 것은 항룡亢龍 뿐만이 아니라 때(時) 역시 극極에 이르렀기 때문에 해극偕極이라는 말이 나왔다. 상무진上戊辰이라는 도수度數는 값 어치이고, 남아있는 도수度數는 항룡亢龍이 처한 상황이다. 즉, 상무진上 戊辰의 항룡亢龍이 '도수度數의 막바지'라는 상황에 처해지니 움직이는 걸음마다 후회後悔가 더해지는 것이다. 이는 임진壬辰의 건건군자乾乾君 子가 하루를 마치는 종일終日의 때를 만나 도수度數를 한 걸음이라도 더 여 시 해 행
나아가려는(行) 與時偕行과 반대의 뜻을 가지고 있다. 건건군자乾乾君子 와 항룡亢龍 모두 도수度數의 끝자락에 도달한 것은 동일하지만, 건건군 지 지 지 지
자乾乾君子는 후천后天으로 건너뛸 '知至至之'의 기회를 앞둔 것이고, 항 궁 지 재 야
룡亢龍은 도수度數의 흐름을 아예 마치는 窮之災也를 앞두고 있는 것이다.

항 지 위 언 야　지 진 이 부 지 퇴
亢之爲言也는 知進而不知退하며

지 존 이 부 지 망　지 득 이 부 지 상　기 유 성 인 호
知存而不知亡하며 知得而不知喪이니 其唯聖人乎인저

지 진 퇴 존 망 이 불 실 기 정 자 기 유 성 인 호
知進退存亡而不失其正者 其唯聖人乎인저.

항이란 말은 나아갈 줄만 알고 물러날 줄은 모르며, 보존하는 것만 알고 망
할 것은 모르며, 얻는 것만 알고 잃을 것을 모르니, 그 오직 성인뿐이로구나!
진퇴존망의 상황에서도 그 바름을 잃지 않을 줄 아는 자, 그 오직 성인뿐이
로구나!

　항亢은 중中을 잃은 상태이다. 특히 중中을 넘어 과過로 흐른 것이니, 이
러한 상황에서 진퇴進退의 행동과 존망存亡의 상황은 '정正을 잃게 만드
는 당혹스런 변화變化'라고 할 수 있다. 나아가면 기뻐하고 물러나면 걱
정하는 것이 만물萬物이 감응感應하는 이치이므로, 그 속에서도 바름을
잃지 않기란 쉽지 않은 일이다. 그러므로 변화의 상황에서 중中을 잃지
않고 정正을 지킬 수 있는 사람은 오직 성인聖人뿐이라고 말한 것이다. 그
것을 두 번[134]이나 강조했으니, 그만큼 중中에 처하여서 정正을 행하기가
얼마나 어려운가를 설명해주는 대목이다. 즉, 항룡亢龍의 때에는 방향을
돌이켜 이미 지나친 중中으로 향할 수도 없는 것이니, 움직이지 않는 것
만이 중中을 쓰는 방법이라 하겠다.

---

134 『周易』 坤卦의 「文言傳」에 나온 '亢之爲言也는 知進而不知退하며 知存而不知亡하며
知得而不知喪이니 其唯聖人乎인저! 知進退存亡而不失其正者 其唯聖人乎인저!'에서 '其唯
聖人乎'는 정확한 뜻을 제대로 헤아려야 한다. 先儒들로부터 전해 내려온 기존의 해석은
앞의 '其唯聖人乎'를 '오직 성인뿐인가?'의 질문으로 여기고, 뒤의 '其唯聖人乎'를 '오직 성
인뿐이구나'의 대답으로 여겼지만, 필자는 두 구절 모두 오직 성인만이 올바름을 잃지 않
을 수 있다는 뜻의 감탄임을 주장한다. 그것을 두 번이나 반복한 이유는 進退存亡의 상황
에서 正을 유지하기가 그토록 어렵다는 것을 강조한 뜻이라 하겠다.

<ruby>乾元用九<rt>전 원 용 구</rt></ruby>

<ruby>用九<rt>용 구</rt></ruby>는 <ruby>見群龍<rt>견 군 룡</rt></ruby>호되 <ruby>无首<rt>무 수</rt></ruby>하면 <ruby>吉<rt>길</rt></ruby>하리라.

용구는 군룡을 돌아보되 머리하지 않으면 길하리라.

乾元 用九

건원乾元 용구用九는 앞(110페이지)에서 언급한 내용으로 갈음하고자 한다.

2. 坤卦의 分析
곤 괘   분 석

1) 元·亨·利·牝馬之貞
원 형 이 빈 마 지 정

    공자孔子의 부연敷衍이 덧붙여지기 전까지, 곤괘坤卦에 대한 작역作易 성인聖人의 해설은 '元亨利牝馬之貞, 君子有攸往, 先迷後得 主利, 西南得朋, 東北喪朋, 安貞吉'이 전부였다. 우리의 관념 속에 익숙한 坤厚載物과 柔順利貞 등은 문왕文王의 괘사卦辭에는 뜻으로만 존재할 뿐, 문자文字로는 존재하지 않았던 것이다. 작역作易 당시로 거슬러 올라갈수록 정표情表되는 정도가 후대後代에 비해 더욱 함의含意적일 수 있음을 수용한다 하더라도, 西南得朋이나 安貞之吉과 같은 난수亂數같은 문자文字의 배열 속에서 곤도坤道의 제 뜻을 들추어내기란 쉽지 않은 일이다. '곤괘坤卦는 두 번째 괘卦인만큼 앞의 건괘乾卦에서 찾은 실마리가 그나마 넉넉하지 않은가'라고 항변 해봐도, 곤괘坤卦의 경문經文만을 보고 공자孔子같은 해설을 내놓지 못하는 답답한 상황은 변하지 않는다. 그토록 공자孔子의 공덕功德은 위대하다. 그는 이전의 선성先聖들이 묶어 놓은 '거친 매듭'만을 바라보고 천지天地 사이에 만영滿盈한 이치理致를 하나(一)로써 꿰뚫었다.[135] 그리고 후대의 우리가 여태껏 발견하지 못할 만큼 위대한 씨줄과 날줄의 경위經緯를 십익十翼이라는 이름으로 그물처럼 엮어놓았다. 공자孔子 스스로 그 속에 숨겨놓은 이치가 얼마나 많았을 것이며, 후대에 의해 그 절절한 뜻이 발견되기를 얼마나 원했을 것인가.

수지상수手指象數를 통한 곤괘坤卦의 해석은 건괘乾卦에 비해 더욱 더 격정적激情的이다. 그 이유는 곤괘坤卦가 품은 도체道體의 모습을 발견할 때의 감동이 그 만큼 크고 다양하기 때문이다. 乃順承天내순승천과 承天而時行승천이시행이 육효六爻에서 어떻게 일어나는지, 主利주리가 美利미리와 어떤 연관을 갖는지, 敬以直內경이직내와 義以方外의이방외가 어디로부터 온 것인지, 不習불습이 왜 无不利무불리가 되는지, 黃中通理황중통리와 暢於四支창어사지가 정확히 무엇을 의미하는지는 수지상수手指象數를 통한 해석이 아니고는 쉽게 밝혀내기 힘든 대목들이다. 건괘乾卦에서와 마찬가지로, 대부분의 실마리는 「문언전文言傳」에 드리운 공자孔子의 경위經緯에서 드러난다. 후대에 의해 발견되기를 절절히 바랬을 공자孔子의 不言而信불언이신이 이제서야 그 모습을 드러내는 것이다.

다음은 곤괘坤卦의 경문經文만을 놓고 그 글됨의 조직組織에 대해 분석한 내용이다. 이 분석을 잘 이해한 후, 뒤에 이어지는 수지상수手指象數를 통한 해석에서 그 뜻이 어떻게 달라지는지에 대해 주목하여 살펴보기 바란다.

① 곤괘坤卦는 건괘乾卦의 용龍과 대비되는 빈마牝馬를 변화의 주체로 삼았으나, 건괘乾卦의 육룡六龍처럼 각 효爻마다 빈마牝馬가 변화하며 직접

---

135 『論語』, 「里仁」 15 : 孔子는 제자 曾參과의 대화에서 '吾道는 一以貫之니라'라고 말하며, 天地 사이의 이치를 하나로 꿰뚫었다고 선언했다.

등장하지는 않는다.

② 곤괘坤卦 원형이정元亨利貞의 사덕四德 중 정貞에 빈마牝馬를 붙여놓았으니, 언뜻 정貞에는 계대繼代의 역할(孕胎)이 내포되어 있는 것으로 보인다. 이렇게 볼 때 곤괘坤卦 속에는 득붕得朋의 서남西南을 버리고 동북東北의 상붕喪朋이라도 무릅써 종양從陽하고 잉태孕胎하여 安貞之吉(안정지길)으로 들어서라는 抑陰尊陽(억음존양)의 익숙한 권유가 읽혀진다. 그러나 과연 오로지 득붕得朋을 포기하고 상붕喪朋을 무릅쓰라는 권유인지는 확실치 않다.

③ 先迷後得(선미후득)은 음陰이 양陽을 따르는 방법이고, 곤도坤道의 본체本體에 대한 해설이겠으나, 빈마牝馬를 타고 가는 군자君子의 여정을 빗대어 설명한 것으로도 보인다.

④ 주리主利는 만물萬物을 이롭게 한다는 해석과 함께, 스스로의 이익利益에 주목한다는 뜻으로도 해석이 가능하다.

⑤ 군자지도君子之道인 牝馬之貞(빈마지정)의 정貞과 육삼六三에 나오는 含章可貞(함장가정)의 정貞은 큰 틀에서 같은 의미로 보인다. 특히 '含章(함장)하니 貞(정)할 수 있다'는 뜻으로 헤아리면, 장章은 양陽이 되고 유순柔順한 곤도坤道가 종양從陽과 승천承天을 통해 안정安貞을 찾으니 이로써 길吉하다는 뜻과 통하게 된다. 하지만 '含章(함장)하고도 貞(정)할 수 있다'로 해석하면 뒤이어 연결되는 의미는 완전히 달라진다.

위와 같은 추론推論을 전제로 하여, 이제 수지상수手指象數를 통해 본격적으로 곤괘坤卦의 괘사卦辭를 헤아려 보자. 곤괘坤卦의 괘사卦辭를 수지상수手指象數로 헤아리려면, 건괘乾卦의 괘사卦辭에서와 마찬가지로 용구用九의 자리인 식지食指에서 계해癸亥를 그 시작으로 삼는다. 즉, 식지食指를 펴며 계해癸亥로 삼고, 무지拇指를 펴며 갑자甲子로 삼아, 을축乙丑, 병인丙寅, 정묘丁卯, 무진戊辰, 기사己巳를 지나 굽었던 소지小指를 다시 펴며 경오庚午의 牝馬之貞에 이르는 것이다. 건괘乾卦가 여섯 용龍들의 이야기였던 까닭으로 초무진初戊辰, 경진庚辰, 임진壬辰, 갑진甲辰, 병진丙辰, 상무진上戊辰 등의 순으로 여섯 진辰의 징검다리를 건넜던 것처럼, 곤괘坤卦 또한 초경오初庚午, 임오壬午, 갑오甲午, 병오丙午, 무오戊午, 상경오上庚午 등의 순으로 여섯 말(午)을 타고 用六永貞[136]의 길을 가게 된다. 곤坤을 대표하는 오午가 말(馬)을 뜻하니 빈마牝馬의 정貞이란 곧 군자君子가 타고갈 말을 의미한다.

坤은 元코 亨코 利코 牝馬之貞이니 君子의 有攸往이니라

先하면 迷하고 後하면 得하리니 主利하니라

西南은 得朋이요 東北은 喪朋이니 安貞하야 吉하니라.

곤은 시작하고 형통하고 이롭고 암말의 올곧음이니 군자가 갈 바가 있느니라. 먼저 하면 미혹하고 뒤에 하면 얻으리니, 이로움에 주목하느니라. 서남에서는 벗을 얻고 동북에서는 벗을 잃으니 선택된 올곧음을 편안히 해야 길하니라.

---

[136] 乾卦의 用九가 가진 핵심이 나아감을 근본으로 하되 極으로까지 나아가는 것을 경계하는 것에 있다면, 坤卦의 用六이 가진 핵심은 가능한 선택한 방향을 지키는 것에 있다. 그것을 오래 지키는 것이 永貞이니, 坤陰은 이 永貞을 통해 마침내 이로움을 얻게 되는 것이다.

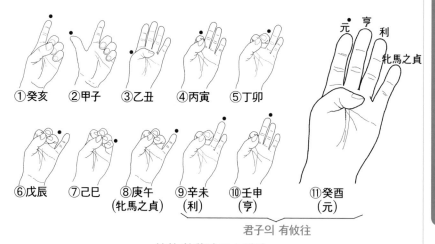

坤卦 卦辭의 도수셈법

계해癸亥에서 시작된 여정이 牝馬之貞에 이르렀으니, 건괘乾卦가 사덕四德을 지나 무진戊辰에서 멈췄던 것처럼, 곤괘坤卦의 사덕四德 또한 모두 드러난 것인가? 牝馬之貞의 경오庚午에 이르기 전에 앞서 곱아졌던 정묘丁卯, 무진戊辰, 기사己巳의 세 굽이에 각각 元, 亨, 利를 붙이면 그것이 곧 곤괘坤卦의 사덕四德이 되는가? 그렇지 않음은 곤도坤道를 설명하는 괘사卦辭에서 그 이유를 찾아야 한다. 뒤에 이어지는 '군자君子가 나아갈 바가 (더) 있다'라는 대목은 수지상수手指象數로 도수度數를 헤아릴 때 곤도坤道가 가야할 길이 아직 끝나지 않았음을 의미한다.

　곤도坤道의 사덕四德을 찾기 위해서는 건괘乾卦가 무진戊辰을 정貞으로 삼으며 갈 길을 멈췄던 것과는 달리, 경오庚午의 牝馬之貞을 만난 이후에도 그 말을 타고 더 나아가야(有攸往) 하는 것이다. 즉, 신미辛未, 임신壬申을 지나 계유癸酉에 이르러서야 비로소 사덕四德이 마련된다. 다시 말해, 계유癸酉가 元이 되고, 임신壬申이 亨이 되며, 신미辛未가 利가 되고, 마지막으로 경오庚午가 牝馬之貞이 되는 곤도坤道의 배열이 만들어지는 것이다. 곤괘坤卦의 元 · 亨 · 利 · 牝馬之貞을 도출해낸 후의 수상手象을 살펴보면, 사덕四德을 가리키는 네 개의 손가락은 모두 펴진(伸) 상태로 곤도坤道로서 음陰을 나타내고 있지만, 유독 무지拇指만이 곱아짐으로써(屈) 정역팔괘正易八卦에서 칠지七地의 자리를 지키며 곤도坤道를 암시하고 있다. 이는 건괘乾卦에서 이천二天 자리의 소지小指가 유일하게 펴짐으로써(伸) 건도乾道를 암시했던 것과 정확히 대조를 이룬다.

四德의 배열과 방향

곤괘坤卦에서 첫 번째로 주목해야 할 것은 사덕四德의 순서와 배열된 방향이다. 건괘乾卦에서 원형이정元亨利貞의 사덕四德이 을축乙丑 → 병인丙寅 → 정묘丁卯 → 무진戊辰과 같이 육갑六甲의 정순正順으로 배열되어 있었다면, 곤괘坤卦의 사덕四德은 계유癸酉 ← 임신壬申 ← 신미辛未 ← 경오庚午와 같이 육갑六甲의 역순逆順으로 배열되어 있다. 다시 말해 건곤乾坤이 각기 방향을 달리하여 유행流行하고 있는 셈이다. 구전口傳되어 온 『정역正易』수지상수手指象數의 전승傳承내용이 건괘乾卦와 곤괘坤卦의 사덕四德을 각각 '丑·寅·卯·辰'과 '酉·申·未·午'로 익숙하게 부르고 있었던 것 또한, 천원天圓과 지방地方의 상대적 회전방향을 인지시키려 했던 작역자作易者의 의지를 가늠케 한다.

乾卦와 坤卦의 四德과 度數

	元	亨	利	貞
乾卦	乙丑→	丙寅→	丁卯→	戊辰
	元	亨	利	牝馬之貞
坤卦	癸酉←	壬申←	辛未←	庚午

수지상수手指象數와는 별도로 – 수지상수手指象數도 또한 이미 전승되고 있던 수상법手象法에 기초해서 고안되었을 것이므로 –『정역正易』이 출현하기 이전의 과거로부터 전승되어온 천원天圓과 지방地方을 헤아리기 위한 수상법手象法은 위와 같은 천지天地의 회전방향이 가지는 상대성을 잘 나타내준다. 다음의 그림에서 각각의 수상법手象法을 살펴보자.

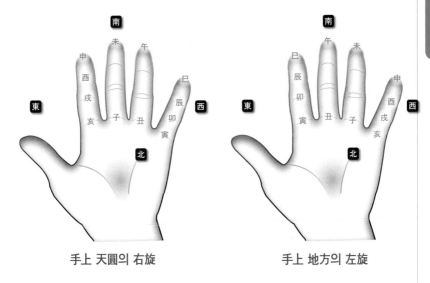

手上 天圓의 右旋   手上 地方의 左旋

왼쪽 그림의 천원天圓을 계산하는 수상법手象法은 시계의 반대 방향으로 헤아리며, 주로 천문天文이나 역법曆法을 계산할 때 사용된 방법이다. 선유先儒들이 이십팔수二十八宿[137]의 운행은 물론, 달과 별자리의 관계 또는 각 별자리의 계절별 위치까지도 손바닥 안에서 훤히 헤아릴 수 있었

---

137 달이 이동하는 경로에 있는 28개의 별자리로, 東西南北 사방에 각각 7개씩 나누어 구분되어 있다. 동방에는 각(角)·항(亢)·저(氐)·방(房)·심(心)·미(尾)·기(箕), 북방에는 두(斗)·우(牛)·여(女)·허(虛)·위(危)·실(室)·벽(壁), 서방에는 규(奎)·루(婁)·위(胃)·묘(昴)·필(畢)·자(觜)·삼(參), 남방에는 정(井)·귀(鬼)·유(柳)·성(星)·장(張)·익(翼)·진(軫)이 포진되어 있다. 고대에는 달이 머무는 별자리를 통해 계절과 날씨를 파악하기도 했다.

던 것도 이 천원天圓의 수상법手象法 덕분이었다. 이와는 반대로 오른쪽 그림의 시계방향으로 헤아리는 지방地方의 수상법手象法은 주로 지리地理나 땅 위에서의 방향을 헤아릴 때 사용된 방법이다. 각각의 수상법手象法에서 천원天圓과 지방地方은 어긋난 회전방향을 가지고 있으니, 이러한 논리에서 丑^축·寅^인·卯^묘·辰^진의 정순正順과 酉^유·申^신·未^미·午^오의 역순逆順이 방향을 달리 하는 것은 하등 이상하게 여겨지지 않는다.

하지만 여기에서 유의해야 할 점이 있다. 이를 통해 자칫 건곤乾坤이 본래 각기 다른 방향으로 어긋나게 유행流行하고 있다는 견해가 힘을 얻을 수 있기 때문이다. 이것을 올바르게 이해하기 위해서는 먼저 천지天地를 바라보는 관점을 잘 이해해야 한다. 방향의 어긋남은 관점의 차이일 뿐이기 때문이다. 인간이 하늘과 땅 사이에 위치하여, 우러러 하늘을 바라볼 때(仰則觀象於天) 시계 반대방향의 우선右旋은 몸을 구부려 땅을 바라볼 때(俯則觀法於地)의 시계방향의 좌선左旋과 동일한 방향의 운동이다. 그저 관찰자의 관점에 따라 다르게 보일 뿐이지, 건곤乾坤의 유행流行은 동일한 방향을 유지하고 있는 것이다. 즉, 천지天地를 이탈하여 제3의 관점에서 바라보면 건곤乾坤은 애초부터 동일한 방향으로 유행流行하고 있었던 것임을 확인할 수 있다.

坤元^{곤 원}의 근거

곤괘坤卦에서 두 번째로 주목해야 할 점은 수상手象에 의해 지정된 사덕四德과 곤원坤元의 위치이다. 건괘乾卦에서 출발점인 건원乾元의 도수度數가 계해癸亥였듯이, 곤괘坤卦에서도 마찬가지로 계해癸亥가 출발점인 곤원坤元의 위치를 차지한다. 여기서 다시 건괘乾卦의 사덕四德과 용구用九의 건원乾元을 기억해보자. 건괘乾卦 元亨利貞의 元은 을축乙丑의 무지拇指에 위치하며, 계해癸亥로서 식지食指에 위치한 乾元과 자리를 달리하였던 까닭으로, 乾元의 元과 元亨利貞의 元은 별개로 헤아려야 한다고 강조한 바 있다. 즉, 乾元은 시작의 방아쇠를 당기는 역할이며, 元亨利貞의 元은 그 결과로 마련된 원천元天의 네 가지 성정性情 중 하나로 여겨야 한다는 것이다.

하지만 도수度數의 방향이 역순逆順인 곤괘坤卦의 경우는 어떠한가? 도수度數를 헤아리고 난 후의 수상手象을 잘 살펴보면, 계해癸亥를 시작으로 삼았던 坤元의 식지食指 자리에 元·亨·利·牝馬之貞의 元이 정확하게 되돌아오는 것을 확인할 수 있다. 즉, 시작의 坤元과 元·亨·利·牝馬之貞의 元이 같은 자리에 놓인 것이다. 더 정확히 말하면 같은 식지食指의 자리이지만, 坤元을 출발하는 도수度數는 계해癸亥이고, 元·亨·利·牝馬之貞의 元에 도착하는 도수度數는 계유癸酉이다. 계해癸亥와 계유癸酉가 식지食指의 자리에서 포개지는 것이다. 동일한 천간天干을 가진 두 도수度數가 겹치는 현상은 시작의 坤元과 元·亨·利·牝馬之貞의 元이 동일한 元이라는 추론으로 이어질 수 있다. 한편, 『정역正易』의 구전口傳에 의하면 계유癸酉는 하늘의 뿌리라는 뜻의 '天根宮'이라는 이름을 가지고 있다. 곤괘坤卦의 괘사卦辭를 헤아리는 도수度數의 끝자리 이름이 '天根'이라고 하니, 그 이름에서 또 한 번 건도乾道와 곤도坤道의 본질적인 연결을 짐작할 수 있다.

그렇다면 坤元이 식지食指에 위치함은 어디에서 그 근원을 찾을 수 있는가? 해답은 문학종장文學宗長 공부자孔夫子가 풀어놓은 곤괘坤卦의

「단전彖傳」에서 찾아볼 수 있다. 건괘乾卦의 「단전彖傳」에서 공자孔子는 '乾元의 위대함이 만물萬物을 그 바탕에서 시작케 하여, 마침내 하늘을 거느린다'[138]라고 찬찬讚하였다. 이는 건원乾元이 계해癸亥에서 '시작始作'을 주된 역할로 삼았던 것을 표현한 것이다. 그렇다면 곤괘坤卦의 「단전彖傳」은 어떠한가?

단 왈 지 재　곤 원　　만 물　자 생
彖曰 至哉라 坤元이여 萬物이 資生하나니
내 순 승 천　　곤 후 재 물　덕 합 무 강
乃順承天이니 坤厚載物이 德合无疆하며
함 홍 광 대　　품 물　함 형
含弘光大하야 品物이 咸亨하나니라.

단에 이르길, 지극하여라 곤원이여, 만물이 바탕하여 생하나니, 이에 하늘을 순히 잇느니, 곤이 두터이 만물을 실음이 덕을 합함에 지경이 없고, 넓음과 빛남과 위대함을 머금었으니, 품물이 모두 다 형통하나니라.

　곤괘坤卦의 「단전彖傳」은 건괘乾卦의 그것과 서로 대對를 이루듯, 운韻과 의意를 맞추어 놓았는데, 건乾의 '大'는 곤坤에서 '至'로, 건乾의 '萬物資始'는 곤坤에서 '萬物資生'으로, 건乾의 '乃統天'은 곤坤에서 '乃順承天'으로 각각 댓구를 이루고 있다. 여기에도 경經을 쓰는 공자孔子의 치밀한 표현방식이 여지없이 드러난다. 「단전彖傳」의 문장이 짜인 형식으로 볼 때 공자孔子가 표현하려 했던 것은 곤坤이 건乾의 행동과 방향을 순순히 따르려 한다는 점이다. 즉, 공자孔子는 건乾을 따르는 곤坤의 도체道體를 문장의 짜임에도 그대로 적용해서 표현한 것이다.

---

138 『周易』, 重天乾 : 彖曰, 大哉라 乾元이여! 萬物이 資始하나니 乃統天이로다.

乾卦 彖辭	大哉라	乾元이여	萬物이 資始하나니	乃統天이로다
坤卦 彖辭	至哉라	坤元이여	萬物이 資生하나니	乃順承天이니

두 「단전彖傳」을 자세히 비교하면 그 속에 곤坤의 도체道體가 넌지시 드러나는 것을 확인할 수 있는데, 내용은 다음과 같이 요약될 수 있다.

· 건乾이 동동動動할 때 동시에 곤坤도 따라 동동動動한다.
· 곤坤은 건乾이 동동動動하는 '때와 형식'을 그대로 차용한다.
· 곤坤은 건乾이 동동動動하는 '때와 형식'만을 차용하되, 그 '내용과 결과'는 다르다.

여기에서 가장 중요한 것은 '건乾이 동동動動하는 때와 형식'을 곤坤이 그대로 차용한다는 점이다. 그리고 공자孔子는 이러한 특성을 자구字句 속에 아예 밝혀 놓았으니, 그것이 바로 '乃順承天'이다. 이 乃順承天은 곤원坤元의 위치를 파악하는데 있어 가장 확실한 근거根據가 된다. 乃順承天은 앞서 정리했던 '坤元이 乾이 動하는 때와 형식을 그대로 차용한다'는 뜻을 더욱 더 적나라하게 드러낸 표현이다. 즉, 坤元이 乾元을 그대로 계승하고 있음을 단언斷言하는 것이다. 乃順承天의 뜻이 이러하다면, 도체道體의 내부에 얽혀있는 도수度數의 흐름 또한 이와 같아야 한다. 왜냐하면 역易의 경문經文이란 문리文理와 도리道理는 물론 도수度數의 흐름에서도 어긋남이 없어야 하기 때문이다. 과연 坤元은 식지食指의 자리에서 계해癸亥를 출발로 삼아 도수度數의 흐름을 시작하고 있으니, 결국 坤元의 근거는 乾元에서 찾아야 하는 것이다.

坤道의 끝자리, 酉

이번에는 곤괘坤卦 사덕四德의 위치 중 원元의 자리인 식지食指의 계유癸酉를 살펴보자. 곤원坤元이 건원乾元으로부터 '때와 형식'을 본받은 결과, 계해癸亥를 시작으로 삼아 도수度數를 헤아려 도착한 곳은 '天根宮'이라 불리는 계유癸酉의 원元이다. 이 때 계유癸酉는 수상手象으로는 펴진(伸) 식지食指의 자리이니, 곤괘坤卦의 도수度數는 처음 출발했던 그 자리로 다시 되돌아온 셈이 된다. 즉, 곤원坤元과 곤괘坤卦 사덕四德의 원元이 같은 위치에 놓인 것이다. 수상手象에서 같은 자리에 위치한다는 것은 곤원坤元의 원元과 사덕四德의 원元이 동일한 원元일 수 있다는 추론에 힘을 보탠다. 계해癸亥와 계유癸酉의 천간天干이 겹치는 자리에 어떤 이치가 숨어있는 듯하지만, 이에 대한 분석은 잠시 미뤄두자.

여하튼 곤괘坤卦 사덕四德의 원元은 계유癸酉이다. 사덕四德의 원元은 육갑六甲으로는 계유癸酉이지만, 곤도坤道의 입장에서는 지지地支만 헤아려서 '酉'라 일컫는다. 그런데 '酉'는 앞서 건원乾元의 분석에서 언급됐던 '시작의 도수度數'이다. 유酉를 신구금辛九金에 붙이면 낙서궁洛書宮의 시작 도수度數인 신유辛酉가 되고, 정이화丁二火에 붙이면 하도궁河圖宮의 시작 도수度數인 정유丁酉가 된다. 낙서궁洛書宮과 하도궁河圖宮은 건괘乾卦와 곤괘坤卦가 각각 육효六爻의 매듭을 짓는 '변화變化의 마당'이므로, 이 변화變化의 두 마당을 구성하는 시작 지점에 바로 곤괘坤卦의 끝자리인 '酉'가 붙는 것이다. 애석하게도 이 원리의 이면에 어떤 연산 작용이 포함되어 있는지는 여전히 미지수이다. 그저 곤괘坤卦의 후덕厚德함이 만물萬物을 실을 정도이니, 변화變化가 벌어질 공간空間(六爻는 時間)을 구성하는 도수度數의 시작 지점에 곤괘坤卦 사덕四德의 마지막 자리인

‘酉^유’가 붙었을 것이라고 추론할 뿐이다. 『정역正易』과 『주역周易』의 자구
字句를 헤아릴 때, 이런 아쉬움을 자주 만나게 된다. 하나의 자구字句가
다른 자구字句의 척도尺度가 되는 것을 발견할 때마다 매번 희열喜悅을
경험하지만, 그 본질에 더 이상 가까이 갈 수 없음을 확인하면서 매번 탄
식歎息하기 때문이다. 그래도 다행스러운 것은 전혀 무관한 뜻으로 여겼
던 역易의 실마리들이 수지상수手指象數를 통해 ‘본래부터 통하는 뜻’이
었음을 확인할 때가 적지 않다는 점이다. 시작의 도수度數인 ‘酉^유’ 또한
그 많은 실마리들 중 하나이다.

한편, 구전口傳으로 전해져온 수지상수手指象數의 헤아림에도, ‘酉^유’를
중심으로 『주역周易』의 구절을 해석하는 대목이 있는데, 61번째 괘卦인
풍택중부괘風澤中孚卦의 구이효九二爻 효사爻辭가 바로 그것이다.

구 이　　명 학　　재 음　　　기 자 화 지
九二는 鳴鶴이 在陰이어늘 其子和之로다
아 유 호 작　　오 여 이 미 지
我有好爵하야 吾與爾靡之하노라.

구이는, 우는 학이 그늘에 있거늘 그 새끼가 화답하는구나. 내게 좋은 술잔
이 있어 너와 함께 쓰러지리라.

『정역正易』의 수지상수手指象數는 효사爻辭에 등장하는 명학鳴鶴을 ‘酉^유’
로 본다. 뿐만 아니라 ‘계鷄’와 ‘학鶴’과 ‘봉鳳’ 모두를 ‘酉^유’로 헤아린다.
‘鳴鶴^{명학}이 在陰^{재음}이어늘’이라는 말을 ‘酉에 해당되는 식지食指가 펴진(伸)
음陰의 자리에 있거늘’이라는 뜻으로 해석하는 것이다. 이는 『주역周易』
의 경문經文이 수상手象과 도수度數의 헤아림에 의해 지어졌다는 『정역正

易』의 주장을 뒷받침하는 또 하나의 근거이다.

수상手象의 헤아림은 건괘乾卦의 효사爻辭를 헤아릴 때처럼, 용구用九의 식지食指 자리에서 '酉'로 시작된다. 유酉는 펴진(伸) 식지食指로서 '鳴鶴이 在陰이어늘'의 자리가 된다. 그 다음으로 무지拇指를 펴며 술戌로 삼고, 이를 다시 닫으며 해亥로 삼는다. 앞에서 무지拇指는 도道를 반복적으로 여닫는 문짝의 지도리(樞機)이자 도수度數의 반환점이라고 소개했다. 이 반환점을 돌아온 후, 마지막으로 식지食指를 곱으며(陽) 자子로 삼으니, 식지食指의 자리는 학鶴이 그늘(陰)에서 울었던 바로 그 자리가 아닌가! 다시 되돌아온 자리에 당도한 도수度數가 자子이므로, 명학鳴鶴이 그늘에서 울었던 식지食指의 그 자리에, 새끼(其子) 또한 양陽으로 곱아지며 화답和答하는 것이다.

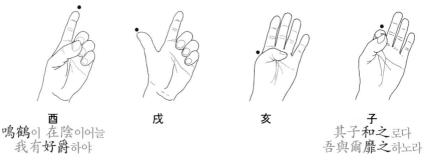

酉
鳴鶴이 在陰이어늘
我有好爵하야

戌

亥

子
其子和之로다
吾與爾靡之하노라

酉·戌·亥·子 樞機의 開閉

뒤따라 이어지는 술잔(爵)과 쓰러짐(靡之)은 수지상수手指象數를 통한 해석의 진수眞髓를 보여준다. 작爵은 술잔이므로 또 다시 '酉'와 뜻이 통한다. 我有好爵의 '我'는 도체道體를 뜻하며, '酉'는 용구用九의 식지食指이다. 그러므로 我有好爵은 '도체道體인 나에게 용구用九라는 좋은 酉의 도수度數가 있으니'라고 말하며 식지食指를 펴는 것이다. 그리고 앞의 순서와 마찬가지로 술戌(伸)과 해亥(屈)의 반환점을 돌아온다. 吾與爾靡之

는 도체道體가 식지食指의 자리에서 '쓰러지는(屈) 子'와 만나는 모습이다. 즉, '道體인 내가 子인 너(食指)와 함께 쓰러지리라'고 하며 식지食指를 곱는 것이다. '子'가 상대를 부르는 경칭敬稱임을 알고 있다면, '너'를 뜻하는 '爾'라는 글자가 어떤 의미로 쓰였는지를 헤아릴 수 있을 것이다. 鳴鶴의 鳴과 好爵의 好는 모두 스스로를 드러내는 뜻으로서 식지食指의 손가락이 밖으로 드러남을 표현한 것이고, 손가락이 곱아지는 것을 和之와 靡之로 표현했으니, 수지상수手指象數가 아니면 어찌 '酉'에 대한 해석이 제대로 가능하겠는가! 이 대목은 '酉'라는 도수度數와 역易의 지도리(樞機)가 차지하는 의미가 그만큼 중요하다는 것을 강조한 내용이라고 전해진다. 그리고 이 '酉'는 곤도坤道의 끝자리인 계유癸酉로부터 산출된 것이다.

〈참고〉 '我有好爵'에서의 '好爵'과 건괘乾卦 「문언전文言傳」의 '乾始 能以 美利로'에서 '美利'는 서로 뜻이 통한다. 위에서 설명했듯이 수지상수手指象數로 '好爵'의 호好는 식지食指를 드러냄이요, '美利'의 미美도 식지食指를 드러내는 뜻이 있다.

2) 先迷後得 主利

先迷後得은 지금까지 그 해석에 대해 특별한 이견이 없었던 대목이다. 만약 음陰이 양陽보다 앞서 일을 도모한다면 그 결과는 반드시 미혹迷惑될 것이며, 그것이 음양陰陽 사이에 벌어지는 이치理致의 자연스러움이라는 양의적兩意的 계고戒告가 바로 그것이다. 즉, 밖으로 드러난 윤리적

倫理的 잠언箴言뿐만 아니라 도체道體의 질서秩序까지도 이 네 글자 속에 포함되어 있는 것이다. 이처럼『주역周易』곳곳에 드리워진 先陽後陰의 표현들은 군자君子–소인小人의 윤리적倫理的 심법心法이 음양陰陽의 기본 질서로부터 비롯된 것임을 확인시켜 준다. 다시 말해 곤괘坤卦에 등장하는 先迷後得의 계율적 선언은 抑陰尊陽이라는 윤리적 지향을 담아내되, 도체道體 속의 형세와 균형 또한 놓치지 않고 드러내고 있는 것이다.

先하면 迷하고 後하면 得하리니 主利하니라.

먼저 하면 미혹되고 후에 하면 얻으리니 이로움에 주목하느니라.

그렇다면, 도체道體의 형세와 균형을 야기惹起하는 도수度數의 흐름은 어떠한가?『정역正易』수지상수手指象數로 해석하는 先迷後得의 도수度數는 경오庚午의 말을 타고 더 나아가 신미辛未, 임신壬申, 계유癸酉에 이르는 군자君子의 추가적인 여정과 관련을 가지고 있다. 앞서 설명한 바와 같이, 경오庚午에 도착한 곤도坤道의 흐름은 그 자리에서 사덕四德을 성급히 결론짓지 않고, 계유癸酉까지 더 나아감으로써(有攸往) 스스로의 정貞함을 유지한다. 앞서 우리는 건괘乾卦의 「문언전文言傳」을 해석하면서 '貞'의 뜻을 '선택된 올곧음'이라 하여, '한번 선택된 방향으로 줄기차게 뻗어가는 모습'이라고 정의한 바 있다. 그러므로 곤도坤道가 경오庚午에서 계유癸酉까지 삼도三度를 곧게 나아가는 것은 다름 아닌, '貞함을 길게(永) 유지하는 坤道의 모습'이라고 할 수 있는 것이다. 곤괘坤卦의 사덕四德으로 나아가던 중 牝馬之貞의 경오庚午를 만난 군자君子가 성급히 앞서의 도수度數로써 사덕四德을 먼저(先) 결론지었다면, 곤도坤道는 그로써 길을 잃었을 것이다(失道). 군자君子가 경오庚午의 빈마牝馬를 타고 더 나아간(有攸往) 뒤(後)에야 비로소 사덕四德의 떳떳함을 각 위치에서 얻게(得) 되었으니, 이것이 바로 '길게(永) 貞한 바의 이로움(利)'인 것이다.

先하면 迷하고

後하면 得하리니

主利하니라

곤괘坤卦의 괘사卦辭와 도수度數의 흐름이 이렇듯 맞아 떨어지니, 이번에는 수상手象을 살펴보자. '先하면 迷하고'의 수상手象은 경오庚午의 위치를 지목한다. 경오庚午는 곧 牝馬之貞이니, 도수度數의 끝에 이르렀다고 생각하여 그 위치에서 사덕四德을 결정지으면 이내 길을 잃는다는 경계가 수상手象에서도 그대로 드러난다. '後하면 得하리니'의 수상手象은 군자君子가 경오庚午에서 빈마牝馬에 올라타서 신미辛未·임신壬申·계유癸酉의 삼도三度를 더 나아가서(有攸往), 떳떳이 사덕四德 모두를 얻는 모습이다. 마지막의 '主利하니라'는 수지상수手指象數를 연구하는 후학後學들에게 많은 숙제를 남겨주는 대목이다. 그 이유는 主利의 '利'를 용구用九의 자리인 식지食指에 붙여 놓았기 때문이다. 건괘乾卦의 사덕四德에서 이利는 중지中指의 위치이고, 곤괘坤卦 사덕四德에서 이利는 약지藥指의 위치이다. 그렇기 때문에 식지食指에 붙은 이利는 이들 사덕四德에 포함된 이利가 아닌 다른 의미의 '利'라는 결론이 만들어진다. 갑자기 식지食指를 보이며 '이로움에 주목한다(主利)'함은 무엇을 표현한 것인가? 다소 혼란스러울 수 있겠지만, 이 같은 혼란은 건괘乾卦의 「문언전文言

傳」을 설명하는 수상手象에서도 이미 겪은 바가 있다.

乾始 能以美利로

우리는 건괘乾卦의 「문언전文言傳」에서, '乾始 能以美利'라는 대목에 용구用九를 뜻하는 식지食指의 수상手象이 붙었던 것을 기억한다. 그리고 이 때, 용구用九인 식지食指의 수상手象이 분명 '乾始'를 의미하는 것이라고 단언斷言하기는 했으나, '美利' 또한 식지食指와 결합되는지에 대해서는 다소 유보적인 입장이었다. 하지만 곤괘坤卦의 '主利하니라'와 건괘乾卦의 '乾始 能以美利로'에 대한 수상手象이 완전히 일치하고, 두 대목 모두 식지食指에서 이로움(利)을 표현하는 상황은 매우 주목할 만하다. 이에 대한 실마리를 얻기 위해서는 「단전彖傳」과 「문언전文言傳」에 흩어놓은 공자孔子의 글을 더 자세히 살펴볼 필요가 있다. 공자孔子는 主利의 의미에 대한 실마리로서 세 가지 대목을 남겼는데, 그 내용을 분석해보면 다음과 같다.

① 柔順利貞이 君子攸行이라 (彖辭) : 유柔하고 순順하고 이利하고 정貞함이 군자가 나아갈 바이다.

도수度數로 볼 때 사덕四德을 얻기 위해 군자君子가 나아갈 바는 경오庚午를 지나 계유癸酉까지인데, 이것을 柔順利貞이라고 표현했다. 柔順利貞은 사덕四德을 바꿔 말한 것이므로, 사덕四德이 모두 드러날 때까지 더 나아가는 것이 군자君子의 길임을 밝히고 있는 것이다. 그러므로 이 글이 의미하는 군자君子의 최종 목적지는 계유癸酉라고 유추할 수 있다.

② 後하면 順하야 得常하리니 (彖辭) : 뒤에 하면 순해서 떳떳함을 얻으리니.

경오庚午를 넘어서 뒤(後)에서 결단하면 신미辛未·임신壬申·계유癸酉의 정순正順으로 나아가서 사덕四德의 떳떳함을 얻는다는 뜻이다. 순서대로 나아가서 마지막에 만나는 것은 계유癸酉이고, 이 계유癸酉까지 모두 드러나야 떳떳함을 얻는 뜻이 있으니, 떳떳함은 적어도 신미辛未, 임신壬申, 계유癸酉의 사이에 있는 것으로 보인다.

③ 後得하야 主利而有常하며 (文言傳) : 뒤에 얻어서 이로움에 주목하고도 떳떳함이 있으며.

이는 이로움에 주목하는 '主利'와 떳떳함을 얻는 '得常' 사이의 연관성을 더욱 더 구체적으로 설명한 대목이다. 내용인 즉, 더 나아가서 후後에 결단함으로써 마침내 이로움(利)에 주목(主)하면 그 길에 떳떳함인 상常이 있다는 뜻이다. 주리主利의 수상手象은 식지食指이므로, 이 내용 또한 식지食指의 자리인 계유癸酉까지 당도하면 상常이 드러난다는 뜻이 된다. 결국, 주리主利는 식지食指에 위치한 계유癸酉를 가리킨 것이다. 그리고 상常은 주리主利의 계유癸酉일수도 있으나, 주리主利의 이전에 위치한 약지藥指의 신미辛未 또는 중지中指의 임신壬申을 가리키는 것일 수도 있다.

위와 같은 분석을 통해 우리는 공자孔子가 남긴 세 가지 실마리 모두에서 '主利'의 '利'가 사덕四德 속의 계유癸酉를 설명하고 있다는 것을 짐작하게 되었다. 그리고 '主利'라는 표현 속에 '이로움에 주목한다'는 현상적인 의미는 물론, '癸酉' 또는 '酉'라는 도수度數가 마침내 드러나는 그 순간에 주목한다'는 뜻이 숨어있는 것도 알게 되었다. 게다가 계유癸酉는 천근궁天根宮이라는 별칭을 가지고 있으므로, 곤도坤道가 주목하는 것은 하늘의 뿌리이자 건원乾元의 시작인 용구用九의 식지食指 자리인 것이다.

3) 西南得朋 東北喪朋과 安貞吉
서 남 득 붕　동 북 상 붕　　안 정 길

文王八卦圖의 陰陽구분

　　우리는 앞서 「설괘전說卦傳」 제5장의 해설에서 건乾과 손巽의 陰陽相薄이 문왕팔괘도文王八卦圖의 서남西南을 음방陰方으로, 동북東北을 양방陽方으로 가른 것을 기억한다. 또한 「설괘전說卦傳」 제3장과 제6장이 새로운 역도易圖의 출현出現을 예시豫示하는 내용임을 밝혀내면서, 진震과 손巽의 雷風相薄이 정역팔괘도正易八卦圖를 서남西南과 동북東北으로 가른 것 또한 기억한다. 예로부터 서남西南은 음방陰方으로 동북東北은 양방陽方으로 알려져 왔지만, 그 이치理致의 이면裏面에 서북西北과 동남東南의 陰陽相薄^{음 양 상 박}이 작용하고 있다는 논리는 지금껏 일절一切 회자膾炙되지 않았다. 공자孔子가 해설을 내놓은 지 대략 2500년이 지났지만, 근래에 이르도록 하나같이 「설괘전說卦傳」 제3장의 雷風相薄^{뇌 풍 상 박}이 복희팔괘도伏羲八卦圖를 설명하는 내용이라 여기고 있었으니, 이간易簡의 이치理致가 눈앞에 있었지만 알아볼 수는 없었던 것이다. 『정역正易』의 시각으로 볼 때, 문왕팔괘도文王八卦圖는 선천先天의 괘도卦圖로서 낙서洛書와 연결되고, 정역팔괘도正易八卦圖는 후천后天의 괘도卦圖로서 하도河圖와 연결된다. 이번에 새롭게 밝혀진 실마리는 서남음방西南陰方과 동북양방東北陽方이 선·후천先后天의 전도轉倒 이후에도 변치 않을 이치理致임을 보여준다. 왜냐하면 선·후천先后天을 의미하는 두 괘도卦圖 모두에서 음양陰陽이 변함없이 상박相薄하며 서남西南과 동북東北을 가르고 있기 때문이다. 결국 원천原天토록 서남西南은 음방陰方이고 동북東北은 양방陽方인 것이다.

西南^{서 남}은 得朋^{득 봉}이요 東北^{동 북}은 喪朋^{상 봉}이니 安貞^{안 정}하야 吉^길하니라.

서남은 벗을 얻고 동북은 벗을 잃으니 안정해야 길하니라.

수지상수手指象數로 헤아리는 도수度數의 흐름은 西南得朋^{서 남 득 봉}과 東北喪朋^{동 북 상 봉}에 대해서도 그 뜻이 틀림없이 맞아 떨어진다. 수지상수手指象數는 坤元^{곤 원}의 계해癸亥를 출발한 도수度數가 경오庚午에서 牝馬之貞^{빈 마 지 정}을 지나 신미辛未(利) → 임신壬申(亨) → 계유癸酉(元)의 음류陰類를 만나는 것을 西南得朋^{서 남 득 봉}의 형상形象이라고 해설한다. 이 때의 수상手象은 과연 곤음坤陰이 음붕陰朋을 만난 모양새를 이룬다. 추가로 만나는 세 손가락 모두

'퍼진 음류陰類'이기 때문이다. 東北喪朋을 표현할 때의 수상手象은 용육용六의 모습으로, 경오庚午에 이른 빈마牝馬가 음붕陰朋을 만나지 않고 牝馬之貞인 소지小指의 자리를 고수固守하는 모습이다. 수상手象에는 무지拇指와 식지食指, 중지中指, 약지藥指가 모두 곱아져 양위陽位로 오르고, 소지小指 하나만 홀로 음위陰位에 남겨져 있어 喪朋의 모습을 그대로 보여준다.

西南은 得朋이요   東北은 喪朋이니

西南得朋과 東北喪朋의 手象

괘상卦象으로 볼 때, 西南得朋과 東北喪朋이라는 말은 문왕팔괘文王八卦에서 음류陰類와 양류陽類가 서로 갈라져서 배열된 형세形勢를 설명한 것이 분명하지만, 도수度數를 헤아린 후의 수상手象을 근취저신近取諸身하여 내놓은 표현인 것도 확실하다 하겠다.

한편, 西南得朋은 앞서 설명했던 先迷後得과 동일한 수상手象을 갖는다. 두 대목의 수상手象이 같다면, 이들이 설명하려는 내용도 동일한 이치理致일 수 있다. 즉, 하나의 원리를 다른 각도에서 설명할 수 있는 것이다. 이 같은 시각으로 자세히 살펴보면, 先迷後得은 도수度數의 흐름에서 사덕四德을 결정짓는 순서順序에 대한 설명이고, 西南得朋은 곤음坤陰이 붕류朋類를 만나는 방위方位에 대한 설명인 것을 알 수 있다. 다시 말해, 先迷後得은 시간적 차원의 설명이고, 西南得朋은 공간적 차원의 설명인 것이다. 『주역周易』이 도리道理와 윤리倫理는 물론 도수度數와 시공

時空의 차원까지 모두 만족시켜야 하는 경문經文임을 감안한다면, 이 두 대목은 틀림없이 하나의 이치理致를 표현하고 있다고 확신할 수 있다.

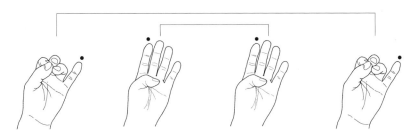

先하면 迷하고　　後하면 得하리니
(度數의 흐름 → 시간적 차원)

西南은 得朋이요　東北은 喪朋이니
(西南에서의 朋類와 만남 → 공간적 차원)

　　참고로 ^{서남득붕}西南得朋과 ^{동북상붕}東北喪朋에는 한 벌의 수상手象이 더 존재하는데, 이 수상手象에서의 서남득붕西南得朋은 손가락을 모두 편 모양이고, 동북상붕東北喪朋은 손가락을 모두 오므린 모양이다. 수지상수手指象數의 기본규칙에 손가락을 모두 편 모양은 음陰을 의미하고, 모두 오므린 모양은 양陽을 의미한다. 또한 손가락을 모두 펴면 정역팔괘正易八卦로 볼 때 무지拇指의 자리에 칠지七地가 드러나고, 손가락을 모두 오므리면 소지小指의 자리에 이천二天이 드러나니, 西南得朋은 칠지七地의 음陰을, 東北喪朋은 이천二天의 양陽을 가리키는 뜻도 있는 것이다. 앞의 복잡한 수상手象은 도수度數의 흐름을 자세히 설명하기 위한 것이고, 뒤의 단순한 수상手象은 대체大體의 의미를 나타내기 위한 것이다.

西南은 得朋이요　　　　東北은 喪朋이니

安貞吉 또한 수지상수手指象數를 통해 서로 다른『주역周易』의 자구字句 사이가 뜻으로 연결되어 있음을 밝혀주는 대목이다. 수지상수手指象數로 표현되는 安貞은 무지拇指를 곱은 모습이다. 우리는 앞서 수지상수手指象數의 기본규칙基本規則에서 무지拇指를 곱은 수상手象을 '安土'라고 정리한 바 있다. 낙서수洛書數를 셈할 때 먼저 무지拇指를 구부려 安土의 모양을 짓는 것은 그 다음으로 식지食指, 중지中指, 약지藥指의 순으로 하나, 둘, 셋… 세어나가며 敦乎仁을 이루기 위함이었다.「계사상전繫辭上傳」제4장에 이른바 '安土한 뒤라야 仁을 돈독敦篤히 할 수 있으며 고로 능히 사랑할 수 있다'는 구절은 무지拇指를 먼저 곱아주는 安土가 敦乎仁과 能愛를 위한 선결조건先決條件임을 보여준다. 즉, 博施濟衆의 能愛도 스스로 堯舜之病[139]의 간절한 뜻을 먼저 가져야 하듯이, 安土를 이룬 후에야 인仁을 행行함에 어려움이 없다는 뜻이다.

安貞하야
(安土하야)

吉하니라
(敦乎仁이라)

安貞吉의 手象

139『論語』,「雍也」30 : 子貢曰 如有博施於民而能濟衆이면 何如하니잇고 可謂仁乎잇가 子曰 何事於仁이리오 必也聖乎인저 堯舜도 其猶病諸시니라 夫仁者는 己欲立而立人하며 己欲達而達人이니라 能近取譬면 可謂仁之方也已니라. (자공이 '만약 널리 베풀어 대중을 구제하면 어떻습니까? 가히 仁이라 이를만 합니까?' 공자께서 말씀하시길, '어찌 仁이라 일삼으리오. 반드시 성스럽다 할 것이다. 요순도 그것을 병되이 여겼느니라. 대저 仁이라는 것은 내가 서고자 한다면 남을 세워주고, 내가 도달하고자 한다면 남을 도달케 하는 것이니라. 가까운 데에서 취해 비유할 수 있다면 仁을 하는 방법이라고 이를 만하다.')

안토　돈호인　　고　능애
安土하야 敦乎仁이라 故로 能愛하나니라.

안토해야 인에 돈독할 수 있으니, 그래야 능히 사랑할 수 있느니라.

　그런데 이 수상手象의 표현과 꼭 닮은 모습이 곤괘坤卦의 괘사卦辭에
등장하니, 그것이 바로 '安貞吉'이다. 앞의 '安土해야 敦乎仁할 수 있다'
는 뜻과 대對를 이루려면, '安貞해야 吉할 수 있다'는 의미로 새겨야 한
다. 그렇다면 安貞은 吉함의 조건條件이요, 동시에 만약 安貞이 전제되지
않는다면 곤음坤陰은 결코 吉하지 않을 것이라는 경고로도 해석이 가
능해진다. 그러므로 곤음坤陰이 吉하려면 반드시 安貞을 이뤄야 하므로,
이제 西南得朋과 東北喪朋 중 어느 편이 安貞의 방법인지를 찾아볼 차
례이다. 그 내용은 뒤의 應地无疆에서 따로 설명하겠다.

4) 乃順承天, 含萬物, 无疆
내 순 승 천　 함 만 물　 무 강

　우리는 앞서 곤괘坤卦의 괘사卦辭를 분석하면서 수지상수手指象數를
통해 곤도坤道의 흐름을 비교적 상세히 살펴보았다. 곤도坤道의 깊숙한
내용까지 살펴볼 수 있었던 비결은 오로지 수지상수手指象數와 도수度數
의 흐름을 중심으로 경문經文을 해석한 덕분이다. 그러나 문왕文王의 괘
사卦辭는 극도로 집약集約된 글이므로, 공자의 「단전彖傳」과 「문언전文言
傳」이 없었다면, 설령 도수度數의 흐름을 알았다고 하더라도 괘사卦辭에
대한 정확한 해석이 쉽지는 않았을 것이다. 그만큼 공자孔子에 의해 찬
술된 십익十翼의 부연敷衍은 문왕文王과 주공周公의 글보다 더 풍부한 도

수度數의 흐름을 품고 있는 것이다. 공자孔子는 분명 선성先聖의 글을 통해 도道의 본체本體는 물론 그 흐름까지도 꿰뚫었을 것이다. 만약 공자孔子가 도수度數의 흐름을 알지 못했다면 어찌 원문보다 더 풍부하고 정확한 실마리를 남길 수 있었겠는가. 수지상수手指象數는 경문經文 속에 존재하는 도수度數의 흐름을 직접 읽어내는 해석의 방식이다. 그래서 그 어떤 방식보다 해석의 정확도가 높다고 하는 것이다. 이제 곤도坤道에 대한 공자孔子의 설명을 수지상수手指象數를 통해 해석할 차례이다.

단 왈 지 재　곤 원　　만 물　자 생　　　내 순 승 천
象曰 至哉라 坤元이여 萬物이 資生하나니 乃順承天이니

곤 후 재 물　덕 합 무 강　　함 홍 광 대　　품 물　함 형
坤厚載物이 德合无疆하며 含弘光大하야 品物이 咸亨하나니라.

단에 이르길, 지극하여라 곤원이여, 만물이 바탕하여 생기나니, 이에 하늘을 순히 잇느니, 곤이 두터이 만물을 실음이 덕을 합함에 지경이 없고, 넓음과 빛남과 위대함을 머금었으니, 품물이 모두 다 형통하느니라.

　　　　　　　　　곤 원
　'지극한 坤元'의 수상手象은 또 다시 식지食指를 편 용구用九의 모습이다. 곤도坤道는 건도乾道를 시작시켰던 계해癸亥를 그 시작으로 삼아 하늘의 각 매듭을 계승하는 여정을 출발해야 한다. 坤元은 乾元의 수상手
　　　　　　　　　　　　　　　　　　　　만 물 자 생
象과 도수度數를 계승한 것이고, 곤도坤道의 萬物資生 또한 건도乾道의
만 물 자 시　　　　　　　　　　　　　　　　　내 순 승 천
萬物資始를 본받은 것이니, 이 모두는 곤도坤道가 품고 있는 乃順承天
의 모습이다.

至哉라 坤元이여

'乃順承天'으로 건도乾道를 계승한 곤도坤道는 만물萬物을 싣고 가는 수레이다. 이 수레는 세 가지의 无疆을 지니고 있는데, 德合无疆, 行地无疆, 應地无疆이 그것이다. 德合无疆은 곤坤이 만물萬物을 실음으로써, '天德의 흐름에 地德을 보탬'이 지경地境이 없을 정도로 크다는 의미이고, 行地无疆은 곤도坤道가 '영향을 미치는 범위'가 지경地境이 없이 넓다는 것이며, 應地无疆은 곤도坤道가 '건도乾道는 물론 만물萬物과도 감응感應하니 그 응應함의 대상'에 지경地境이 없다는 뜻이다.

먼저 德合无疆을 알아보자. 곤도坤道는 德合无疆의 과정 속에서 크게 두 가지의 속성을 드러낸다. 첫 번째는 곤도坤道가 건도乾道의 天德을 계승하려 한다는 점이다. 곤도坤道는 乃順承天으로 건도乾道의 뜻과 도수度數의 흐름만을 계승하려는 것이 아니라, 건도乾道의 최종 목표인 천덕天德까지도 계승하려 한다. 건도변화乾道變化의 최종목표는 天德으로써 大和를 이룸이니, 곤도坤道는 天德의 흐름에 厚德을 보탬으로써 天德을 계승하려는 것이다.

두 번째는 곤도坤道의 머금는 특성이다. '머금는다'는 뜻의 '舍'은 겉으로 드러나지 않게 보듬고 깊이 수용한다는 의미이다. 다시 말해 舍은 곤도坤道가 만물萬物을 싣는 방법인 것이다. 앞에서 설명한 '天德을 계승하는 방법'도 바로 이 '舍'을 통해서 실현된다. 그리하여 곤도坤道는 건도乾道를 계승하기 위해 '弘·光·大'를 차례로 舍之한다. '弘'은 만물萬

物을 의미하고, '光^광'과 '大^대'는 '舍^함의 효과'이자 '건도乾道의 특성'을 의미한다. 만물萬物을 舍之^{함 지}한 곤坤은 이들을 보듬어 '化^화'를 이루어서, '光^광'과 '大^대'의 결과를 낳는다. 이것이 곤도坤道의 작용으로 品物^{품 물}이 咸亨^{함 형}해지는 모습이다. 건도乾道의 책임이 品物^{품 물}을 '형태로써 분류시키는 流形^{유 형}'에 있다면, 곤도坤道의 책임은 '品物^{품 물}을 모두 舍之^{함 지}해서 亨通^{형 통}하게 만드는 咸亨^{함 형}'에 있는 것이다. 곤도坤道의 이 두 가지 특성을 종합하면 德合无疆^{덕 합 무 강}의 모습을 그려낼 수 있다. 즉, 곤도坤道는 만물萬物을 머금고 자생資生케 함으로써 건도乾道의 천덕天德에 곤도坤道의 후덕厚德을 보태는 것이다. 이렇듯 天德^{천 덕}에 厚德^{후 덕}을 보태는 것을 '德合^{덕 합}'이라고 하고, 그 '德合^{덕 합}'에 지경地境이 없는 것을 '德合无疆^{덕 합 무 강}'이라고 하는 것이다.

여기서 잠깐 '弘^홍·光^광·大^대'에 대하여 알아보자. 우선 곤도坤道는 혼자 광光할 수 없다. 달이 스스로 빛을 내지 못하듯이, 곤坤 또한 스스로 광光하지 못하는 것이다. 그래서 곤도坤道는 먼저 '弘^홍'을 머금는다. '弘^홍'은 만물萬物을 뜻하므로, 곤坤이 厚德^{후 덕}으로 載物^{재 물}하는 방법이 바로 이 '舍弘^{함 홍}'인 것이다. '舍弘^{함 홍}'의 방법으로 載物^{재 물}을 행한 곤도坤道는 만물萬物을 화순化醇시켜 그 결과로 '光^광'을 얻게 된다. 곤도坤道에 실린 만물萬物이 스스로를 뽐내는 알록달록한 '文^문'이 곧 '光^광'의 모습이니, 스스로 광光할 수 없는 곤도坤道는 만물萬物을 머금어서 그 결과로 '光^광'을 얻게 되는 것이다. 그리고 곤도坤道는 다시 이 '光^광'까지 머금어서 마침내 '大^대'를 이룬다. '光^광'과 '大^대'는 본래 건도乾道의 모습[140]으로, 곤도坤道가 스스로 '光^광'하고 '大^대'할 수 없으므로, '弘^홍'과 '光^광'을 차례로 머금어 '大^대'를 이루는 것이며, 여기에도 곤도坤道가 건도乾道를 계승하는 뜻이 숨어있는 것이다. 안타깝게도 이 복잡한 연산의 과정을 표현하는 수상手象은 오직 한 가

---

140 光과 大는 본래 건이 가진 모습이다. 乾은 스스로 빛나고 스스로 위대하지만, 坤은 스스로 光과 大를 가질 수 없으므로 만물인 弘을 머금어서 그 효과로 光과 大에 이르는 것이다.

지, 용구用九의 모습뿐이다. 머금음(含), 만물萬物, 광대光大의 뜻도 모두 이 펴진 식지食指의 자리에 녹아 있으니, 그야말로 식지食指의 수상手象이 곤도坤道의 이치理致를 몽땅 머금었다(含之) 하겠다.

含弘光大하야

빈마　지류　행지무강　　유순이정　군자유행
牝馬는 **地類**니 **行地无疆**하며 **柔順利貞**이 **君子攸行**이라.

암말은 땅의 류이니 땅을 다님에 경계가 없고, 유하고 순하고 이롭고 올곧음이 군자의 갈 바이니라.

　다음은 빈마牝馬의 行地无疆(행지무강)이다. 行地无疆(행지무강)은 곤도坤道가 영향을 미치는 범위에 지경地境이 없다는 것을 빈마牝馬를 끌어들여 설명한 것이다. 드넓은 대지는 온 몸을 바쳐 만물萬物을 실어내니, 그것은 모두 곤도坤道가 대지大地의 후미진 구석까지도 빠짐없이 흐르고 있기 때문이다. 더욱이 빈마牝馬는 암말이자 안정安定을 의미하는 '정貞'을 품은 곤도坤道의 대표체이다. 빈마牝馬가 다님에 경계境界가 없다는 뜻은 곤도坤道가 만물萬物의 번성蕃盛과 계대繼代를 최대한 넓게 도모하려 함이고, 세상의 가장 은미隱微한 곳에까지도 빈마牝馬의 정貞이 스며있음을 표현한 것이다.
　한편 도수度數의 흐름으로 行地无疆(행지무강)은 어떻게 해석되는가? 빈마牝馬가

다니는 땅에 경계가 없다는 뜻은 빈마牝馬 스스로 자신의 자리라고 여기는 '庚午의 貞을 한계(疆)로 삼지 않는다'는 뜻이 배어 있다. 즉, 빈마牝馬가 경오庚午에서 멈추지 않고 앞으로 더 나아간다는 뜻이다. 뒤따르는 柔順利貞은 이 뜻을 더욱 확실하게 밝혀주는 대목이다. 이는 도수度數가 앞으로 얼마만큼을 더 나아가야 하는지에 대한 해답을 정확히 제시한다. 공자孔子의 표현 또한 '柔順利貞이 바로 君子가 가야할 바'[141]라고 직설하고 있으니 이 뜻은 더욱 더 분명해진다. 군자가 나아갈 바는 '柔·順·利·貞'인데, 빈마牝馬는 이미 정貞에 도착했으니, 정貞의 자리에서 바라볼 때 남아 있는 여정은 '利·順·柔'의 삼도三度이다. 이것을 도수度數로 따지면 경오庚午에서 더 나아가야 할 삼도三度는 '未·申·酉'가 된다. 바로 여기에 공자孔子의 위대한 不言而信이 숨겨져 있다. 不言而信은 글 속에 뜻을 두지만 그것을 직접 드러내지 않는 공자孔子 특유의 화법話法이다. 공자孔子 스스로도 '未·申·酉'의 삼도三度를 얼마나 드러내고 싶었겠는가. 하지만 공자孔子는 시時와 명命이 아니라고 여겼기에, 후학後學들은 전혀 생각지 못할 절세絶世의 방법으로 그 뜻만을 표현하였다. 즉, 뜻 속에 소릿값을 숨겨놓은 것이다. 공자孔子가 드러낸 소리는 '利·順·柔'이고, 남아있는 삼도三度의 소리는 '未·申·酉'이니, 뒷날 뜻만을 좇았던 후학後學들이 어찌 도수度數의 소리를 알았겠는가. '柔·順·利·貞'은 '酉·申·未·午'의 뜻을 포함한 行地无疆의 소릿값[142]이었던 것이다.

---

141 기존의 道理에 따른 해석은 柔順하고 利貞함이 君子가 행할 바라는 실천의 의제가 되지만, 『正易』이 제시하는 度數의 해석은 柔順利貞을 네 걸음의 度數로 보고, 坤道를 운용함에 이 네 걸음의 度數를 더 나아가야 한다고 주장한다.

142 중국의 발음과 한국의 발음이 서로 다르다고 생각하는 독자들은 고대로부터 적어도 당나라 시대까지는 대륙에서 읽는 한자의 독음과 한반도의 독음이 서로 다르지는 않았다는 사실을 알아야 한다.

庚午의 牝馬가 나아갈 三度의 소리

坤卦의 四德	元	亨	利	牝馬之貞
彖辭의 소리	柔(유)	順(순)	利(이)	貞
度數의 소리	酉(유)	申(신)	未(미)	午(牝馬)

공자孔子가 柔順利貞에 넣어둔 '소릿값'에는 몇 가지의 부수적인 실마리가 더 들어있다. 이 실마리는 겉으로 드러나지 않았던 이치理致의 끝자락을 밝혀주는데, 그 내용을 정리하면 다음과 같다.

· 牝馬가 자신의 자리인 경오庚午를 疆으로 삼지 말아야 함을 밝혔다.
· 牝馬가 경오庚午에서 더 나아가야 할 도수度數가 삼도三度임을 밝혔다.
· 도수度數의 순서는 午 · 未 · 申 · 酉이지만, 사덕四德으로 헤아릴 때 酉 · 申 · 未 · 午의 순서로 헤아려야 함을 밝혔다.

'牝馬地類 行地无疆'에 대해 전해지는 수상手象은 앞서의 '先迷後得' 및 '西南得朋 東北喪朋'과 계속해서 동일한 수상手象을 유지한다. 서로 다른 문장에 같은 수상手象을 거듭해서 표현하는 것은 경문經文 또한 같은 이치를 설명하고 있다는 뜻이다. 빈마牝馬는 경오庚午를 가리키고, 지류地類는 곤괘坤卦의 사덕四德을 가리키니, 行地无疆은 빈마牝馬가 소지小指의 경계(疆)를 넘어 계유癸酉까지 내달리는 모습을 표현한 것이다.

牝馬는

地類니

先하면 迷하야 失道하고 後하면 順하야 得常하리니

먼저 하면 미혹되어 길을 잃고, 뒤에 하면 순하여 떳떳함을 얻으리니

곤도坤道가 삼도三度를 더 나아가야 함을 피력한 「단전彖傳」은 뒤이어
先迷後得을 보다 자세하게 설명하기 시작한다. 앞에서도 해석했듯이, 경
오庚午에 이른 군자君子가 먼저(先) 사덕四德을 성급히 결단하면 미혹迷
惑되어 길을 잃고(失道), 삼도三度를 더 나아간 뒤(後)에 결단하면 순서
(順)대로 사덕四德의 떳떳함을 얻는다(得常)는 뜻이 문장에서 고스란히
드러난다. 또한 득상得常의 앞에 지목된 '順'에 무게를 둔다면, 사덕四德
의 떳떳함에서 핵심은 '壬申' 즉, 중지中指를 말하려 한 것으로도 해석할
수 있다. 이 내용은 뒤에서 더 자세히 분석할 것이므로, 得常의 '常'이 과
연 무엇을 가리키는지를 기억해 두기 바란다.

서남득봉   내여류행   동북상봉   내종유경
西南得朋은 乃與類行이요 東北喪朋은 乃終有慶하리니
안정지길   응지무강
安貞之吉이 應地无疆이니라.

서남에서 벗을 얻음은 마침내 동류와 함께 다님이요, 동북에서 벗을 잃음은
마침내 경사가 있음이니, 안정해야 길함은 땅과의 응함에 지경이 없느니라.

서남득봉   행지무강   응지무강
西南得朋 이하부터는 行地无疆을 이어 받아서 應地无疆에 대한 설
명으로 넘어간다. 「단전彖傳」에 언급된 應地无疆의 주체는 安貞之吉
이다. 문장의 구조로 볼 때 安貞之吉은 應地无疆의 필요조건이 된다.
安貞이란 '貞을 편안히 한다'는 뜻이므로, 정貞의 상태를 편안이 해야
應地无疆이 가능할 수 있다는 논리가 만들어진다. 그렇다면 어떻게 해

야 정貞의 상태를 편안히 할 수 있는가? 바로 앞의 대목인 西南得朋과 _{서남득봉}
東北喪朋이 이에 대한 실마리가 될 수 있겠지만, 해석의 혼란은 여기에 _{동북상봉}
서 만들어진다. 우선 종래從來의 대표적인 해설로 받아들여지고 있는 정
자程子의 설說을 만나보자.

서 남 음 방   동 북   양 방   음 필 종 양   리 상 기 붕 류
西南은 陰方이요 東北은 陽方이라 陰必從陽하니 離喪其朋類라야

내 능 성 화 육 지 공 이 유 안 정 지 길
乃能成化育之功而有安貞之吉이라

득 기 상 즉 안   안 어 상 즉 정   시 이 길 야
得其常則安이요 安於常則貞이라 是以吉也라.

서와 남은 음의 방위이고, 동과 북은 양의 방위이다. 음은 반드시 양을 따르
니, 그 붕류를 떠나고 잃어야만 이에 능히 만물을 변화시켜 자라게 하는 공
을 이루고 안정의 길함이 있으리라. 그 떳떳함을 얻으면 곧 편안하고, 떳떳
함에 편안히 하면 곧 정하다. 이 때문에 길한 것이다.

　글의 맥락으로 볼 때 정자程子의 해설은 대단히 명료하다. 곤坤은 음陰
이므로 음방陰方인 서남西南을 떠나 양방陽方인 동북東北으로 가서 양陽
을 따르라는 것이며, 그렇게 해야 만물萬物을 화육化育시킬 수 있는 공功
을 이룰 수 있다는 뜻이다. 정자程子의 설說은 해석이 명확하고 논리가
합당하기 때문에, 설령 벗을 잃더라도 종양從陽해야 정貞을 편안히 할 수
있다는 논리는 乃順承天의 뜻과 더불어 천년 가까이 별다른 이견이 없 _{내 순 승 천}
이 받아들여져왔다. 그런데, 『정역正易』의 「금화이송金火二頌」에 등장하
는 동북東北과 서남西南에 대한 논리는 이와 같은 종래의 설說을 여지없
이 흔들어 버린다.

기 동북 이 고 수　리 서남 이 교 통
氣 東北而固守하고 理 西南而交通이라.

기는 동북에서 굳게 지키고 리는 서남에서 사귀고 통하는구나.

　　『정역正易』의 경문經文은 동북東北의 방위에 기기氣를 붙여 설명하고, 서남西南의 방위에 리리理를 붙여 설명할 뿐, 서남西南을 떠나 동북東北에서 양陽을 따르고 교합交合하라는 계도啓導의 뜻은 엿보이지 않는다. 그보다는 오히려 '리치理致가 西南에서 交通한다'[143]고 표현하고 있으니, 이는 정자程子의 설설說과 완전히 대치되는 내용이다. 내용상으로는 西南交通이 이치理致로서 장려되고 있는 것이다. 그렇다면 곤도坤道는 서남西南과 동북東北 중 무엇을 택해야 하는가? 종래從來의 설설說은 모두 부정되어야 하는가? 이러한 질문을 가지고 다시 곤괘坤卦의 괘사卦辭와 「단전彖傳」의 내용으로 돌아가 보자. 자구字句 속에서 동북東北의 종양從陽과 서남西南의 교통交通이 어떤 뜻으로 얽혀 있는지 그 실마리를 찾아보자.

　　西南得朋과 東北喪朋은 빈마牝馬가 처한 상황이므로, 그 주인공은 다름 아닌 빈마牝馬이다. 빈마牝馬는 지류地類로써 行地无疆하는 존재이다. 다니는 곳에 경계가 없으므로, 빈마牝馬가 다니지 못할 곳은 세상에 없는 것이다. 서남西南과 동북東北은 그저 방위方位일 뿐이므로 이 또한 빈마牝馬는 가리거나 마다하지 않는다. 먼저 서남西南은 펴진 손가락의 음방陰方이다. 빈마牝馬가 음방陰方으로 행行하면 동류同類를 만나게 되니, 벗을 얻는다는 표현이 나왔다. 동류同類와 함께 다닌다는 뜻의 '乃與類行'의 '行'은 빈마牝馬가 行地无疆을 하는 모습을 표현한 것이다. 이는 빈마牝馬에게 있어 서남西南의 방향이 동북東北에 비해 훨씬 더 자유롭고 수월한 상황임을 나타낸다. 바로 여기에 음류陰類들이 왜 그

---

143 『正易』, 「金火二頌」: 氣는 東北而固守하고 理는 西南而交通이라.

토록 서남행西南行을 갈망하는지에 대한 해답이 들어 있다. 서남西南에서는 음류陰類가 쉽게 응응應할 수 있다고 여기기 때문이다. 즉, 대부분의 음류陰類가 비교적 손쉬운 응응應함을 갈망하며 서남행西南行의 큰 흐름을 이루는 것이다. 수지상수手指象數에서 이 대목을 표현하는 수상手象은 어떤 모습인가? 西南得朋의 수상手象은 빈마牝馬인 경오庚午가 신미辛未·임신壬申·계유癸酉의 세 음류陰類와 차례로 만나면서 지경地境없이 行地无疆을 하는 모습이다. 여기서 빈마牝馬는 자신의 근거지인 경오庚午의 자리를 벗어났지만, 다행히 '선택된 올곧음'인 정貞을 잃지 않고 동류同類와의 여류행與類行으로 줄기차게(幹) 나아간 뒤에 마침내 사덕四德의 떳떳함을 얻게 된다. 즉, 빈마牝馬는 응응應함이 비교적 수월한 서남방西南方으로 달릴 것을 '선택한 후 멈춤 없이(貞)'[144] 동류同類와 더불어 응응應을 향해 나아가는 것이다.

西南得朋은
乃與類行이요

東北喪朋은
乃終有慶하리니

이와 반대로 동북東北은 양방陽方이다. 그러므로 빈마牝馬가 서남西南이 아닌 동북東北으로 향하면 음류陰類인 벗을 잃게 된다. 음류陰類

---

144 필자는 본서, 乾卦의 四德에 대한 해설에서, 貞을 '선택된 올곧음' 또는 '선택한 방향으로 줄기차게(幹) 나아감'이라고 정의했다. 즉, 어떤 상황이나 처지에서 한 번 선택하면, 그 선택한 방향에 대해 망설임 없이 밀고 나아가는 올곧음을 貞의 뜻이라 여기는 것이다. 이는 필자가, 孔子가 貞을 해설한 표현인 事之幹也를 '일의 줄기참'이라고 해석한 후 孔子 이전시기의 문헌에 나오는 모든 貞에 대입하여 해석한 후 확신을 얻은 결론이다.

인 벗을 잃는다는 것은 즉각적이고 수월한 응應함을 위해 서남西南으로 내달리는 다른 음류陰類들과는 달리, 빈마牝馬가 홀로 동북東北의 자리에 거하여 마침내 찾아올 응應함을 오랫동안 참고 기다리는 뜻이 된다. 乃終有慶은 해설이 가장 어려운 부분이다. 乃終과 有慶은 분명코, 마침내 양陽과의 교합交合을 기약하는 뜻으로 보이는데, 어떤 과정을 통해 양陽과의 응應함이 이루어지는지가 불분명하기 때문이다. 전해지는 수상手象은 경오庚午의 빈마牝馬가 응應함이 훨씬 수월한 음류陰類의 방향으로 나아가지 않고, 자신의 자리인 정貞의 소지小指를 굳게 지키고 있는 모습이다. 이는 마치 『정역正易』의 경문經文에서 이른바 '氣가 東北에서 固守'하는 모양을 연상시킨다. 여기서 빈마牝馬는 자신의 근거지인 경오庚午의 자리를 지키며 스스로 선택한 정貞함을 잃지 않는다. 乃終有慶은 빈마牝馬가 동북東北을 고수固守하는 선택을 끝내 묵묵히 지켜내면(貞), 그 과정은 확실치 않지만 종국終局에 이르러 반드시 양陽과 응應하게 될 것을 확신하는 표현이라 하겠다. 즉, 빈마牝馬는 동북東北에서의 정착定着을 선택한 이후에도 흔들리지 않고(貞) 양陽과의 응應함을 이룰 것을 확신하는 것이다.

　종합해 볼 때 곤도坤道는, 서남西南에서는 동류同類와 함께 應함으로 쉽게 나아가고, 동북東北에서는 양陽과의 應함을 확신하며 묵묵한 기다림을 이어간다. 이렇듯 곤도坤道가 사방四方에서 모두 감응感應할 수 있으니, 공자孔子는 이것을 일러 應地无疆이라고 표현했던 것이다. 그런데 이 모두는 빈마牝馬가 서남西南과 동북東北에서 모두 안정安貞을 유지했기 때문에 얻어진 결과이다. 이렇게 보면, 앞에서 질문했던 안정安貞이 무엇을 뜻하는지가 고스란히 드러난다. 결론적으로 '貞을 편안히 한다'는 뜻의 '安貞'이란 '應함을 위해 선택한 방향과 상태를 잃지 않고 오랫동안 유지함'이라 하겠다. 그러니 안정安貞은 따뜻한 남방南方을 선택한 후

멈춤 없이 목적지로 날아가는 철새의 적극적인 西南得朋^{서남득붕}을 뜻하며, 이미 흙에 덮였으나 따뜻한 봄(陽)이 오기 전까지는 절대로 발아發芽를 시작하지 않는 땅속 씨앗의 소극적인 東北喪朋^{동북상붕}을 말함이며, 응應함을 이루기 위해 스스로 선택한 입장을 길게(永) 이어나가는 올곧고(貞) 끈질긴 음陰의 상태 모두를 의미하는 것이다. 이에 대해 선유先儒들은 오로지 종양從陽에만 착목著目하여 동북東北에서의 응應함만을 장려했으니, 이는 곤도坤道의 行地无疆^{행지무강}과 應地无疆^{응지무강}을 깊이 헤아리지 못했기 때문이리라.

東北喪朋은
(庚午)

乃終有慶하리니
(庚辰)

여기서 잠깐, 乃終有慶^{내종유경}에 대한 필자의 의견을 소개하고자 한다. 참고로 乃終有慶^{내종유경}에 대한 헤아림은 수지상수手指象數의 전승에는 없는 내용이다. 필자는 수지상수手指象數를 연습하는 과정에서 우연히 오午와 진辰이 같은 손가락의 자리에서 십도十度의 차이를 두고 만나는 것을 확인하였다. 필자는 이것이 乃終有慶^{내종유경}이라는 표현을 쓸 때 공자孔子가 헤아렸던 도수度數의 순서라고 추측한다. 즉, 서남행西南行을 포기하고 경오庚午의 동북東北에서 선택한 자리를 고수固守했던 빈마牝馬가 ①신미辛未 → ②임신壬申 → ③계유癸酉 → ④갑술甲戌 → ⑤을해乙亥 → ⑥병자丙子 → ⑦정축丁丑 → ⑧무인戊寅 → ⑨기묘己卯 → ⑩경진庚辰의 순으로 십도十度의 세월을 보내면, 경오庚午의 빈마牝馬가 머물고 있는 그 자리에 경진룡庚辰龍이 도착하게 된다. 상붕喪朋을 자처하며 동북東北을 고수固守했던 빈마牝馬가 동류同類들의 손쉬운 응應함과는 격格이 다른, 경진룡庚辰龍과의 응應함을 이루게 되니, 공자孔子가 이것을 일러 큰 경사慶事로 표현했으리라는 생각이다.

다른 한편으로, 수뢰둔괘水雷屯卦의 육이효六二爻에서 언급된 '十年乃字'[145] 또한 같은 이치를 표현한 것으로 생각된다. '여자가 貞해서 아들을 얻지 못하다가 10년만에야 마침내 아들을 얻게 된다'는 효사爻辭에 등장하는 '貞'에는 한 번 선택한 방향을 흔들림 없이 고수固守하는 자발적 의지가 여실히 엿보인다. 더욱이 효사爻辭 속에 빈마牝馬를 연상시키는 '乘馬班如'라는 표현이 나오는 것으로 볼 때, '十年乃字'는 특정 손가락의 자리에 당도한 '午'가 십도十度 이후에 '辰'의 도수度數를 만나게 되는 순서를 표현한 것이라 추론된다. 만약 필자의 이런 추론이 틀리지 않다면, 건괘乾卦와 곤괘坤卦에 국한되어 전승된 수지상수手指象數의 헤아림을 나머지 62괘卦에까지 확대하여 적용할 수 있다는 기대가 만들어진다. 이에 대해서는 향후 정역正易을 공부하는 동학同學들의 연구와 노력을 기대하는 바이다.

문 언 왈 곤   지 유 이 동 야 강   지 정 이 덕 방   후 득
文言曰 坤은 至柔而動也剛하고 至靜而德方하니 後得하야
주 리 이 유 상
主利而有常하며

문언에 이르길, 곤은 지극히 부드러우나 움직임은 강하고, 지극히 고요하나 덕은 방정하니, 뒤에 얻어서 이로움에 주목하고도 떳떳함이 있으며…

---

145 『周易』, 水雷屯 : 六二는 屯如邅如하며 乘馬班如하니 匪寇면 婚媾리니 女子貞하야 不字라가 十年에야 乃字로다.

　여기부터는 공자孔子의 씨줄과 날줄이 숨어 있는 「문언전文言傳」의 해설이다. 먼저 문리文理를 통한 해석을 시도해보자. 곤음坤陰은 지극히 부드럽기 때문에 움직일(動) 때는 오히려 강강剛하다. 이는 지극히 부드러운 물이 산과 바위를 끝없이 깎아내는 것과 같은 이치이다. 그러므로 곤음坤陰은 그 부드러움으로써 만물萬物을 품고 대지 위에 갖가지의 문양紋樣을 만들어낸다. 곤음坤陰은 또한 지극히 고요하기 때문에 그 덕德이 반듯하다. 이는 때론 침잠沈潛하고 때론 진덕進德하며 오직 천덕天德의 위位에 오르려 건건비약乾乾飛躍으로 노력하는 건양乾陽의 덕德과는 다른 모습이다. 고요함은 나서지 않고 뒤로 물러서 있음이니, 그래서 곤음坤陰은 정貞을 잃지 않고 덕德이 반듯할 수 있는 것이다. '後得'은 곤음坤陰이 결단을 뒤로 미루며 지긋이 빼는 모습이다. 곤도坤道는 건도乾道가 내통천乃統天을 이루며 하늘을 단 숨에 장악하는 것과는 달리, 결코 한 번에 덥석 결단하지 않는다. 항상 결단 전에 스스로 정貞을 잃지 않을까 걱정하고, 보다 더 이로운 쪽을 지향하는 것이다. 뒤에 이어지는 主利而有常은 이익에 주목하고도 떳떳함이 있다는 뜻인데, 이는 자칫 속이 좁은 뻔뻔함으로 여겨질 수도 있을 것이다. 하지만 곤도坤道가 이로움에 주목하는 이유는 다름 아닌 곤도坤道의 순환을 위함이고, 그리하여 마침내 사덕四德을 얻게 되니 그 떳떳함에는 그만큼의 가치가 있는 것이다.

　밖으로 드러난 대강의 의미를 살펴보았으니, 이제 문리文理의 경계(疆)를 넘어 공자孔子가 숨겨놓은 씨줄과 날줄의 경위經緯를 찾아봐야 한다. 건괘乾卦에서 「문언전文言傳」이 건도乾道가 가진 도체道體의 모습을 낱낱이 드러냈듯이, 곤괘坤卦의 「문언전文言傳」 또한 숨은 도체道體의 모습을 그에 못지않게 드러낼 것이다. 우선 첫 번째로 나서는 문장은 '至柔而動也剛하고 至靜而德方하니'이다. 이 문장은 곤坤이 가진 대체大

體의 성정性情을 집약하여 표현한 것으로 유명한 대목이다. 건괘乾卦의
'剛健中正純粹(강건중정순수)'가 밖으로는 건도乾道의 성정性情을 드러내면서 속으로
는 육효六爻를 하나하나 결단하여 지목했듯이, 그와 짝을 이루는 이 대
목 또한, 속으로는 곤도坤道의 육효六爻를 차례대로 숨겨놓고 있을 것이
다. 총 11자字로 된 이 문장에서 육효六爻의 여섯 글자를 찾아내려면, 먼
저 의미가 없는 주변 글자들을 제외시켜야 한다. 이런 방법으로 형용사
인 '至(지)'와 접속사인 '而(이)', 그리고 어조사인 '也(야)' 등의 4글자를 제외하면,
'柔動剛靜德方(유동강정덕방)'의 여섯 글자를 얻을 수 있다. 이 여섯 글자가 바로 곤괘
坤卦의 육효六爻를 각각 결단하여 지목한 공자孔子의 숨은 메시지이다.
정확히 말하자면, 柔(유)는 초육初六을, 動(동)은 육삼六三을, 剛(강)은 상육上六을,
靜(정)은 육사六四를, 德(덕)은 육오六五를, 方(방)은 육이六二를 각각 지목한 것이다.
그 내용을 좀 더 구체적으로 분석한 결과는 다음과 같다.

① 柔(유)는 초효初爻의 '履霜(이상)'을 지목한 것이다.
　　柔(유)는 타물他物과 접할 때 스스로를 주저 없이 허물어뜨려 상대의 주장
을 그대로 받아들임이다. 그러므로 柔(유)는 자신의 주장이 지극히 약한 상
태를 의미한다. 특히 초효初爻는 음陰이 처음으로 엉겨서 만들어진 부드
러움이므로 선성先聖은 이것을 부드러운 서리에 빗대어 표현한 것이다.
그리고 이 柔(유)는 점점 자라나 마침내 堅氷(견빙)의 剛(강)에 이르게 된다.
② 動(동)은 육삼六三의 '以時發也(이시발야)'를 지목한 것이다.
　　육삼六三은 초육初六의 柔(유)가 막 動(동)하는 때로서 그 힘이 아직 강剛에 이
르지는 않은 상태이다. 방향은 剛(강)을 향하고 있으나 스스로를 강하게 주
장하지 않고, 오직 건乾의 때와 형식을 따라 만물萬物을 품어 光(광)을 이루
면서 貞(정)을 유지하는 순간이 곧 음陰이 動(동)하는 때이다. 이렇게 볼 때, 육
삼六三의 효사爻辭에 나오는 含章可貞(함장가정)의 含(함)은 음陰이 動(동)하는 방식이고

章은 光을 말했던 것이며, 或從王事를 行行함은 건양乾陽이 가진 光과 大의 효과를 알았기 때문이라는 추가적인 정보를 얻을 수 있다.

③ 剛은 상육上六의 '戰龍于野'를 지목한 것이다.

초효初爻의 柔가 육삼六三에서 動하여 상육上六의 剛이 되니, 剛은 다름 아닌 곤坤이 극極에 달하여 건乾의 모습처럼 보이는 것이다. 光을 숨之하고도 貞할 수 있었던 것은 모두 剛이 될 것을 알았기 때문이다. 곤괘坤卦에서 剛과 大는 모두 음유陰柔가 動한 후에 점점 자라나서 건乾의 剛과 大에 견줄(戰) 힘을 가진 것을 뜻한다.

④ 靜은 육사六四의 '括囊'을 지목한 것이다.

靜은 括囊으로 입을 묶어서 언표하지 않는 조용한 상태를 뜻한다. 천지天地가 상교相交하여 변화變化를 이루면 그 사이에 사는 초목草木은 마음을 놓고 번성蕃盛하지만, 천지天地가 서로 닫혀 폐쇄閉鎖되면 현인賢人조차 침묵하며 은거隱居하게 된다. 그러므로 육사六四가 括囊으로 靜을 지키는 뜻은 주변의 상황에 비하여 자신의 세력이 아직은 미약하다고 여기기 때문이다. 靜은 剛이 될 때까지 스스로 참는 뜻이 있으니, 이 또한 곤도坤道가 貞을 유지하며 나아가는 모습이라 할 수 있다. 그러므로 음정陰靜의 침묵 뒤에는 장차 음강陰剛이 도래할 것임을 미리 알아차려야 하는 것이다.

⑤ 德은 육오六五의 '黃裳'과 '發於事業'을 지목한 것이다.

육오六五는 황중黃中에 이치理致에 통달通達하고 정위正位에 거처한 지미군자至美君子이다. 정위正位에 오른 군자君子는 오직 백성을 위해 통변通變으로 사事[146]를 행하고, 부유富有로써 업業[147]을 일굴 뿐이다. 이는 사

---

[146] 『周易』, 「繫辭上傳」 5 : 通變之謂事오.

[147] 『周易』, 「繫辭上傳」 5 : 富有之謂大業이요.

업事業을 통해 德이 발현되는 모습이니, 성인聖人이 이것을 가리켜 아름다움이 지극하다고(美之至也)고 표현했던 것이다.

⑥ 方은 육이六二의 '直方大'를 지목한 것이다.

直은 方의 원인이고 大는 方의 결과이다. 그러므로 直方大의 시작은 直이고 중심은 方이라고 할 수 있다. 敬으로써 안을 곧게(敬以直內)하는 까닭은 마침내 義로써 실천(義以方外)하기 위함이므로, 이는 安土를 지은 이후에 敦乎仁하는 순서와 그 뜻이 같다고 할 수 있다. 그러므로 直은 安土의 모습이고 方은 敦乎仁의 모습이요, 또한 세상에 의義롭게 대하여 利天下를 이루는 모습이다. 그 이로운 효과가 큰 것을 일러 大라고 했으니, 이 모두는 方의 효과라고 할 수 있다.

위와 같은 분석을 통해, 우리는 곤괘坤卦의 '柔動剛靜德方'이 육효六爻가 가진 정확한 의미와 작용을 지목하기 위해 공자孔子가 넣어놓은 또 하나의 경위經緯임을 알게 되었다. 그리고 공자孔子가 이 글을 지을 때 문리文理를 통해 육효六爻의 의미를 애써 감추려 노력했다는 사실 또한 확인하게 되었다. 그렇다면 이어지는 문장과의 조합은 어떠한가? 앞서 건괘乾卦에서 '剛健中正純粹'가 뒤따르는 '六爻發揮旁通'과 한 글자씩 순서대로 짝을 이루며 같은 뜻을 품고 있었듯이, 곤괘坤卦에서도 동일한 연결과 조합이 연출되는지를 살펴볼 필요가 있다. 앞서와 같은 방법으로 뒤에 이어지는 '後得主利而有常'에서 접속사인 '而'를 제외하면, '後得主利有常'이라는 여섯 글자가 또 다시 만들어진다. 그리고 건괘乾卦에서와 마찬가지로 두 문장을 동일한 순서로 짝을 지어 분석해보면 아래와 같은 각각의 조합이 만들어진다. 처음엔 조합의 형식이 다소 낯설게 느껴지지만 한 글자씩 그 의미를 짜맞추다보면, 이 문장 역시 곤괘坤卦의 육효六爻를 지목한 내용임이 여실히 드러난다. 조합을 통해 '後得主利有常'을 분석한 내용은 다음과 같다.

$$
\begin{array}{cccccc}
1 & 3 & 6 & 4 & 5 & 2 \\
柔 & 動 & 剛 & 靜 & 德 & 方 \\
| & | & | & | & | & | \\
後 & 得 & 主 & 利 & 有 & 常 \\
1 & 3 & 6 & 4 & 5 & 2
\end{array}
$$

六四 括囊   主利

① 後는 뒤로 물러서서 자신을 주장하지 않음이니, 이는 '柔'와 '順'의 모습으로 그 뜻이 초육初六과 연결된다.

② 得은 가지지 못했던 것을 품는 뜻으로, 含章可貞의 '含'과 뜻이 통하여 육삼六三과 연결된다.

③ 主는 강강剛해진 음陰이 상대를 향해 자신을 완강히 주장主張함이니, '龍戰于野'의 상육上六과 연결된다.

④ 利는 '主利하나라'의 수상手象인 식지食指와 연결되므로, 이는 육사六四에서 括囊의 수상手象인 식지食指의 자리와 동일하다. 건괘乾卦에서는 '旁'이 식지食指의 수상手象을 지목한다면, 곤괘坤卦에서는 '利'가 식지食指의 수상手象을 지목하는 역할을 한다. 또한 이를 통해 곤음坤陰이 括囊으로 貞을 유지하는 이유가 모두 이로움을 위해서임을 알 수 있다.

⑤ 有는 타물他物을 부유富有케 뜻이 있으므로 이는 덕德을 베풀기 위해

'發於事業^{발 어 사 업}'하는 육오六五와 뜻이 연결된다.

⑥ 常^상은 떳떳함이니, 방方의 의義롭고 방정方正한 모습과 뜻이 통하므로 '直方大^{직 방 대}'의 육이六二와 연결된다. 이로 인하여 곤괘坤卦가 얻는 떳떳함 (常)이란 임신壬申의 '直方大^{직 방 대}'를 말했음이 고스란히 드러난다.

위와 같은 분석으로, 초육初六은 부드러워서(柔) 뒤(後)로 물러서고, 육 삼六三은 동(動)해서 얻게(得) 되고, 상육上六은 강(剛)해서 스스로를 주 장(主)하며, 육사六四는 고요함(靜)으로 이로움(利)을 지향하고, 육오六五 는 덕(德)을 베풀어 부유(有)케 하고, 마지막으로 육이六二는 방정함(方) 으로 떳떳하게(常) 되는 곤도坤道의 모습이 확연히 드러나니, 「문언전文 言傳」의 글 속에는 애초부터 육효六爻의 뜻이 적나라하게 숨어 있었던 것 이다.

이렇듯 공자孔子는 곤괘坤卦를 설명하는 「문언전文言傳」의 글 속에 그 누구도 예상하지 못할 방법으로 도체道體의 모습을 숨겨놓았다. 이는 뜻 모를 이야기만을 풀어놓은 듯한 역易의 문장이 사실은 모든 뜻을 품 고 있으며, '繫辭^{계 사}를 통해 그 말을 다했다(盡)'[148]는 공자孔子의 선언宣言 이 진실이었음을 반증해주는 증거이다. 도체道體의 분석을 통해 우리는 곤괘坤卦의 괘卦와 효爻가 서로 어떻게 연결되어 있는지를 이해할 수 있 으며, 각 효爻의 활동이 어떤 '역할과 지향'을 가지고 있는지에 대해서도 해답을 얻을 수 있다. 특히 도체道體를 설명하는 문자文字가 가진 본래 의 뜻을 상세히 확인할 수 있는 것은 아주 커다란 소득이다. 예를 들어 떳떳함을 의미하는 '常^상'은 크게는 사덕四德 전체를 의미하지만, 구체적 으로는 육이六二의 '直方大^{직 방 대}'를 지목했던 것이며, 수상手象으로는 중지中

---

148 『周易』, 「繫辭上傳」 12 : 聖人이 立象하야 以盡意하며 設卦하야 以盡情僞하며 繫辭焉 하야 以盡其言하며 變而通之하야 以盡利하며 鼓之舞之하야 以盡神하니라.

指를 가리키고 있음을 발견하는 것이다. 또한 '利'가 육사六四의 '括囊'과 연결됨은 도수度數의 흐름이 수지상수手指象數와 연결된다는 주장에도 확실한 논거를 제시한다. 게다가 履霜이 堅氷에 이르는 과정에 柔 → 動 → 剛의 순서가 흐르고 있으며, 육사六四의 括囊이 直方大의 원천源泉임은 경위經緯와 같은 공자孔子의 작법作法이 아니라면 도저히 드러낼 수 없는 뜻일 것이다.

글의 짜임과 그 숨겨진 정도가 너무나 치밀한 나머지 공자孔子의 본 뜻은 2천 수백 년이 넘는 긴 세월 속에 묻혀있어야만 했다. 이 모두를 이미 발견했을 것이 분명한[149] 일부一夫 선생마저도, 후대에게 남겨준 실마리가 건괘乾卦의 '剛健中正純粹精也'와 '正中之道'에 대한 해석뿐이었으니, 「문언전文言傳」에 숨겨졌던 도체道體의 모습이 일반에 공개되는 것은 이번이 처음이라 생각된다. 공자孔子는 무슨 의도로 본래의 뜻을 감춰놓았을까? 혹여 자신의 뜻이 발견되지 않기를 바랐던 것은 아닌가? 공자孔子는 분명 후대에 의해 자신이 전하려 한 '斯文'[150]의 뜻이 발견되기를 간절히 희망했을 것이다.

文王이 旣沒하시니 文不在玆乎아 天之將喪斯文也인댄

後死者 不得與於斯文也어니와 天之未喪斯文也신댄

匡人이 其如予에 何리오.

---

149 一夫 선생은 『正易』에서 孔子를 文學의 宗長이라 치켜세웠으니, 분명 十翼에 숨겨놓은 道體의 짜임을 이미 간파하고 있었던 것이다.

150 孔子는 『論語』 「子罕」 제5장을 통해 文王의 文이 자신을 통해 이어지고 있으며, 이것이 후대로 전해지는 것이 하늘의 뜻임을 밝히고 있다.

문왕이 이미 돌아가셨으니, 文이 여기 내 몸에 있지 않은가! 하늘이 이 文을 버리고자 한다면 후대는 이 文에 참여할 수 없거니와, 하늘이 이 文을 아직 버리지 않으려 하신다면 광 땅 사람들이 나를 어쩌하겠는가.

만약 전하지 않으려 했다면 굳이 이렇게 치밀한 글로 남길 필요가 없었을 것이기 때문이다. 모든 글은 읽혀지기를 희망하면서 쓰이듯이, 모든 비문秘文은 그것이 찾아지길 바라며 숨겨지는 법이다. 이렇게 볼 때「문언전文言傳」의 글은 크게 세 가지를 품고 있으니 '文理', '道體', '度數'가 바로 그것이다. '文理'는 일반적인 문법文法으로 도체道體의 모습을 설명한 것이고, 道體는 文을 도道의 흐름과 동일하게 조직하여 文의 짜임이 곧 도체道體를 이루도록 조합한 것이며, '度數'는 도체道體의 이면에 흐르는 도수度數와 수상手象을 문자文字와 연결시킨 도道의 수리적數理的 이치理致이다. 공자孔子는 이 세 가지의 조합을 말에 매달아서(繫辭) 그 뜻을 다(盡) 표현했다고[151] 선언했으니, 「문언전文言傳」은 그야말로 文이 말해(言)주는 도체道體에 대한 이야기였던 것이다.

함 만 물 이 화 광　　곤 도 기 순 호　　승 천 이 시 행
舍萬物而化光하니 坤道其順乎인저 承天而時行하나니라.

만물을 머금어서 변화시키고 빛내니, 곤도는 그토록 순하구나, 하늘을 이어서 때에 따라 행하느니라.

함 만 물 이 화 광
舍萬物而化光은 스스로 빛을 내지 못하는 곤음坤陰이 萬物을 舍之한 후 번성蕃盛으로 化를 이루어서 마침내 光을 얻는 과정을 표현한 것이

151『周易』,「繫辭上傳」12 : 子曰 聖人이 立象하야 以盡意하며 設卦하야 以盡情僞하며 繫辭焉하야 以盡其言하며 變而通之하야 以盡利하며 鼓之舞之하야 以盡神하나니라.

다. 이를 앞에서 얻은 육효六爻의 순서대로 다시 정렬해 보면, 含은 초육初六과 육삼六三에, 萬物은 상육上六과 육사六四에, 化光은 육오六五와 육이六二에 해당되어 각각의 조합이 가능한 것을 알 수 있다. 초육初六이 부드러워(柔) 뒤로(後) 물러서는 것은 육삼六三의 동(動)과 득(得)의 왕성함을 함지(舍之)하는 모습이고, 상육上六과 육사六四의 剛靜과 主利는 만물萬物이 저마다 이로운(利) 방향으로 활동하는 모습이며, 육오六五가 덕(德)을 베풀어 부유(有)케 함은 만물을 보듬어 질적으로 화(化)를 이루는 모습이고, 마침내 육이六二의 방정함(方)으로 떳떳함(常)을 얻는 것은 다름 아닌 지도地道가 광(光)을 얻는 모습이다. 이 문장 또한 육효六爻가 작용하는 순서를 또 다시 숨겨놓은 것이니, 도대체 얼마나 많은 뜻이 글 속에 숨겨져 있는 것인가!

1	3	6	4	5	2
柔	動	剛	靜	德	方
後	得	主	利	有	常
舍	萬	物	化	光	

化光을 만드는 주체는 乾元의 뜻을 받은 坤元이로되, 化光케 되는 대상은 곤坤이 머금은 만물萬物이다. 이것이 곤음坤陰이 후덕厚德으로 재물載物을 하는 모습이니, 곤도坤道가 유순柔順하고 이로움에 주목했던 이유는 모두 이 含萬物而化光을 통해 떳떳함을 이루기 위해서였다. 그리고 이 떳떳함이 이뤄지는 과정 속에서 곤도坤道는 반드시 때를 맞춰 건도乾道를 계승하고 있으니, 이것이 '承天而時行'이라는 곤도坤道의 원칙이다. 건도乾道가 '時乘六龍'으로 때를 맞춰 육효六爻의 매듭을 지으면,

이것을 따르는 곤도坤道는 '承天而時行'으로 건도乾道의 '때와 형식'을 계승하는 것이다. 이렇듯 곤괘坤卦의 육효六爻는 건괘乾卦의 육효六爻가 가진 '때와 형식'을 그대로 계승하고 있으니, 이제 그 承天而時行 대해 알아볼 차례이다.

5) 承天而時行

곤도坤道는 건도乾道를 계승하니, 이것이 곤도坤道의 정해진 운명運命이다. 곤도坤道는 먼저 乾元의 '癸亥'를 계승하여 坤元으로 삼은 후 도수度數의 헤아림을 시작하여, 마침내 酉·申·未·午의 역순逆順으로 배열된 元·亨·利·牝馬之貞의 사덕四德을 내놓는다. 또한 곤도坤道는 건도乾道가 풀어나가는 육효六爻의 때와 형식을 별도로 계승하여 빈마牝馬가 거쳐 갈 여섯 마디의 도수度數로 삼는다. 이렇듯 곤도坤道는 괘卦와 효爻 모두에서 건도乾道를 계승하는 것이다. 다만, 건도乾道가 육효六爻의 도수度數를 '辰'으로 삼아 여섯 용龍들의 이야기를 풀어나갔던 것과는 달리, 곤도坤道는 육효六爻의 도수度數를 '午'로 삼아 빈마牝馬의 여정을 별도로 풀어나간다. 즉, 곤도坤道의 초경오初庚午, 임오壬午, 갑오甲午, 병오丙午, 무오戊午, 상경오上庚午의 여섯 마디는 건도乾道의 초무진初戊辰, 경진庚辰, 임진壬辰, 갑진甲辰, 병진丙辰, 상무진上戊辰의 때와 형식을 계승한 것이지만 실제의 도수度數와 내용은 달라지는 것이다.

乾卦와 坤卦의 六爻와 度數

卦名	初爻	二爻	三爻	四爻	五爻	上爻
乾卦	初戊辰	庚辰	壬辰	甲辰	丙辰	上戊辰
度數차이	←12度→	←12度→	←12度→	←12度→	←12度→	
坤卦	初庚午	壬午	甲午	丙午	丙午	上庚午

위의 표에서 확인할 수 있듯이, 곤도坤道는 건도乾道로부터 육효六爻
의 도수度數인 '辰'을 그대로 계승하지 않는다. 그 대신 곤도坤道는 '午'
를 육효六爻의 도수度數로 삼은 이후에 건도乾道에서 발휘되는 효爻와 효
爻 사이에 벌어진 12도度의 차이를 그대로 계승한다. 즉, 건乾과 곤坤에
서 각 효爻가 발휘되는 '때(時)'는 서로 다르지만 그 사이의 간격은 동일
한 것이다. 이렇게 형성된 '辰'과 '午'의 차이는 곤도坤道가 건도乾道를
정확히 2도度의 차이를 두고 뒤따르도록 만드는데, 바로 여기에서 곤도
坤道가 품고 있는 '先迷後得'의 원리가 또 한 번 발현된다. 건乾과 곤坤이
도수度數는 달리하지만 각 효爻 사이의 간격이 동일한 것은『정역正易』
의 경문經文에서도 확인되는 원리이다. 내용인즉, 태양太陽과 태음太陰이
胞·胎·養·生 순으로 발현해 나가는 과정에서 서로 도수度數는 달리
하지만, 그 사이의 간격은 건곤乾坤의 관계에서처럼 동일한 것이다. 한마
디로 곤坤은 건乾의 때와 형식을 계승(含之)하되, 철저히 곤坤의 입장으
로 변화(化)시켜 계승하는 것이다. 공자孔子는 이 같은 곤도坤道의 숙명
을 일컬어 '乃順承天'이라고 표현했으니, 이는 '마침내 순서대로 하늘을
계승한다'는 뜻이다. 여기에서 순서를 의미하는 '順'은 다름 아닌 육효六
爻의 차례를 뜻하므로, 곤도坤道가 건도乾道의 여섯 매듭을 '때에 맞춰'
계승하는 것을 지목한 것이다. 앞에 붙은 '乃'는 곤도坤道가 건도乾道의
도수度數까지 그대로 계승하지는 않지만, 큰 틀에서 보면 분명히 건도乾

道의 '때(時)'를 계승하는 것임을 전하려는 당부의 의미를 품고 있다. 이같은 표현으로도 부족했는지 공자孔子는 아예 '承天而時行^{승천이시행}'이라고 거듭 적시하여 계승의 뜻을 표명했다. 하지만 여기에도 '承天時而行^{승천시이행}'라고 하지 않고 '承天^{승천}'과 '時行^{시행}'을 굳이 구분하여, 곤도坤道가 건도乾道를 계승하지만 곤도坤道 나름의 때와 입장에서 발현해 나가고 있음을 표현했다.

아래의 표에서도 정리했듯이, 건괘乾卦에서 괘사卦辭를 헤아리는 본체도수本體度數의 출발점은 계해癸亥이고, 효사爻辭를 헤아리는 작용도수作用度數의 출발점은 신유辛酉이다. 즉, 건괘乾卦는 괘사卦辭와 효사爻辭를 헤아리는 도수度數 셈법의 출발점이 서로 다른 것이다.

乾卦와 坤卦의 주요 度數

구분		乾卦	坤卦
本體度數 (卦辭)	출발	癸亥	癸亥
	도착	戊辰(貞)	癸酉(元)
作用度數 (爻辭)	출발	辛酉	癸亥
	각 爻의 발휘	辰(龍)	午(馬)

하지만 곤괘坤卦는 이와 달리 괘사卦辭와 효사爻辭를 헤아리는 도수度數의 출발점을 모두 계해癸亥로 삼는다. 이는 곤괘坤卦가 건괘乾卦의 본체도수本體度數를 그대로 계승하여 스스로의 본체도수本體度數와 작용도수作用度數로 각각 삼은 것이다. 괘사卦辭와 효사爻辭를 헤아리는 시작지점의 도수度數가 같으므로, 곤도坤道의 체體와 용用이 나아가는 경로 또한 동일한데, 다만 괘사卦辭를 헤아릴 때의 도수度數가 경오庚午를 지나 계유癸酉까지 가는 바를 더 두었던(有攸往) 것과는 달리, 효사爻辭는 초육初六의 경오庚午에 도착하여 곧바로 셈을 멈춘다.

즉, 용구用九의 자리인 식지食指를 펴면서(伸) 셈을 시작하여 계해癸亥로 삼고, 무지拇指를 펴며(伸) 갑자甲子로 삼고, 폈던 무지拇指를 다시 곱으며(屈) 을축乙丑으로 삼아, 병인丙寅, 정묘丁卯, 무진戊辰, 기사己巳를 지나 곱았던 소지小指를 다시 펴면서 경오庚午에 이르는 것이다. 여섯 말들 중 첫 번째 말인 경오庚午의 빈마牝馬가 나왔다. 경오庚午의 빈마牝馬가 도착한 곳은 음陰의 자리인 펴진(伸) 소지小指이다. 곤괘坤卦도 건괘乾卦와 마찬가지로 육효六爻에 두 개의 경오庚午가 존재하는데, 초육初六과 상육上六이 그것이다. 그래서 초육初六의 경오庚午를 초경오初庚午로 부르고, 상육上六의 경오庚午를 상경오上庚午로 부른다.

履霜堅氷 _{이상견빙}

初六은 履霜하면 堅氷이 至하나니라.

초육은 서리를 밟으면 굳은 얼음이 이르게 되느니라.

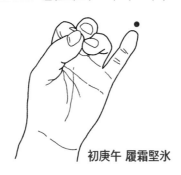

初庚午 履霜堅氷

초육初六의 소지小指는 계해癸亥를 출발한 빈마牝馬가 처음으로 밟는 땅이다. 먼 길을 떠나는 빈마牝馬의 발굽이 처음부터 서리를 밟았으니, 머지않아 굳은 얼음을 만날 것은 정해진 순서이다. 늦가을의 서리는 추운 겨울이 찾아올 것을 미리 알리는 징조이기 때문이다. 그런데 빈마牝

馬는 왜 하필 마른 땅이 아닌, '서리(霜)'와 '굳은 얼음(堅氷)'을 밟는 것인가? 그것은 초효初爻의 빈마牝馬가 처음으로 도착한 곳이 다름 아닌 육수六水의 자리이기 때문이다. 용龍은 물에서 자라므로 건괘乾卦의 초구初九가 육수六水를 만나 잠룡潛龍이라 칭했던 것을 기억할 것이다. 같은 논리로 말하자면 말은 땅을 밟고 달려야 하므로, 빈마牝馬가 육수六水를 의미하는 서리(霜)와 굳은 얼음(堅氷)을 밟는 것은 그리 낯설지가 않다. 초경오初庚午가 도착한 소지小指는 앞서 언급된 포오함육包五含六 중 육수六水의 자리임과 동시에 정역팔괘正易八卦의 수상手象으로 볼 때 삼태택三兌澤의 위치를 점유한다. 빈마牝馬가 도착한 육수六水와 삼태택三兌澤의 자리에서 굳은 경구금庚九金의 경오庚午를 만나니, 물(水)이 엉기는 (凝) 뜻의 履霜堅氷이라는 말이 나온 것이다. 흥미로운 점은 이 때의 수상手象이 건괘乾卦의 초효初爻인 초무진初戊辰과 같은 모습이라는데 있다. 더욱이 앞으로 다루게 될 나머지 다섯 효爻도 건괘乾卦의 수상手象과 모두 동일하니, 곤도坤道는 수상手象에서도 건도乾道를 계승하고 있는 것이다.

乾卦의 手象을 계승하는 坤卦의 手象

卦名	初爻	二爻	三爻	四爻	五爻	上爻
	初戊辰	庚辰	壬辰	甲辰	丙辰	上戊辰
乾卦						
	初庚午	壬午	甲午	丙午	戊午	上庚午
坤卦						

상왈 이 상 견 빙　　음 시 응 야　순 치 기 도　　지 견 빙 야
象曰 履霜堅冰은 陰始凝也니 馴致其道하야 至堅冰也하나니라.

상에 이르길, 서리를 밟으면 굳은 얼음이 이른다고 하는 것은 음이 엉기기 시작한 것이니 그 도를 순서대로 이루어서 굳은 얼음에 이르느니라.

　육수六水의 자리인 소지小指는 추위가 시작되어 서리가 내려앉은 곳이다. 빈마牝馬가 밟는 서리는 음陰이 약하게 엉기기 시작한 때이지만, '馴致其道'의 과정을 거치고 나면 빈마牝馬는 결국 굳은 얼음을 밟게 될 것이다. 馴致란 '순서를 따라서 지향하는 상태에 이른다'는 뜻이므로, 그 지향하는 상태는 다름 아닌 빈마牝馬가 따라갈 '其道'를 의미한다. 그렇다면 '其道'는 무엇인가? 공자孔子가 '道' 또는 '坤道'라고 하지 않고, 굳이 '其道'라고 적시한 것은 '其道'가 가리키는 것이 '坤道'가 아닌 다른 특정한 '道'이기 때문이다. 앞서 설명했듯이 곤도坤道는 반드시 건도乾道의 때와 형식을 계승하는 원칙을 가지고 있으므로, 빈마牝馬가 따라갈 '其道'는 다름 아닌 '乾道'가 된다. 즉, '馴致'란 '乾道의 때와 형식을 계승'하는 빈마牝馬의 순順한 모습을 표현했던 것이다.

承天而時行의 원칙에 따라 곤도坤道는 육효六爻의 마디마다 건도乾道가 앞서 지나간 때와 형식을 그대로 계승하며 스스로의 매듭을 지어나간다. 그리고 건도乾道가 상무진上戊辰으로 여정을 마치는 소지小指의

자리에서 곤도坤道의 馴致其道^{순 치 기 도} 또한 마무리가 된다. 그러므로 서리를 밟은 빈마牝馬가 얼마의 시간을 보낸 후 견빙堅氷을 밟는 최종의 순간은 馴致其道가 끝나는 마지막의 상효上爻라고 할 수 있다. 이렇게 볼 때, 履霜堅氷의 정확한 메시지는 초육初六이 아직은 미약한 음유陰柔의 상태이지만, 반드시 상육上六의 때까지 이어져 그 영향이 강강剛하고 왕성해질 것을 확신시키는데 있다 하겠다. 그리고 그 과정에서 건도乾道의 여정을 끝까지 따라가는 것이 곤도坤道가 가진 '順^순'의 모습이라고 말해주는 것이다.

積善之家는 必有餘慶하고
_{적 선 지 가　　필 유 여 경}

積不善之家는 必有餘殃하나니
_{적 불 선 지 가　　필 유 여 앙}

臣弑其君하고 子弑其父 非一朝一夕之故라
_{신 시 기 군　　자 시 기 부 비 일 조 일 석 지 고}

其所由來者漸矣니 由辨之不早辨也라
_{기 소 유 래 자 점 의　　유 변 지 부 조 변 야}

易曰 履霜 堅冰至라하니 蓋言順也라.
_{역 왈 이 상 견 빙 지　　개 언 순 야}

선을 쌓는 집안은 반드시 남은 경사가 있고, 불선을 쌓는 집안은 반드시 남은 재앙이 있나니, 신하가 임금을 죽이고, 아들이 아비를 죽이는 일은 하루아침 하루저녁의 일이 아니라, 그것은 점차 유래하여 온 것이니, 일찍 분별해야 할 것을 분별하지 않음에서 말미암은 것이라. 역에 이르길, 서리를 밟으면 군은 얼음이 이른다고 하니 대개 순서를 말한 것이라.

소지小指의 자리는 건괘乾卦에서 경계警戒의 뜻이 함유된 자리였다. 초구初九는 潛龍勿用^{잠 룡 물 용}의 '쓰지 말라'는 뜻으로, 상구上九는 亢龍有悔^{항 룡 유 회}의 '후회가 있으리라'는 뜻으로 괘사卦辭의 표현에서부터 모두 그 쓰임을 제한받았다. 곤괘坤卦에서도 빈마牝馬가 도착한 소지小指에 경계警戒의 뜻이 들어있기는 하지만, 건괘乾卦에서처럼 '행동의 제한'을 권장하는 표현은 괘사卦辭에 직접 등장하지 않는다. 다만 괘사卦辭의 내용은 미약하게 시작된 음陰이라 할지라도 종국에는 반드시 큰 재앙을 불러올 것이라는 '순서順序의 이치理致'를 드러낼 뿐이다. 효사爻辭가 전하려 했던 뜻이 부족하게 드러났다고 여겼는지, 공자孔子는 「문언전文言傳」의 부연설명을 통해 불선不善에 대한 '이른 분별'이라는 행동지침을 강력하게 제시한다. 음陰이 성성盛해져서 초래되는 부정적인 결과 또한 극한의 상황을 예로 들었으니, 자식이 아비를 죽이고 신하가 임금을 죽이는 최악의 상황이 그것이다.

건괘乾卦에서 육효六爻의 도체道體를 씨줄과 날줄로써 장엄하게 드러냈던 「문언전文言傳」은 곤괘坤卦에서도 어김없이 육효六爻가 가진 도체道體의 모습을 당당히 드러낸다. 건괘乾卦는 하나의 효爻에 나머지 오효五爻의 용덕龍德이 모두 내포되어 있어서, 육효六爻 중 하나의 효爻만 보더라도 그 속에서 건괘乾卦의 모든 모습을 발견할 수 있다. 건괘乾卦의 육효六爻 모두가 나머지 오효五爻의 조합으로 만들어졌으니, 건괘乾卦의 육효六爻는 각각의 효爻가 하나의 건괘乾卦이며, 또한 육효六爻 모두를 품었다고 할 수 있는 것이다. 하지만, 곤괘坤卦의 육효六爻는 이와 다르다. 곤괘坤卦의 육효六爻는 承天而時行승천이시행의 원칙에 따라 건괘乾卦의 육효六爻 중 하나의 용덕龍德만을 그대로 계승하여 만들어진다. 다시 말해, 초육初六은 초구初九의 용덕龍德만을 계승하여 그 내용內容과 성정性情이 만들어지는 것이다.

공자孔子는 곤괘坤卦의 육효六爻를 설명하는 모든 표현을 건괘乾卦의 육효六爻로부터 각각 취했으나, 그 뜻을 또 다시 변화(化)시켜서 곤도坤道의 흐름을 완성시켰다. 이것은 곤도坤道가 만물萬物을 함지含之한 후 번성으로 化를 이루어 매듭을 이어가는 含萬物而化光<ruby>과<rt>함 만 물 이 화 광</rt></ruby> 동일한 흐름이다. 즉, 곤괘坤卦의「문언전文言傳」은 건괘乾卦의「문언전文言傳」을 함지含之하여 변화變化시켜 다시 탄생시킨 것으로, 공자孔子가 아니라면 어찌이와 같은 신묘神妙한 문장文章을 지을 수 있겠는가.「문언전文言傳」은 한 마디로 '含章可貞_{함 장 가 정}의 진수眞髓'라고 말할 수 있으니, 공자孔子의 글은 빛나는 문장文章을 머금고도 그것을 드러내지 않은 채 수천 년의 세월을 이어온 것이다.

곤괘坤卦의 초육初六은 총 7개의 부분으로 나누어 건괘乾卦의 초구初九로부터 용덕龍德을 계승한다. 어떤 것은 드러남이 확연해서 그 뜻이 쉽게 연결되지만, 개중에는 문자文字의 조직을 오랫동안 완미玩味해야만 연결된 뜻을 발견할 수 있다. 이는 모두 곤도坤道가 건도乾道의 용덕龍德을 안으로 머금어서 그 대체의 의미가 감춰졌기 때문이다. 여하튼, 초육初六의 음유陰柔는 초구初九의 침잠沈潛을 머금어서 그 뜻을 계승한 것이니, 그 내용을 정리하면 아래와 같다. 설명글에서는 중복된 표현을 피하기 위해 계승의 원천源泉이 '건괘乾卦의 초구初九'인 것을 표시하지 않았다.

乾卦의 初九를 계승하는 坤卦의 初六

	坤卦 初六 (初庚午)	乾卦 初九 (初戊辰)	내용 연결
①	積善之家, 必有餘慶	以成德爲行	成德의 행동을 積善의 행동으로 계승
②	積不善之家, 必有餘殃	不見是而无悶	옳지 못함을 不善한 행동으로 계승
③	臣弑其君	不易乎世	국가대사를 계승
④	子弑其父	不成乎名	개인지사를 계승
⑤	非一朝一夕之故	日可見之行也	나날이 행동이 발전함을 계승
⑥	其所由來者漸矣	潛之爲言也	점(漸)은 잠(潛)으로부터 뜻과 소리가 유래됨
⑦	由辨之不早辨也	確乎其不可拔	확실한 결단과 발하지 않음을 계승

① 積善之家 必有餘慶은 '以成德爲行'을 계승한 것이다.

초육初六은 이제 갓 엉기기 시작한 음유陰柔가 점점 자라나서 마침

내 음강陰剛에 이를 것을 경고하는 내용이지만, 공자孔子가 그 첫머리

에 '積善之家 必有餘慶'을 내놓은 것은 재앙災殃에 이를 일이라 할지라

도 그 시초에는 반드시 선善으로 나아갈 기회가 분명히 있었음을 문

자文字로 드러내며 보여주려 한 것이다. 이 표현은 건괘乾卦 초구初九의

'以成德爲行'에서 취한 것으로, 덕德을 쌓는 '以成德爲行'을 선善을 쌓

는 '積善'으로 계승한 것이다.

② 積不善之家 必有餘殃은 '不見是而无悶'을 계승한 것이다.

초구初九의 잠룡潛龍이 가진 용덕龍德 중 不見是而无悶은 의지가 없어서

선善과 불선不善에 대한 느낌까지 무뎌진 상태를 표현한 것이다. 초육初

六의 積不善之家 必有餘殃은 불선不善이 쌓여서 마침내 재앙을 당할 정

도에 이른 것으로, 이는 오랜 기간 동안 스스로 번민煩悶을 느끼지 못했

던 탓이니, 그 본래의 뜻은 초구初九의 不見是而无悶을 계승한 것이다.

문장속에서 積不善은 不見是와 상대를 이루고, 有餘殃은 无悶과 상대

를 이룬다.

③ 臣弑其君은 '不易乎世'를 계승한 것이다.

초육初六의 臣弑其君과 초구初九의 不易乎世는 모두 국가가 혼란에 빠

질 정도의 큰 변화이다. 불선不善이 쌓여서 그 피해가 국가를 혼란에 빠

뜨릴 정도로 커진 것이니, 弑와 易은 불선不善이 지극함을 표현한 것이

고, 君과 世는 불선不善의 대상을 가리킨 것이다. 그러므로, 초육初六의

臣弑其君은 초구初九의 不易乎世를 국가대사國家大事의 입장에서 계승

한 것이다.

④ 子弑其父는 '不成乎名'을 계승한 것이다.

초육初六의 子弑其父와 초구初九의 不成乎名은 모두 비극적이거나 부정적인 결론에 이른 '개인의 일생'을 표현한 것이다. 초육初六에서 불선不善이 쌓여 자식이 아비를 죽이는 재앙에까지 이른 것은 애초부터 세상에서 명성名聲을 이루는(成) 것을 바라지도 않는(不) 초구初九의 낯 두꺼운 용덕龍德을 계승했기 때문이다. 그러므로 초육初六의 子弑其父는 초구初九의 不成乎名을 개인지사個人之事의 입장에서 계승한 것이다.

⑤ 非一朝一夕之故는 '日可見之行也'를 계승한 것이다.

군자君子가 성덕成德으로 행실行實을 삼으면, 그 행실行實은 하루가 다르게 밖으로 드러나서 마침내는 천리 밖에서도 감응하는(千里之外應之) 법이다. 초육初六의 非一朝一夕之故는 나날이 드러나는(日可見之行也) 초구初九의 용덕龍德을 계승한 것이니, 불선不善의 결과가 하루가 다르게 쌓여서 마침내 재앙災殃에 이를 것을 표현한 것이다.

⑥ 其所由來者漸矣는 '潛之爲言也의 소릿값'을 계승한 것이다.

其所由來者漸矣는 두 가지 뜻을 가지고 있다. 하나는 '큰 악행惡行도 작은 불선不善이 점점 쌓여서 만들어진 결과'라는 일반적인 뜻이고, 다른 하나는 '초육初六을 설명하는 모든 문장은 바로 '漸'이라는 글자로부터 유래한 것'이라는 감춰진 뜻이다. 초육初六은 초구初九의 침잠沈潛을 계승하는 존재이므로, 이렇게 볼 때 두 번째의 숨겨진 其所由來者는 바로 '潛'이었던 것이다. 다시 말해, '漸'은 '潛'의 소릿값을 계승했던 것이고, 불선不善이 쌓여서 재앙災殃에 이르고도 그것을 알지 못하는 것은 불선不善이 '인식認識의 경계' 밖에서 잠장潛藏되어 자라나기 때문이다.

⑦ 由辨之不早辨也는 '確乎其不可拔'을 계승한 것이다.

잠룡潛龍이 나머지 다섯 용龍의 용덕龍德을 두루 갖추었으나 아직은 때

(時)가 아니므로 그 '발하지 않음(不可拔)'을 확신했듯이(確乎), 이것을 계승하는 초육初六 또한 적불선積不善의 재앙災殃은 작은 불선不善을 '일찍 분별하지 않음(不早辨)'으로 인해 유래由來한 것이라고 탓하는 것이다. 즉, 초육初六의 '不早辨'은 초구初九의 '不可拔'을 계승한 것이다.

여기서 잠깐, **必有餘慶**과 **必有餘殃**에서 '餘'의 정확한 의미에 대해 알아보자. 정자程子는 『易傳』에서 '여餘'의 뜻을 '그 영향이 자손子孫과 후세後世에까지 미치고 흐를 정도'[152]라고 해석했다. 즉, '여餘'의 뜻을 '영향의 오랜 지속持續'으로 본 것이다. 하지만 필자의 관견管見은 '餘'의 정확한 뜻을 '쌓은 양량보다 받게 될 양량이 더 많음'으로 해석한다. 즉, '여餘'의 뜻을 '영향이 기대보다 큰' 뜻으로 헤아리는 것이다. 받게 되는 경사慶事의 총량總量에서 앞서 쌓은 선善의 총량總量을 빼고도 경사慶事의 남음(餘)이 있으니, 공자孔子는 이 기대치 않은 '나머지 경사慶事'를 '餘慶'이라고 표현했던 것이다. 더욱이 '그럴 수도 있다'는 뜻이 아니라, '반드시 그렇게 된다'는 뜻의 '必有'를 넣어놓았으니, '積'의 효과는 일반적인 셈법의 경지를 넘어서는 것이다.

---

152 程頤, 『易傳』, 重地坤 : 家之所積者善이면 則福慶及於子孫하고 所積不善이면 則災殃流於後世라. (집안에 쌓은 바가 선하면 복과 경사가 자손에까지 미치고, 쌓은 바가 불선하면 재앙이 후세에까지 흐른다.)

直方大

六二는 直方大라 不習이라도 无不利하니라.

육이는 곧고 방정하니 크구나! 익히지 않더라도 이롭지 아니함이 없느
니라.

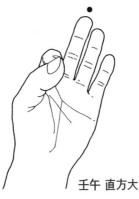

壬午 直方大

　　경오庚午의 빈마牝馬는 이제 초경오初庚午를 지나 육이六二의 임오壬午
로 향한다. 약지藥指를 펴며 신미辛未로 삼고, 중지中指를 펴며 임신壬申
으로 삼고, 식지食指를 펴며 계유癸酉로, 무지拇指를 펴며 갑술甲戌로, 폈
던 무지拇指를 다시 곱으며 을해乙亥로 삼아, 병자丙子, 정축丁丑, 무인戊
寅, 기묘己卯, 경진庚辰, 신사辛巳를 지난 다음, 마지막으로 중지中指를 펴
며 임오壬午에 이른다. 건乾과 곤坤이 합덕合德하는 중지中指 자리에 임
오壬午의 빈마牝馬가 도착한 것이다. 임오壬午의 빈마牝馬가 도착한 곳은
오행五行으로는 팔목八木의 자리이며, 괘상卦象으로는 오곤지五坤地의 자
리이다. 도수度數가 도착한 자리에 팔목八木과 오곤지五坤地가 겹치는 것
은 곤도坤道를 헤아리고 있는 입장에서 그 의미가 남다르다. 그래서 육
이六二의 효사爻辭에 나오는 ‘直方大’는 「단전象傳」의 내용과 밀접한 연
관을 이룬다. 즉, ‘直方大’는 「단전象傳」에 나오는 세 개의 무강无疆인
德合无疆, 行地无疆, 應地无疆과 관련이 있는 것이다. ‘直’은 꿋꿋이 베

풀어대는 덕德의 모습에서 德合无疆과 짝하고, '方'은 지방地方의 뜻으로서 빈마牝馬가 넓은 땅을 내달리는 行地无疆과 짝하고, '大'는 중지中指에서 건乾과 곤坤이 크게(大) 응應하는 뜻으로 應地无疆과 짝하는 것이다.

곤괘坤卦 전체를 아우르는 「단전彖傳」의 세 무강无疆이 특히 육이六二의 임오壬午와 주되게 연결되는 것은 육이六二가 곤괘坤卦의 주효主爻이기 때문이다. 다음은 直·方·大와 세 무강无疆에 대해 분석한 내용이다.

坤卦 六二의 直·方·大와 세 无疆의 조합

直	方	大
德合无疆	行地无疆	應地无疆

① 直은 곧음이요, 바름이요, 정확함이다. 주체와 대상에 따라 直의 모습은 항시 달라지겠으나, 곤도坤道의 입장에서 행해야 할 直은 오직 德合无疆일 뿐이다. 수상手象에서 오곤지五坤地의 중지中指는 곱으면 곧바로 십건천十乾天이 되므로, 중지中指는 건乾과 곤坤이 합덕合德을 이루는 자리이다. 우리는 앞서 괘사卦辭의 해설에서, 건乾의 천덕天德에 곤坤의 후덕厚德을 보태는 것이 곧 합덕合德이라고 정리한 바 있다. 그러므로 곤괘坤卦가 가진 德合无疆은 건乾과 곤坤을 겸兼하는 중지中指의 자리에 임오壬午의 빈마牝馬가 도착한 때를 말하는 것이다.

② 方은 반듯함이요, 넓음이요, 의로움이다. 곤도坤道를 달리고 있는 빈마牝馬의 입장에서 方의 모습은 반듯하고 공평하게 빠짐없이 내달리는 行地无疆이라고 할 수 있다. 득붕得朋의 서남西南으로 수월하게 내달리는 것은 물론, 상붕喪朋을 감수해야 하는 동북東北으로도 곤도坤道는 빠짐없이 골고루 내달려야 하니, 이것이 의롭고(義) 방정한(方) 곤도坤道

의 모습이라 할 수 있는 것이다. 행行은 빈마牝馬가 달리는 것이고 지地
는 오곤지五坤地를 뜻하니, 이는 모두 곤도坤道의 도수度數가 중지中指의
오곤지五坤地에 도착해서 나온 말이다.

③ 大는 곤도坤道가 응應하는 규모와 효과가 큰(大) 것을 의미한다. 곤도坤
道는 민수敏樹[153]하여 만물과 감응感應하지만, 이는 건도乾道와의 감응
感應이 전제되지 않으면 불가능한 일이다. 달이 스스로 빛나지 못하여
반드시 태양빛에 감응하여 그 모습을 드러내듯이, 곤도坤道 또한 건도乾
道처럼 스스로 大하지는 못하여서, 건도乾道와 감응感應하고, 만물萬物
과 감응感應하여 그 응應하는 규모와 효과에 의해 大를 이룬다. 중지中指
의 오곤지五坤地는 坤厚載物로 만물萬物과 감응感應하는 동시에 십건천
十乾天과의 합덕合德으로 또 다시 감응感應하므로 그 규모와 효과가 큰
뜻인 '大'가 應地无疆과 짝을 이루는 것이다.

상 왈 육 이 지 동　직 이 방 야　불 습 무 불 리　지 도 광 야
象曰 六二之動이 直以方也니 不習无不利는 地道光也라.

상에 이르길, 육이의 동함이 곧음으로써 방정하니,

연습하지 않아도 이롭지 않음이 없다는 것은 지도가 빛나는 것이라.

　곤도坤道의 순순順함을 설명해온 공자孔子는 상사象辭를 통해 육이六二
가 동동하는 순서順序를 설명한다. 동동함에 대한 설명에서 가장 먼저 보
이는 것은 直과 方의 관계와 순서이다. 直以方也라는 말은 '直'으로 인
하여 '方'의 결과가 나왔다는 뜻이다. 즉, '直'이 먼저이고 '方'이 나중
이라는 것인데, 이것은 앞서 설명했던 곤도坤道가 '弘'과 '光'을 함지含

---

153 『中庸』20章 : 人道는 敏政하고 地道는 敏樹하니 夫政也者는 蒲盧也니라.

之하는 순서와도 연결된다. 곤도坤道가 만물萬物을 품어서(含弘) 번성으로 '化'를 이루고 그 모습이 마침내 '光'에 이르는 과정 속에는, 육이六二가 내부(內)에 '直'을 함지含之한 결과 외부(外)에 '方'의 모습이 드러나는 원리가 숨어 있는 것이다. 즉, 육이六二의 '直方大'는 곤괘坤卦의 '含弘光大'의 핵심 원리인 것이고, 공자孔子가 이것을 설명함에 있어 '直以方也'라는 내재적內在的 원리와 '地道光也'라는 외현적外現的 효과를 두 대목으로 연결하여 표현한 것이다.

이하에 나오는 육이六二에 대한 「문언전文言傳」의 해설은 모두 건괘乾卦의 현룡見龍이 가진 용덕龍德을 계승하여 만들어진 문장이다. 육이六二의 '直方大'에 대한 해설은 공자孔子가 도수度數로써 「문언전文言傳」을 지은 것이 확실히 증명되는 대목이기도 하다. 특히 수지상수手指象數와 연결되어 수상手象의 변화에서 문장의 뜻이 확연히 드러날 때에는, 상象을 세워 그 뜻(意)을 다했다[154]는 역易의 선언이 눈으로 확인되는 듯하다. 먼저 도수度數와 수상手象을 통한 분석을 시도한 후, 다음으로 「문언전文言傳」이 구이九二의 용덕龍德을 어떻게 계승하는지에 대해서도 살펴보겠다.

直은 其正也오 方은 其義也니

君子敬以直內하고 義以方外하야 敬義立而德不孤하나니

直方大 不習无不利는 則不疑其所行也라.

곧음은 그 올바름이요, 반듯함은 그 의로움이니, 군자가 공경으로써 안을 곧게 하고, 의로움으로써 밖을 방정하게 하여, 공경과 의로움이 바로 서면

---

154 『周易』, 「繫辭上傳」 12 : 聖人이 立象하야 以盡意하고 設卦하야 以盡情僞하고 繫辭焉하야 以盡其言하고 變而通之하야 以盡利하고 鼓之舞之하야 以盡神하나니라

덕은 외롭지 않나니, '곧고 반듯하고 위대하여 연습하지 않아도 이롭지 않음이 없다'는 말은 그 행하는 바를 의심하지 않는 것이다.

「문언전文言傳」은 곧음(直)의 출처를 '其正也'라고 밝히고 있다. '正也'라고 하지 않고 '其正也'라고 표현한 것은 특히 어떤 '正'을 지목하여 말한 것이다. 이는 헛글자를 쓰지 않는 공자孔子의 꼼꼼한 표현 방식이니, '그 올바름(其正)'은 앞서 지나온 「문언전文言傳」의 대목에서 찾아 봐야 한다. 곤도坤道는 건도乾道의 때와 형식을 그대로 계승하려 하기 때문에, 곤괘坤卦의 육이六二가 계승하려 하는 때는 당연히 건괘乾卦의 구이九二가 된다. 그러므로 먼저 살펴봐야 할 곳은 건괘乾卦의 구이九二를 설명하는 「문언전文言傳」의 대목이다. 그런데 과연 공자孔子는 구이九二를 설명하는 「문언전文言傳」의 대목에 정확히 '그 올바름(其正)'을 남겨 놓았다. 그것은 '龍德而正中者也'라는 표현으로, 이 중 '正에 힘써 中에 이르려 한다'는 뜻의 '正'이 곤괘坤卦의 육이六二가 지목한 '그 올바름(其正)'이다. 그러므로, '其正'은 건괘乾卦 구이九二의 '正'을 말했던 것이고, 이것이 육이六二의 곧음(直)을 만들었던 것이다.

「문언전文言傳」은 또한 方의 출처를 '그 의로움(其義)'이라고 지목하고 있다. 이 역시 건괘乾卦로부터 계승한 뜻일 테니, 같은 방법으로 건괘乾卦에서 '義'를 찾아봐야 한다. 하지만 건괘乾卦의 구이九二에서 공자孔子의 「문언전文言傳」은 義를 언급하지 않았으니 어쩌된 일인가? 해답을 찾지 못할 때는 항상 수상手象을 살펴봐야 한다. 육이六二는 중지中指의 자리이다. 우리는 건괘乾卦에서 중지中指가 구이九二의 자리일 뿐만 아니라, 元亨利貞의 사덕四德 중 利의 자리인 것을 알고 있다. 그러므로 중지中指에 해당되는 利의 설명에는 반드시 義에 대한 공자孔子의 해답이 쓰여 있어야 한다. 그런데 과연 공자孔子의 「문언전文言傳」은 '利'를 '義'로써 설명하고 있으니, '利者는 義之和也오'가 바로 그것이다. 즉, '方'은 다름 아닌 사덕四德의 '利'를 만드는 '義'를 지목했던 것이다. 그러므로, '其義'는 건괘乾卦의 사덕四德에 대한 설명 중 중지中指에 해당되는 '義'를 말했던 것이고, 이것이 육이六二의 반듯함(方)을 만들어낸 것이다.

수지상수手指象數는 공자孔子의 설명을 아예 손의 모양에서 그대로 드러낸다. 건괘乾卦 구이九二의 正을 나타내는 펴진 중지中指의 손가락은 곧은(直) 안쪽(內) 면을 보여주고, 건괘乾卦의 元亨利貞을 나타내는 손가락 중 利의 자리에 해당되는 곱아진 중지中指는 모진(方) 바깥쪽(外) 면을 보여주니, 이는 敬으로써 안을 곧게 하는 敬以直內와 의義로움으로써 밖을 반듯하게 하는 義以方外가 수상手象에 그대로 드러난 모습이다.

敬以直內
(中指의 곧은 안쪽)

義以方外
(中指의 모진 바깥쪽)

결론적으로 「문언전文言傳」에서 곤괘坤卦의 육이六二를 설명하는 '直'은 건괘乾卦 구이九二를 설명하는 '正'을 계승한 것이고, '方'은 건괘乾卦 사덕四德 중 '利'를 설명하는 「문언전文言傳」의 '義'를 계승한 것이다. 그리하여 육이六二의 군자君子는 경진庚辰 현룡見龍의 '學聚問辨'을 계승하여 안에서 곧음(敬以直內)을 만들고, 또한 '寬居仁行'과 건도乾道의 '利者義之和也'를 계승하여 밖으로 드러나는 행동이 반듯함(義以方外)에 이른다. 건乾의 '正'과 '義'를 계승한 곤坤이 '直'과 '方'으로써 화답하니, 이는 건乾의 천덕天德에 곤坤이 후덕厚德을 보태는 것과 같은 뜻이 된다. 다시 말해 육이六二의 군자君子는 건도乾道를 계승하여 '直'과 '方'으로써 덕德을 키우고(大) 있는 것이다. 이는 또 다시 건괘乾卦의 '구이九二'에서 말하는 '德博而化'를 계승하는 뜻이 되니, 곤도坤道는 하염없이 건도乾道를 계승하고 있는 셈이다. 그리고 이 중지中指의 자리에서 건곤乾坤이 덕德을 함께 키우는 한 '덕德은 외롭지 않다(不孤)'고 말하는 것이다.

　한편, 공자孔子는 건괘乾卦 구이九二의 '正'을 계승하여 곤괘坤卦 육이六二의 '直'으로 삼았지만, 그 해설에서는 '正以直內'라 하지 않고 '敬以直內'라고 표현했다. 즉, '正'을 '敬'으로 치환한 것이다. 이는 건괘乾卦 사덕四德에서 '利'를 설명하는 '義'를 그대로 계승하여 '義以方外'라고 표현한 것과는 차이를 보인다. 그렇다면 왜 공자孔子는 '正'을 대신하여 '敬'이라 표현했는가? 그 이유는 곤도坤道를 달리는 군자君子가 안(內)을 곧게(直) 하려는 상황에서 그 이유를 찾아야 한다. 한 마디로 '敬'은 곤도坤道가 '正'을 안(內)으로 함지舍之한 결과인 것이다. '正'을 함지舍之하여 안에서 '敬'이 만들어지니, 주자朱子가 그토록 높였던 '敬'[155]은 본래 '正'으로부터 나왔던 것이다.

　不習无不利는 육이六二가 건괘乾卦로부터 '正'과 '義'를 계승한 효과를 표현한 것이다. 우리는 건괘乾卦의 경진庚辰 현룡見龍이 學聚問辨과 寬居仁行을 통해 正中之道의 용덕龍德을 실현하며 문명文明의 텃밭을 일구려 한 것을 기억한다. 여기에서 學聚問辨은 '正'을 연습하는 노력이고 寬居仁行은 '中'을 운용하는 능력이므로, 이 중 學聚問辨은 현룡見龍이 正을 연마하는 '習'의 모습이 된다. 또한 義를 산출시킨 사덕四德의

---

155 朱子는 聖人이 되기 위한 수양방법으로 居敬과 窮理를 내세웠는데, 居敬의 방법은 또 다시 靜坐와 主一無適, 그리고 常惺惺의 공부방법으로 구체화된다. 이 때 居敬의 敬이 바로 坤卦의 敬以直內에서 추출한 개념이다.

利는 '无不利'의 모습이니, 不習无不利가 가진 본래 의미는 '學聚問辨^{학취문변}'으로 연습한 경진庚辰 현룡見龍을 때맞춰 계승한 육이六二의 빈마牝馬는 더 이상 연습하지 않아도 利天下^{이천하}를 이룰 수 있다'는 뜻이 된다.

不習无不利의 출처

坤卦 六二의 문장	乾卦의 문장	내용 연결
不習	學聚問辨	乾卦 九二 중 正
无不利	利天下	乾卦 四德 중 利

수상手象에서도 不習无不利^{불습무불리}의 모습은 그대로 드러난다. 이 대목은 '不習^{불습}'과 '无不利^{무불리}'를 논리적 선후 과정으로 나눠서 볼 수 있는데, 그 순서는 '習^습'을 하지 않는(不) 것이 먼저이고 '无不利^{무불리}'한 효과가 드러나는 것이 나중이 된다. 즉, '習^습 + 否定^{부정} → 강한 긍정의 利^리'라는 논리적 순서가 만들어지는 것이다. 이것을 수상手象에 적용하면, '習^습'을 의미하는 육이六二의 펴진(伸) 중지中指를 구부리면(否定) 곧바로 건괘乾卦 사덕四德의 利^리가 드러나므로, 不習无不利^{불습무불리}는 애초부터 수상手象과 맞춰 지어졌다는 주장이 다시 한 번 힘을 얻게 된다.

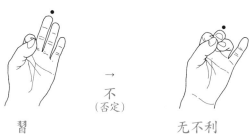

習 → 不 (否定) 无不利

곧은 안쪽을 부정하면 모진 바깥쪽이 나옴

다시 문리文理와 도체道體의 해석으로 돌아가 보자. 육이六二는

學聚問辨과 寬居仁行으로 단련된 경진庚辰 현룡見龍의 '正'을 중지中指의 자리에서 계승하고, 천하天下를 이롭게 하는 건도乾道의 '義'를 같은 자리에서 또 다시 계승한다. 그러므로 正과 義를 두루 갖춘 육이六二는 다시 익힐(習) 것도 불리不利할 것도 없는 것이다. 오직 直과 方으로써 덕德을 크게(大) 키워대니, 그 행동에는 조금의 의심할 바도 없다. 다른 한편으로 보면, 곤도坤道의 육이六二는 건도乾道의 '正'과 '義'를 함지含之한 모양새라고 할 수 있다. '正'과 '義'를 함지含之해서 이를 곧바로 '直'과 '方'으로 화化하니, 이것이 곧 덕德이 키워진 광光의 모습이요, '地道光也'의 형상인 것이다. 이는 모두 곤도坤道가 건도乾道를 함지含之하여 계승함으로써 나온 결과이고, 건곤乾坤이 뒤섞이는 중지中指의 자리에 육이六二가 거함으로 인하여 나온 말들이다.

다음은 공자孔子가 짜놓은 「문언전文言傳」의 씨줄과 날줄을 확인해볼 차례이다. 앞서 도수度數와 수상手象을 통해 「문언전文言傳」의 뜻을 살펴봤지만, 공자孔子는 도수度數와 수상手象 이외에 문文의 짜임에도 도체道體를 숨겨 놓았다. 육이六二를 설명하는 「문언전文言傳」의 표현은 모두 구이九二의 용덕龍德을 계승한 것이니, 그 내용을 정리하면 아래와 같다.

乾卦의 九二를 繼承하는 坤卦의 六二

坤卦 六二 (壬午)	乾卦 九二 (庚辰)	내 용 연 결
① 直其正也	龍德而正中者也	正中之道의 正을 直으로 계승
② 方其義也	利者義之和也	義之和也의 義를 方으로 계승
③ 敬以直內	閑邪存其誠	閑邪存其誠의 내부수양을 계승
④ 義以方外	善世而不伐	善世而不伐을 외부실천으로 계승
⑤ 敬義立而德不孤	德博而化	德이 넓게 베풀어짐을 敬과 義의 실천을 통해 德을 쌓으려 노력함 으로 계승
⑥ 直方大	見龍在田	田의 모양에서 直方大를 추출하여 계승
⑦ 不習	學而聚之, 問以辨之	乾卦의 學聚問辨을 계승했으므 로 不習해도 无不利함
无不利	利物足以和義	
⑧ 不疑	庸言之信	庸行之謹의 행동에 대한 庸言之信의 믿음
其所行也	庸行之謹	

① 直其正也(_{직기정야})는 '龍德而正中者也(_{용덕이정중자야})'를 계승한 것이다.

구이九二는 정正을 행하여 중中에 이르려 노력하는 인군人君이다. 가끔
은 중中의 모습이 보이는 듯하지만, 이는 정正으로써 견디고 있는 것일
뿐이지 아직 중中에 이른 것은 아니다. 육이六二는 구이九二의 정正을 머
금어서(舍) 이를 변화(化)시켜 직直으로 계승하는 존재이므로, 직直 또
한 중中에 이르려 견디며 노력하는 뜻이 들어있는 것이다.

② 方其義也(_{방기의야})는 '利者 義之和也(_{이자 의지화야})'를 계승한 것이다.

구이九二의 용덕龍德을 구성하는 문장에는 의義자가 쓰이지 않았고,
그 중 의로움을 뜻하는 표현은 善世(_{선세})가 유일하므로, 언뜻 方其義也(_{방기의야})는
善世(_{선세})를 계승한다고 생각하기 쉬울 것이다. 하지만 善世而不伐(_{선세이불벌})은 아래
에서 義以方外(_{의이방외})가 계승하는 용덕龍德이 되므로, 구이九二에서 方其義也(_{방기의야})

가 계승할 용덕龍德은 좀처럼 보이지 않는다. 사덕四德의 '利'를 설명하

는 '義之和也'가 뜻으로는 마땅히 方其義也가 계승할 용덕龍德이 되겠

으나, 이를 위해 사덕四德의 '利'와 곤괘坤卦의 육이六二가 연결되는 이치

를 찾아야 한다. 수지상수手指象數는 서로 떨어진 자구字句 사이를 뜻으

로 연결시키는 유일한 통로이므로, 육이六二의 '方'과 건괘乾卦 사덕四德

의 '利'를 수상手象으로 헤아리면 그 해답을 찾을 수 있다. 수상手象에서

이 둘은 모두 중지中指에 자리하므로, 뜻으로 볼 때 서로가 제짝인 것만

은 확실해진다. 글을 쓸 때, 한 치의 오차도 허용하지 않는 공자孔子가

구이九二의 용덕龍德에서 의義자를 빠뜨렸으니, 이는 특별한 목적을 가

지고 일부러 누락시킨 것이 분명하다. 아마도 후대後代로 하여금 수상手

象의 셈법을 찾아보게 하려했던 것이 아닌가 생각된다.

③ 敬以直內는 '閑邪存其誠'을 계승한 것이다.

구이九二의 용덕龍德인 閑邪와 存誠은 모두 사람의 마음속에서 일어나

는 작용이다. 閑邪는 외부의 오염汚染을 막는 뜻이고, 存誠은 내부의 정

성精誠을 지키는 뜻이지만, 두 작용의 최종 목표는 정성精誠의 보존에

있다. 육이六二는 閑邪와 存誠을 함지含之한 후 변화시켜 敬이라는 실천

방법을 내놓는다. 앞서 直의 뜻 속에 正으로써 견디고 노력함이 함지含

之되어있다고 분석했듯이, 敬의 뜻 속에도 直으로써 견디고 노력하여

中에 이르려는 목적이 함지含之되어 있는 것이다.

④ 義以方外는 '善世而不伐'을 계승한 것이다.

善世는 의義로운 행동이고, 不伐은 그 공功은 감추고 덕德만을 드러내

는 뜻이다. 이는 모두 타물他物을 이롭게 하는 행동을 밖으로 드러내는

것들이니, 육이六二는 구이九二가 겉으로 드러내는 의로움을 계승하여

자신의 方으로 삼은 것이다.

⑤ 敬義立而德不孤는 '德博而化'를 계승한 것이다.

敬은 마음속에서 正을 유지하는 것이고, 義는 타물他物에 대해 利로움이 고르게 미치도록 실천하는 것이다. 즉, 敬과 義는 내외內外의 모든 범위를 의미하므로, 구이九二의 용덕龍德인 德博而化 중에서 博의 넓음을 계승하는 뜻이 된다. 또한 德이 넓어지는 것은 양적量的 팽창膨脹이고, 마침내 化를 이루는 것은 질적質的 변화變化이다. 그러므로 德이 化를 이룬다는 것은 德이 다수에게 고르게 베풀어지는 것이니, 德은 그것을 받는 많은 대상으로 인하여 외롭지 않게 되는 것이다.

⑥ 直方大는 '見龍在田'을 계승한 것이다.

直方大가 곤도坤道의 세 无疆과 짝을 이루고, 그 중 直과 方은 건괘乾卦의 正과 義를 계승하고 있다는 내용은 앞에서 이미 확인한 바이지만, 그 본래의 성정性情이 田의 모양으로부터 비롯되었다는 것은 참으로 놀라운 사실이다. 田은 그 모양(□ → □ → □)이 直으로써 方을 이루고, 또한 方으로써 大를 이룬다. 이는 사람이 敬으로써 안을 곧게(直內) 하여, 그 결과로 반듯한(方) 의로움(義)이 밖으로 드러나고, 그리하여 마침내 큰(大) 인물을 이루는 것과 같은 이치이다.

⑦ 不習无不利는 '學以聚之 問以辨之'와 '利物足以和義'를 계승한 것이다.

不習의 習은 현룡見龍 군자君子가 中으로 나아가기 위해 正을 연습하는 學聚問辨과 연결시킬 수 있다. 하지만 无不利는 구이九二의 「문언전文言傳」에서 뜻이 연결된 용덕龍德을 찾을 수 없으니, 이는 앞서 方其義也가 구이九二에서 연결된 용덕龍德을 찾을 수 없었던 것과 같은 상황이다. 이때 수상手象을 살펴보면, 현룡見龍의 習을 의미하며 곧게 펴진 중지中指의 안쪽을 부정(不)하면서 不習으로 구부리면, 아주 강한 이로움 즉, 원형이정元亨利貞의 사덕四德 중 하나인 利가 나오게 되므로, 无不利는 사덕四德의 利와 연결된 것이 확인된다. 결국, 不習은 學聚問辨을 거꾸로 계승한 것이고, 无不利는 利物足以和義를 강하게 계승한 셈이다.

⑧ 不疑其所行也는 '庸言之信'과 '庸行之謹'을 계승한 것이다.

구이九二는 중中에 이르기 위해 말(言)과 행동(行)이라는 두 가지 방향에서 正을 지키며 노력한다. 이 때 말에는 믿음(信)이 正이 되고, 행동에는 삼감(謹)이 正이 된다. 말(言)을 바르게 하고 행동(行)을 삼가면 그 결과는 당연히 좋을 것이므로, 육이六二는 이것을 不疑其所行也로 함지含之하여 그 행동을 의심하지 않게 되는 것이다.

含章可貞

六三은 含章可貞이니 或從王事하야 无成有終이니라.

육삼은 빛나는 문장을 머금어도 가히 정할 수 있음이니,
혹 왕의 일을 따라 이룸은 없더라도 마침은 있으리라.

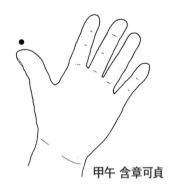

甲午 含章可貞

임오壬午에서 건곤乾坤의 합덕合德을 이룬 빈마牝馬는 육삼六三의 含章可貞을 향해 달려간다. 임오壬午의 펴진 중지中指에서 출발하여, 식지食指를 펴며 계미癸未로 삼고, 무지拇指를 펴며 갑신甲申으로 삼고, 폈

던 무지拇指를 다시 곱으며 을유乙酉로, 식지食指를 펴며 병술丙戌로 삼아, 정해丁亥, 무자戊子, 기축己丑, 경인庚寅, 신묘辛卯, 임진壬辰, 계사癸巳를 지나, 마지막으로 무지拇指를 펴며 갑오甲午에 이른다. 육삼六三은 건괘乾卦 구삼九三의 때처럼 선천先天의 마지막에 이른 것이요, 수상手象 또한 손가락이 모두 펴져서 하괘下卦의 마지막에 도달했음을 보여준다. 무지拇指의 위치는 수數와 상象의 추기樞機가 되는 자리이므로 시작과 마침의 뜻을 지니고 있다고 건괘乾卦의 구삼九三에서 이미 언급한 바 있다. 무지拇指가 수상手象에서 차지하는 의미를 염두에 두고 구삼九三의 효사爻辭에 대해 자세히 헤아려 보자.

갑오甲午의 육삼六三은 章을 含之하였으니, 含은 밖으로 드러나는 것이 아니라 안으로 머금는 모습이다. 육삼六三의 수상手象은 만물萬物을 머금고 있으나, 그것을 드러내지 않는 곤덕坤德의 뜻이 활짝 펴진 빈 손바닥으로 나타난 것이다. 빛나는 문장文章은 만물萬物의 다른 표현이니, 자연현상으로 보자면 빛나게 발육發育되는 모든 생명生命의 모습이 곧 章이요, 인간세상人間世上으로 보자면 물질문명物質文明의 발전에 따라 저마다의 문화적文化的 풍속風俗으로 꽃을 피우는 예禮와 악樂이 또한 章이라고 할 수 있다. 그러한 章을 含之하고서도 貞할 수 있음은 곤도坤道의 후덕厚德하고 지극至極한 성정性情 때문이다. 无成有終은 건괘乾卦 구삼九三의 終日乾乾의 종終과 같은 뜻으로 쓰인 것이다. 즉, 선천先天이 끝나니 마침(終)이 있다는 것이다. 하지만 이룸(成)은 없다고 여기는 것이니, 그것이 지도地道의 입장이다. 왜 이룸이 없는가? 선천先天만 끝난 것이기 때문에 이룸은 없는 것이고, 선천先天을 마쳤기 때문에 마침은 있는 것이다. 或從王事는 承天而時行의 다른 표현이다. 왕사王事는 건괘乾卦의 발휘發揮를 의미하며, 혹종或從은 그 발휘에 때를 맞춰 따르는

313

것이니, 수상手象의 빈 손바닥은 이룸이 없고(无成) 마침만 있는(有終) 육

삼六三의 상황을 잘 나타낸다.

含章可貞과 或從王事는 건괘乾卦 구삼九三의 因其時而惕과 終日乾乾

을 동시에 계승하는 복잡한 표현이다. 含章可貞의 可貞은 굳건한 모습으

로 건괘乾卦 구삼九三의 終日乾乾한 모습을 계승하고 있지만, 또한 행사

行事를 지속(貞)하기 위해 때(時)에 따라 含하며 움츠리는 因其時而惕을

동시에 계승하고 있다. 이이 비해 간혹(或) 王事를 따르는 或從王事는

때(時)에 따라 움츠리며 소극적으로 행사行事하는 건괘乾卦 구삼九三의

因其時而惕을 계승하고 있지만, 또한 終日乾乾한 王事를 따르는 굳건함

도 동시에 계승하고 있는 것이다.

象曰 含章可貞이나 以時發也오 或從王事는 知光大也라.

상에 가로되, 빛나는 문장을 머금어도 가히 정할 수 있으나 이는 때로서 발

함이오, 혹 왕의 일을 따름은 광과 대를 알기 때문이라.

이 대목은 올바른 해석이 쉽지 않다. 문장에 조사를 어떻게 붙이느냐

에 따라 뜻이 완전히 달라지기 때문이다. 먼저 해석의 방향과 그로 인한

뜻의 차이를 살펴보자.

원문	含章可貞이나 以時發也오	或從王事는 知光大也라
①	含章해서 貞할 수 있지만 이것은 때로써 발한 것이요	혹 王의 일을 따름은 지혜가 光大하기 때문이다.
②	含章하고도 貞할 수 있지만 이것은 때로써 발한 것이요	혹 王의 일을 따름은 光大함을 알기 때문이다.

위의 두 가지 중 ①번은 정자程子를 비롯한 과거 선유先儒들의 주된 해석[156]이고 ②번은 수지상수手指象數를 통해 뜻을 바로잡는 『정역正易』의 시각이다. ①번은 知를 '육삼六三이 가진 지혜'의 명사로 해석하고, ②번은 知를 육삼六三이 건乾의 속성인 '光과 大를 알고(知) 있다'는 동사로 해석했다. 과연 어떤 해석이 올바른지 수상手象과 도수度數를 문리文理에 연결시켜 본래의 뜻에 접근해보자. '머금어서 감추는' 含은 도수度數를 헤아린 후에 드러난 빈 손바닥의 수상手象을 표현한 말이다. 그렇다면 章은 무엇인가? 곤도坤道가 당도한 곳은 갑오甲午의 무지拇指 자리이다. 무지拇指는 정역팔괘正易八卦로 칠지七地의 자리이니, 곧 지도地道의 자리이다. 지도地道가 싣는 것은 만물萬物과 문명文明이므로 이것은 달리 말해 章이라고 할 수 있다. 빈 손바닥은 빛나는 문장文章인 만물萬物과 문명文明을 含之한 모습인 것이다. 빛나는 문장文章을 含之하면 스스로 우쭐할 수도 있겠으나, 이것은 스스로의 힘으로 만들어진 것이 아니라, 왕의 일을 따랐기 때문에 얻은 결실이다. 갑오甲午의 빈 손바닥은 우쭐대지 않고 담백한 모습으로 可貞한 지도地道의 모습을 보여준다.

무지拇指는 선천先天의 끝자락에 도달한 '때'를 뜻하고, 펴진 손바닥은 또 다시 光大함을 뜻하니, 이 光大함은 앞서 괘사卦辭에서 언급했던 含弘光大의 그 光大를 가리킨다. 즉 곤도坤道가 含之한 것은 만물萬物 뿐이 아니라 건도乾道의 光까지도 함께 含之하여 스스로 大를 이뤘던 것이다. 이 뜻을 정리하면, '坤道가 때로 發하여 含章을 하고서도 貞할 수 있는 이유는 坤道가 그것이 乾道의 光大한 王事를 계승한 결과임을 알기 때문'이라고 할 수 있다. 이렇게 볼 때, 含章은 곧 或從王事의 결

---

156 程頤, 『易傳』, 重地坤 : 或從王事而能无成有終者는 是其知之光大也니 唯其知之光大라 故로 能含晦라. (혹 王事를 따라 이룸이 없고 마침이 있다는 것은 그 지혜가 밝고 크기 때문이니, 오직 그 지혜가 밝고 크기 때문에 능히 머금고 품을 수 있는 것이다.)

과가 되고, 可貞은 ^{지광대야}知光大也의 결과가 된다. 즉, 왕의 일을 때맞춰 따랐기 때문에 빛나는 문장文章을 ^{함지}舍之할 수 있는 것이고, 光大는 본래 건乾의 것임을 알기 때문에 그것을 ^{함지}舍之하고도 우쭐하지 않고 ^{가정}可貞할 수 있는 것이다. 공자孔子의 상사象辭는 이렇듯 육삼六三의 처지에 대해 같은 뜻을 두 번 반복해서 교차하여 설명했던 것이다.

^{음 수 유 미}　^{함 지}　　^{이 종 왕 사}　　^{불 감 성 야}
陰雖有美나 舍之하야 以從王事하야 弗敢成也니
^{지 도 야}　　^{처 도 야}　　^{신 도 야}　　^{지 도}　^{무 성 이 대 유 종 야}
地道也며 妻道也며 臣道也니 地道는 无成而代有終也니라.

음이 비록 아름다움이 있으나 그것을 머금어서 왕의 일을 따르며 감히 이뤘다고 하지 않으니, 이것은 땅의 도리이며 아내의 도리이며 신하의 도리이니, 땅의 도는 이룸이 없고 대신 마침이 있느니라.

　음陰이 아름다운 것은 만물萬物을 싣고 있기 때문이다. 하지만 만물萬物을 싣는 능력도 건양乾陽의 ^{광 대}光大가 없이는 불가능한 일이므로, 이는 모두 곤도坤道가 건도乾道의 때를 따르기 때문에 가능한 일이다. 갑오甲午의 빈 손바닥은 스스로의 공功을 마다하는 곤도坤道의 담백한 모습을 보여준다. 이것을 일러 '감히 이루지 않는다'는 뜻의 ^{불 감 성 야}不敢成也라고 표현한 것이니, 이는 곤도坤道가 한 일이 없는 것이 아니라 스스로 이룬 것이 없다고 사양辭讓하는 뜻을 밝힌 것이다. 그러므로 ^{불 감 성 야}不敢成也는 마치 건도乾道가 ^{미 리}美利로써 ^{이 천 하}利天下를 이루고도 ^{불 언 소 리}不言所利하는 모습과 같다 하겠다.

　수지상수手指象數를 통해 육삼六三의 ^{함 장 가 정}含章可貞을 해석하면서 우리는 또 다시 경문經文의 짜임과 도수度數의 교합交合이 이렇듯 정교함에 탄복하지 않을 수가 없다. 만약 수지상수手指象數의 도움이 아니었다면,

'或從王事는 지혜智慧가 光大하기 때문'이라는 정자程子의 애매한 해설은 계속해서 후학後學들에게 전해졌을 것이다. 갑오甲午의 빈 손바닥이 이룬 것이 없는 无成을 가리키고, 선천先天을 갓 마친 육삼六三의 때가 또 다시 有終을 가리키는 것을, 수지상수手指象數와 같은 천하天下의 지극한 정교함(至精)이 아니라면,[157] 어찌 생각이나 해내겠는가.

이제 「문언전文言傳」의 씨줄과 날줄을 도식적으로 분석해 볼 차례이다. 육삼六三은 앞서 육효六爻의 조직으로 분석했던 柔動剛靜德方에서는 '動'의 상황이고, 後得主利有常에서는 '得'의 처지이며, 含萬物化光에서는 '含'의 입장이다. 즉 육삼六三은 '動'하여 만물萬物을 '得'하지만 '含'으로 머금어서 그 공功을 드러내지는 않는 것이다. 육삼六三은 구삼九三의 때와 형식을 계승하므로, 공자孔子는 육삼六三에 대한 「문언전文言傳」의 글귀를 지을 때도 구삼九三의 용덕龍德을 고스란히 가져다가 씨줄과 날줄의 경위經緯로 삼았다. 아래에서 육삼六三의 설명 속에 숨어 있는 구삼九三의 용덕龍德을 찾아보자.

---

157 『周易』, 「繫辭上傳」10 : 非天下之至精이면 其孰能與於此리오.

乾卦의 九三를 繼承하는 坤卦의 六三

	坤卦 六三 (甲午)	乾卦 九三 (壬辰)	내 용 연 결
①	陰雖有美	乾乾	乾乾하지만 때로 움츠려야 함을 아름다움이 있으나 머금음으로 계승
	舍之	因其時而惕	
②	以從	在下位而不憂	下位에 있어도 근심하지 않음을 下位에서 王을 따름으로 계승
	王事	行事	
③	弗敢成也	居上位而不驕	上位에 있더라도 교만하지 않음을 감히 이룸이 없다는 겸손함으로 계승
④	地道也	上不在天	上卦의 天자리에 없음을 地道로 계승
⑤	妻道也	中而在人	六爻의 중간에서 사람의 자리를 妻道로 계승
⑥	臣道也	下不在田	下卦의 人君 자리에 없음을 臣道로 계승
⑦	地道无成	知至至之	이를 줄 알고 이름을 이룸이 없음으로 계승
⑧	代有終也	知終終之	마칠 줄 알고 마침을 마침만 있음으로 계승

① 陰雖有美 舍之는 '終日乾乾'과 '因其時而惕'을 계승한 것이다.

육삼六三이 비록 아름다움을 가졌으나 그것을 안으로 舍之하며 공功을 자랑하지 않음은 구삼九三의 행동을 계승한 것이다. 구삼九三은 종일終日토록 건건乾乾한 모습을 아름답게(有美) 드러내지만, 저녁의 때가 이르면 그 꿋꿋함을 안으로 감추며(舍之) 움츠려(惕)들기 때문이다. 즉, 육삼六三의 美는 구삼九三의 乾乾을 계승한 것이며, 육삼六三의 舍之는 구삼九三의 惕을 계승한 것이다.

② 以從王事는 '在下位而不憂'와 '行事'를 계승한 것이다.

구삼九三은 하괘下卦의 존재이지만 근심하지 않고 終日토록 乾乾하게 일을 行事하는 존재이므로, 육삼六三은 구삼九三의 乾乾함을 계승하며 王事를 도울 뿐, 하위下位에 거함을 근심하지 않는다. 그러므로 以從은 왕王의 일을 근심 없이 따르는 구삼九三의 在下位而不憂^{재 하 위 이 불 우}를 계승한 것이고, 육삼六三의 王事^{왕 사}는 구삼九三의 行事^{행 사}를 계승한 것이다.

③ 弗敢成也^{불 감 성 야}는 '居上位而不驕^{거 상 위 이 불 교}'를 계승한 것이다.

구삼九三은 하괘下卦의 상위上位에 거하는 존재이지만, 進德^{진 덕}과 居業^{거 업}을 위해 노력하며 나아갈 뿐, 하괘下卦의 상위上位에 오른 것을 두고 감히 이뤘다(成)고 주장하지 않는다. 육삼六三 또한 구삼九三으로부터 이 같은 乾乾^{건 건}함을 계승하여, 만물萬物을 含之^{함 지}한 것을 두고 감히 이뤘다고 주장하지 않는다. 수지상수手指象數에서도 육삼六三의 수상手象은 빈 손바닥이므로, 선천先天의 하괘下卦를 마쳤지만 아직은 이룬 것이 없다는 뜻을 보인 것이다.

④ 地道也^{지 도 야}는 '上不在天^{상 불 재 천}'을 계승한 것이다.

괘상卦象에서 구삼九三은 하괘下卦의 상위上位에 머물지만, 상괘上卦에는 오르지 못한 상태이다. 상괘上卦를 천天으로 헤아리고 하괘下卦를 지地로 헤아리면, 구삼九三은 하괘下卦에서 가장 높은 지위에 올랐다고 하더라도 여전히 그 근본은 땅에 두고 있으니, 육삼六三은 구삼九三의 이러한 처지를 含之^{함 지}하여 地道^{지 도}로써 계승한 것이다.

⑤ 妻道也^{처 도 야}는 '中而在人^{중 이 재 인}'을 계승한 것이다.

건괘乾卦의 괘상卦象을 상중하上中下로 나누면 구삼九三은 구사九四와 함께 중괘中卦로 분류된다. 상괘上卦에는 구오九五의 천天이 있고, 하괘下卦에는 구이九二의 전田이 있으니, 이들은 각각 천天과 지地를 이룬다. 中而在人^{중 이 재 인}은 구삼九三의 설명에는 나오지 않는 표현이지만, 구사九四의 설명이 中不在人^{중 부 재 인}으로 인人의 자리가 아님을 밝혔으므로, 중괘中卦에서 구삼九三은 자연스레 인人의 자리를 차지한다. 앞서 하괘下卦의 지地를 육삼六三이 含之^{함 지}하여 地道也^{지 도 야}로 계승했으니, 중괘中卦의 인人 또한 육삼

六三이 舍之^{함지}하여 妻道也^{처도야}로 계승할 수 있는 것이다.

⑥ 臣道也^{신도야}는 '下不在田^{하부재전}'을 계승한 것이다.

구삼九三은 하괘下卦의 상위上位에 머물지만 구이九二의 見龍^{현룡}이 머무는 전田에는 있지 않다. 見龍^{현룡}은 문명文明에 텃밭을 일구는 인군人君이므로, 구삼九三은 비록 하괘下卦에서 가장 높은 자리에 있다고 하더라도 인군人君의 자리에는 있지 않다. 육삼六三은 하괘下卦에서 높은 위치이지만 인군人君이 아닌 구삼九三의 처지를 舍之^{함지}하여 臣道也^{신도야}로 계승한 것이다.

⑦ 地道无成^{지도무성}은 '知至至之^{지지지지}'를 계승한 것이다.

구삼九三은 하괘下卦의 상위上位에 올라와 있으므로, 하괘下卦에서는 무언가를 이뤘다고 주장할만한 위치이다. 그러나 구삼九三의 임진군자壬辰君子는 그저 건건乾乾하게 노력하며 일을 행할 뿐, 자신의 위치는 상위上位에 이른(至) 것이지 아직 이룬(成) 것은 없다고 생각한다. 육삼六三은 구삼九三이 가진 乾乾^{건건}함을 계승하고, 이룸(成)과 이름(至)을 분별하는 안목을 계승하여, 舍章^{함장}을 하고서도 감히 이룬 것이 없다고 사양辭讓하는 것이다. 육삼六三에 해당하는 빈 손바닥의 수상手象은 이룬 것이 없다는 无成^{무성}의 뜻을 보여준다.

⑧ 代有終也^{대유종야}는 '知終終之^{지종종지}'를 계승한 것이다.

구삼九三이 종일終日토록 건건乾乾하며 하괘下卦의 상위上位에 올랐으니, 이것을 날(日)로 따지면 저녁이 되어 하루를 마치는 것이요, 선후천先后天으로 따지면 원천原天의 절반인 선천先天을 마치는 것이다. 구삼九三은 하괘下卦의 상위上位에 오른 것을 이뤘다고(成) 여기지 않고, 그저 마쳤다고(終) 생각하므로, 본래 구삼九三이 가진 목표는 더 높은 곳에 있는 것이다. 육삼六三은 자신의 처지가 이룬(成)것이 아닌 마친(終) 수준임을 아는 구삼九三의 분별과 겸손을 舍之^{함지}하여 '마침이 있음(有終)'으로 계승한 것이다.

括囊无咎无譽
괄 낭 무 구 무 예

六四는 括囊이면 无咎며 无譽니라.
육 사 괄 낭 무 구 무 예

육사는 주머니를 묶으면 허물도 없고 명예도 없느니라.

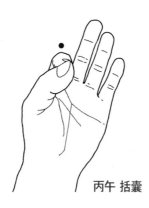

丙午 括囊

갑오甲午를 출발한 빈마牝馬는 다시 육사六四의 括囊을 향해 나아간다.
무지拇指를 곱으며 을미乙未로 삼고, 식지食指를 곱으며 병신丙申으로 삼
고, 중지中指를 곱으며 정유丁酉로, 약지藥指를 곱으며 무술戊戌로 삼아,
기해己亥, 경자庚子, 신축辛丑, 임인壬寅, 계묘癸卯, 갑진甲辰, 을사乙巳를 지
나, 마지막으로 식지食指를 곱으며 병오丙午에 이른다. 육사六四의 빈마
牝馬가 도착한 병오丙午의 식지食指는 오행五行으로는 이화二火이고, 정역
팔괘正易八卦의 수상手象으로도 구리화九離火의 자리이며, 병丙도 화火고
오午도 화火이므로 화火가 가득한 자리이다. 화火가 네 번이나 겹쳤으니
큰 불이라고 할 수 있다. 몸에서 불(火)은 혀(舌)에 해당하므로, 括囊의
두 손가락은 이 혀(舌)를 붙잡은 것이다. 즉, 말을 삼가라는 것인데, 括囊
함은 기본일 뿐 더 나은 것도 없으니 그저 无咎며 无譽라는 표현이 나
왔다. 수상手象을 보면 무지拇指와 식지食指의 손가락이 무언가를 잡아

챈 형상形象으로, 두 손가락은 불(火), 즉 혀(舌)를 잡은 모습이다. '묶을
괄(括)'이라는 글자가 불필요한 말을 뱉어내는 혀를 손으로 잡는 모양이
니, '括囊无咎无譽'는 혀를 잡은 두 손가락의 모양에서 나온 것임을 알
수 있다.

상 왈 괄 낭 무 구　　신 불 해 야
象曰括囊无咎는 慎不害也라.

상에 이르길, 주머니를 묶으면 허물이 없다는 것은 신중해야 해롭지 않다
는 것이다.

　병오丙午는 후천后天으로 갓 건너뛴 말(馬)이다. 건괘乾卦에서 구사九四
의 약룡躍龍이 뛰어오른 것을 기억한다면, 곤괘坤卦 육사六四의 括囊은
약룡躍龍으로부터 무엇을 계승할까? 건괘乾卦는 或躍으로 구사九四의
도약跳躍을 장려하지만, 곤괘坤卦는 括囊으로 육사六四의 구화口禍를 단
속한다. 이는 모두 세상이 뒤바뀌는 상황에 대처하는 방법이지만, 변혁
變革의 시기에 있어서 건도乾道와 곤도坤道는 서로 행동을 달리하는 것
이다. 거듭 설명하지만, 곤도坤道는 건도乾道의 때와 형식을 계승하더라
도, 그 내용까지 전부 계승하지는 않는다. 건도乾道가 行事와 飛躍을 통
해 앞으로 나아가는 것에만 주목한다면, 곤도坤道는 오로지 安貞之吉의
방향으로만 그 행로를 고집한다. 安貞을 잃을 수 있는 행동과 상황은 곤
도坤道에 있어서는 재앙災殃이 될 수 있기 때문이다. 그러므로 '신중愼重
하면 해害가 없다'는 뜻은 신중하지 않으면 재앙災殃이 있을 것을 무섭게
경고하는 말이다. 括囊의 경고는 그 중에 말을 조심하라는 것이니, 그
주머니는 바로 입을 가리켰던 것이다.

正易
수
지
상
수

括囊의 때는 앞서 분석된 육효六爻의 성정性情에 빗대면 어떤 의미를 드러내는가? 육사六四의 括囊은 柔動剛靜德方에서는 靜을 유지하고, 後得主利有常에서는 利를 일으키며, 含萬物化光에서는 마침내 物을 이룬다. 다시 말해, 육사六四가 括囊으로 靜을 유지하는 속에는 利로움을 일으켜서 마침내 物을 번성시키려 하는 뜻이 숨어 있는 것이다. 육사六四가 가진 본래의 목적을 공자孔子는 다음과 같이 설명했으니, 그 속에는 과연 만물萬物의 번성蕃盛이 뜻으로 녹아 있다.

天地變化하면 草木이 蕃하고 天地閉하면 賢人이 隱하나니
易曰 括囊无咎无譽라 하니 蓋言謹也라.

천지가 변화하면 초목이 번성하고, 천지가 닫히면 현인이 숨나니, 역에 이르길, 주머니를 묶으면 허물도 없고 명예도 없다고 하니, 대개 삼감을 말하는 것이니라.

천지天地가 변화함에 따라 초목草木이 번성蕃盛하는 모습은 곤도坤道가 만물萬物을 含之한 후 化를 이뤄서 그 결과가 光에 이르게 되는 '含萬物而化光'의 과정이다. 하지만 말을 단속하는 육사六四 括囊의 자리에서 갑자기 天地變化가 먼저 거론됨은 어떤 이유인가? 공자孔子의 글은 반드시 도수度數를 품고 있으므로, 이 대목에 대한 수상手象에도 天地變化의 뜻이 드러날 것은 분명하다. 수상手象에서 '天地變化하면'의 대목은 무지拇指를 곱은 모양이다. 갑오甲午의 빈 손바닥으로 끝난 선천先天으로부터, 무지拇指를 곱아 새로운 후천后天으로 넘어가는 모습이 '天地變化하면'의 수상手象이 되는 것이다. 무지拇指는 변화變化의 지도리(樞機)로서, 낙서洛書에서 하도河圖로의 변화도 이 무지拇指를 곱으면서 일어나는 규칙임은 앞서 수차례 설명했다. 아홉(九)에서 펴졌던 무지拇指가 열(十)로 넘어가면서 곱아질 때, 낙서洛書의 구수九數는 하도河道의 십수十數로 넘어간다. 때는 마침 후천后天으로 갓 넘어간 육사六四의 처지이므로, 천지天地는 무지拇指의 지도리와 함께 변화變化하는 것이다.

天地變化하면 草木이 蕃하고
(乙巳)

天地閉하면 賢人이 隱하나니
(丙午)

'天地閉하면'의 수상手象은 변화에 나서는 을사乙巳의 무지拇指를 병오丙午의 식지食指가 가로막는 모습이다. 식지食指가 변화變化의 문짝을 억지로 닫으니, 여기에서 天地閉라는 표현이 나왔다. 무지拇指의 도수度數는 을사乙巳로, 천간天干의 오행五行으로는 을목乙木이 된다. 천지天地가 아홉(九)에서 열(十)로 넘어오며 뒤바뀌는 순간에 을목乙木의 무지拇指가 하늘로 곱아 오르는 수상手象은 초목草木이 번성蕃盛하는 모습이다. 하지만 뒤따르는 식지食指는 초목을 불태우는 병오丙午의 불길이 아닌가. 무지拇指의 초목草木이 변화를 막아서는 식지食指에 불길에 의해 모두 타버리니, 천지天地는 이 불길의 참화慘禍로 닫혀버리는 것이다. 현인賢人의 은거隱居는 식지食指에 의해 갇혀버린 무지拇指를 표현한 것이다. 무지拇指의 값어치는 낙서洛書의 아홉(九)을 넘어 하도河圖의 열(十)에 이르렀으니 이것을 지혜가 극極에 달한 현인賢人에 빗댄 것이다. 즉, 아홉(九)을 열(十)로 바꾸는 무지拇指는 천지변화天地變化와 현인賢人으로 표현한 것이고, 병오丙午의 식지食指는 이것을 불태우고 가둬버린 것이다. 이렇듯 경經은 매 자구字句마다 도수度數를 품고, 매 문리文理마다 도체道體를 엮어나간다.

이번에는 공자孔子가 엮어놓은 도체道體의 씨줄과 날줄을 알아볼 차례이다. 육사六四는 구사九四의 때와 형식을 계승하므로, 육사六四를 설명하는 「문언전文言傳」의 자구字句는 모두 구사九四의 용덕龍德으로 만들어진 것이다. 구사九四는 하괘下卦에서 상괘上卦로 건너뛴 약룡躍龍이다. 약룡躍龍은 순수純粹의 명분名分을 가지고 천덕天德의 위位에 오르려 도전하는 존재이므로, 이것을 계승하는 육사六四의 括囊의 또한 그 목적하는 바는 순수純粹해야 한다. 그 순수함이 어떻게 계승되는지를 염두에 두고 육사六四의 「문언전文言傳」에 대한 분석을 만나보자.

乾卦의 九四를 계승하는 坤卦의 六四

	坤卦 六四 (丙午)	乾卦 九四 (甲辰)	내 용 연 결
①	天地變化	上下无常	上下가 无常해지는 변화를 계승
②	草木蕃	非爲邪也	사사로운 목적이 아님을 계승
③	天地閉	進退无恒	進退가 恒常하지 않음을 계승
④	賢人隱	(非)離群也	무리를 떠남을 계승

① 天地變化는 '上下无常'을 계승한 것이다.

上下无常은 구사九四의 약룡躍龍이 혁명으로 세상의 질서를 뒤엎는 뜻이기도 하지만, 젊은 세대가 과거 세대를 계승하거나, 떠오르는 태양이 밤의 어둠을 이기며, 새싹이 굳은 땅을 마침내 뚫어내듯, 일음일양一陰一陽으로 순수純粹하게 나아가는 천지天地의 모든 변화變化를 지칭한다.

그러므로 육사六四는 구사九四의 上下无常^{상하무상}을 계승하여 천지天地를 순수

純粹한 뜻으로써 끊임없이 변화變化시키는 것이다.

② 草木蕃^{초목번}은 '非爲邪也^{비위사야}'를 계승한 것이다.

육사六四가 括囊^{괄낭}으로 스스로를 단속하고 천지天地를 변화變化시켜서

초목草木을 번성蕃盛케 하는 것은 사사로움을 위한 것이 아니라, 구사

九四의 약룡躍龍이 상위上位로 도약跳躍하여 마침내 천덕天德에 위位에

올라 만물萬物을 화육化育시키려 하는 순수純粹한 뜻을 계승한 것이다.

③ 天地閉^{천지폐}는 '進退无恒^{진퇴무항}'을 계승한 것이다.

進退^{진퇴}는 천지天地의 지도리가 열리고 닫히는 모습이다. 건곤乾坤은 역易

의 문門[158]이므로, 천지天地의 지도리는 건곤乾坤이 굴신屈伸을 거듭할

수 있도록 항상 쉬지 않고 돌아가야 한다. 하지만 그 항상恒常함이 없어

져 지도리가 멈추게 되면 進退^{진퇴}를 거듭하는 건곤乾坤의 문짝은 굳게 닫

혀버리고 만다. 그러므로 육사六四의 天地閉^{천지폐}는 구사九四의 進退^{진퇴}가 항상

恒常하지 않은 无恒^{무항}을 계승한 것이다.

④ 賢人隱^{현인은}은 '非離群也^{비리군야}'를 계승한 것이다.

구사九四의 약룡躍龍이 상위上位로 올라 뛴 것은 사사로운 목적이 아닌

만물萬物의 화육化育을 위해서였지만, 만약 번성蕃盛을 위한 변화變化가

멈춰버리면, 용사龍蛇가 칩거蟄居하고 척확尺蠖이 몸을 구부리듯이, 현

인賢人 또한 은거隱居하여 변화變化가 재개되기를 기다릴 것이다. 그러므

로 육사六四의 현인賢人이 은거隱居하는 이유는 백성을 등지려는 것이 아

니라, 변화變化의 때를 만나 훗날의 더 큰 성업聖業에 참여하기 위해서인

것이다.

---

158 『周易』, 「繫辭下傳」 6 : 子曰 乾坤은 其易之門邪인저! 乾은 陽物也요 坤은 陰物也니 陰
陽이 合德하여 而剛柔有體라, 以體天地之撰하며 以通神明之德하니 其稱名也 雜而不越하
나 於稽其類엔 其衰世之意耶인저.

黄裳元吉
<small>황 상 원 길</small>

<small>육오 황상 원길</small>
六五는 黃裳이니 元吉이니라.

육오는 누런 치마면 크게 길하니라.

戊午 黃裳元吉

이제 육오六五의 차례이다. 병오丙午의 불구덩이를 빠져나온 빈마牝馬는 중지中指를 곱으며 정미丁未로 삼고, 약지藥指를 곱으며 무신戊申으로 삼고, 소지小指를 곱으며 기유己酉로, 곱았던 소지小指를 다시 펴며 경술庚戌로 삼아, 신해辛亥, 임자壬子, 계축癸丑, 갑인甲寅, 을묘乙卯, 병진丙辰의 순으로 나아가다가, 정사丁巳에서 중지中指를 곱은 후 무오戊午에 이르러 약지藥指를 그 중지中指에 덧붙인다. 飛龍在天의 비룡飛龍이 천天에 덧붙인 약지藥指였던 것을 기억한다면, 육오六五 또한 도수度數는 달리 하지만 건도乾道의 때와 형식을 계승하는 원칙에 따라 같은 수상手象과 위치를 갖게 됨은 더 이상 새로운 일이 아니다. 그렇다면 黃裳元吉은 수지상수手指象數를 통해 어떻게 해석되는가? 정자程子[159]와 주자朱子[160]는 모두 황黃을 중앙색中央色으로, 상裳을 하복下腹으로 여겨서, 육오六五가 비록

<small>159 程頤, 『易傳』, 「重地坤」 : 坤雖臣道나 五實君位라 故로 爲之戒云 黃裳元吉이라하니 黃은 中色이요 裳은 下服이니 守中而居下면 則元吉이니 謂守其分也라.</small>

<small>160 朱熹, 『本義』, 「重地坤」 : 黃은 中色이요 裳은 下飾이라 六五以陰居尊하여 中順之德이 充諸內而見於外라.</small>

음陰이지만 중中의 존위尊位에 거하는 처지만을 논하였다. 또한 상사象辭의 '黃裳元吉 文在中也'를 정자程子는 '황黃은 중中의 문文이고, 중中에 있다는 것은 과過하지 않은 것이라'[161]고 해석했으며, 주자朱子는 '문文이 안에 있어서 밖으로 드러난 것'[162]이라고 말할 뿐, 문文이 무엇인지 그리고 왜 문文이라는 표현이 나온 것인지에 대해서는 언급하지 않았다. 두 선현先賢들이 언급한 대체의 뜻이 아예 그르다고 할 수는 없겠으나, 의문을 해소시키지 못하는 것은 어쩔 수 없는 그들의 한계이다. 이 의문들은 수지상수手指象數를 통해 전혀 생각지 못했던 방향으로 그 뜻을 드러낸다.

象曰 黃裳元吉은 文在中也라.

상에 이르길, 누런 치마면 크게 길하다는 말은 문이 그 가운데 있음이라.

수지상수手指象數의 해석은 육오六五가 도착한 곳이 무오戊午의 약지藥指이며, 무戊가 오토五土로서 황색黃色으로 표현됨을 주되게 헤아린다. 그렇다면 裳은 무엇인가? 상사象辭에서 언급된 '文在中也'로부터 그 실마리를 찾아보자. 우리는 건괘乾卦 구오九五의 효사爻辭에서 飛龍在天을 해석한 일이 있다. 그 때 무지拇指·식지食指·중지中指가 만나는 천天의 자리에 비룡飛龍의 약지藥指가 덧붙여진 것을 재천在天이라고 해석했듯이, 육오六五는 문文 스스로가 중中의 자리에 있으니 재중在中이라는 표현이 나왔다고 해석할 수 있다. 문文이 중中에 있다는 것은 정자程子의

---

161 程頤, 『易傳』, 「地天泰」: 黃은 中之文이요 在中은 不過也라 內積至美而居下라 故로 爲元吉이라.

162 朱熹, 『本義』, 「重地坤」: 文在中而見於外也라.

설명처럼 과불급過不及을 피한 오중五中의 자리에 있다는 뜻도 되겠지만, 이 보다는 문文이 속에 있다는 뜻, 즉 함장含章의 의미로 헤아려야 할 것이다. 다시 말해 육삼六三이 章을 含之했듯이, 육오六五 또한 文을 속에 머금었다는 뜻이다. 그렇다면 文은 무엇인가? 「계사하전繫辭下傳」제10장에 나오는 文에 대한 해설을 다시 한 번 살펴보자.

도유변동 고왈효 효유등 고왈물
道有變動이라 故曰爻오 爻有等이라 故曰物이오

물상잡 고왈문 문부당 고 길흉 생언
物相雜이라 故曰文이오 文不當이라 故로 吉凶이 生焉하니라.

도에는 변화와 움직임이 있으니 효라 이르고, 효에는 차등이 있으므로 물이라 이르고, 물이 서로 섞이므로 문이라 이르고, 문이 합당함과 부당함이 있으므로 길흉이 생하는 것이니라.

文은 양물陽物과 음물陰物의 섞임이니, 文은 곧 건곤乾坤의 뒤섞임이라고 할 수 있다. 수지상수手指象數의 수상手象에서 건곤乾坤은 중지中指에서 뒤섞인다. 여러 차례 언급했듯이, 정역팔괘正易八卦의 수상手象에서 펴진(伸) 중지中指는 오곤지五坤地를, 곱은(屈) 중지中指는 십건천十乾天을 가리킨다. 건乾과 곤坤이 모두 중지中指에서 만나므로, 중지中指는 物相雜의 文이 되는 것이다. 또한 중지中指는 팔괘八卦의 기본 수상법手象法에서도 乾·坤·艮·兌의 뒤섞임이 되기도 하는데, 그 모양은 아래의 그림으로 설명된다. 왼쪽의 두 수상手象은 팔괘八卦 중 건乾과 곤坤이 중지中指에서 만나는 모습이고, 오른쪽의 두 수상手象은 간艮과 태兌의 엇갈림이 중지中指의 굴신屈伸에 달려있는 모습이다.

乾(☰)　　　　坤(☷)　　　　艮(☶)　　　　兌(☱)

　이러한 의미에서 수지상수手指象數가 바라보는 중지中指는 양물陽物과 음물陰物의 섞임이요, 중지中指의 굴신屈伸은 문文을 당當과 부당不當으로 나누어 길흉吉凶을 만들어낸다. 즉, 중지中指는 상잡相雜이요, 문文이며, 미美이며, 또한 장章이라고 할 수 있는 것이다. 이들은 모두 화려함을 간직한 것들이므로, 육오六五의 약지藥指가 머금은(含) 중지中指의 문文을 표현함에 있어 화려하게 자수刺繡를 놓은 상裳에 빗댄 것이다. 게다가 황색黃色을 의미하는 무오토戊午土의 약지藥指가 문상文裳의 중지中指에 곧바로 올라탔으니 이것이 바로 黃裳(황상)의 모습이다.

군 자 황 중 통 리　　정 위 거 체　　미 재 기 중 이 창 어 사 지
君子黃中通理하야 正位居體하야 美在其中而暢於四支하며
발 어 사 업　　미 지 지 야
發於事業하나니 美之至也라.

군자가 황중의 이치에 통달해서, 정위에 몸을 거하니, 아름다움이 그 가운데에 있어, 사지에 빛나며 사업으로 발하니, 아름다움의 지극함이라.

　약지藥指의 자리인 무오戊午의 군자는 황중黃中으로서, 건곤乾坤의 이치理致에 통달하여 건괘乾卦의 구오九五가 하늘에 올랐던(在天) 것처럼, 중지中指에 올라타며 그 속(在中)에 文(문)을 머금는다. 중지中指의 자리는

物相雜의 文이지만 도수度數로는 정사丁巳이다. 바로 정칠화丁七火와 오
이화午二火의 불덩어리인 것이다. 불은 이글거리는 무늬(文)로서 또한 인
간의 문명文明을 의미한다. 문文의 아름다움이 머금어진 중지中指의 자리
에 정사丁巳의 문명文明이 당도하고, 여기에 무오戊午의 황중黃中이 또다
시 얹어지니, 그 창달暢達의 영향은 나머지 네 손가락(四支)에 빛날 정도
로 위대하고, 또한 이를 통해 통변通變과 부유富有의 사업事業[163]이 발휘
된다. 즉, 원길元吉은 文과 中이 거듭하여 만나는 지극한 아름다움을
표현했던 것이다.

美在其中而暢於四支하며

이와는 별도로, 괘사卦辭에 언급되었던 品物咸亨의 亨을 기억해보자.
수지상수手指象數로 풀어내는 곤괘坤卦의 사덕四德 중 亨 자리가 중지
中指에 해당되는 점도 더불어 흥미로운 대목이다. 곤괘坤卦의 전반全般
에 걸쳐 含弘光大, 含章可貞, 含萬物而化光, 陰雖有美 含之 등으로 거듭
되어 나타나는 함미含美의 의미가 바로 이 亨과 관련되어 있는데, 이 때
의 美는 다름 아닌 品物咸亨의 모습이요, 物相雜의 文이라 할 수 있다.
黃裳元吉의 육오六五가 비록 약지藥指를 쓰지만, 그 본체本體의 뜻은 중
지中指에 있으니, 곤괘坤卦의 주효主爻인 육이六二의 直方大가 이 중지中

---

163 『周易』, 「繫辭上傳」의 제5장에는 通變을 일러 事라고 하고, 富有를 일러 業이라고 하는
정의가 실려 있다.

指에 해당되는 것은 아주 당연한 이치일 것이다. 한마디로 곤괘坤卦의 핵심은 중지中指에 있으며, 暢於四支와 發於事業은 건곤乾坤의 상잡相雜을 통해 일어나는 것이다.

이번에는 「문언전文言傳」에 흐르는 도체道體의 모습을 살펴볼 차례이다. 육오六五의 황상黃裳은 구오九五의 비룡飛龍이 가진 용덕龍德을 계승하므로, 황중黃中의 이치理致는 물론 暢於四支와 發於事業까지도 모두 구오九五를 계승하여 만들어진 표현들이다. 아래에서 공자孔子가 문자文字로 만들어내는 지극한 아름다움을 만나보자.

乾卦의 九五를 계승하는 坤卦의 六五

	坤卦 六五 (戊午)	乾卦 九五 (丙辰)	내 용 연 결
①	黃中通理	先天而天弗違 後天而奉天時	하늘보다 먼저 해도 하늘이 어기지 않고 하늘보다 뒤에 해도 天時를 받드는 大中之道를 黃中으로 계승
②	正位居體	乃位乎天德	天德의 位에 오른 것을 正位로 계승
③	美在其中	水流濕 火就燥	물(水)과 불(火)로 만드는 文明의 뜻을 아름다움(美)으로 계승
④	暢於四支	與天地合其德 與日月合其明 與四時合其序 與鬼神合其吉凶	天地, 日月, 四時, 鬼神과의 合을 德, 明, 序, 吉凶의 四支에 暢達함으로 계승
⑤	發於事業	聖人作而萬物覩	聖人이 지은 聖業에 萬物이 감동함을 事業으로 계승
⑥	美之至也	各從其類也	각각이 그 同類를 따르는 이치를 지극한 아름다움으로 계승

① 黃中通理는 '先天而天弗違'와 '後天而奉天時'를 계승한 것이다.

육오六五의 黃中通理가 구오九五의 용덕龍德인 '先天而天弗違'와 '後天而奉天時'를 계승하여 만들어졌으니, 이 대목을 자세히 헤아리면 黃中通理의 정확한 의미에 가까이 다가갈 수 있다. 黃中은 건도乾道를 계승하는 곤도坤道가 마침내 건도乾道와 화和를 이루는 순간을 말한다. 더 구체적으로 말하자면, 黃中은 '先天而天弗違와 後天而奉天時의 사이에 거함'이라고 할 수 있다. 만약 곤도坤道가 건도乾道보다 도수度數를 앞서 나아가면 건도乾道는 어그러지지 않지만(先天而天弗違), 곤도坤道 스스로는 길을 잃으니(失道), 곤도坤道는 반드시 건도乾道를 뒤따르면서 건도乾道의 때와 형식을 계승해야 한다(後天而奉天時). 곤도坤道가 건도乾道보다 도수度數를 앞서 나아가면 미혹迷惑되어 길을 잃고(先迷), 건도乾道의 도수度數를 뒤따르면 그때마다 그 떳떳함을 얻을 수 있으니(得常), 곤도坤道는 반드시 건도乾道를 뒤따르며(後天) 천시天時를 받들어(奉天時) 承天而時行을 지켜나가야 하는 것이다. 이렇듯, 앞서가는 건도乾道의 마디에 곤도坤道의 자신의 마디를 맞추는 것을 절중節中이라 하고, 건도乾道의 마디가 중中에 이르러서, 건도乾道의 中에 곤도坤道의 中을 맞추는 것을 黃中이라 한다. 건도乾道의 대중大中이 水流濕과 火就燥로 만물萬物을 各從其類케 하는 변화變化의 수레바퀴를 돌리기 시작하면, 곤도坤道는 무오戊午의 黃中으로 때를 맞춰서 暢於四支와 發於事業의 아름다움으로 화답하는 것이다. 그러므로 黃中通理란 건곤乾坤이 모두 中으로써 합덕合德하여 만물萬物을 화육化育하는 이치理致를 말한다. 그리고 건乾의 中과 곤坤의 中이 맞춰져 이치理致가 상통相通해야 天地變化는 끝없이 지속되는 것이다.

② 正位居體는 '乃位乎天德'을 계승한 것이다.

구오九五의 비룡飛龍은 천덕天德의 위위位에 올라 성업聖業으로 만물萬物의 화육化育을 관장한다. 육오六五는 구오九五가 오른 천덕天德의 위위位에서 성업聖業의 뜻을 계승하여 그것을 스스로의 정위正位로 삼는다. 그리고 건도乾道의 천덕天德에 暢於四支와 發於事業의 후덕厚德으로 화답하여 만물萬物의 화육化育을 완성한다. 육오六五의 자리를 중위中位라고 하지 않고 正位라고 표현한 것은 육오六五가 스스로 中에 거한 것이 아니라 건도乾道의 中에 자신의 業을 애써 맞춘 것이기 때문이다.

③ 美在其中은 '水流濕'과 '火就燥'를 계승한 것이다.

문명文明은 水로써 백성의 텃밭을 적시고(加乎民), 또한 火를 일으켜 그 밝음이 멀리서도 드러난다(見乎遠). 구오九五의 大人은 水와 火로써 문명文明의 성업聖業을 완성하니, 육오六五의 黃裳은 문명文明의 찬란함을 함지含之하여 아름다움(美)으로 계승한 것이다. 또한 美는 중지中指에서 건곤乾坤이 만나 이루는 物相雜의 文과 같다. 美在其中의 其中은 육오六五가 아닌 구오九五의 中正之道를 말한 것이며, 육오六五의 수상手象 속(中)에 들어있는 物相雜의 文을 동시에 가리킨 것이다.

④ 暢於四支는 구오九五의 大人이 天地, 日月, 四時, 鬼神과 合하는 모습을 계승한 것이다.

구오九五의 大人은 중中에 거하면서 매사每事를 정正으로 행하는 존재이다. 그러므로 大人은 天地의 덕德에 자신의 덕德을 보태고(與天地合其德), 日月의 밝음에 문명文明의 불빛을 보태고(與日月合其明), 四時의 순서에 따라 행하는 문화文化를 보태고(與四時合其序), 鬼神의 신명神明에 신근愼謹의 감응感應을 보태니(與鬼神合其吉凶), 大人이 행하는 '사지四支'는 하늘조차 어기지 않는다. 육오六五는 大人의 이러한 四支를 계승하여 黃中의 이치理致로써 세상의 곳곳에서 사업事業을 일궈내니, 그 결과는 광대光大하게 번성蕃盛한 초목草木의 모습이요, 또한 창달暢達한 문명文明과 문화文化의 모습이라 하겠다.

⑤ 發於事業은 '聖人作而萬物覩'를 계승한 것이다.

성인聖人의 성업聖業(作)은 만민萬民은 물론, 심지어 만물萬物까지도 경도傾倒시킨다. 성업聖業은 만민萬民에게 은택恩澤을 베풀어대지만, 그것은 또한 천지天地, 일월日月, 사시四時, 귀신鬼神의 지향志向에 뜻을 합슴한 것이기 때문이다. 다시 말해, 성업聖業은 그 영향이 미치지 않는 곳이 없는 것이다. 육오六五의 군자君子는 구오九五의 성업聖業(作)을 계승하는 존재이므로, 육오六五가 사업事業을 발휘發揮하는 범위는 보이지 않는 통변通變의 일(事)[164]로부터 걷잡을 수 없이 번성하는 부유富有의 대업大業[165]에까지도 이르는 것이다.

⑥ 美之至也_{미지지야}는 '各從其類也_{각종기류야}'를 계승한 것이다.

천지天地가 현황玄黃으로 그 본연의 빛깔을 보이듯이, 만물萬物은 각각 그 동류同類를 따라 상잡相雜을 이룬다. 이렇게 이룬 物相雜_{물상잡}은 文_문이요, 章_장이요, 또한 美_미이니, 各從其類_{각종기류}는 육오六五가 계승하는 美_미의 결정체요, 천지天地의 절문節文이라고 할 수 있다.

---

164 『周易』, 「繫辭上傳」의 제5장에는 '通變之謂事'라는 일(事)에 대한 孔子의 명료한 정리가 실려 있다. 萬事에 있어 변화는 느닷없이 찾아오지만 그것이 通함의 수준에까지 이르려면 기꺼운 상태가 될 때까지의 꾸준한 정성이 필요하다. 그러므로 일(事)이라는 것은 변화를 꾸준히 지속시켜 마침내 通함에 이르도록 만드는 모든 행위를 말하는 것이다.

165 '富有之謂大業'은 '通變之謂事'와 함께 『周易』, 「繫辭上傳」의 제5장에 실려 있는 業에 대한 孔子의 정리이다. 業이라는 것은 변화를 축적시켜 마침내 通함에 이르게 만든 연후에 그것을 흔하고 부유케 만드는 모든 행위를 뜻한다. 그러므로 우리가 흔히 말하는 '事業'의 정확한 뜻은 變을 通에 이르게 하여 그 영향으로 주변을 부유케 만드는 행위를 말하는 것이다.

상 육 용 전 우 야 기 혈 현 황
上六은 龍戰于野니 其血이 玄黃이로다.

상육은 용이 들에서 싸우니 그 피가 검고 누르리라.

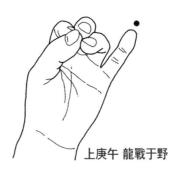

上庚午 龍戰于野

　　초육初六의 빈마牝馬는 경오庚午, 임오壬午, 갑오甲午, 병오丙午, 무오戊午를 지나 이제 마지막 종착지점을 남겨놓고 있다. 무오戊午의 약지藥指에서 황중黃中을 이뤘던 빈마牝馬가 다시 출발하여 소지小指를 곱으며 기미己未로 삼고, 곱았던 소지小指를 다시 펴며 경신庚申으로 삼고, 약지藥指를 펴며 신유辛酉로, 중지中指를 펴며 임술壬戌로 삼아, 계해癸亥, 갑자甲子, 을축乙丑, 병인丙寅, 정묘丁卯, 무진戊辰, 기사己巳를 지나 마지막으로 소지小指를 펴며 상경오上庚午에 이른다. 상육上六의 상경오上庚午가 도달한 곳은 초육初六의 초경오初庚午가 서리를 밟았던 그 자리, 즉
포 오 합 육 오 토 육 수
包五舍六, 五土六水의 자리이다. 초경오初庚午로부터 상경오上庚午까지의 여섯 단계를 헤아려 오는 동안 곤도坤道는 어김없이
승 천 이 시 행
承天而時行의 원칙을 지켜왔다. 즉, 곤도坤道를 헤아리는 도수度數가 건도乾道의 그것과는 다르더라도, 각 효爻마다 도수度數의 간격과
육 효 지 동
六爻之動의 수상手象은 그 모양 그대로 시행時行해온 것이다. 다시 말해, 빈마牝馬는 오직 용龍이 머무르는 자리만을 따라다닌 셈이다. 그 상象이 한 치의 오차도 없이 같

았으므로, 도수度數의 마지막에 이를 즈음에 빈마牝馬는 드디어 용龍을 만날 것이라 기대했을 것이다. 하지만 마지막 상경오上庚午에 이르러 빈마牝馬는 끝내 자신의 짝인 무진룡戊辰龍이 없음을 알게 된다. 오랜 여정旅程을 통해 도수度數를 헤아려 왔건만 도로 제자리일 뿐, 짝을 지을 양陽은 없었던 것이다. 馴致其道순치기도를 통해 그토록 따라왔건만 끝내 양陽을 만나지 못하니, 빈마牝馬는 곧 드세지기 시작한다. 이제 더 이상 따를 용龍도 없으므로, 급기야 빈마牝馬는 스스로 용龍이 되지 못하리란 법도 없다고 생각한다.

상 왈 용 전 우 야　기 도 궁 야
象曰 龍戰于野는 其道窮也라.

상에 이르길, 용이 들에서 싸운다는 것은 그 도가 다했다는 것이다.

　상경오上庚午는 곤도坤道가 끝에 다다른 것이다. 앞서 분석했던 육효六爻의 성정性情에 상육上六을 대입해보면, 柔動剛靜德方유동강정덕방에서는 '剛강'이 되고, 後得主利有常후득주리유상에서는 '主주'가 되며, 含萬物化光함만물화광에서는 '萬만'이 된다. 곤음坤陰이 '음강陰剛'이 되어 '모든 것(萬)'을 '주장主張'하니, 그래서 결국 싸움이 시작된다. 싸움의 이유인즉, 음陰이 스스로를 양陽이라고 주장하기 때문이다. 모든 싸움은 이치로 보면 '陰疑於陽음의어양'에서 비롯된다. '나는 왜 양陽이 없는가? 혹은 양陽이 아닌가?' 라는 의문을 품는 것으로부터 싸움은 시작되기 때문이다. 신하가 임금을 죽이고(臣弑其君), 자식이 아비를 죽이는(子弑其父) 일도 바로 이 '陰疑於陽음의어양'으로부터 비롯된다. 초육初六의 경오庚午에서 서리를 밟았던 빈마牝馬는 드디어 스스로를 용龍이라 여기기 시작하니, 빈마牝馬가 이른 곳은 다름 아닌 堅氷견빙의 자리이다. 그래서 음陰이 궁극窮極에 달한 상육上六의 경오庚午는 참람되이 稱龍焉을 하게 되고, 무진룡戊辰龍과 함께 들(野)에서 싸우는 것이다. 그런데 하필 왜 들에서 싸우는가? 경오庚午가 처한 곳이 바로 음陰의 자리이기 때문이다. 왜 血이라 하는가? 육수六水의 자리이기 때문이다. 천天이 아닌 지地에서 싸운다는 뜻인데, 수상手象으로도 소지小指는 멀리 끝에 있으므로 野라는 말이 나왔다. 게다가 소지小指에 사용된 潛, 勿, 亢, 悔, 霜, 氷, 戰, 野, 血 등은 언뜻 보아도 부정적否定的인 속성과 경계警戒의 의미가 그대로 엿보인다.

도수度數의 흐름으로 볼 때 상경오上庚午는 이미 후천后天인 하도궁河圖宮의 끝자락에 도달했다. 겉으로는 하도궁河圖宮이지만, 속으로는 이미 낙서궁洛書宮의 시작인 신유辛酉를 지나쳤고, 때마침 2도度 전에는 상구上九가 머물렀던 무진戊辰 또한 지나쳤다. 무진戊辰에서 용龍과 만날 것을 기대했던 상경오上庚午는 끝내 용龍을 만나지 못한 것이다. 게다가 이제는 더 이상 만날 용龍도 남아 있지 않다. 용龍에 대한 확신確信이 없어진(陰疑於陽) 상경오上庚午는 결국 음강陰剛이 된다. 그리고 스스로를 용龍이라 자처하며 앞서간 무진룡戊辰龍의 뒷덜미를 잡고 드센 싸움을 시작하는 것이다.

河圖宮의 끝자락에 도착한 上戊辰과 上庚午

河圖宮					
1 丁酉	2 戊戌	3 己亥	4 庚子	5 辛丑	6 壬寅
7 癸卯	8 潛龍 甲辰	9 乙巳	10 括囊无咎 丙午	11 丁未	12 戊申
13 己酉	14 庚戌	15 辛亥	16 壬子	17 癸丑	18 甲寅
19 乙卯	20 飛龍 丙辰	21 丁巳	22 黃裳元吉 戊午	23 己未	24 庚申
25 辛酉	26 壬戌	27 癸亥	28 甲子	29 乙丑	30 丙寅
31 丁卯	32 亢龍 戊辰	33 己巳	34 龍戰于野 庚午	35 辛未	36 壬申

河圖宮

洛書宮

음 의 어 양　　필 전　　　위 기 혐 어 무 양 야
陰疑於陽하면 必戰하나니 爲其嫌於无陽也라

고　칭 용 언　　유 미 리 기 류 야　고　칭 혈 언
故로 稱龍焉하며 猶未離其類也라 故로 稱血焉하나니

부 현 황 자　　천 지 지 잡 야　　천 현 이 지 황
夫玄黃者는 天地之雜也니 天玄而地黃이라.

음이 양을 의심하면 반드시 싸우게 되니, 이는 양이 없음을 혐의삼음이라, 고로 용이라 칭했을 것이며, 오히려 그 동류를 떠나지 않으니, 고로 혈이라 칭했을 것이니, 무릇 검고 누런 것은 하늘과 땅이 섞인 것이니, 하늘은 검고 땅은 누렇느니라.

　이제 상육上六에 대해 공자孔子가 펼쳐놓은「문언전文言傳」의 마지막 씨줄과 날줄을 살펴볼 차례이다. 곤괘坤卦의 상육上六을 설명하는「문언전文言傳」은 이번에도 어김없이 건괘乾卦의 상구上九가 가진 용덕龍德을 계승하여 만들어진다.

乾卦의 上九를 계승하는 坤卦의 上六

	坤卦 上六 (上庚午)	乾卦 上九 (上戊辰)	내 용 연 결
①	陰疑於陽	賢人在下位而无輔	輔弼하지 않는 賢人에 대한 탐탁지 않음을 의심으로 계승
②	必戰	窮之災也	窮極에 달한 災殃을 싸움으로 계승
③	爲其嫌於无陽也	貴而无位	귀하지만 位가 없음을 陽이 없음으로 계승
④	故稱龍焉	知進而不知退	앞만 보고 나아감을 龍의 성격으로 계승
⑤	猶未離其類也	高而无民	높지만 백성이 없음을 높지만 오히려 동류를 떠나지 않음으로 계승
⑥	故稱血焉	知得而不知喪	喪의 잃음을 피를 흘림으로 계승
⑦	夫玄黃者	不失其正者	잃지 않는 바름을 玄黃의 올바름으로 계승
⑧	天地之雜也	知進退存亡	進退存亡의 어지러움을 天地의 뒤섞임으로 계승
⑨	天玄而地黃	其唯聖人乎	正正方方한 聖人을 天玄과 地黃의 완벽한 구분으로 계승

① 陰疑於陽은 '賢人在下位而无輔'를 계승한 것이다.

건괘乾卦의 상구上九인 상무진上戊辰은 바로 아래에 구오九五의 현인賢人을 두고 있으나, 성업聖業을 짓기에 여념이 없는 구오九五는 상무진上戊辰을 보필할 수 없는 상태이다. 이러한 현인賢人의 태도를 상구上九는 탐탁지 않게 여기므로, 상육上六은 상구上九가 가진 '탐탁지 않음'을 숨之하여 '陽에 대한 의심'으로 계승한 것이다.

② 必戰은 '窮之災也'를 계승한 것이다.

건괘乾卦의 상구上九인 상무진上戊辰은 하도궁河圖宮의 끝자락에 도달하여 4도度의 도수度數만을 남겨놓았다. 그래서 한 번 움직일 때마다 그만큼 수명壽命이 줄어들어 후회後悔에 이르게 되므로, 動而有悔라는 말이 나온 것이고, 후회後悔를 지속하면 남은 도수度數마저 끝이 나게 되므로 窮之災也라는 말이 나온 것이다. 상육上六은 도수度數의 끝자락에 도달한 상구上九의 재앙災殃을 숨之하여 이것을 '양陽과의 싸움'이라는 '천지天地의 재앙災殃'으로 계승한 것이다.

③ 爲其嫌於无陽也는 '貴而无位'를 계승한 것이다.

건괘乾卦의 상구上九는 귀貴하지만 위位가 없는 처지이다. 상육上六은 상구上九의 실속 없는 '无位'를 숨之하여, 양陽이 없음을 의심하는 '无陽'으로 계승한다. 상경오上庚午에까지 이른 빈마牝馬는 그 동안 용龍이 앞서간 도수度數를 모두 뒤따라 왔건만, 마지막 상육上六에 이르러서도 용龍을 만나지 못하자 양陽이 없음을 혐의삼아 드세지기 시작하는 것이다.

④ 故稱龍焉은 '知進而不知退'를 계승한 것이다.

상육上六은 앞으로 나아가는 것만 알고(知進) 뒤로 물러설 줄 모르는(不知進) 항룡亢龍의 용덕龍德을 계승하여 스스로를 용龍이라 칭한다. 상육上六의 자리까지 올라온 빈마牝馬는 극도로 강해져서 용龍과 한판

正易 수지상수

340

의 싸움을 위해 스스로도 용龍처럼 앞으로만 나아가니, 이는 모두 상육上六의 음강陰剛을 표현한 것이다.

⑤ 猶未離其類也^{유미리기류야}는 '高而无民^{고이무민}'을 계승한 것이다.

건괘乾卦의 상구上九는 지위만 높아져서 오히려 기류其類인 백성을 떠나게 되는 실속 없는 처지이다. 하지만 이것을 계승하는 곤괘坤卦의 상육上六은 강剛해지기만 할 뿐 속으로는 여전히 음류陰類의 속성을 가지고 있어서 기류其類를 떠났다고 할 수는 없다. 상육上六은 강剛하지만 여전히 음강陰剛일 뿐 양강陽剛이 될 수는 없는 것이다. 이것은 곤坤이 弘^홍과 光을 含之^{함지}하여 마침내 大^대를 얻는다고 해도, 그 大^대가 건乾의 양대陽大와는 다른 음대陰大의 처지임을 보여준다.

⑥ 故稱血焉^{고칭혈언}은 '知得而不知喪^{지득이부지상}'을 계승한 것이다.

음강陰剛의 상육上六은 곤음坤陰을 대표하여 양강陽剛인 무진룡戊辰龍과 만나서 피가 터지도록 큰 싸움을 벌인다. 하도궁河圖宮의 도수度數는 거의 끝에 이르고 있고, 속으로는 이미 낙서궁洛書宮을 침범하고 있으므로, 상육上六은 무진룡戊辰龍의 뒷덜미를 잡아채는 것이다. 서로 싸우는 사이에 상처가 나고 피가 흐르지만(喪) 상육上六의 음강陰剛이 싸움을 멈추지 않는 이유는 오직 얻을(得) 것만을 생각하기 때문이다.

⑦ 夫玄黃者^{부현황자}는 '不失其正者^{불실기정자}'를 계승한 것이다.

不失其正者^{불실기정자}는 中^중에 거하여 正^정을 잃지 않는 구오九五의 大人^{대인}에 빗대어 中^중을 잃은 상구上九를 설명한 표현이다. 상육上六은 상구上九의 용덕龍德을 계승하므로, 玄黃^{현황}은 상구上九의 정正을 계승한 것이다. 본래 玄黃^{현황}이라는 것은 바름(正)을 잃지 않는 천지天地의 모습 그 자체이다. 즉, 玄^현과 黃^황은 천지天地의 싸움을 통해 만들어진 핏자국이지만, 그것이 본래 천지天地가 가지고 있는 바름(正)이기 때문에, 천지天地는 언제나 검고

(玄) 누런(黃) 자신의 색을 잃지 않는 것이다.

⑧ 天地之雜也는 '知進退存亡'을 계승한 것이다.

천天과 지地는 大中之道를 운용하는 두 주체로서 항상 進과 退, 存과 亡의 뒤섞임을 관장한다. 즉, 천지天地는 進退로써 변화變化를 부리고 存亡으로써 길흉吉凶을 드러내는 것이다. 그러므로 상육上六은 상구上九의 進退存亡이라는 뒤섞인(雜) 상황의 용덕龍德을 天地之雜也로 계승하는 것이다.

⑨ 天玄而地黃은 '其唯聖人乎'를 계승한 것이다.

성인聖人은 中에 머무르기 때문에 進退存亡의 뒤섞임 속에서도 그 正함을 잃지 않는다. 正이란 그 상황과 역할에 꼭 맞음이니, 大中之道를 운용하는 천지天地의 역할이란 天은 玄으로써 中을 운용하고, 地는 黃으로써 그 中에 通理하는 것이라 하겠다. 그러므로 상육上六은 中을 운용하는 성인聖人을 계승하여 天과 地의 中을 玄과 黃으로 지목한 것이다.

한편, '稱龍焉'과 '稱血焉'에 붙은 '焉'자에서 우리는 글을 지으면서도 중中을 지키려 했던 공자孔子의 조심스러운 마음을 접할 수 있다. 지금은 잊혀진 이름이지만, 예로부터 '焉'자는 선비들 사이에서 '껄언'자字로 불렸다고 한다. '확신하지는 못하지만 분명히 그럴 것(껄!)'이라는 표현이 문장의 끝에 달리는 이 焉자의 느낌이다. 주공周公이 효사爻辭를 매달아 그 뜻을 드러낸 뒤로 500여년의 세월[166]이 흘렀던 탓에, 공자孔子의 헤아림에 '龍'과 '血'을 쓴 주공周公의 본뜻을 쉬이 단정 짓기 어려웠을까? 주

---

166 『周易』은 殷나라 말 紂의 폭정으로 羑里라는 감옥에 갇힌 文王이 천지의 이치를 헤아려 먼저 卦辭를 짓고, 그의 아들 周公이 384개의 효에 대해 爻辭를 지은 후, 약 500여년의 세월이 흐른 후에 단절됐던 易의 本義를 깨달은 孔子가 「象傳」, 「文言傳」, 「繫辭傳」, 「序卦傳」, 「說卦傳」 등의 十翼을 더함으로써 마침내 완성되었다.

공주公의 생각에, 양陽이 없음을 혐의삼아 '龍[용]'이라 칭했을 것이고, 그렇다고 음류陰類를 떠나지는 않았으니 '血[혈]'이라 칭했을 것이라고, 공자孔子는 조심스레 추측하며 '焉[언]'자를 붙였을 것이다. '焉[언]'자는 그렇게 공자孔子의 중中을 담아 또 한 번 곤도坤道의 흐름 속으로 머금어진다. 바로 주공周公의 결단과 공자孔子의 해설을 품고 현황玄黃의 뒤섞임 속으로 含之[함지]되는 것이다. 아! 焉자字의 위대한 글됨(爲書)이여! 그로부터 다시 2500여 년의 세월이 흘렀으니, 이 글에는 도대체 얼마나 많은 추측의 '焉[언]'자를 붙여야 하는가! 천지天地는 건곤乾坤의 끝없는 싸움터이고, 현황玄黃은 그 건곤乾坤이 치열하게 뒤섞인(雜)[167] 文[문]이요 章[장]이요, 그로 인해 만들어진 가장 위대한 아름다움(美之至也)이니, 이 文[문]과 章[장]을 含之[함지]한 곤도坤道는 마침내 끝에 이른 것이다.

用六永貞 [용육영정]

用六[용육]은 利永貞[이영정]하니라.

육을 씀은 오랫동안 정함이 이로우니라.

用六永貞

용육用六은 건괘乾卦의 용구用九와 상대되는 개념으로 곤괘坤卦에서

---

167 陽物과 陰物이 物相雜의 文을 이루는 것과 같이, 坤卦에 나온 天地之雜也 또한 天地가 뒤섞여 玄黃의 文를 짓는 뜻이다.

음陰을 쓰는 방법의 이름이다. 용육用六에 제시된 利永貞의 정확한 뜻은 '貞을 길게 함이 이롭다'이다. 그러므로 利永貞은 곤괘坤卦의 괘사卦辭에서 나온 安貞吉과 같은 의미를 갖는다. 앞에서 우리는 '安貞'의 뜻을 '선택한 방향을 편안히 여기며 줄기차게 나아감'이라고 정의했다. 利永貞은 특히 선택한 방향으로 줄기차게 나아가는 것을 '오랫동안 유지함'에 강조점을 둔 말이다.

이런 의미에서 곤괘坤卦의 효사 전체는 利永貞의 과정을 설명하는 뜻이 된다. 곤괘坤卦의 초육初六은 음陰이 시작되는 때를, 상육上六은 음陰이 성盛하여서 극極에 달한 때를 말하며, 이를 제외한 육이六二, 육삼六三, 육사六四, 육오六五의 상황은 '安貞된 상태를 묵묵히 견디며 길게 유지하는 利永貞의 방법으로 제시된 내용이다. 다시 말해, 곤도坤道의 이로움(利)이란 스스로 선택한 방향을 올곧음으로 여기며 응應을 이룰때까지 오랫동안 그 방향과 상태를 유지하는 것이다. 곤괘坤卦의 효사爻辭는 貞을 오랫동안 유지하기 위한 효과적인 방법을 제시한 것이니, 그것이 바로 正直이요, 舍之요 또한 括囊이다. 모두 스스로를 단속하는 뜻이며, 이것이 음陰이 중中을 쓰는 방법이라 하겠다. 그리고 이 뜻으로 중수中數인 육六을 써서 곤도坤道를 칭함에 용육用六이라 한 것이다.

象曰 用六永貞은 以大終也라.

상에 이르길, 용육의 길게 정함은 大로써 마치기 위함이라.

용육用六의 수상手象은 도수度數가 없다. 수상手象은 오직 소지小指를 펴서 육六을 가리키는 모습뿐이다. 소지小指는 包五舍六이자 五皇極의 자리이므로, 수상手象으로도 중中의 뜻이 된다. 중中을 쓰고 스스로를 단속해서 '선택된 상태를 줄기차게 유지함'은 결국 대양大陽와의 응應함을 통해 마침(終)에 이르고자 하기 위함이다. 그저 크게(大) 마치는 것이 아니라, 乾知大始와 應함으로써 마치는 것이다. 그렇게 해야 새로운 시작을 기대할 수 있기 때문이다.

이상에서 우리는『정역正易』수지상수手指象數를 통해 건괘乾卦와 곤괘坤卦의 괘사卦辭와 효사爻辭를 비롯한「문언전文言傳」이 작역作易 당시의 성인聖人들에 의해 어떻게 조직되었는지를 복기復棋해 보았다. 공부자孔夫子의 절절切切한 공덕功德이 없었더라면 끝내 알아보지 못했을 선성先聖의 지혜를 일부一夫 선생의 시시偲偲로운 수지상수手指象數로 구석까지 직접 헤아려본 것이다. 경문經文에 대한 직접적인 해석은 수천 년간 공자孔子 십익十翼의 부연敷衍에 의존해왔던 '역易의 원리'를 도체道體의 차원에서도 직접 접근할 수 있다는 가능성을 열어주었다. 즉, 천도天道를 인도人道의 시각에 의존하지 않고 직접 천도天道로 이해할 수 있는 통로가 열린 것이다. 더욱이 경문經文과 수지상수手指象數의 도수度數가 정확히 일치하는 대목들은『주역周易』연구에 종사하는 기존 학자들의 시선을『정역正易』으로 돌리기에 충분히 매력적이다. 이를 통해『주역周易』전반은 물론,『주역周易』의 여러 파생작派生作들에 대한 새로운 분석이 가능해질 수 있으며,『정역正易』이 제시하는 여러 복잡한 논리에 대한 구체적인 후속연구를 촉발시킬 수 있다.

3. 文이 말해주는 道의 形象, 「文言傳」

공자孔子의 십익十翼 중 건괘乾卦와 곤괘坤卦에 붙여져 건곤乾坤의 성정性情에 대한 구체적인 실마리를 안겨주었던 「문언전文言傳」이 드디어 그 베일을 벗었다. 천지天地 사이의 이치理致를 문文으로써 드러낸 공자孔子의 글이 사실은 그 이면에 또 다른 흐름의 도체道體를 형성하고 있었던 것이다. 이는 대략 2500년 만에 세상에 전해지는 공자孔子가 남긴 절절한 메시지요, 마침내 드러나는 건곤乾坤의 실체實體이기도 하다.

「문언전文言傳」은 겉으로 드러나는 문리적文理的 의미 이외에도, 문자文字와 문자文字 사이의 특별한 조합과 배열을 통해 문文의 조직組織 자체가 하나의 거대한 도체道體를 형성한다. 괘卦와 효爻의 설명에 붙은 모든 문자文字는 어느 것 하나 도체道體의 흐름과 연결되지 않은 것이 없고, 그 연결과 배열의 형세는 곧 건乾과 곤坤이 실재實在하는 모습이 된다. 문文으로써 도체道體를 이뤘으니, 「문언전文言傳」은 도체道體의 모습을 문(文)으로써 말해주고(言) 있는 글이며, 공자孔子는 이것을 일러 이름 그대로 '文言'이라 칭했으니, 그 위대한 작법作法 앞에 탄복歎服하지 않을 자 그 누구이겠는가.

1) 一夫^{일 부} 선생이 남긴 道體^{도 체}의 실마리

공부자孔夫子의 문文이 품은 도道의 실체實體는 2천년이 넘는 오랜 세월동안 줄곧 발견되지 않았다. 혹여 그 기나긴 세월 속에서 도체道體의 몇 자락을 찾아낸 사람이 더러 있었을지는 모르겠으나, 최소한 그 내용이 후대後代에 전해지지는 않았던 것이다. 지금까지의 문헌文獻과 학설學說을 헤아려볼 때, 「문언전文言傳」에 숨겨진 도체道體의 모습을 처음 발견한 사람은 아마도 일부一夫 선생이었으리라 판단된다. 전해져 내려온 수지상수手指象數의 셈법이 「문언전文言傳」의 짜임과 어김없이 맞아 떨어지고, 수지상수手指象數와 함께 구전口傳된 경문經文에 대한 독보적인 해석의 방향은 이러한 주장을 강력하게 뒷받침해준다. 그가 깨달은 바는 건곤乾坤의 실재實在를 넘어 우주의 无中碧^{무 중 벽}에까지 이르렀다고 전해지지만, 수지상수手指象數와의 연결을 제외하면 「문언전文言傳」의 짜임에 대하여 그가 남긴 이론적 실마리는 오직 두 가지뿐이었다.

그 첫 번째는 건괘乾卦에 나열된 剛^강·健^건·中^중·正^정·純^순·粹^수가 각각 6·1·5·2·4·3효爻를 의미하는 육효六爻 성정性情이라고 지목한 것이며, 두 번째는 건괘乾卦의 구이九二에 붙여진 龍德而正中者也^{용 덕 이 정 중 자 야}를 '正中之道^{정 중 지 도}'로 풀어내고, 구오九五에는 이와 뜻이 다른 '中正之道^{중 정 지 도}'를 붙여서 中과 正이 가진 본래의 뜻과 가치를 엄격하게 구분해놓은 것이다. 이 두 가지 실마리는 공자孔子 사후死後로 지금까지 일절一切 논의되지 않았던 새로운 관점에서의 해석이다. 일부一夫 선생은 이 낯선 해설을 덕당德堂 선생에게 생전生前에 전한 것이고, 덕당德堂 선생은 학산鶴山 선생에게, 학산鶴山 선생은 다시 삼정三正 선생을 비롯한 여러 제자들에게 수지상수手指象數와 함께 전했던 것이다.

6	1	5	2	4	3	
大哉라 乾乎여!	剛 健 中 正 純 粹					精也오
	｜ ｜ ｜ ｜ ｜ ｜					
	六 爻 發 揮 旁 通					情也오

　앞의 내용에서 자세하게 해설했듯이, 필자는 剛健中正純粹에 지목된
육효六爻의 순서와 중中과 정正의 차이를 卦·爻·彖·象의 글들과 비
교하여 직접적인 검증을 시도했다. 그 결과, 지목된 육효六爻의 순서와
경전經傳의 글들이 의미상으로 완벽하게 일치함을 확인하였고, 그 속에
서 건괘乾卦의 성정性情에 대한 다음과 같은 몇 가지 단초端初를 얻게 되
었다. 剛은 애초부터 타고난 강강强함이요, 健은 애써 군건히 노력하는 강
强함이며, 中은 매사每事에 능히 正할 수 있음이요, 正은 中에 이르기 위
해 애써 노력하는 바름(正)이며, 純은 때 묻지 않은 타고난 순결純潔함
이요, 粹는 오염된 때를 벗으려 노력함이니, 건괘乾卦의 육효六爻 모두
는 '타고남'과 '노력함'으로 견고하게 정렬되어 있었던 것이다. 공자孔子
가 친히 지목한 육효六爻의 성정性情은 그 외에도 건도乾道가 가진 도체
道體의 깊숙한 모습을 어스름히 밝혀주었다. 건乾의 하괘下卦가 미숙未熟
함이라면 상괘上卦는 노련老鍊함이고, 剛健의 핵심이 나아감(進)이라면,
純粹의 핵심은 무구(无咎)함이며, 中正의 핵심은 바름(正)의 지속持續임
이 밖으로 드러나는 것이다.

　이렇게 밝혀진 육효六爻의 성정性情은 「문언전文言傳」의 다른 글귀에
도 공자孔子가 인도하는 도체道體의 모습이 더 숨겨져 있을지도 모른다
는 추측으로 이어졌다. 그리고 곤괘坤卦의 柔動剛靜德方과 뒤에 이어지
는 後得主利有常, 그리고 含萬物化光 또한 각각 곤괘坤卦의 육효六爻를
지목하고 있다는 사실이 차례로 발견됐다. 건괘乾卦에서와 마찬가지로

곤괘坤卦도 역시 지목된 육효六爻의 성정性情을 통해 곤도坤道가 가진 도체道體의 본모습을 은은하게 드러낸다. 초육初六에서 시작된 곤坤의 부드러움(柔)은 육삼六三에서 動하고 마침내 상육上六에 이르러 剛해짐을, 後得은 다름 아닌 舍의 모습임을, 곤坤이 지극히 고요할(至靜) 수 있는 것은 육사六四의 括囊 덕분이며, 육이六二의 直方大가 곧 곤도坤道가 가진 有常과 光大의 모습임을 각각 일러주는 것이다.

	1	3	6	4	5 2	
坤은	至 柔	而 動 也	剛	하고 至 靜	而 德 方	하니
	後	得 하야	主	利	而 有 常	하고
	舍		萬	物	而 化 光	하니

　건괘乾卦와 곤괘坤卦의 괘상卦象을 설명하는 불과 몇 자字 글귀 속에 도체道體의 흐름이 이렇듯 빼곡히 숨겨져 있었으니, 「문언전文言傳」 전체에서 대부분을 차지하는 효상爻象에 대한 설명에도 공자孔子는 분명 도체道體의 흐름을 얽어놓았을 터였다. 오랜 시간의 궁리 끝에, 결국 공자孔子가 숨겨놓은 「문언전文言傳」의 조직組織은 그 민낯을 차례대로 드러냈고, 효상爻象을 설명하는 문文 속에 숨겨진 조직組織의 규모와 짜임은 괘상卦象의 그것과는 비교할 수 없을 정도로 방대하고 치밀했다. 이로써 건乾과 곤坤의 육효六爻가 가진 본래의 뜻이 처음으로 세상에 드러난 것이다.

　「문언전文言傳」의 백미白眉는 단연 육효六爻에 얽힌 건乾의 '용덕龍德'과 곤坤의 '계승繼承'이라고 할 수 있다. 건괘乾卦의 육효六爻를 설명하는 용덕龍德이 서로 씨줄과 날줄로 거대하게 엮여있으며, 곤괘坤卦는 건괘乾卦의 육효六爻를 承天而時行의 원칙에 따라 때맞춰 순순히 계승繼承하고 있음이 「문언전文言傳」의 짜임을 통해 낱낱이 드러나는 것이다. 동서양東西洋을 막론하고 역사상 이같이 치밀한 글은 지금껏 존재하지 않았으므로, 「문언전文言傳」은 '사람이 만든 가장 위대한 문(文)'이라 일컬을 수 있을 것이다.

건乾의 용덕龍德과 곤坤의 계승繼承 사이에 뒤얽힌 연결을 찾아내는데 있어 가장 결정적인 역할을 한 것은 일부一夫 선생의 전언傳言과 수지상수手指象數였다. 만약 일부一夫 선생이 剛健中正純粹를 건괘乾卦의 육효六爻를 가리키는 성정性情으로 지목하지 않았다면, 그리고 수지상수手指象數와 같은 구체적 검증체계를 전하지 않았다면, 「문언전文言傳」 전체에 서려있는 도체道體의 모습은 결코 발견되지 못했을 것이다. 그런데 왜 一夫 선생은 도체道體의 모습 중 일부분만을 전하였는가? 아마도 일부一夫 선생은 공자孔子가 남긴 도체道體의 전모全貌를 일찍부터 발견했을 터이지만, 자신의 명命을 헤아린 후 제한적인 실마리만을 남겼으리라는 것이 필자의 판단이다. 그것은 공자孔子가 도체道體의 전모全貌를 一以貫之했음에도 불구하고 그 내막內幕을 문文의 짜임으로 감춰놓았듯이, 일부一夫 선생 또한 공자孔子의 문文에 손을 대기보다는 『정역正易』이라는 새로운 작역作易에 힘을 쓰고, 그 나머지는 후대의 몫으로 남겨놓았으리라는 생각이다.

2) 乾卦「文言傳」의 특성

　건괘乾卦의 「문언전文言傳」은 육효六爻의 용덕龍德이 서로 그물처럼 연결되어 문文과 문文의 배합과 정렬 자체가 하나의 도체道體를 형성한다. 즉, 표면상에 나타나는 의미와는 별도로 「문언전文言傳」 전체의 짜임과 구조를 헤아리면서 도체道體가 가진 본래의 의미를 더욱 구체적으로 이해할 수 있게 되는 것이다. 건괘乾卦의 용덕龍德에 대해 지금까지 발견된 특성을 요약하면 다음과 같다.

① 건괘乾卦의 각 효爻는 나머지 오효五爻의 용덕龍德이 조합되어 만들어진다.

　건괘乾卦의 「문언전文言傳」에서 각 효爻가 가진 용덕龍德을 구성하는 표현들은 모두 나머지 오효五爻의 용덕龍德으로부터 그 내용을 추출한 후, 각 효爻의 성격에 맞게 변화시키고 이를 다시 조합하여 만들어진 문장들이다. 예를 들어, 초구初九의 용덕龍德은 구사九四, 상구上九, 구이九二, 구오九五, 구삼九三의 용덕龍德을 한 두 구句씩 추출한 후, 이들을 다시 배열하고 조합하여 만든 문장인 것이다. 건괘乾卦 육효六爻의 모든 용덕龍德은 이 같은 방식으로 구성되어 있으므로, 건괘乾卦의 각 효爻에는 저마다 육효六爻의 모든 정보가 함유되어 있다 하겠다.

② 각각의 용덕龍德은 다양한 방식에 의해 추출된다.

　하나의 효爻를 구성하기 위해 나머지 오효五爻로부터 용덕龍德을 추출할 때, 가장 많이 사용된 방법은 용덕龍德이 가진 의미意味를 추출하는 방식이다. 먼저 다른 효爻가 가진 특정한 의미를 추출한 후, 이것을 차용하는 효爻의 입장에서 그 의미를 증폭增幅시키거나 혹은 반전反轉시켜 새로운 의미로 전환시키는 것이다. 용덕龍德의 차용에는 이외에도 해당 효爻가 괘상卦象 전체에서 차지하는 위치位置나 가치價値를 차용하는 방식은 물론, 시운詩韻을 맞추거나 소릿값(音)을 차용하는 방식 등이 다양하게 사용되었다.

③ 용덕龍德의 구성에도 나열되는 효爻의 순서가 있다.

각 효爻의 용덕龍德을 구성하는 조합의 순서에는 약간의 차이가 있다. 구이九二, 구삼九三, 구오九五를 구성하는 용덕龍德의 순서는 초효初爻로부터 상효上爻로 향하며 고르게 배열되어 있지만, 이와는 달리 초구初九, 구사九四, 상구上九의 용덕龍德은 제각기 다른 순서로 배열되어있는 것이다. 아마도 각 효爻의 용덕龍德을 구성하는 배열의 순서에도 별도의 숨겨진 의미가 존재할 것으로 보이지만 이에 대해서는 아직까지 밝혀내지 못한 상황이다.

乾卦의 六爻가 가진 龍德의 조직

上九	九二	初九	九五	九四	九三
九五	初九	九二	九三	九四	上九
九四	上九	初九	九二	九三	九五
九三	初九	九二	九四	九五	上九
九二	初九	九三	九四	九五	上九
初九	九四	上九	九二	九五	九三

④ 건괘乾卦의 육효六爻는 나머지 오효五爻의 용덕龍德을 자신의 입장에서

차용한다.

건괘乾卦의 「문언전文言傳」에 나열된 육효六爻의 용덕龍德은 나머지 오효五爻의 용덕龍德을 차용하여 조합한 결과이지만, 각 효爻가 오효五爻로부터 추출된 용덕龍德을 조합하는 방식과 그 내용은 엄연히 다르다. 건괘乾卦의 각 효爻는 나머지 오효五爻의 용덕龍德을 차용하여 자신이 가진 특별한 기준에 의해 의미를 전환轉換시키고 이것을 다시 조합하는 것이다. 각각의 효爻가 나머지 효爻의 용덕龍德을 차용하여 의미를 전환轉換시키는 기준을 정리하면 다음과 같다.

- 초구初九의 잠룡潛龍은 오효五爻의 용덕龍德을 '침잠沈潛'시켜서 차용한다.
- 구이九二의 현룡見龍은 오효五爻의 용덕龍德을 '드러냄(見)'으로써 차용한다.
- 구삼九三의 건건군자乾乾君子는 오효五爻의 용덕龍德에서 '한 걸음 더 나아감(行)'으로써 차용한다.
- 구사九四의 약룡躍龍은 오효五爻의 용덕龍德을 '때(時)'로써 차용한다.
- 구오九五의 비룡飛龍은 오효五爻의 용덕龍德을 '각종기류各從其類'의 뜻으로써 차용한다.
- 상구上九의 항룡亢龍은 오효五爻의 용덕龍德을 '실속없음(无)'으로써 차용한다.

⑤ 건괘乾卦의 각 효爻는 다른 효爻의 용덕龍德으로 구성되었을 뿐, 정작 자신의 고유한 용덕龍德은 가지고 있지 않다.

건괘乾卦의 「문언전文言傳」에서 각 효爻가 가진 용덕龍德을 구성하는 문장에는 나머지 오효五爻의 용덕龍德만이 조합되어 있을 뿐, 정작 해당 효爻 자신의 고유한 구성요소는 존재하지 않는다. 예를 들어 초구初九는 구사九四, 상구上九, 구이九二, 구오九五, 구삼九三의 용덕龍德을 조합하여 새로운 용덕龍德으로 구성한 것이다. 이 구성을 곰곰이 살펴보면 초구初九의 용덕龍德을 구성하는 문장에는 초구初九를 나타내는 고유한 용덕龍德이 존재하지 않는다는 것을 알 수 있다. 다시 말해 초구初九를 구성하는 용덕龍德에는 사실상 초구初九는 없는 것이다.

천하天下의 만물萬物이 제각기 고유한 성정性情을 드러냄으로써 자신과 타물他物을 엄격하게 구분區分하며 번성繁盛하고 있지만, 정작 그 물物은 다양한 타물他物의 조합으로 만들어진 결과일 뿐인 것이다. 이것은 공자孔子의 속 깊은 메시지이다. 즉, 모든 물질物質 속에는 '자신'이라는 존재가 애초부터 있지 않음을 공자孔子가 문文을 통해 논증論證한 것이다. 이러한 분석은 존재론적 관점에서 바라볼 때 철학적으로 대단히 중요한 메시지를 던진다. 지금으로부터 2500년 전의 공자孔子는 물론, 3000년 전의 문왕文王과 주공周公까지도 우주宇宙의 구성물질 모두가 곧 무아無我의 존재라는 사실을 성찰省察하고 있었음이 증명되기 때문이다.

⑥ 剛·健·中·正·純·粹가 6·1·5·2·4·3의 순서로 지목된 것은 无咎의 中을 향해 나아가는 건乾의 지향志向을 표현한 것이다.

육효六爻를 6·1·5·2·4·3의 순서로 지목한 剛·健·中·正·純·粹는 또 다른 한편으로, 건괘乾卦가 지향하는 방향이 천지인天地人의 삼재三才 중 인人을 상징하는 구삼九三의 无咎로 향하고 있음을 넌지시 드러낸다. 아래의 그림에서도 확인할 수 있듯이, 건도乾道의 剛健함은 純粹의 无咎를 향하여 쉼 없이 앞으로 나아가는(進) 것이다. 이는 곤도坤道의

至柔(지유) · 至靜(지정)한 방향이 생장生長을 향하지만 마침내는 중中으로 함지合之되는 것과 대조를 이룬다.

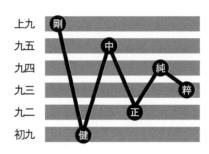

상괘上卦의 위 두 효爻는 천天을 의미하고, 하괘下卦의 아래 두 효爻는 지地를 의미하고, 가운데의 두 효爻는 인人을 의미하니, 강건중정순수剛健中正純粹의 순서는 천지天地를 넘나들다가 마침내 사람에 해당되는 구삼九三의 중中으로 향하는 건도乾道의 지향指向을 설명한 것이다.

3) 坤卦(곤괘)「文言傳(문언전)」의 특성

건괘乾卦의「문언전文言傳」이 여섯 용덕龍德의 그물 같은 짜임으로 건乾의 統天(통천)을 드러낸다면, 곤괘坤卦의「문언전文言傳」은 건괘乾卦로부터 오직 하나의 효爻만을 순順히 계승하는 모습으로 곤坤의 承天(승천)을 드러낸다. 곤괘坤卦의 承天(승천)에 대해 지금까지 발견된 특성을 요약하면 다음과 같다.

① 곤괘坤卦의 각 효爻는 건괘乾卦의 각 효爻를 순서(順)대로 계승하고 있다.
   건괘乾卦의 한 효爻가 건괘乾卦의 모든 정보를 포괄하고 있는 것과는 달리, 곤괘坤卦는 건괘乾卦에서 같은 순서의 효爻가 가진 정보를 그대로 계승하여 스스로의 내용을 구성한다. 즉, 곤괘坤卦의 초육初六은 건괘乾卦의 초구初九를 계승하고, 곤괘坤卦의 육이六二는 건괘乾卦의 구이九二를

계승하는 형식이다. 이러한 계승繼承은 곤괘坤卦의 육효六爻 모두에서 벌어지는 곤도坤道의 원칙으로서, 공자孔子는 이것을 일러 乃順承天(내순승천) 또는 承天而時行(승천이시행)이라고 표현했다.

② 곤괘坤卦의 각 효爻는 건괘乾卦의 모든 정보를 '단번'에 계승한다.

건괘乾卦의 각 효爻는 육효六爻의 모든 성정性情을 함유하고 있으므로, 이것을 계승하는 곤괘坤卦의 각 효爻는 건괘乾卦로부터 비록 하나의 효爻만을 계승하지만, 건괘乾卦의 육효六爻가 가진 정보를 모두 함유하게 된다. 즉, 곤괘坤卦의 각 효爻는 건괘乾卦의 모든 정보를 단 한 번의 계승만으로 취하게 되는 셈이다. 단, 곤괘坤卦의 효爻가 건괘乾卦로부터 하나의 효爻를 계승하여 건괘乾卦의 모든 정보를 취한다고 하더라도, 곤괘坤卦의 효爻는 건괘乾卦 전체의 성정性情을 드러내는 것이 아니라, 계승한 효爻의 용덕龍德만을 취하여 자체의 성정性情으로 드러낸다.

③ 곤괘坤卦의 육효六爻끼리는 서로 영향을 주고받지 않는다.

곤도坤道가 가진 承天而時行(승천이시행)의 원칙에 따라 곤괘坤卦의 각 효爻는 짝이 되는 건괘乾卦의 효爻를 계승하되, 그 이외의 효爻와는 아무런 관계를 짓지 않는다. 건괘乾卦로부터 하나의 효爻를 계승하는 곤괘坤卦의 각 효爻는 오직 짝이 되는 효爻로부터 건괘乾卦의 정보를 계승할 뿐, 다른 효爻와의 접촉은 일어나지 않는다. 이와 더불어 곤괘坤卦의 각 효爻는 심지어 곤괘坤卦 내부의 다른 효爻들과도 아무런 영향을 주고받지 않는다. 이는 한 번 선택한 방향을 오랫동안 유지하려는 곤도坤道의 안정安貞과 일치되는 특성이기도 하다.

④ 곤괘坤卦는 건괘乾卦의 정보를 함지含之하여 계승한다.

곤괘坤卦의 육효六爻는 건괘乾卦의 육효六爻가 가진 정보를 때에 맞춰 계승하지만, 그 뜻을 곤도坤道의 입장으로 변화시켜서 계승한다. 이 계승의 순간에 사용되는 방법이 곧 함지含之이다. 곤도坤道가 有成 대신에 有終, 王道 대신에 臣道, 自試 대신에 括囊, 正 대신에 敬을 내세우는 것은 모두 곤도坤道가 함지含之로써 건도乾道를 계승하는 모습이라 하겠다.

⑤ 敬以直內, 義以方外, 不習无不利는 수지상수手指象數를 통해서만 정확한 해석이 가능하다.

건괘乾卦와 곤괘坤卦의 「문언전文言傳」에 도체道體의 흐름이 적나라하게 드러났다고는 해도, 곤괘坤卦 육이효六二爻의 몇몇 대목은 수지상수手指象數의 헤아림이 아니고서는 정확한 해석이 불가능하다. 敬以直內와 義以方外가 사실은 중지中指의 곧은(直) 안쪽(內)과 모진(方) 바깥쪽(外)을 가리키고 있다는 사실과, 習을 의미하는 중지中指의 곧은 안쪽을 구부리면(不), 바깥쪽에 건괘乾卦의 사덕四德 중 하나인 이로움(利=无不利)이 드러난다는 사실은 「문언전文言傳」이 애초부터 수상手象의 헤아림과 함께 지어진 작품이라는 주장을 뒷받침해준다.

⑦ 柔·動·剛·靜·德·方이 1·3·6·4·5·2효爻를 지목한 것은 곤도坤道가 가진 생장生長과 함지含之의 특성을 나타낸 것이다.

柔로 생생生하여 육삼六三에서 動하고, 마침내 剛으로 자라나는 순서는 곤음坤陰이 履霜에서 堅氷으로 생장生長하는 순서를 보여주고, 뒤따르는 靜, 德, 方은 생장生長의 사이에서 용육用六의 중中으로 함지含之되는 곤도坤道의 본모습을 보여준다. 건괘乾卦에서 剛健中正純粹가

无咎의 中으로 나아가는 건도乾道의 모습을 보여준다면, 곤괘坤卦의 柔動剛靜德方은 柔動剛의 생장生長 사이로 靜德方이 安貞을 위해 용육 用六의 중中으로 含之되는 곤도坤道의 신근愼謹을 보여주는 것이다.

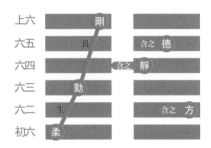

유柔에서 생생하여 동동에 이르고, 또 다시 장長하여 강剛에 이름은 곤도坤道가 만물萬物을 생장生長시키는 모습이고, 그 다음에 정靜·덕德·방方을 차례로 함지含之하는 것은 고요히(靜) 덕(德)을 베풀어 스스로의 반듯함(方)을 지켜나가는 곤도坤道의 머금는(含) 특성을 설명한 것이다.

4) 易簡의 根據

「계사상전繫辭上傳」제1장의 시작 부분에는 건乾과 곤坤의 성정性情에 대한 공자孔子의 명료한 정리定理가 나열되어 있다. 공자孔子는 이 대목에서 건乾에 易知를 붙이고 곤坤에 簡能을 붙여서 易簡의 이치理致가 발현되는 순서와 그 결과를 간결하게 정리해 놓았다. 우리가 흔히 알고 있는 역유삼의易有三義[168] 중 하나인 易簡의 개념은 바로 이 정리定理로부터 추출된 것이다.

---

168 易有三義는 東漢의 鄭玄이 주장한 논리로서, 易에는 세 가지 특성이 있으니 易簡, 變易, 不易이 그것이다. 易簡은 이치의 쉽고 간결함을, 變易은 세상이 끊임없이 변화함을, 不易은 변화의 이치는 바뀌지 않는다는 것이다. 易有三義는 易을 공부하는 사람들에게는 상식 같은 논리이지만, 이 세 가지는 공자에 의해 易의 經文에 직접 제시된 것이 아니라 후대의 鄭玄에 의해 논리적으로 정리된 것임을 알아야 한다.

건 이 이 지　　곤 이 간 능　　이 즉 이 지　　간 즉 이 종
乾以易知요 坤以簡能이니 易則易知요 簡則易從이요

이 지 즉 유 친　　이 종 즉 유 공　　유 친 즉 가 구
易知則有親이요 易從則有功이요 有親則可久오

유 공 즉 가 대　　가 구 즉 현 인 지 덕　　가 대 즉 현 인 지 업
有功則可大요 可久則賢人之德이요 可大則賢人之業이니

이 간 이 천 하 지 리 득 의　　천 하 지 리 득 이 성 위 호 기 중 의
易簡而天下之理得矣니 天下之理得而成位乎其中矣니라.

건으로써 쉽게 알고 곤으로써 간략하게 능하니, 쉬우면 알기 쉽고 간략하면 따르기 쉬우며, 알기 쉬우면 친함이 있고 따르기 쉬우면 공이 있으며, 친함이 있으면 오래할 수 있고 공이 있으면 위대할 수 있으며, 오래할 수 있으면 현인의 덕이요 크게 할 수 있으면 현인의 업이니, 쉽고 간략함에 천하의 이치가 얻어지니, 천하의 이치가 얻어지는 그 중(中)으로 위(位)가 이뤄지는 것이니라.

　　그런데 공자孔子는 어찌하여 건乾에 易知를 붙이고 곤坤에 簡能을 붙였는가? 유학자儒學者들 사이에서 '易簡의 이치理致'는 오랜 세월동안 손댈 수 없는 절대명제絶對命題처럼 여겨왔던 터라, 그 근거根據에 대하여 의문을 제기하는 것은 몰상식沒常識 그 자체였다. 선유先儒들은 그저 경문經文이 지목하는 대로 '乾으로써 쉬이 알고, 坤으로써 간략簡略히 能하다'고만 여겼을 뿐이었다. 그러나 이번에 발견된 「문언전文言傳」의 경위經緯는 건곤乾坤이 왜 이간易簡과 나란히 짝지어질 수 있는지에 대한 명백한 해답을 보여준다.

　　우리는 앞서의 분석을 통해 건괘乾卦는 하나의 효爻 속에도 건괘乾卦의 모든 정보가 빠짐없이 함유含有되어 있다는 사실을 확인했다. 건괘乾卦의 육효六爻는 모두 각각의 용덕龍德으로 자신의 상태를 드러내는 듯하지만, 정작 그 용덕龍德은 나머지 오효五爻의 용덕龍德들이 모여서 만들어진 것이므로, 건괘乾卦는 부분이 전체의 모든 정보를 담고 있는 것

이다. 乾以易知라는 선언은 부분이 전체의 정보를 담고 있는 건괘乾卦의 독보적 특성을 드러내는 표현이다. 건괘乾卦에서 육효六爻의 각각은 모두 괘卦 전체의 정보를 담고 있으므로, 굳이 다른 효爻를 접하거나 경험하지 않더라도 이미 건괘乾卦 전체를 쉽게 아는(易知) 것은 물론이요, 친함을 가지는(有親) 것 또한 당연하다. 특히 친함이 있다는 것은 그 상대에 대하여 이미 통通했다는 뜻이므로, 이에 따라 관계가 오랫동안(久)[169] 지속되는 것까지도 기대할 수 있게 된다. 즉, 건괘乾卦가 쉽게 알고(易知), 친하고(有親), 오래가는(可久) 것은 모두 각각의 효爻가 나머지 오효五爻의 모든 정보를 이미 가지고 있기 때문에 가능한 일들인 것이다. 그러므로 易知의 근저根底에는 부분이 전체에 대한 정보를 모두 통괄統括하는 乃統天의 이치理致가 기반되어 있다 하겠다. 하나의 미세한 체세포體細胞로부터 완전한 복제생명체를 만들 수 있는 현대의 과학기술로 헤아려봐도, 생명의 끝없는 계대繼代는 건乾의 특성인 易知로부터 비롯된 것임을 알 수 있다. 참고로, 「계사전繫辭傳」에서 건乾이 친함이 있으니(有親) 오래갈 수 있다고(可久) 표현한 것을 정확히 헤아리면 오래갈 수 없는 가능성도 함께 말한 것임을 알아야 한다.

그렇다면 坤以簡能은 어떠한가? 이것은 건괘乾卦의 모든 정보를 고스란히 물려받는 곤괘坤卦의 유리한 입장을 강조한 표현이다. 곤괘坤卦의 각 효爻는 건괘乾卦로부터 오직 하나의 효爻가 가진 정보만을 계승하므로, 곤괘坤卦의 각 효爻는 건괘乾卦에서 여타의 다른 효爻를 접촉하지 않음은 물론, 곤괘坤卦에서조차 다른 효爻들과의 정보교환을 위해 나서지 않는다. 곤괘坤卦의 각 효爻는 그저 건괘乾卦의 한 효爻를 계승하는 것만으로도 건괘乾卦 전체를 간단히(簡) 계승할 수 있는(能) 것이다. 그러므

---

169 『周易』, 「繫辭下傳」 2 : 易이 窮則變하고 變則通하고 通則久라.

로 접하지 않고도 능히 알 수 있는 곤음坤陰의 직관直觀은 바로 簡能으로부터 비롯된 것이라고 할 수 있다.

이같이 간단하고 효율적인 계승체계繼承體系를 선호하는 곤괘坤卦는 이 때문에 건괘乾卦는 물론, 순서順序 지어진 모든 상황과 질서를 쉽게 따르게(易從) 되고, 그 결과로 건괘乾卦에 친함이 있는(有親) 것과는 대조적으로, 곤괘坤卦의 활동에는 언제나 공이 있게(有功) 된다. 그 공功이란 다름 아닌 暢於四支와 發於事業으로 만물萬物을 내놓는 것을 의미하니, 곤도坤道가 萬物을 含之하여 光을 이루는 것이 그 공功에 해당되는 것이다. 그리고 (앞의 곤괘坤卦의 해석에서도 설명했듯이) 스스로 大할 수 없는 곤도坤道는 이 光을 통해 마침내 大를 이룰 수 있게 된다. 건乾의 可久와 마찬가지로 곤坤의 可大 또한 '大를 이룰 수 있다'는 뜻을 나타내지만, 동시에 大를 이룰 수 없는 상황도 내포하고 있어서, 곤坤이 大를 이룸이 항시적恒時的인 것이 아님을 말해준다.

마지막으로, 건乾이 可久를 이루면 그것이 賢人之德이라는 말에서의 賢人은 건괘乾卦 구오九五의 大人을 지칭하는 것으로, 德은 大人이 천지天地의 德에 자신의 德을 보태는(合) 與天地合其德을 가리키는 것이다. 반대로 곤坤이 可大를 이루면 그것이 賢人之業이라는 말에서의 賢人은 곤괘坤卦 육오六五의 黃中君子를 지칭하는 것으로, 業은 君子가 黃中에 通理하여 暢於四支를 통해 이뤄내는 發於事業을 가리키는 것이다.

5) 文理^{문 리}, 道體^{도 체}, 度數^{도 수}

필자는 앞서의 설명에서 공자孔子가 지은 「문언전文言傳」에는 '문리文理', '도체道體', '도수度數'의 3가지가 각각 별도의 의미를 형성하며 흐르고 있다고 분석한 바 있다. '문리文理'는 자字와 구句의 문법적文法的 짜임에 의해 밖으로 드러나는 '일반적인 뜻'이고, '도체道體'는 다른 괘卦나 효爻와의 문자상文字上 또는 의미상意味上의 연결을 통해, 연결된 자구字句끼리의 조직組織을 전체적으로 조망眺望하며 헤아릴 수 있는 '의미意味의 상像'이며, 도수度數는 자구字句와 도체道體의 이면에 흐르는 도수度數와 수상手象을 연결시킨 '수數의 이치理致'를 뜻한다.

이번에 「문언전文言傳」의 짜임 속에서 발견된 것은 문리文理와 연결된 '도체道體와 도수度數의 숨은 흐름'이다. 지금까지의 『주역周易』에 대한 접근은 대부분 괘卦와 효爻끼리의 도식적圖式的 형세形勢와 문리적文理的 의미意味에만 국한된 해석이 주를 이루었다. 이 때문에 대체大體의 의미는 확인할 수 있었지만, 애초에 작역자作易者가 전하려했던 정확한 의도는 밝혀지지 않거나 혹은 적지 않게 왜곡돼왔던 것이 사실이다. 이 때문에 앞서 설명됐던 건乾과 곤坤이 易簡^{이 간}에 짝할 수 있는 근거根據나 上下无常^{상 하 무 상}, 直方大^{직 방 대}, 黃中通理^{황 중 통 리} 등의 정확한 뜻은 그저 해석자들이 주장하는 대로 제각기 인정해줄 수밖에 없었던 것이다.

하지만 이번에 발견된 건乾의 용덕龍德과 곤坤의 계승繼承을 얽어놓은 문文의 짜임은 각각의 이치理致들이 어떻게 연결되어 있으며, 또한 이 연결을 통해 괘卦와 효爻의 형세가 어떤 의미를 짓는지를 여실하게 보여준다. 그에 따라 지금껏 알려지지 않았거나 본래의 뜻과 다르게 인식되어온 도道의 실체實體가 그 본모습을 드러냈다. 더욱이 문리文理와 도체

道體의 이면에 흐르는 도수度數는 문리文理와 이치理致의 연결을 검증해 주는 하나의 계측장치計測裝置로써의 역할을 톡톡히 해낸다. 이 때문에 上下无常이 기실은 혁명革命을 의미했던 것임을, 暢於四支가 건괘乾卦 구오대인九五大人의 合其德, 合其明, 合其序, 合其吉凶의 네 가지 분야를 가리킴을, 곤괘坤卦 육이六二의 直方大가 건괘乾卦 구이九二의 田이 가진 곧고(□), 모지고(□), 큰(□) 모습에서 추출된 곤坤의 성정性情임을 알게 되는 것이다. 이밖에도 문리文理·도체道體·도수度數의 연결連結과 계측計測을 통해 새롭게 드러나는 건곤乾坤의 이치理致들이 수북이 쏟아져 나오니, 공자孔子는 이 세 가지의 조합을 말에 매달아서(繫辭) 그 뜻을 다했다(盡)고 표현했던 것이다.

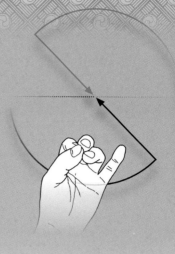

「文言傳」經緯圖表

　「文言傳」經緯 도표는 孔子가 「文言傳」 속에 엮어놓은 乾道와 坤道의 씨줄과 날줄을 선으로 연결시킨 道體의 組織圖이다.

　이 도표를 분석하면 乾과 坤의 실질적 짜임은 물론, 각각의 字句가 가진 본래의 뜻을 보다 깊이 이해할 수 있다.

乾卦 初九

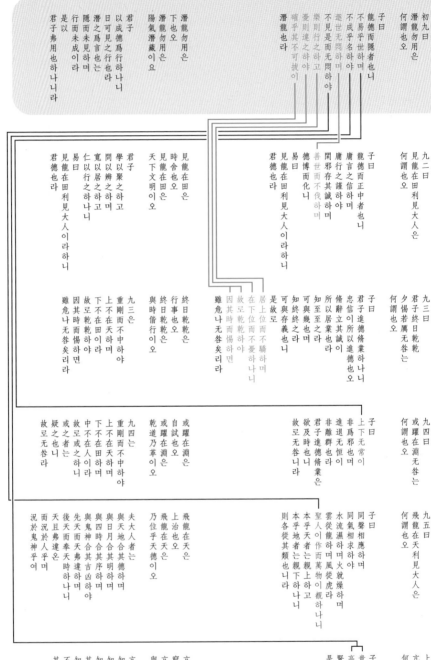

初九日
潛龍勿用은
何謂也오

子曰
龍德而隱者也니
不易乎世하며
不成乎名하야
遯世无悶하며
不見是而无悶하야
樂則行之하고
憂則違之하야
確乎其不可拔이
潛龍也라

潛龍也라
易曰
見龍在田하니
德博而化니
善世而不伐하며
閑邪存其誠하며
庸行之謹하야
庸言之信하며
龍德而正中者也니
子曰

潛龍勿用은
陽氣潛藏이요

潛龍勿用은
下也오

君子
以成德爲行하나니
日可見之行也라
潛之爲言也는
隱而未見하며
行而未成이라
是以
君子弗用也하나니라

九二日
見龍在田利見大人은
何謂也오

見龍在田은
天下文明이오

見龍在田은
時舍也오

君子
學以聚之하고
問以辨之하며
寬以居之하고
仁以行之하나니
易曰
見龍在田利見大人이라하니
君德也라

君德也라
易曰
見龍在田利見大人이라하니
可與存義也니
知終終之라
可與幾也며
知至至之라
所以居業也라
修辭立其誠이
忠信이所以進德也오
君子進德修業하나니
子曰

九三日
君子終日乾乾夕惕若厲无咎는
何謂也오

終日乾乾은
與時偕行이오

終日乾乾은
行事也오

九三은
重剛而不中하야
上不在天하며
下不在田이라
故로乾乾하야
因其時而惕하면
雖危나无咎矣리라

雖危나无咎矣리라
因其時而惕하면
故로乾乾하야
在下位而不憂하나니
居上位而不驕하며
是故로

九四日
或躍在淵无咎는
何謂也오

或躍在淵은
乾道乃革이오

或躍在淵은
自試也오

九四는
重剛而不中하야
上不在天하며
下不在田하며
中不在人이라
故로或之하니
或之者는
疑之也니
故로无咎라

故로无咎니라
欲及時也니
君子進德修業은
非離群也라
進退无恒이
非爲邪也며
上下无常이
子曰

九五日
飛龍在天利見大人은
何謂也오

飛龍在天은
乃位乎天德이오

飛龍在天은
上治也오

夫大人者는
與天地合其德하며
與日月合其明하며
與四時合其序하며
與鬼神合其吉凶하야
先天而天弗違하며
後天而奉天時하나니
天且弗違온
而況於人乎며
況於鬼神乎여

則各從其類也니라
本乎地者는親下하나니
本乎天者는親上하고
聖人이作而萬物이覩하나니
雲從龍하며風從虎라
水流濕하며火就燥하며
同氣相求하야
同聲相應하며
子曰

上九日
亢龍有悔는
何謂也오

亢龍有悔는
與時偕極이오

亢龍有悔는
窮之災也오

亢之爲言也는
知進而不知退하며
知存而不知亡하며
知得而不知喪이니
其唯聖人乎인저
知進退存亡而
不失其正者는
其唯聖人乎인저

賢人이在下位而无輔라
高而无民하며
貴而无位하며
子曰
是以
動而有悔也니라

※ 坤卦의 初六은 '乾卦의 初九'를 계승한다.

坤卦 初六

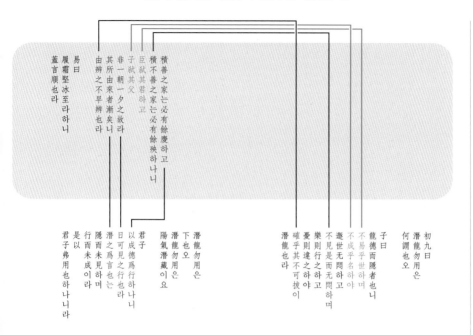

積善之家는 必有餘慶하고
積不善之家는 必有餘殃하나니
臣弑其君하고
子弑其父는
非一朝一夕之故니
其所由來者漸矣니
由辨之不早辨也라
易曰
履霜堅冰至라하니
蓋言順也라

君子弗用也하나니라
是以
行而未成이라
隱而未見하며
潛之爲言也는
日可見之行也라
君子以成德爲行하나니
陽氣潛藏이요
潛龍勿用은
下也오
潛龍勿用은

潛龍也라
確乎其不可拔이
憂則違之하야
樂則行之하고
不見是而无悶하야
遯世无悶하고
不成乎名하야
不易乎世하며
龍德而隱者也니
子曰
何謂也오
潛龍勿用은
初九曰

初九 潛龍의 숨겨진 龍德

	潛龍의 龍德 (잠긴 龍德)	龍德의 根源表現 (드러난 龍德)	龍德의 出處	내용 연결
①	不易乎世	上下无常	九四(甲辰)	九四가 가진 上下无常의 혁명의지를 침잠시킴
②	不成乎名	貴而无位, 高而无民	上九(上戊辰)	上九의 高貴함을 침잠시킴
③	遯世无悶	善世而不伐	九二(庚辰)	九二가 세상에 착하게 대하고도 자랑하지 않음을 침잠시킴
④	不見是而无悶	聖人作而萬物覩	九五(丙辰)	九五의 聖人이 聖業을 지은 것에 萬物이 目覩함을 침잠시킴
⑤	樂則行之	居上位而不驕	九三(壬辰)	높고 낮은 처지를 개의치 않는 九三의 終日乾乾함을 침잠시킴
	憂則違之	在下位而不憂		
	確乎其不可拔	乾乾, 因其時而惕		가끔 때에 따라 움츠리지만 대체로 乾乾함을 침잠시킴

乾卦의 初九를 계승하는 坤卦의 初六

	坤卦 初六(初庚午)	乾卦 初九(初戊辰)	내용 연결
①	積善之家, 必有餘慶	以成德爲行	成德의 행동을 積善의 행동으로 계승
②	積不善之家, 必有餘殃	不見是而无悶	옳지 못함을 不善한 행동으로 계승
③	臣弑其君	不易乎世	국가대사를 계승
④	子弑其父	不成乎名	개인지사를 계승
⑤	非一朝一夕之故	日可見之行也	나날이 행동이 발전함을 계승
⑥	其所由來者漸矣	潛之爲言也	점(漸)은 잠(潛)으로부터 뜻과 소리가 유래됨
⑦	由辨之不早辨也	確乎其不可拔	확실한 결단과 발하지 않음을 계승

乾卦 九二

初九曰
潛龍勿用은
何謂也오

子曰
龍德而隱者也니
不易乎世하며
不成乎名하야
遯世无悶하고
不見是而无悶하야
樂則行之하고
憂則違之하야
確乎其不可拔이
潛龍也라

潛龍勿用은
下也오

潛龍勿用은
陽氣潛藏이요

君子
以成德爲行하나니
日可見之行也라
潛之爲言也는
隱而未見하며
行而未成이라
是以
君子弗用也하나니라

九二曰
見龍在田利見大人은
何謂也오

子曰
龍德而正中者也니
庸言之信하며
庸行之謹하야
閑邪存其誠하며
善世而不伐하며
德博而化니
易曰
見龍在田利見大人이라하니
君德也라

見龍在田은
時舍也오

見龍在田은
天下文明이오

君子
學以聚之하고
問以辯之하며
寬以居之하고
仁以行之하나니
易曰
見龍在田利見大人이라하니
君德也라

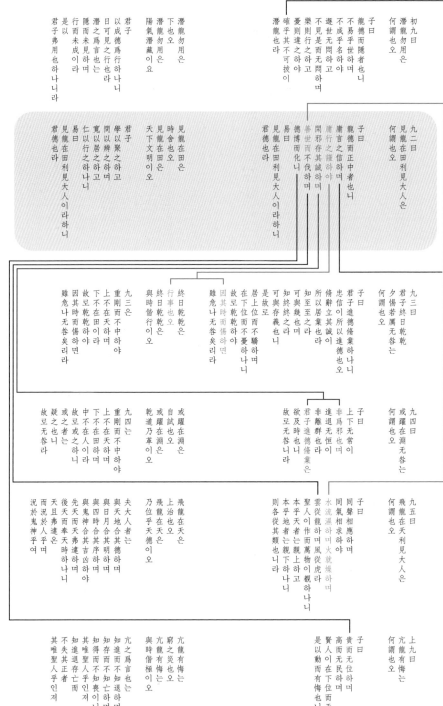

九三曰
君子終日乾乾
夕惕若厲无咎는
何謂也오

子曰
君子進德修業하나니
忠信이
所以進德也오
脩辭立其誠이
所以居業也라
知至至之라
可與幾也며
知終終之라
可與存義也니
是故로
居上位而不驕하며
在下位而不憂하나니
故로乾乾하야
因其時而惕하면
雖危나无咎矣리라

終日乾乾은
行事也오

終日乾乾은
與時偕行이오

九三은
重剛而不中하야
上不在天하며
下不在田이라
故로乾乾하야
因其時而惕하면
雖危나无咎矣리라

九四曰
或躍在淵无咎는
何謂也오

子曰
上下无常이
非爲邪也며
進退无恒이
非離群也라
君子進德修業은
欲及時也니
故로无咎니라

或躍在淵은
自試也오

或躍在淵은
乾道乃革이오

九四는
重剛而不中하야
上不在天하며
下不在田하며
中不在人이라
故로或之하나니
或之者는
疑之也니
故로无咎라

九五曰
飛龍在天利見大人은
何謂也오

子曰
同聲相應하며
同氣相求하야
水流濕하며火就燥하며
雲從龍하며風從虎라
聖人이作而萬物이覩하나니
本乎天者는親上하고
本乎地者는親下하나니
則各從其類也니라

飛龍在天은
上治也오

飛龍在天은
乃位乎天德이오

夫大人者는
與天地合其德하며
與日月合其明하며
與四時合其序하며
與鬼神合其吉凶하야
先天而天弗違하며
後天而奉天時하나니
天且弗違온
而況於人乎며
況於鬼神乎여

上九曰
亢龍有悔는
何謂也오

子曰
貴而无位하며
高而无民하며
賢人이在下位而无輔라
是以動而有悔也니라

亢龍有悔는
窮之災也오

亢龍有悔는
與時偕極이오

亢之爲言也는
知進而不知退하며
知存而不知亡하며
知得而不知喪이니
其唯聖人乎인져
知進退存亡而
不失其正者는
其唯聖人乎인져

坤卦 六二

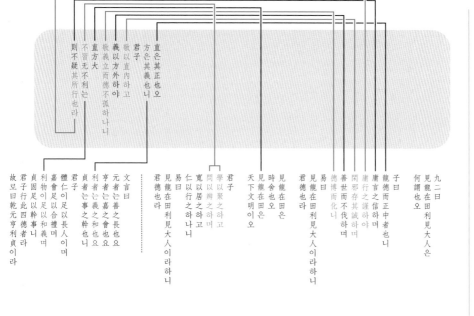

九二 見龍의 드러난(見) 龍德

	見龍의 龍德	龍德의 根源表現	龍德의 出處	내용 연결
①	庸言之信	確乎其不可拔	初九(初戊辰)	確乎其不可拔에서 信을 드러냄
②	庸行之謹	行事也	九三(壬辰)	行事也에서 庸行을 드러냄
		因其時而惕		因其時而惕으로부터 謹을 드러냄
③	閑邪存其誠	非爲邪也	九四(甲辰)	非爲邪也에서 閑邪를 드러냄
		進德脩業		進德脩業에서 存其誠을 드러냄
④	善世	水流濕, 火就燥(利天下)	九五(丙辰)	水, 火의 文明에서 善世의 뜻을 드러냄
	不伐	雲從龍, 風從虎(不言所利)		雲, 風의 겸손함을 不伐로 드러냄
⑤	德博而化	貴而无位(雲行雨施, 天下平也)	上九(上戊辰)	貴→无位의 量質전환을 德博而化로 드러냄

乾卦의 九二를 계승하는 坤卦의 六二

	坤卦 六二(壬午)	乾卦 九二(庚辰)	내용 연결
①	直其正也	龍德而正中者也	正中之道의 正을 直으로 계승
②	方其義也	利者義之和也	義之和也의 義를 方으로 계승
③	敬以直內	閑邪存其誠	閑邪存其誠의 내부수양을 계승
④	義以方外	善世而不伐	善世而不伐을 외부실천으로 계승
⑤	敬義立而德不孤	德博而化	德이 넓게 베풀어짐을 敬과 의의 실천을 통해 德을 쌓으려 노력함으로 계승
⑥	直方大	見龍在田	田의 모양에서 直方大를 추출하여 계승
⑦	不習	學而聚之, 問以辨之	乾卦의 學聚問辨을 계승했으므로 不習해도 无不利함
	无不利	利物足以和義	
⑧	不疑	庸言之信	庸行之謹의 행동에 대한 庸言之信의 믿음
	其所行也	庸行之謹	

乾卦 九三

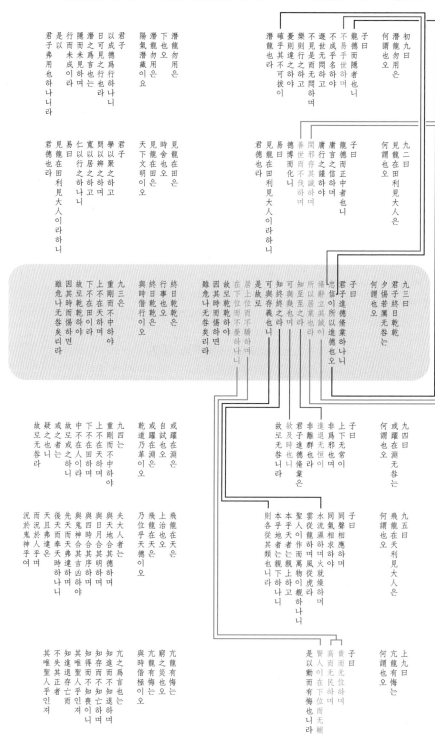

初九曰
潛龍勿用은
何謂也오

子曰
龍德而隱者也니
不易乎世하며
不成乎名하야
遯世无悶하고
不見是而无悶하야
樂則行之하고
憂則違之하야
確乎其不可拔이
潛龍也라

潛龍勿用은
下也오

潛龍勿用은
陽氣潛藏이요

君子
以成德爲行하나니
日可見之行也라
潛之爲言也는
隱而未見하며
行而未成이라
是以
君子弗用也하나니라

九二曰
見龍在田利見大人은
何謂也오

子曰
龍德而正中者也니
庸言之信하며
庸行之謹하야
閑邪存其誠하며
善世而不伐하며
德博而化니
易曰
見龍在田利見大人이라하니
君德也라

見龍在田은
時舍也오

見龍在田은
天下文明이오

君子
學以聚之하고
問以辨之하며
寬以居之하고
仁以行之하나니
易曰
見龍在田利見大人이라하니
君德也라

九三曰
君子終日乾乾
夕惕若厲无咎는
何謂也오

子曰
君子進德修業하나니
忠信所以進德也오
修辭立其誠이
所以居業也라
知至至之라
可與幾也며
知終終之라
可與存義也니
是故로
居上位而不驕하며
在下位而不憂하나니
故로乾乾하야
因其時而惕하면
雖危나无咎矣리라

終日乾乾은
行事也오

終日乾乾은
與時偕行이오

九三은
重剛而不中하야
上不在天하며
下不在田이라
故로乾乾하야
因其時而惕하면
雖危나无咎矣리라

九四曰
或躍在淵无咎는
何謂也오

子曰
上下无常이
非爲邪也며
進退无恒이
非離群也라
君子進德修業은
欲及時也니
故로无咎니라

或躍在淵은
自試也오

或躍在淵은
乾道乃革이오

九四는
重剛而不中하야
上不在天하며
下不在田하며
中不在人이라
故로或之니
或之者는
疑之也니
故로无咎라

九五曰
飛龍在天利見大人은
何謂也오

子曰
同聲相應하며
同氣相求하야
水流濕하며
火就燥하며
雲從龍하며
風從虎라
聖人이作而萬物이覩하나니
本乎天者는親上하고
本乎地者는親下하나니
則各從其類也니라

飛龍在天은
上治也오

飛龍在天은
乃位乎天德이오

夫大人者는
與天地合其德하며
與日月合其明하며
與四時合其序하며
與鬼神合其吉凶하야
先天而天弗違하며
後天而奉天時하나니
天且弗違온
而況於人乎며
況於鬼神乎여

上九曰
亢龍有悔는
何謂也오

子曰
貴而无位하며
高而无民하며
賢人이在下位而无輔라
是以로動而有悔也니라

亢龍有悔는
窮之災也오

亢龍有悔는
與時偕極이오

亢之爲言也는
知進而不知退하며
知存而不知亡하며
知得而不知喪이니
其唯聖人乎인져
知進退存亡而
不失其正者는
其唯聖人乎인져

※ 坤卦의 六三은 '乾卦의 九三'을 계승한다.

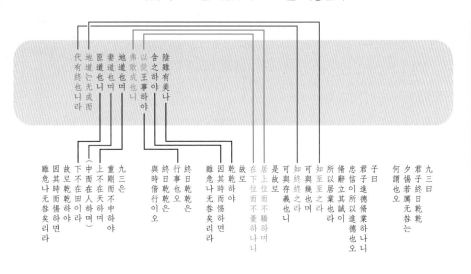

代有終也니라
地道는 无成而
臣道也니
妻道也며
地道也며
典敬成也니
以從王事하야
含之하야
陰雖有美나

雖危나无咎矣리라
因其時而惕하야면
故로乾乾하야
下而在田이라
(中而在人하며)
上不在天하며
九三은
重剛而不中하야
與時偕行이오
終日乾乾은
行事也오
終日乾乾은
雖危나无咎矣리라
因其時而惕하야면
乾乾하야
故로
居下位而
是故로
可與存義也며
知幾也며
可與存義也며
知至至之라
脩辭立其誠이
所以居業也니
忠信이所以進德也오
君子進德脩業하나니
九三曰君子終日乾乾
夕惕若屬无咎는
何謂也오
九三曰君子終日乾乾

九三 乾乾君子의 한걸음 더 나아가는(行) 龍德

	乾乾君子의 龍德	龍德의 根源表現	龍德의 出處	내 용 연 결
①	忠	不易乎世	初九 (初戊辰)	不易에서 忠으로 나아감
	信	確乎其不可拔		確乎에서 信으로 나아감
	所以進德也	龍德而隱者		龍德而隱者에서 進德으로 나아감
②	脩辭立其誠	閑邪存其誠	九二 (庚辰)	閑邪存其誠에서 脩辭立其誠으로 나아감
	所以居業也	善世而不伐		善世而不伐에서 居業으로 나아감
③	知至至之	進退无恒	九四 (甲辰)	進退无恒에서 知至至之로 나아감
	可與幾也	欲及時也		欲及時也에서 可與幾也로 나아감
④	知終終之	水流濕, 火就燥	九五 (丙辰)	맹목적인 流·就에서 知終終之로 나아감
	可與存義也	各從其類也		맹목적인 各從에서 存義로 나아감
⑤	居上位而不驕	貴而无位, 高而无民	上九 (上戊辰)	貴而无位, 高而无民에서 居上位而不驕로 나아감
⑥	在下位而不憂	賢人 在下位而无輔		在下位而无輔에서 在下位而不憂로 나아감

乾卦의 九三를 계승하는 坤卦의 六三

	坤卦 六三(甲午)	乾卦 九三(壬辰)	내 용 연 결
①	陰雖有美	乾乾	乾乾하지만 때로 움츠려야 함을 아름다움이 있으나 머금음으로 계승
	含之	因其時而惕	
②	以從	在下位而不憂	下位에 있어도 근심하지 않음을 下位에서 王을 따름으로 계승
	王事	行事	
③	弗敢成也	居上位而不驕	上位에 있더라도 교만하지 않음을 감히 이룸이 없다는 겸손함으로 계승
④	地道也	上不在天	上卦의 天자리에 없음을 地道로 계승
⑤	妻道也	中而在人	六爻의 중간에서 사람의 자리를 妻道로 계승
⑥	臣道也	下不在田	下卦의 人君 자리에 없음을 臣道로 계승
⑦	地道无成	知至至之	이를 줄 알고 이름을 이룸이 없음으로 계승
⑧	代有終也	知終終之	마칠 줄 알고 마침을 마침만 있음으로 계승

乾卦 九四

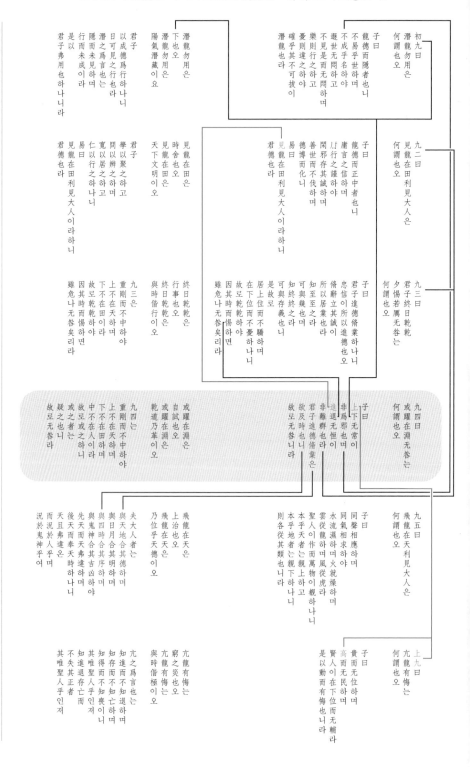

初九

初九曰 潛龍勿用은 何謂也오

子曰 龍德而隱者也니 不易乎世하며 不成乎名하야 遯世无悶하며 不見是而无悶하야 樂則行之하고 憂則違之하야 確乎其不可拔이 潛龍也라

潛龍勿用은 下也오

潛龍勿用은 陽氣潛藏이요

君子 以成德爲行하나니 日可見之行也라 潛之爲言也는 隱而未見하며 行而未成이라 是以 君子弗用也하나니라

九二

九二曰 見龍在田利見大人은 何謂也오

子曰 龍德而正中者也니 庸言之信하며 庸行之謹하야 閑邪存其誠하며 善世而不伐하며 德博而化니 易曰 見龍在田利見大人이라하니 君德也라

見龍在田은 時舍也오

見龍在田은 天下文明이오

君子 學以聚之하고 問以辨之하며 寬以居之하고 仁以行之하나니 易曰 見龍在田利見大人이라하니 君德也라

九三

九三曰 君子終日乾乾夕惕若厲无咎는 何謂也오

子曰 君子進德脩業하나니 忠信所以進德也오 脩辭立其誠이 所以居業也라 知至至之라 可與幾也며 知終終之라 可與存義也니 是故 居上位而不驕하며 在下位而不憂하나니 故로 乾乾하야 因其時而惕하면 雖危나无咎矣리라

終日乾乾은 行事也오

終日乾乾은 與時偕行이오

九三은 重剛而不中하야 上不在天하며 下不在田이라 故로 乾乾하야 因其時而惕하면 雖危나无咎矣리라

九四

九四曰 或躍在淵无咎는 何謂也오

子曰 上下无常이 非爲邪也며 進退无恒이 非離群也라 君子進德脩業은 欲及時也니 故로无咎니라

或躍在淵은 自試也오

或躍在淵은 乾道乃革이오

九四는 重剛而不中하야 上不在天하며 下不在田하며 中不在人이라 故로 或之하니 或之者는 疑之也니 故로无咎라

九五

九五曰 飛龍在天利見大人은 何謂也오

子曰 同聲相應하며 同氣相求하야 水流濕하며 火就燥하며 雲從龍하며 風從虎라 聖人이作而萬物이覩하나니 本乎天者는親上하고 本乎地者는親下하나니 則各從其類也니라

飛龍在天은 上治也오

飛龍在天은 乃位乎天德이오

夫大人者는 與天地合其德하며 與日月合其明하며 與四時合其序하며 與鬼神合其吉凶하야 先天而天弗違하며 後天而奉天時하나니 天且弗違온 而況於人乎며 況於鬼神乎여

上九

上九曰 亢龍有悔는 何謂也오

子曰 貴而无位하며 高而无民하며 賢人이在下位而无輔라 是以 動而有悔也니라

亢龍有悔는 窮之災也오

亢龍有悔는 與時偕極이오

亢之爲言也는 知進而不知退하며 知存而不知亡하며 知得而不知喪이니 其唯聖人乎인저 知進退存亡而 不失其正者 其唯聖人乎인저

※ 坤卦의 六四는 '乾卦의 九四'를 계승한다.

坤卦 六四

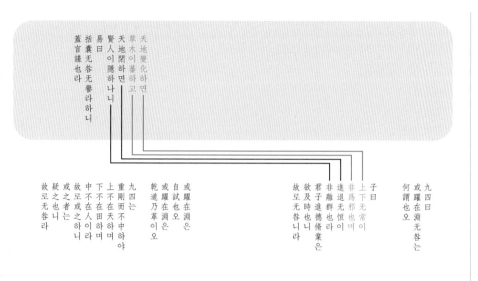

天地變化하면
草木이蕃하고
天地閉하면
賢人이隱하나니
易曰
括囊无咎无譽라하니
蓋言謹也라

九四
或躍在淵无咎는
何謂也오
子曰
上下无常이며
非爲邪也며
進退无恒이며
非離群也라
君子進德脩業은
欲及時也니
故로无咎니라

或躍在淵은
自試也오
或躍在淵은
乾道乃革이오
九四는
重剛而不中하야
上不在天하며
下不在田하며
中不在人이라
故로或之하니
或之者는
疑之也니
故로无咎라

九四 躍龍의 때맞은(時) 龍德

	躍龍의 龍德	龍德의 根源表現	龍德의 出處	내용 연결
①	上下无常	上九(上), 高而无民	上九(上戊辰)	上 = 上九, 高
		初九(下), 下也	初九(初戊辰)	下 = 初九, 下也
	非爲邪也	不成乎名		사사로운 욕심이 아님
②	進退无恒	見龍(進)	九二(庚辰)	나아감(進) = 드러남(見)
		因其時而惕(退)	九三(壬辰)	물러남(退) = 움츠림(惕)
	非離群也	모두 下卦	九二(庚辰) 九三(壬辰)	九二는 進하고 九三은 退하지만 결국 모두 下卦에 머물고 있으니 非離群也의 상태임
③	進德脩業	與天地合其德	九五(丙辰)	進德 = 合其德
	欲及時也	與四時合其序		欲及時 = 與四時

乾卦의 九四를 계승하는 坤卦의 六四

	坤卦 六四(丙午)	乾卦 九四(甲辰)	내용 연결
①	天地變化	上下无常	上下가 无常해지는 변화를 계승
②	草木蕃	非爲邪也	사사로운 목적이 아님을 계승
③	天地閉	進退无恒	進退가 恒常하지 않음을 계승
④	賢人隱	(非)離群也	무리를 떠남을 계승

乾卦 九五

初九

初九日
潛龍勿用은
何謂也오

子日
龍德而隱者也니
不易乎世하며
不成乎名하야
遯世无悶하고
不見是而无悶하야
樂則行之하고
憂則違之하야
確乎其不可拔이
潛龍也라

君子는
以成德爲行하나니
日可見之行也라
潛之爲言也는
隱而未見하며
行而未成이라
是以君子弗用也하나니라

潛龍勿用은
下也오
潛龍勿用은
陽氣潛藏이오

九二

九二日
見龍在田利見大人은
何謂也오

子日
龍德而正中者也니
庸言之信하며
庸行之謹하야
閑邪存其誠하며
善世而不伐하며
德博而化니
易日
見龍在田利見大人이라하니
君德也라

君子는
學以聚之하고
問以辨之하며
寬以居之하고
仁以行之하니
易日
見龍在田利見大人이라하니
君德也라

見龍在田은
時舍也오
見龍在田은
天下文明이오

九三

九三日
君子終日乾乾夕惕若厲无咎는
何謂也오

子日
君子進德脩業하나니
忠信이所以進德也오
脩辭立其誠이所以居業也라
知至至之라
可與幾也며
知終終之라
可與存義也니
是故로
居上位而不驕하며
在下位而不憂하나니
故로乾乾하야
因其時而惕하면
雖危나无咎矣리라

終日乾乾은
行事也오
終日乾乾은
與時偕行이오

九三은
重剛而不中하야
上不在天하며
下不在田이라
故로乾乾하야
因其時而惕하면
雖危나无咎矣리라

九四

九四日
或躍在淵无咎는
何謂也오

子日
上下无常이
非爲邪也며
進退无恒이
非離群也라
君子進德脩業은
欲及時也니
故로无咎니라

或躍在淵은
自試也오
或躍在淵은
乾道乃革이오

九四는
重剛而不中하야
上不在天하며
下不在田하며
中不在人이라
故로或之하니
或之者는
疑之也니
故로无咎라

九五

九五日
飛龍在天利見大人은
何謂也오

子日
同聲相應하며
同氣相求하야
水流濕하며
火就燥하며
雲從龍하며
風從虎라
聖人이作而萬物이覩하나니
本乎天者는親上하고
本乎地者는親下하나니
則各從其類也니라

飛龍在天은
上治也오
飛龍在天은
乃位乎天德이오

夫大人者는
與天地合其德하며
與日月合其明하며
與四時合其序하며
與鬼神合其吉凶하야
先天而天弗違하며
後天而奉天時하나니
天且弗違온
而況於人乎며
況於鬼神乎여

上九

上九日
亢龍有悔는
何謂也오

子日
貴而无位하며
高而无民하며
賢人이在下位而无輔라
是以動而有悔也니라

亢龍有悔는
窮之災也오
亢龍有悔는
與時偕極이오

亢之爲言也는
知進而不知退하며
知存而不知亡하며
知得而不知喪이니
其唯聖人乎인저
知進退存亡而
不失其正者
其唯聖人乎인저

※ 坤卦의 六五는 '乾卦의 九五'를 계승한다.

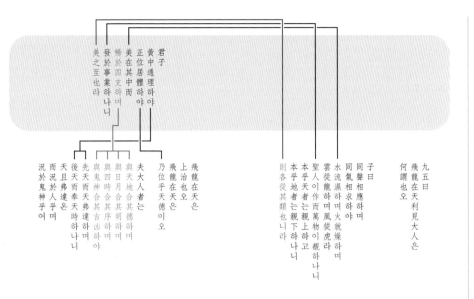

九五 飛龍의 따르는(從) 龍德

	飛龍의 龍德	龍德의 根源表現	龍德의 出處	내용 연결
①	同聲相應	不成乎名	初九(初戊辰)	同聲 = 名(이름이 같음)
	同氣相求	不易乎世		相求 = 不易(어기지 않고 서로 구함)
②	水流濕	庸言之信	九二(庚辰)	君子의 말이 멀리 퍼져나감(水, 言出乎身 加乎民)
	火就燥	庸行之謹		君子의 행실이 멀리까지 드러남(火, 行發乎邇 見乎遠)
③	雲從龍	居上位而不驕	九三(壬辰)	스스로도 높지만 飛龍을 따르는 구름의 겸손함
	風從虎	在下位而不憂		스스로도 順巽하지만 땅을 달리는 범을 따르는 바람의 겸손함
④	聖人作而	或躍	九四(甲辰)	作 = 躍, 의미와 소리를 모두 취함
	萬物覩	非離群也		萬物 = 群
⑤	本乎天者親上	高而无民	上九(上戊辰)	親上 = 高
	本乎地者親下	貴而无位		親下 = 无位

乾卦의 九五를 계승하는 坤卦의 六五

	坤卦 六五(戊午)	乾卦 九五(丙辰)	내용 연결
①	黃中通理	先天而天弗違 後天而奉天時	하늘보다 먼저 해도 하늘이 어기지 않고 하늘보다 뒤에 해도 天時를 받드는 大中之道를 黃中으로 계승
②	正位居體	乃位乎天德	天德의 位에 오른 것을 正位로 계승
③	美在其中	水流濕 火就燥	물(水)과 불(火)로 만드는 文明의 뜻을 아름다움(美)으로 계승
④	暢於四支	與天地合其德 與日月合其明 與四時合其序 與鬼神合其吉凶	天地, 日月, 四時, 鬼神과의 합을 德, 明, 序, 吉凶의 四支에 暢達함으로 계승
⑤	發於事業	聖人作而萬物覩	聖人이 지은 聖業에 萬物이 감동함을 事業으로 계승
⑥	美之至也	各從其類也	각각이 그 同類를 따르는 이치를 지극한 아름다움으로 계승

※ 上九의 亢龍은 나머지 五爻의 龍德을 '실속없음(无)'으로써 차용한다.

乾卦 上九

初九

初九曰
潛龍勿用은
何謂也오

子曰
龍德而隱者也니
不易乎世하며
不成乎名하야
遯世无悶하며
不見是而无悶하야
樂則行之하고
憂則違之하야
確乎其不可拔이
潛龍也라

潛龍勿用은
下也오

潛龍勿用은
陽氣潛藏이요

君子
以成德爲行하나니
日可見之行也라
潛之爲言也는
隱而未見하며
行而未成이라
是以
君子弗用也하나니라

九二

九二曰
見龍在田利見大人은
何謂也오

子曰
龍德而正中者也니
庸言之信하며
庸行之謹하야
閑邪存其誠하며
善世而不伐하며
德博而化니
易曰
見龍在田利見大人이라하니
君德也라

見龍在田은
時舍也오

見龍在田은
天下文明이오

君子
學以聚之하고
問以辨之하며
寬以居之하고
仁以行之하나니
易曰
見龍在田利見大人이라하니
君德也라

九三

九三曰
君子終日乾乾
夕惕若厲无咎는
何謂也오

子曰
君子進德修業하나니
忠信이 所以進德也오
修辭立其誠이
所以居業也라
知至至之라
可與幾也며
知終終之라
可與存義也니
是故로
居上位而不驕하며
在下位而不憂하나니
故로 乾乾하야
因其時而惕하면
雖危나 无咎矣리라

終日乾乾은
行事也오

終日乾乾은
與時偕行이오

九三은
重剛而不中하야
上不在天하며
下不在田이라
故로 乾乾하야
因其時而惕하면
雖危나 无咎矣리라

九四

九四曰
或躍在淵无咎는
何謂也오

子曰
上下无常이
非爲邪也며
進退无恒이
非離群也라
君子進德修業은
欲及時也니
故로 无咎니라

或躍在淵은
自試也오

或躍在淵은
乾道乃革이오

九四는
重剛而不中하야
上不在天하며
下不在田하며
中不在人이라
故로 或之하니
或之者는
疑之也니
故로 无咎라

九五

九五曰
飛龍在天利見大人은
何謂也오

子曰
同聲相應하며
同氣相求하야
水流濕하며 火就燥하며
雲從龍하며 風從虎라
聖人이 作而萬物이 覩하나니
本乎天者는 親上하고
本乎地者는 親下하나니
則各從其類也니라

飛龍在天은
上治也오

飛龍在天은
乃位乎天德이오

夫大人者는
與天地合其德하며
與日月合其明하며
與四時合其序하며
與鬼神合其吉凶하야
先天而天弗違하며
後天而奉天時하나니
天且弗違은
而況於人乎며
況於鬼神乎여

上九

上九曰
亢龍有悔는
何謂也오

子曰
貴而无位하며
高而无民하며
賢人이 在下位而无輔라
是以
動而有悔也니라

亢龍有悔는
窮之災也오

亢龍有悔는
與時偕極이오

亢之爲言也는
知進而不知退하며
知存而不知亡하며
知得而不知喪이니
其唯聖人乎인져
知進退存亡而
不失其正者는
其唯聖人乎인져

※ 坤卦의 上六은 '乾卦의 上九'를 계승한다.

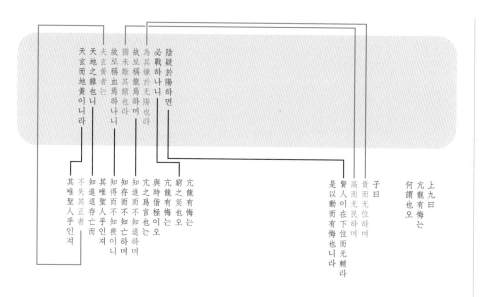

坤卦 上六

上九 亢龍의 실속 없는 龍德

	亢龍의 龍德	龍德의 根源表現	龍德의 出處	내용 연결
①	貴而	君德也	九二(見龍)	貴 = 君
	无位	不成乎名	初九(初戊辰)	无位 = 不成乎名
②	高而	本乎天者親上	九五(丙辰)	高 = 親上
	无民	非離群也	九四(甲辰)	民 = 群
③	賢人	見龍	九三(壬辰)	賢 = 見(音)
	在下位	在下位而不憂		在下位 = 在下位(音)
	无輔	无咎		无輔=无咎(音)

乾卦의 上九를 계승하는 坤卦의 上六

	坤卦 上六(上庚午)	乾卦 上九(上戊辰)	내용 연결
①	陰疑於陽	賢人在下位而无輔	輔弼하지 않는 賢人에 대한 탐탁지 않음을 의심으로 계승
②	必戰	窮之災也	窮極에 달한 災殃을 싸움으로 계승
③	爲其嫌於无陽也	貴而无位	귀하지만 位가 없음을 陽이 없음으로 계승
④	故稱龍焉	知進而不知退	앞만 보고 나아감을 龍의 성격으로 계승
⑤	猶未離其類也	高而无民	높지만 백성이 없음을 높지만 오히려 동류를 떠나지 않음으로 계승
⑥	故稱血焉	知得而不知喪	喪의 잃음을 피를 흘림으로 계승
⑦	夫玄黃者	不失其正者	잃지 않는 바름을 玄黃의 올바름으로 계승
⑧	天地之雜也	知進退存亡	進退存亡의 어지러움을 天地의 뒤섞임으로 계승
⑨	天玄而地黃	其唯聖人乎	正正方方한 聖人을 天玄과 地黃의 완벽한 구분으로 계승

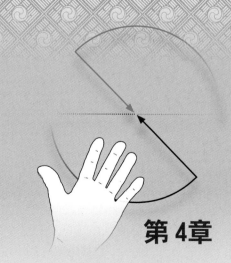

第4章

<ruby>正<rt>정</rt></ruby><ruby>易<rt>역</rt></ruby>』과 <ruby>一<rt>일</rt></ruby><ruby>夫<rt>부</rt></ruby>의 <ruby>時<rt>시</rt></ruby><ruby>代<rt>대</rt></ruby>

1. 作易의 考察

(작역 고찰)

필자는 서론緖論에서 여전히 달성되지 못한 작역作易의 목적에 대해 언급했다. 작역作易의 목적이 달성되지 못한 것은 애초의 목적이 잘못 설계된 것이 아니라 그 가치를 여전히 유효하게 만드는 현실의 고달픈 상황 때문이다. 작역作易 성인聖人이 기나긴 세월을 통해 개선하려 했던 저급低級한 사회구조社會構造와 인간人間의 미숙未熟함이 수천 년이 지난 지금까지도 좀처럼 해소되지 않고 있는 것이다. 더욱이 눈부신 기술발전技術發展과 문화적文化的 창달暢達을 이룬 현재의 '집단지성 체제集團知性體制'조차도 이 고질적인 문제에 대한 해결방법을 내놓지 못하고 있다. 아니 방법을 가지고 있다 하더라도 가까운 미래까지 그것을 해결하는 것은 어려워 보인다. 그만큼 '의식意識의 문화적文化的 성장成長'에는 기나긴 세월이 필요한 것이다. 애초에 인간의 미숙함을 걱정하며 작역作易에 참여했던 성인聖人들도 이 오랜 세월의 필요성을 인식했을 것이다.

이런 까닭에 수천 년의 세월을 미리 내다보고 그 기간 동안에 필요한 가치가 무엇인지를 미리 예견했던 작역作易 성인聖人의 혜안慧眼과 안목眼目은 현재의 우리에게 있어 매우 중요한 의미를 지닌다. 우리가 살고 있는 현대 사회는 역사상 가장 광범위한 지식인층을 보유하고 있고, 마침 그들 중 적지 않은 수가 이 고질적인 미숙함을 개선시킬 수 있는 보다 본질적인 해결방법에 대해 갈망하고 있기 때문이다. 그 본질적인 해결방법은 이미 역易의 경문經文 속에 고스란히 담겨져 있으니, 이제 그것을 분석하는 일만 남은 셈이다. 성인聖人이 역易을 지으며 넣어놓은 고질적인 미숙함에 대한 해결방법, 그리고 인간이 마침내 나아가야 할 방향이 역易의 글귀 속에 남겨져 있는 것이다.

작역作易의 목적을 자세하게 살펴보기 위해서는 우선 두 가지의 관점이 필요하다. 하나는 지난 역사 속에서 역易의 목적과 동일성同一性을 가지는 활동들을 찾아내는 것이고, 다른 하나는 역易의 목적을 도출시킨 사회구조적 배경에 대해 고찰하는 것이다. 첫 번째는 작역作易의 본래 목적에 대한 본질적 탐색이고, 두 번째는 역易이 제시하는 시대적時代的 소임所任에 대한 고찰이다.

1) 崇德廣業과 開物成務
숭 덕 광 업   개 물 성 무

작역作易의 목적과 동일성同一性을 가지는 역사적 활동들을 거론함에 있어서는 절대로 성인聖人의 존재를 이야기하지 않을 수 없다. 성인聖人은 거룩하고 성聖스러운 업적을 드리운 인물들로서 천하만민天下萬民이 존숭尊崇해 마지않는 존재이다. 『주역周易』「계사전繫辭傳」에 이른바 포희씨包犧氏의 劃結[170]과 신농씨神農氏의 耕市,[171] 요순堯舜의

---

170 글자가 없었던 상고시대에 노끈으로 매듭을 맺어서 기록을 하거나 다른 사람에게 의사를 전달했는데, 이 방법을 고안한 포희씨는 복희씨와 동일인물이다.
171 신농씨가 농사를 짓는 방법을 고안하여 체계화 한 것을 耕이라 하고, 천하의 재화를 교환시켜 사람끼리의 교류를 시작한 것을 市(저자, 시장)라 한다.

垂衣裳而天下治[172]가 바로 상고上古의 성인聖人들과 그들의 업적業績이

며, 그 외에도 유소씨有巢氏의 構木爲巢[173]와 수인씨燧人氏의 鑽木取火[174]

와 황제黃帝의 甲子星斗,[175] 대우大禹의 九疇玄龜[176] 등도 상고上古 성인聖

人의 대열에서 빼놓을 수 없는 위대한 업적들이다. 언뜻 살펴보아도 이들

의 성인됨(爲聖)은 그들의 업적으로부터 평가된 것임을 확신할 수 있다.

훗날 개인의 수신修身만으로 성인聖人을 꿈꿨던 후학後學들의 소망과는

대조적으로, 선성先聖의 이룸은 하나같이 만민萬民의 생육生育에 결정적

인 진전進展을 가져왔고, 이를 통해 문명文明의 생성生成과 문화文化의 창

달暢達이 큰 빛을 보게 되었다. 생각건대 결정적인 변화의 시점에는 반드

시 성인적聖人的 업적業績이 실현됐으며, 그들의 영향은 실로 천하天下를

감화感化시킬 만 했으니, 『중용中庸』에 이른바 '大德의 敦化'는 바로 이

것을 두고 말한 것이리라.

　상고上古 성인聖人들이 이룩한 궤적軌跡은 저마다 독보적이었지만 큰

공통점을 가지고 있다. 그것은 대부분 자연변화로부터 사람이 스스로

를 보존하거나 적응해 나가는 기술적 방법의 고안考案과 교화敎化에 그

중심을 두고 있다는 사실이다. 시기적으로는 문명文明의 태동기胎動期였

으므로 당시의 자연변화는 사람들에게 있어 생사生死를 가르는 혹독한

---

172 상고시대의 黃帝를 비롯한 堯임금과 舜임금은 당시의 미흡한 사회제도에도 불구하고, 德治를 시행하고 賢才를 등용하여 다스린 결과, 옷깃만 드리워도 天下가 편안히 다스려졌다는 태평성대를 이어갔다.

173 有巢氏는 새가 보금자리를 만들어 새끼를 기르는 것을 보고 집짓는 방법을 고안하여, 백성들에게 최초로 집을 짓고 정착하여 사는 법을 가르쳤다고 한다.

174 燧人氏는 나무를 비벼서 불을 얻는 방법과 불을 사용한 요리법을 백성들에게 가르쳤다고 한다.

175 黃帝는 북두칠성을 섬기고 육십갑자를 만든 후 그 시작일을 정할 때 밤하늘의 푸른빛을 보고 갑자일로 삼았다고 한다.

176 禹임금은 洛水에서 출현한 玄龜의 등에 그려진 洛書를 얻어, 이것에 의해 천하를 9주로 나누어 다스리는 한편, 大法으로서의 洪範九疇를 만들었다고 한다.

재앙災殃으로 작용했을 것이다. 그리고 닥쳐올 재앙에 대해 적극적으로 대응하는 방향으로의 모색은 상고上古 당시에 있어서는 혁명적革命的 전환轉換이었으리라 판단된다. 농업기술의 보급은 굶주림을 스스로 극복할 수 있다는 전환적轉換的 인식認識을 만들어냈다. 특히, 주변과의 물물교역物物交易과 소통疏通은 생존활동의 범위를 더욱 확대시킬 수 있다는 개척의식開拓意識 또한 형성시켰다. 현재로서는 당연시되는 보편의식普遍意識이지만 당시로서는 그야말로 엄청난 변화였다. 사실 현재의 우리가 가진 보편적普遍的 지혜智慧의 출발은 상고上古 성인聖人들의 이와 같은 교화教化로부터 비롯된 것이다. 문명文明을 움틔우고 그것을 스스로 지속하도록 만들었던 성인적聖人的 덕화德化는 천하天下의 사방四方으로 빠르게 확산되었고, 역사 초기의 곳곳에서 대업大業을 일궈냈다. 즉, 상고上古 성인聖人들이 집중했던 소임所任과 목적은 사람의 삶을 금수禽獸로부터 구별하고 교역交易과 소통疏通을 통해 덕화德化의 문명文明을 일궈내는 '崇德廣業'에 있었다고 볼 수 있다.

子曰 易이 其至矣乎인저 夫易은 聖人이 所以 崇德而廣業也니
知는 崇코 禮는 卑하니 崇은 效天하고 卑는 法地하니라.
天地設位어든 而易이 行乎其中矣니 成性存存이 道義之門이라.

공자가 말하길, 역이 그토록 지극하구나. 무릇 역은 성인이 덕을 높이고 업을 넓히는 방법이었으니, 지는 높고, 예는 낮으니 높음은 하늘을 본받고, 낮음은 땅을 법받느니라. 천지가 위를 베풀거든 역이 그 中으로 행하리니, 본성을 이루고 만물을 존속케 함이 道와 義의 문이로구나.[177]

177 『周易』, 「繫辭上傳」 7.

그렇다면 중고中古 이후의 성인聖人들은 어떠했는가? 은殷나라 말의 문왕文王, 주공周公과 주周나라 말의 공자孔子는 500여년의 시간적 차이에도 불구하고 동일한 우환의식憂患意識과 소망을 가지고 있었다. 이들은 상고上古 성인聖人들의 도道를 존숭尊崇했을 뿐만 아니라, 그들이 애써 이룩한 자연변화에 대한 인간의 대응방법을 더욱 구체화시켜 또 하나의 전환점을 만들어 냈다. 그것은 제도制度와 문명文明 속에 채워진 정신적精神的 교화체계敎化體系였다. 예악禮樂을 위시로 한 사회제도의 정비와, 시詩, 서書, 역易으로 대표되는 문명文明의 정신적 심화深化는 중고中古 이후 성인들이 이룩한 성덕대업盛德大業의 큰 특징이라 하겠다. 괘효단상卦爻彖象의 가르침이 만들어지고 공자孔子에 의해 역易 즉, 변화變化의 목적目的이 무엇인지가 군자학君子學과 함께 정리된 것도 이 때의 일이다. 64 괘卦의 『주역周易』의 「상전象傳」에 '君子 以하야'를 넣은 괘卦가 53괘卦에 이르니, 공자孔子는 군자君子를 양성하여 도덕道德의 문화文化, 특히 중산층中産層의 문화文化를 형성시키려 했던 것이다.

상고시대上古時代의 성인聖人들이 주로 생존生存과 번성繁盛에 주목했다면, 중고시대中古時代 이후의 성인들은 교화敎化의 체계體系 즉, 정신문화精神文化의 침습浸濕에 집중했다. 그것은 오로지 삿된 이익에 사로잡혀 스스로의 소임所任을 깨닫지 못하는 대중大衆에게 진일보進一步의 깨우침을 주기 위한 노력이었다. 그만큼 당시의 성인聖人들은 이제 갓 번성에 오른 문명文明의 탈선脫線을 염려한 것이고, 보다 높은 수준의 문화체계文化體系로 향하는 문門을 열어주고자 했던 것이다. 이러한 문화체계文化體系로의 여정旅程과 그 완성完成에 있어 가장 큰 걸림돌은 바로 '사람의 미숙함'이었고, 경전經傳의 문구文句를 통해 후대에 잘 알려진 '성인聖人들의 주된 우환憂患'은 모두 이 '사람의 미숙함'으로 인해 발현되는 결과였던 것이다.

물질기반이 취약한 상태에서의 전 사회적 교화가 얼마나 힘들고 오랜 시간이 필요한 사업인지는 오로지 성인聖人만의 고민이었다. 당시의 생산력生産力과 사회구조社會構造가 안고 있는 속박束縛과 한계限界는 짧은 기간 내에 간단히 해결될 문제가 아니었으므로, '사람의 미숙함'으로 인한 갈등이 역사 속에서 오랜 시간동안 지속될 것은 분명해 보였다. 그들은 오랜 시간이 걸릴지라도 사람들이 스스로 깨어나 본래의 소임所任을 다 하기를 희망했다. 그리하여 교화教化의 체계體系와 함께 미숙한 대중을 이끌 선각적先覺的 지도자인 군자君子를 양성할 계획을 세웠고, 이들이 소인小人의 틈바구니 속에서 오랜 세월을 견디며 지켜야 할 여러 준칙準則들을 쏟아냈다. 이는 모두 '문명文明의 취약성脆弱性'에서 비롯되는 '사람의 미숙함'을 일깨우기 위한 목적이었으니, 중고中古 성인聖人들이 열망했던 소임所任과 목적目的은 사물事物을 깨우고 그 책무責務를 이루게하는 '開物成務개물성무'에 있었다고 볼 수 있다.

子曰 夫易은 何爲者也오
자왈 부역 하위자야

夫易은 開物成務하야 冒天下之道하나니 如斯而已者也라
부역 개물성무 모천하지도 여사이이자야

是故로 聖人이 以通天下之志하며
시고 성인 이통천하지지

以定天下之業하며 以斷天下之疑하나니라.
이정천하지업 이단천하지의

공자가 말하길, 무릇 역은 무엇을 하기 위함인가. 저 역은 만물을 깨워내 그 소임을 이루도록 하여 천하의 도를 덮으려 하는 것이니 이와 같을 따름이라. 이런 까닭으로 성인이 천하의 뜻에 통하고 천하의 사업을 안정시키며, 천하의 의심을 결단하느니라.[178]

---

178 『周易』, 「繫辭上傳」 11.

전술한 바의 뜻과 같이 역易과 그 궤軌를 같이 하는 성인聖人들의 본질적인 바램은 만물萬物·만민萬民이 성성존존成性存存의 계대繼代를 이루어 시時·공空의 양방향으로 번성繁盛케 하기 위함이었고, 또한 미숙한 사람들이 스스로 깨달음을 얻게 하여 그 소임所任을 완성토록 하기 위함이었다. 그리하여 각 시기에 따라 절실히 필요했던 변화가 성인聖人들의 대업大業에 의해 성취되었던 것이며, 그들의 성덕盛德은 후대에 이르러서는 좀 더 높고 깊은 정신문화精神文化로 꽃을 피우게 되었다. 공자孔子는 이것을 더욱 구체화시켜 천지天地의 질서로부터 군자君子의 도리道理를 추출해냈으니, 군자君子가 가지는 책무責務의 시작始作은 天地의 情狀을 窮究함이요, 그 종지終止는 敦乎仁으로 開物成務함이었던 것이다.

2) 天地否와 抑陰尊陽의 시대

이번에는 역易과 그 소임所任을 도출시킨 사회구조적 배경에 대해 살펴보자. 문명文明의 태동胎動과 정신문화精神文化로의 발전發展은 작역作易 이래 역사의 전 기간을 통해 진행된 점진적인 변화였다. 문명文明 초기, 주거住居의 시작과 불의 사용이 그 이전과 이후를 가르는 첫 번째 결정적인 전환이었다면, 그 후 사회제도의 정착과 정신문화로의 진입은 두 번째의 의미 있는 전환으로 볼 수 있다. 하지만 그 후 수 천 년 동안은 앞선 변화의 물결이 잔잔히 이어지는 시기의 연속이었을 뿐, 주목할 만한 급격한 변화는 좀처럼 찾아오지 않았다. 왕조王朝의 개폐開閉가 거듭되었지만 백성에 대한 수탈적收奪的 구조構造는 그 틀을 바꾸지 않았고, 생산력과 기술의 발전 또한 더디게 진행되어 식량부족과 질병의 고통은 인류에게 있어 여전히 가장 중대한 위협으로 남아 있었다.

문명文明 초기에 비해 그나마 제도가 마련되고 사회경제적 활동이 시작되었다고는 해도, 생존生存을 위한 물자物資의 대부분을 여전히 자연으로부터 얻어야 했던 궁핍한 자연경제 체제가 지속됐다. 부족不足과 결핍缺乏은 구성원 사이에 생존生存과 보전保全을 위한 대결對決과 갈등葛藤을 일으킨다. 생존에 필요한 근본물자根本物資의 부족은 불평등한 사회관계를 더욱 고착시키고, 그 관계의 유지를 위한 보다 더 야만적野蠻的인 폭력暴力을 부추긴다. 보다 풍요롭고 덜 풍요로운 정도의 차이를 넘어, 어느 소수의 지극한 풍요를 위해 대부분의 생존은 빈번히 위협을 받았다. 그 결과 구성원 대부분이 생존과 경쟁에만 급급한 나머지, 사회적 가치의 실현은 오간데 없고 보편적普遍的 의식意識조차 바닥을 헤맬 뿐이었다. 더욱이 지도자를 잘 못 만난 경우 그 패악悖惡은 극極에 달했다.

특별한 '동시다발적同時多發的 자성自醒'이 없는 한 사회적 교화는 불가능해 보였고, 특별한 '기술적技術的 진전進展'이 없는 한 생존을 위한 갈등은 해결되지 않을 듯 보였다. 더욱이 그 교화教化를 이끌어줄 지도그룹의 출현 또한 요원遙遠해 보였으니, 이러한 상황의 연속은 결정적 전환을 갈망하는 성인聖人들에게 있어 가장 큰 고통이었을 것이다. 「계사전繫辭傳」에 언급된 작역자作易者의 우환憂患은 이 같은 배경을 고스란히 담고 있다.

역 지 흥 야 기 어 중 고 호　　작 역 자 기 유 우 환 호
易之興也其於中古乎인저! **作易者其有憂患乎**인저!

역이 흥한 것은 중고시대였어라! 작역자는 그 우환을 가지고 있었어라! [179]

　　역易이 흥興했던 중고中古시대는 지도그룹의 패악悖惡과 백성들의 고통이 극極에 달했던 시대이다. 생존에 급급했던 수준의 백성들에게 있어 그릇된 의식을 가진 지도자는 그야말로 설상가상雪上加霜의 천형天刑이었다. 더욱이 그릇된 지도자의 출현에 동조하며 달려드는 소인小人의 대열隊列이 적지 않은 현실과, 이들의 부역附逆으로 인해 극도極度의 패악悖惡이 완성된다는 결론 또한 감당하기 힘든 현실이었다. 그리하여 작역자作易者의 우환憂患이 고스란히 담겨진 역易은 당시의 백성들이 감당해야 했던 고통과 시대상황의 염려에만 국한되지 않았다. 역易의 글됨(爲書)이 광대실비廣大悉備[180]하여 그 적용에 시간時間과 공간空間의 제약을 받지 않듯이, 작역자作易者의 우환憂患 속에는 당시의 현안懸案에 대한 해결을 포함하여, 이 고통스런 상황이 상당히 오랜 시간동안 지속되거나 반복될 것이라는 걱정과 짐작이 배어 있었다. 즉, 성인聖人의 우환憂患은 쉽게 해결되지 못할 '저급한 사회구조'와 '사람의 미숙함'에 그 핵심을 두고 있었던 것이다. 작역作易 성인聖人은 이와 같은 상황을 가리켜 천지天地가 불교不交하여 막힌 천지비天地否[181]의 상태라고 표현한 것이고, 그

---

179 『周易』,「繫辭下傳」7 : 중고시대에 주나라의 文王은 은나라 마지막 왕인 紂王에 의해 유리옥에 감금되어 7년을 머물면서 그곳에서 주역 64괘를 만들었다고 한다.

180 易은 세상의 모든 분야를 포괄할 정도로 적용범위가 넓다고 해서 廣大라고 하고, 모든 상황에 대한 대책을 갖추었다 해서 悉備라고 한다. 作易 당시에 쓰여진 理致가 현대에도 어김없이 적용되니, 그래서 易을 시공을 초월한 理致라고 하는 것이다.

181 天地否는 『周易』의 12번째 卦로, 위는 하늘(☰)이고 아래는 땅(☷)의 象이다. 본래 하늘은 위로 향하고 땅은 아래를 향하기 때문에 서로 통하지 않게 되므로, 否(비)는 天地 사이가 꽉 막힌 상태를 의미한다.

후에 찾아올 천지天地가 상교相交하는 지천태地天泰[182]의 때를 기다렸던 것이다.

단 왈 비 지 비 인 불 리 군 자 정 대 왕 소 래
象曰 否之匪人不利君子貞大往小來는

즉 시 천 지 불 교 이 만 물 불 통 야
則是天地不交而萬物不通也며

상 하 불 교 이 천 하 무 방 야
上下不交而天下无邦也라

내 음 이 외 양　　　내 유 이 외 강　　　내 소 인 이 외 군 자
內陰而外陽하며 內柔而外剛하며 內小人而外君子하니

소 인 도 장　　　군 자 도 소 야
小人道長하고 君子道消也라.

단에 이르길, '막힘(否)은 사람이 한 것이 아니니, 군자의 정(貞)해도 이롭지 않고, 큰 것이 가고 작은 것이 온다'라고 함은 곧, 천지가 사귀지 못하며 만물이 통하지 않으며, 상하가 사귀지 못하여 천하에 나라가 없음이라. 안에는 음이고 밖에는 양이며, 안에는 부드럽고 밖에는 강하며, 안에는 소인이요 밖에는 군자이니, 소인의 도가 자라나고 군자의 도는 사라지느니라.[183]

　　저급한 사회구조와 문화적 수준은 소인小人의 창궐猖獗을 동반한다. 유사有史이래로 사리私利와 탐욕貪慾으로 인한 정륜正倫의 파괴는 사회 곳곳에서 끊임없이 준동蠢動하는 고질적 문제였다. 하지만 이러한 상황은 사람이 의도하거나 주도한 것이 아니라, 물질기반物質基盤과 사회구조社會構造가 성숙되지 않은 탓에 사람의 의식이 천지天地와 감응感應하지 못한 결과로 나타난 것이다. 즉, 문명文明이 가로막힌(否) 상황에 처해

---

182 地天泰는 『周易』의 11번째 卦로, 위는 땅(☷)이고 아래는 하늘(☰)의 象이다. 땅은 아래를 향하고 하늘은 위로 향하여 서로 왕성하게 교류하니, 泰(태)는 天地가 서로 소통하는 상태를 의미한다.

183 『周易』, 「天地否」, 彖辭.

진 것이다. 이러한 상황을 깨달은 선각자先覺者들은 쉬이 풀리지 않을 구조적 문제에 대한 대책으로써 저 위대한 역易을 준비했다. 성인聖人의 깨닫고 바라는 바는 이미 하늘에 닿았으나, 그들이 처한 현실인 사회구조와 그에 속한 사람들은 변화의 조짐조차 보이지 않았으니, 천하天下는 본래 성인聖人과 함께 근심하지 않았다고 한 것이다.

일 음 일 양 지 위 도　　계 지 자 선 야　　성 지 자 성 야
一陰一陽之謂道니 繼之者善也요 成之者性也라

인 자 견 지　　위 지 인　　지 자 견 지　　위 지 지
仁者見之에 謂之仁하며 知者見之에 謂之知요

백 성　　일 용 이 부 지　　고　　군 자 지 도 선 의
百姓은 日用而不知라 故로 君子之道鮮矣니라

현 저 인　　잠 저 용　　고 만 물 이 불 여 성 인 동 우
顯諸仁하며 藏諸用하야 鼓萬物而不與聖人同憂하나니

성 덕 대 업　　지 의 재
盛德大業이 至矣哉라.

한번 음하고 한번 양하는 것이 도이니, 계승하는 것이 착함이요, 이루는 것이 본성이라. (도는) 어진 사람이 보기에는 어짊이라 이르고, 지혜로운 사람이 보기에는 지혜라 이르며, 백성은 매일 그것(道)을 써도 알지 못하므로, 군자의 도는 드문 것이니라. 어짊으로 드러나고 쓰임에 숨겨져서, 만물을 고무시키지만 성인과 함께 걱정하지는 않으니, (그러므로 성인들의) 성덕대업은 지극한 것이어라.[184]

천하天下는 기나긴 인온絪縕과 화순化醇의 시간이 필요했다. 성인聖人의 작역作易은 그 후로 오랜 기간 동안 이어질 교화敎化의 여정旅程을 위해 시작된 것이다. 천도天道와 지도地道의 경위經緯 사이에 동정動靜과 길흉吉凶이 배치되고, 방비防備와 계도啓導가 그 구석구석을 보완했으며,

---

184 『周易』, 「繫辭上傳」5.

마침내 군자君子가 소거소학所居所學하는 대의大義와 도리道理로써 역易은 정리되었다. 그 가운데 가장 핵심이 되는 계도적啓導的 논리論理는 단연 '抑陰尊陽의 계율戒律'이었다. 소인小人의 도道가 장장長하는 사회구조의 한계 속에서, 애써 지켜보려 했던 군자君子의 도道는 抑陰과 尊陽의 강력한 논리論理를 필요로 했던 것이다. 이러한 방향은 물질구조의 한계를 인간의 심법心法으로 해소시키려 했던, 달리 선택의 여지가 없는 성인적聖人的 노력이었다.

앞으로도 음陰의 번성은 지속될 것이 분명하므로, 흔들리는 등불과 같은 양陽의 가치를 전 사회적으로 높이는 것은 천하天下 무방无邦의 상황에서 할 수 있는 최선最善의 방책方策이었다. 오로지 사람의 심법心法에 의존하며 때를 기다림은 단순한 미봉책彌縫策이라 여겨질 수도 있겠으나 당시로서는 다른 방법이 없었던 것이다. 천하天下는 아주 오랫동안 숙성熟成되어야 했으므로, 다시 崇德이라, 廣業이라 독려되었고, 그 과정에 참여하는 만민萬民의 화화和化까지도 도모해야 했으니, 開物이라 成務라 붙여졌던 것이다. 그리고 잊지 않고 넣어둔 한 조각의 당부가 있었으니, 그것은 바로 '變化之道'라 불리는 역易의 마지막 소임所任이었다. 그것은 후대에 찾아올 필연적必然的 진전進展을 위해 준비한 성인聖人의 희망적 암시暗示였으며, 이는 곧 지천태地天泰의 도래到來를 의미했다.

실제로 성인聖人의 이러한 우환憂患과 그에 따른 '抑陰尊陽과 心法之學'의 방비防備는 역사상 적절했고 유효했으며, 이로 인해 문명은 한층 더 높은 수준의 매듭을 시기마다 지어냈다. 아찔한 순간과 당혹스런 시기가 반복적으로 찾아왔지만, 그 때마다 역易의 헤아림과 궤軌를 같이하는 걸출傑出한 인물人物들에 의해 천하天下는 곧바로 정리되었다. 더디지만 지속적인 기술적 진전의 결과로 곳곳에서 산발적인 풍요의 시기가 찾아오기도 했다. 그러는 사이 자연스레 도道와 덕德은 삼키지 못하는 보배寶貝가 되었고, 역易은 차츰 천륜天倫과 인륜人倫을 합슴하는 전상典常의 지위地位를 얻어 갔다. 하지만 작역作易 성인聖人에 의해 이미 예견되었듯이 계도啓導와 방비防備의 뜻에도 불구하고, 천하天下에는 소인小人의 도道가 넘쳐났고 군자君子의 도道는 여전히 드물었다. 작역作易 초기에 비해 월등히 진전된 물질적 상황에도 불구하고 성인聖人이 우려했던 바는 근본적으로 해소되지 못한 것이다. 그렇게 또 한 번 역사는 긴 화순化醇의 시간을 보내게 된다.

2. 새로운 易과 轉換期의 到來

<small>역   전환기   도래</small>

  작역作易 이후 오랜 시간이 지나 드디어 인류는 또 한 번의 급격한 변화의 시기를 맞게 된다. 그것은 이제껏 경험하지 못했던 새로운 변화의 초기 단계였다. 새로운 변화는 다름 아닌 서양西洋에서 시작된 산업産業化라는 이름의 기술적技術的 진전進展이었고, 이전 시기와는 전혀 다른 양상으로 전개된 변화의 물결은 질적質的인 저항抵抗의 너울조차 가뿐히 넘어버렸다. 즉, 기술적技術的 진전進展으로 인해 사회구조가 본질적으로 전환되는 상황을 맞게 된 것이다. 과거시기의 진전이 사회제도의 소극적 변화에 그쳤다면, 새롭게 찾아온 변화는 대격변大激變이라 불릴 정도의 놀라운 기술적 진전이 부른 결과였다. 백성에 대한 수탈收奪과 불평등不平等은 여전한 한계였지만, 새로운 기술적 진전은 이변적異變的 풍요豐饒를 가져왔고 문명 사이의 교류를 증폭시켰다. 이로 인하여 수천 년간 막혔던 길이 뚫리고, 떨어져 지내왔던 나라 사이의 교류가 가능해져 만방소통萬方疏通의 사귐이 본격적으로 시작됐다.

<small>단 왈 태 소 왕 대 래 길 형   즉 시 천 지 교 이 만 물 통 야</small>
象曰泰小往大來吉亨은 則是天地交而萬物通也며

<small>상 하 교 이 기 지 동 야   내 양 이 외 음   내 건 이 외 순</small>
上下交而其志同也라 內陽而外陰하며 內健而外順하며

내 군 자 이 외 소 인　　군 자 도 장　　소 인 도 소 야
內君子而外小人하니 君子道長하고 小人道消也라.

단에 이르길, '태에 작은 것이 가고 큰 것이 오니 길하고 형통하다'라고 함은
곧, 천지가 사귀어 만물이 소통하며, 상하가 사귀어 그 뜻이 같음이라. 안에
는 양이고 밖에는 음이며, 안으로는 강건하고 밖으로는 유순하며, 안으로
는 군자요 밖으로는 소인이니, 군자의 도는 자라나고 소인의 도는 사라지느
니라.[185]

　　초기에는 미력한 기세에 불과했지만 인류는 상하사방上下四方, 육합六
合[186]의 모든 방향으로 사귐을 시작한 것이다. 모든 것이 막혀 만물萬物
이 불통不通하는 시대가 가고 과연 끊임없이 소통하며 그 뜻이 같아지는
시대가 오려함인가!『정역正易』은 「화옹친시감화사化翁親視監化事」에서
　　　　　　　　　　　　　　비 왕 태 래
선·후천先后天의 전도顚倒를 否往泰來[187]라고 선언했다. 바로 천지비天地
否의 꽉 막힌 선천先天이 가고 지천태地天泰로 소통하는 후천后天이 온다
고 주장한 것이다.

　　　지 천 태　　재 성　　시 대
1) 地天泰와 財成의 時代

　　기술적技術的 진전進展으로 인한 물적物的 토대土臺의 변화는 인류의
삶에 엄청난 의식변화를 가져왔다. 자연의 모든 것이 문명文明의 발전을

185『周易』, 「地天泰」, 彖辭.
186 六合은 上下와 四方을 합쳐서 가리키는 말로, 자신을 중심으로 한 모든 방향, 즉 우주
전체를 의미한다.
187『正易』, 「化翁親視 監化事」: 嗚呼라 金火正易하니 否往泰來로다 嗚呼라 己位親政하
니 戊位尊空이로다.

위한 재료로 사용될 수 있다는 인식과 함께, 그것의 개발과 사용을 위해 세계 각처와 소통疏通하려는 노력이 동시에 증폭된 것이다. 더 많은 자원과 더 많은 생산력이 더 많은 풍요로 이어질 수 있다는 것을 깨닫는 데에는 그리 많은 시간이 걸리지 않았다. 이로 인해 그간 국지적局地的인 수준에 머물렀던 갈등葛藤이 전 세계적인 규모로 확대되는 부작용을 초래했지만, 그만큼의 갈등과 변화는 오히려 오랫동안 고요했던 천하天下를 잠 깨웠다. 오랜 시간을 기다렸던 급격한 변화의 시기가 드디어 찾아온 것이다. 급격한 변화는 천지天地가 상교相交하는 지천태地天泰로의 전환轉換을 기대케 한다.

상왈 천지교 태　후 이　　재 성 천 지 지 도
象曰 天地交泰니 后以하야 財成天地之道하며
보 상 천 지 지 의　　이 좌 우 민
輔相天地之宜하야 **以左右民**하나니라.

상에 이르길, 천지가 사귐이 태이니, 후(后)가 이로써 천지의 도를 재성하며, 천지의 마땅함을 보상하여 백성을 좌우하느니라.[188]

　천지天地가 상하上下로 막힘없이 두루 사귀는 소통疏通의 상태인 태泰는 평화平和와 안녕安寧을 의미한다. 태泰는 가장 이상적인 상태로 작역作易 이래 선유先儒들로부터 언제나 희망의 세상으로 선망羨望되어왔다. 공자孔子는 태괘泰卦의 상전象傳에서 백성을 좌우左右하며 이 태평泰平한 세상으로 나아갈 방법을 내놓았으니 그것이 바로 財成과 輔相이다.
　상전象傳의 글이 쓰여진 순서로 볼 때 天地之道를 財成하는 것이 먼저이고, 그렇게 형성된 天地之道 아래에서 天地之宜를 輔相하는 것이 그

---

188 『周易』, 「地天泰」 象辭.

다음으로 제시된다. 이 같은 순서는 天地之道가 財成을 통해 일정한 수준으로 형성된다고 하더라도, 天地之宜의 수준은 여전히 미흡未洽하여 지속적인 보완補完이 필요할 것임을 원리적으로 보여준다. 이는 물질문명物質文明이 흥기興起하더라도 문화적文化的 품격品格까지 높아지려면 얼마의 시간이 더 필요한 것과 동일한 이치이다. 그러므로 天地之道를 財成한다는 것은 천지天地가 덕德으로써 상교相交할 수 있는 물질기반物質基盤이나 구조적構造的 체계體系를 형성시키는 것을 의미한다. 상교相交는 서로 소통疏通을 한다는 뜻이므로, 천하상교天下相交의 天地之道는 소통疏通이 만방萬方으로 왕성旺盛하게 벌어지는 상태를 말하는 것이다. 신농씨神農氏가 교역交易을 위해 처음으로 시장市場을 만들어 天下之民과 天下之貨를 교류케 했던 것[189]은 물론, 현세現世의 우리가 전화와 인터넷을 통해 서로 만나지 않고도 먼 거리에서 상품을 교역交易하고 정보를 소통疏通하는 등의 활동은 모두 천지지도天地之道가 재성財成되는 모습이라고 할 수 있다.

하지만 天地之道가 財成된다고 하더라도 그 효과가 곧바로 天地之宜까지 만족시킬 수는 없으므로, 소통疏通과 교류交流를 위해 기술적技術的 구축構築이 이뤄진 다음에는 반드시 소통疏通의 내용內容과 품격品格에 대한 보완補完이 필요하다. 그 보완이 바로 天地之宜의 輔相이라고 할 수 있다. 天地之宜란 각각의 만물萬物이 스스로의 존재存在를 보존保存하고 안정安定된 상태로 오랫동안 유지維持시키기 위한 '마땅한 뜻'을 의미한다. 스스로의 존재存在를 보존保存하고 안정安定된 상태로 오랫동안 유지維持시키는 것을 만물萬物 각각은 스스로의 이로움(利)으로 삼

---

189 『周易』, 「繫辭下傳」2 : 包犧氏沒커늘 神農氏作하여 斲木爲耜하고 揉木爲耒하여 耒耨之利로 以敎天下하니 蓋取諸益하고 日中爲市하여 致天下之民하며 聚天下之貨하여 交易而退하여 各得其所케하니 蓋取諸하고.

는다. 그러므로 天地之宜^{천지지의}를 보완補完한다는 것은 만물萬物 각각에게 이로움(利)이 고르게 배분配分되는 작용作用과 상태狀態를 보장해주는 것이다. 즉, 財成^{재성}된 天地之道^{천지지도}의 혜택을 받지 못하는 소외된 그늘까지도 그 이로운 덕德이 고르고 넉넉하게 베풀어져 천지天地 사이의 만물萬物이 모두 스스로를 보존保存하고 계대繼代를 거듭하도록 만드는 과정過程과 작용作用을 말하는 것이다. 이 과정을 인간 세상에 빗대어 곰곰이 헤아려보면, 물질문명物質文明의 번성繁盛이 있은 후에 정신문화精神文化의 침습浸濕이 뒤따르는 순서가 자연스레 연상된다.

財成天地之道^{재성천지지도}와 輔相天地之宜^{보상천지지의}가 번갈아가며 천지天地의 질서秩序를 엮어나가는 순서에는 낙서洛書와 하도河圖가 번갈아가며 만사萬事를 미륜彌綸[190]해나가는 이치理致가 들어있다. 즉, 財成^{재성}이 낙서洛書라면 輔相^{보상}은 하도河圖인 것이다. 글 속에 낙서洛書와 하도河圖의 원리를 반복적으로 대입代入시키는 것은 공자孔子의 전형적인 표현방식이다. 공자孔子는 십익十翼의 글 속에서 음陰, 곤坤, 물질物質, 방법方法, 업業, 문명文明 등의 개념에는 낙서洛書를 연결시키고, 양陽, 건乾, 정신精神, 목표目標, 덕德, 문화文化 등의 개념에는 하도河圖를 연결시켰다. 건곤乾坤의 질서가 이易와 간簡으로 하도河圖와 낙서洛書에 연결되어 변화를 이끌어 가듯이, 인간 세상의 질서秩序 또한 덕德과 업業이 각각 하도河圖와 낙서洛書에 연결되어 종국의 목표를 향해 나아가는 것이다. 이렇게 볼 때, 財成天地之道^{재성천지지도}는 업業의 낙서洛書와 연결되고, 輔相天地之宜^{보상천지지의}는 덕德의 하도河圖와 연결되는 것이다.

---

190 彌綸은 『周易』, 「繫辭上傳」 제4장의 '易이 與天地準이라 故로 能彌綸天地之道하나니…'에서 나오는 표현으로, 易이 천지를 두루 엮어 나간다는 뜻을 가지고 있다. 세상은 하도와 낙서의 원리가 번갈아 갈마들며 엮어나가는 이치를 가지고 있다.

2) 大教化_{대교화}로의 進入_{진입}

　최근의 변화를 주도하는 것은 바로 지식정보의 유통流通과 재창출再創
出이다. 정보창출과 전달의 속도가 빨라지면서 시간時間, 공간空間, 언어
言語, 체제體制의 장벽障壁은 급속도로 무너지고 있으며, 심지어 개인 사
이의 사상적思想的 장벽障壁까지도 허물어지고 있다. 세계가 하루 생활
권으로 바뀐 후 여행은 물론 상품교역의 속도도 빨라져서, 오늘 아침 출
고된 상품이 당일 저녁에 배달되는 것은 더 이상 놀라운 일이 아니다. 전
화와 인터넷은 전 지구적 소통을 실시간대로 바꿔버렸고, 그에 대해 반
응하는 시간 또한 빠르게 앞당기고 있다. 수많은 뉴스와 지식이 대량으
로 빠르게 전달되다 보니, 어제 발표된 워싱턴의 언급이 오늘 오후 베이
징에서의 규탄집회를 만들어내기도 한다. 특히 SNS는 뉴스와 지식이 더
이상 특정 집단이나 전문가의 전유물이 아님을 여실하게 보여준다. 보다
생생한 정보와 구체적인 지식이 개인에 의해 만들어지고, 이것들은 다시
또 다른 개인들에게 대량으로 유통된다. 즉, 개인이 지식정보의 소비자消
費者로부터 생산자生産者로 탈바꿈되고 있는 것이다. 일찍이 개인의 역할
과 능력이 오늘날처럼 확대된 적은 없었으므로, 이러한 경향은 미래사
회에서 개인의 역할이 지금보다도 더 극대화될 것임을 예상케 한다.

　인류는 과거의 저급한 물적物的 토대土臺와 미숙한 사회구조社會構造
속에서 도저히 바랄 수 없었던 대교화大敎化의 흐름으로 진입하고 있다.
한낱 지배의 대상에 불과했던 개인이 이제는 정보와 지식을 스스로 생
산하는 교화敎化의 주체로 바로서고 있는 것이다. 이제 더 이상 기본적
인 정보지식이 특정한 그룹에 의해 독점되는 상황은 지속되지 못할 것
이다. 사회적 교화의 결과, 사람은 누구나 존엄하고 자신의 삶의 방식에

대해 스스로 결정할 권리를 가지고 있으며, 그에 합당한 대우를 받아야 한다는 사실까지 인지하게 되었기 때문이다. 이에 따라 모든 의미 있는 가치가 재해석되고 있다. 계율적戒律的 도덕기준道德基準이 허물어짐은 물론이며, 과거 비천卑賤했던 존재가 현재에는 헤아릴 수 없는 가치를 인정받기도 한다. 모든 것이 뒤섞이고 있으며 앞으로도 이러한 흐름은 더욱 심화될 것이 분명해 보인다.

과거와 비교하면 성인聖人의 업적이라 칭송될 만한 인류적人類的 발명發明이 나 어린 학생들에 의해 실현되고 있고, 지식과 정보를 스스로 교육하고 재생산하는 체제는 계속해서 개개인의 삶 속으로 스며들고 있다. 이러한 세계는 언뜻 과거의 성인聖人들이 바라마지 않던 이상理想 그 자체일 터이지만, 위대한 개인이 흔해진 체제는 도리어 성인聖人의 출현이 더 이상 필요치 않음을 암시暗示한다. 이러한 체제에서는 개개인(一夫) 모두가 성인聖人의 업적業績을 도모할 수 있는 가능태可能態가 되기 때문이다.

변화와 진전은 도처에서 사람들을 교화시키며, 교화된 사람들은 이러한 움직임을 더욱 재촉시킨다. 성인적聖人的 업적을 이룬 개인이 아직은 소수에 불과하고, 물질적 기반이 모든 개인의 능력을 고양高揚시키기에는 여전히 취약하지만, 미래로의 여정이 곧 사람의 교화敎化와 궤軌를 같이 할 것임은 분명한 사실이다. 아직 천지天地와의 공생共生을 위한 깨달음까지는 긴 여정旅程을 남겨놓고 있지만, 抑陰尊陽의 心法之學에 의존하며 경위傾危의 시대를 보내야 했던 군자지도君子之道가 그 책무를 마감하고 있음은 확연한 사실이다. 또한 새로운 시대를 이끌어갈 주체가 사회적 교화를 통해 지속적으로 만들어지고 있으니, 천하天下는 그야말로 대교화大敎化의 전환기轉換期로 접어들고 있는 것이다.

3) 易^역의 새로운 所任^{소임}과 知·仁·勇^{지 인 용}

우리는 앞서 崇德廣業^{숭덕광업}과 開物成務^{개물성무}를 선성先聖이 주도했던 역易의 소임이라고 추론했다. 또한 산업화로의 진입 이후 전 지구적으로 벌어지고 있는 급격한 변화에는 반드시 새로운 소임所任이 동반된다고 언급하였다. 그렇다면 새로운 소임所任이란 무엇인가. 필자는 작금昨今의 '새로운 전환의 시기'에 마땅한 역易의 소임을 '知變化之道^{지변화지도}'라고 단언斷言한다. 그리고 '變化之道^{변화지도}'가 앞선 소임所任이었던 崇德廣業^{숭덕광업}과 開物成務^{개물성무}를 잇는 예정된 계승처繼承處라고 판단한다. 즉, 역易의 소임은 崇德廣業^{숭덕광업} → 開物成務^{개물성무} → 知變化之道^{지변화지도}로 향하는 일련의 계승관계繼承關係를 짓는 것이다. 그 근거는 『중용中庸』에서 거론된 知·仁·勇^{지 인 용}의 발전단계에서 찾을 수 있다. 知·仁·勇^{지 인 용}에 대해 『중용中庸』은 제21장에서 다음과 같이 언급하고 있다.

好學^{호학}은 近乎知^{근호지}하고 力行^{역행}은 近乎仁^{근호인}하고 知恥^{지치}는 近乎勇^{근호용}이니라.
知斯三者則^{지사삼자즉} 知所以修身^{지소이수신}이오 知所以修身則^{지소이수신즉} 知所以治人^{지소이치인}이오
知所以治人則^{지소이치인즉} 知所以治天下國家矣^{지소이치천하국가의}리라.

배움을 좋아함은 지에 가깝고, 힘써 실천함은 인에 가깝고, 부끄러움을 아는 것은 용에 가까우니, 지인용 셋을 알면 수신하는 방법을 알게 되고, 수신하는 방법을 알면 사람을 다스리는 방법을 알게 되고, 사람을 다스리는 방법을 알면 천하국가를 다스리는 방법을 알게 되느니라.[191]

---

191 『中庸』, 21.

『중용中庸』은 앞선 제20장에서 知·仁·勇이 '天下之達道'를 실천하는 세 가지 방법인 '天下之達德'[192]이라고 선언했다. '天下之達道'란 군신君臣, 부자父子, 부부夫婦, 곤제昆弟, 붕우지교朋友之交의 다섯 가지 방향의 사회적 관계에 대해 지극히 합당한 입장을 견지하는 것을 의미한다. 사람간의 관계는 모두 이 다섯 가지로 압축될 수 있으므로, 다섯 가지의 도道에 달통達通한다는 것은 모든 사회관계의 동시적同時的 완성을 성취하는 것이다. 이것은 『중용中庸』의 제1장에서 천도天道로 설명했던 '天下之達道'의 '화和'[193]를 인도人道로 바꿔 설명한 것으로, 모든 관계關係와 방향方向에서 절도節度에 맞는 사회적 관계를 요구하는 뜻이다. 이 인도人道에 달통達通하기 위한 세 가지 방법이 바로 '知·仁·勇'이니, 知·仁·勇은 즉, 변화變化의 원동력이요, 발전의 계단이라고 할 수 있다. 知·仁·勇이 변화와 발전의 원동력과 계단이라 함은 천도天道와 인도人道가 모두 知 → 仁 → 勇의 순서대로 순환循環·운행運行되고 있다는 논리에 기반한다. '지知'는 배움(學)과 질문(問)으로 세상을 인식함이요, '인仁'은 타인他人과의 관계에서 너그러움(寬)과 실천(行)으로 동화同化됨이요, '용勇'은 그 동화同化를 딛고 다시 오르기 위해 자신을 부정否定을 하는 결단決斷인 것이다. 사람의 배움이나 천하의 사업은 물론 만물의 생육生育 또한 모두 이 知·仁·勇의 단계를 어김없이 밟고 있으니, 知·仁·勇을 앞서 천도天道라고도 단언斷言한 것이다.

이런 전제로써 인도人道의 순환고리로 정리된 사덕四德을 知·仁·勇으로 풀어보면 仁 → 禮·義 → 智가 되니,[194] 禮와 義는 勇을 기반으로

---

192 『中庸』, 20 : 天下之達道五에 所以行之者三이니 曰 君臣也 父子也 夫婦也 昆弟也 朋友之交也 五者는 天下之達道也요 知仁勇 三者는 天下之達德이니라.

193 『中庸』1 : 和也者는 天下之達道也니라.

194 필자는 四德과 知仁勇을 결합시킴에 있어, 貞에서 元사이를 知로, 元에서 亨사이를 仁으로, 亨에서 利 그리고 利에서 貞사이를 勇으로 정리했다. 또한 각 단계의 내부에는 수

하고 있음이 드러난다. 즉, 예禮는 스스로를 용기勇氣있게 낮춤이요, 의義는 대리大利의 마땅함으로 용기勇氣있게 결단決斷함이니, 모두 용勇을 기반으로 삼아야 해석이 가능한 것들이다. 천도天道로는 元 → 亨·利 → 貞이 되는데, 이 때의 亨과 利는 천도天道를 순환시키는 '효과'와 '힘'이라고 할 수 있다. 다시 말해 貞과 元은 맺힌 것을 풀어 다시 시작시키되 亨과 利의 '효과'와 '힘'이 없으면 천도天道는 힘을 잃고 더 이상 순환하지 않게 되는 것이다. 이는 知와 仁이 두 개의 바퀴로 수레를 갖추되, 勇의 회전하는 축軸이 없으면 앞으로 나아갈 수 없는 뜻과 그 맥脈을 같이한다. 공자孔子 또한 知·仁·勇의 순서와 방향을 중히 여겼으니, 그 제자들이 논어論語의 시작에서, 知를 學而時習之로, 仁을 有朋自遠方來로, 勇을 人不知而不慍[195]으로 삼아 계단을 오르듯 표현한 것이고, 다시 마지막에서, 스스로의 명命을 결단決斷하는 군자君子를 勇으로, 타인他人과의 관계에서 예禮를 실천하며 바로 섬(立)을 仁으로, 말(言)의 뜻이 무엇인지를 깨달아야 함[196]을 知로 삼아서 계단을 거꾸로 내려오듯 표현한 것이다.

知·仁·勇의 순환단계는 『주역周易』에서도 잘 드러난다. 「계사상전繫辭上傳」의 제11장은

子曰 夫易은 何爲者也오

많은 知仁勇의 단계가 얽혀 있다고 주장한다.

[195] 『論語』, 「學而」 1 : 子曰 學而時習之면 不亦說乎아 有朋이 自遠方來면 不亦樂乎아 人不知而不慍이면 不亦君子乎아.

[196] 『論語』, 「堯曰」 3 : 不知命이면 無以爲君子也오 不知禮면 無以立也오 不知言이면 無以知人也니라.

부역　개물성무　　모천하지도　　　여사이이자야
夫易은 開物成務하야 冒天下之道하나니 如斯而已者也라

시고　성인　이통천하지지　　이정천하지업
是故로 聖人이 以通天下之志하며 以定天下之業하며

이단천하지의
以斷天下之疑하나니라.

공자가 말하길, 저 역은 무엇을 하기 위한 것인가? 저 역은 만물을 일깨우고 소임을 이루게 하여 천하의 도를 덮는 것이니 이와 같을 따름이다. 이런 까닭으로 성인이 역으로써 천하의 뜻에 통하며, 천하의 업을 안정시키며, 천하의 의심을 결단하느니라.

라며 역易이 천하天下에 대하여 그 소임所任을 실현해나가는 과정을 단계적으로 표현하고 있다. 즉, 역易으로써 천하의 뜻(天下之志)에 통通하는 것은 깨달음의 知를, 천하의 사업(天下之業)을 안정安定시키는 것은 실천實踐의 仁을, 천하의 의문(天下之疑)를 결단決斷하는 것은 말 그대로 결단決斷의 勇을 그 뜻 속에 담아 놓은 것이다. 천지天地의 가장 깊숙한 곳으로부터 천하天下의 가장 드러난 사업事業에 이르기까지 세상은 이 '知·仁·勇'의 수레바퀴를 거치지 않은 것이 없으니, '知·仁·勇'은 동양東洋에서 먼저 정리된 '정반합正反合'의 원류源流요, 또한 '변증辨證의 수레'라고 할 수 있다.

　이렇듯 '知·仁·勇'이 천도天道와 인도人道의 기본적인 발전단계일 뿐만 아니라 내부의 순환적循環的 속성屬性으로도 작용하고 있으니, 천하의 대사업大事業인 역易의 소임 또한 이 순서에 의해 짜였음은 당연할 것이다. 그렇다면 지난 시기의 역易의 소임으로 선언되었던 崇德廣業과 開物成務는 知·仁·勇과 어떤 순서지음으로 결합될 수 있는가? 큰 헤아림도 필요 없이 그 해답은 단순하게 드러난다. 얼핏 보아도 崇德廣業은 얽히고 삭히며 보듬는 '仁'의 모습으로, 開物成務는 스스로 껍질을

벗는 자기부정自己否定을 통해 소임所任을 이루게 하는 '勇'의 모습으로
해석될 수 있는 것이다. 이제 남은 것은 순환의 순서를 다시 잇는 '知'가
될 것이니, 앞서 '知變化之道'가 결정적 변화의 시기에 합당한 역易의 소
임所任이라고 주장했던 것이다.

건 지 책　이 백 일 십 유 육　　곤 지 책　백 사 십 유 사
乾之策이 二百一十有六이요 坤之策이 百四十有四라

범 삼 백 유 육 십　당 기 지 일　　이 편 지 책
凡三百有六十이니 當期之日하고 二篇之策이

만 유 일 천 오 백 이 십　당 만 물 지 수 야
萬有一千五百二十이니 當萬物之數也하니

시 고　사 영 이 성 역　십 유 팔 변 이 성 괘
是故로 四營而成易하고 十有八變而成卦하니

팔 괘 이 소 성　인 이 신 지　촉 류 이 장 지
八卦而小成하여 引而伸之하며 觸類而長之하면

천 하 지 능 사 필 의　현 도　신 덕 행
天下之能事畢矣리니 顯道하고 神德行이라

시 고　가 여 수 작　가 여 우 신 의
是故로 可與酬酢이며 可與祐神矣니

자 왈 지 변 화 지 도 자 기 지 신 지 소 위 호
子曰 知變化之道者 其知神之所爲乎인저.

건의 책수가 216이요, 곤의 책수가 144이다. 모두 360이니 이는 기년의 일수
에 해당하고, 두 편의 책수가 1만 1천 520으로 만물의 수에 해당하니, 이런
까닭에 네 번 경영하여 역을 이루고 18번 변하여 괘를 이루니, 팔괘를 작게
이뤄서, 당기고 펴며 종류에 따라 확장해 나가면 천하의 능사가 다 마쳐질
것이니, 이는 도를 드러내고 덕행을 신묘하게 함이라. 이런 까닭에 더불어
수작을 할 수 있으며 더불어 신을 도울 수 있는 것이니, 공자가 말하길, 변
화의 도를 아는 것은 신의 하는 바를 아는 것이다.[197]
　'變化의 道를 아는 것'을 그 소임으로 삼는 새로운 시기는 『주역周易』

197 『周易』, 「繫辭上傳」 9.

이 주장하는 바, 덕업德業을 숭광崇廣하고 군자君子의 도리道理를 일깨워 천하天下의 대업大業으로 가는 길목에서 스스로의 소임所任을 이끌어주는 성장의 단계를 초월한다. 이미 현실 세계는 큰 변화의 언덕을 넘어버렸고, 인류에 대한 교화敎化의 너울은 天下之賾의 구석구석까지 휘감고 있으니, 다가올 인류의 목표는 崇德廣業과 開物成務를 뛰어넘는 變化의 道에 대한 완숙한完熟한 깨달음이 될 것이다. 즉, 역易의 소임所任은 崇德廣業 → 開物成務 → 知變化之道의 순서로 이행되리라는 것이며, 『정역正易』이 출현하며 이루려 하는 소임所任은 '철학적哲學的 보편화普遍化'를 이루는 마지막의 知變化之道에 있는 것이다. 하지만 知 · 仁 · 勇의 단계 속에 무수히 작은 知 · 仁 · 勇의 순환이 가득 차 있듯이, 變化의 道를 깨닫는 과정 또한 무수한 崇德廣業과 開物成務로 채워질 것은 분명하다.

역易의 입장에서 '급격急激한 변화變化'는 새로운 소임所任을 야기한다. 『정역正易』은 이 급격急激한 변화가 시작되기 바로 직전인 1800년대 말에 神而明之[198]의 其人이라 일컬어지는 일부一夫 선생에 의해 제시됐다. 이 새로운 역易은 서양의 산업기술이 일제日帝에 의해 반도半島에 도입되기 직전에 정리되어 공포公布된 것이다. 게다가 공교롭게도 『정역正易』의 내용은 천지변화天地變化의 원리原理와 그 공식公式들로 가득 차 있으니, 變化의 道는 이미 세상에 드러났던 것이다. 이제 남은 것은 교화敎化된 일부一夫 모두가 그것을 알아가는 과정일 뿐이며, 그 도道를 통해 天地萬物之情에 접근하는 것뿐이다. 崇德廣業과 開物成務로 소임을 이어오던 역易은 마침내 그 마지막 소임所任을 향해 나아가고 있는 것이다.

---

198 『주역』, 「繫辭上傳」 12 : 神而明之는 存乎其人하고 黙而成之하며 不言而信은 存乎德行하니라.

3. 人間中心 價値의 限界
인 간 중 심　가 치　　한 계

1) 人間中心과 生態基盤의 破壞
인 간 중 심　　생 태 기 반 의　　파 괴

　물질문명物質文明의 발달과 그에 따른 개인의 교화敎化가 마침내 인류 스스로 '變化의 道'를 깨닫는 결정적 진전을 초래할 수 있다고 하더라도, 인류의 진보와 기술문명의 발달은 오로지 선善하기만 한 것인가? 최근 개인의 지식수준을 급격히 향상시키고 있는 기술문명의 발달은 오직 순기능적順機能的 역할役割만을 담당하고 있는가? 그 해답은 작금의 안타까운 현실이 적나라하게 대변해준다. 첨단기술을 동원한 군사력은 분쟁의 현장에서 대량살상을 거듭하고, 세계 인구의 1/4이 전 지구적 재화財貨의 80%를 소비하는[199] 등의 불평등不平等, 그리고 이로 인한 빈곤貧困과 기아飢餓는 극단적 양극화兩極化의 방향으로 세계를 몰아세우고 있다. 자본과 기술을 선점한 국가들의 자원資源과 재화財貨에 대한 기회적機會的 약탈掠奪은 이미 기울어질 대로 기울어진 균형의 추를 더욱 더 짓누른다. 이러한 분위기 속에서 개인들 또한 모두 스스로의 이익과 만족

---

199 J.R.데자르뎅著, 김명식譯, 『환경윤리』, 자작나무, 1989, pp.112.

만을 추구하는 경쟁적 삶에 어떠한 윤리적倫理的 저촉抵觸도 받지 않은 채 매진하고 있다.

이와 같은 문제들은 모두 경쟁적競爭的 생존生存 또는 비생존적非生存的 선호요구選好要求[200]를 비타협적으로 실현하는 과정에서 파생된 부산물들이다. 즉, 일부一部의 풍요로운 선호요구選好要求가 구성원 대부분의 희생犧牲을 양산量産하고 있는 것이다. 지금 이 순간에도 전 세계에서 7명 중 1명이 굶주림을 경험하고 있고, 심지어 매일 2만 명이 넘는 5세 이하 어린이들이 굶주림으로 사망하고 있다. 더욱이 70억 명의 인구가 한정된 자원으로 살아가는 상황에서도, UN 식량농업기구(FAO)는 전 세계 식량 생산의 1/3이 버려지거나 없어진다고 추정하고 있다.

산업화를 통해 이변적 풍요와 개발이익을 경험한 인류는 인간본성의 가능성과 잠재력에 대해 큰 자신감을 얻게 되었고, 이후에도 지속된 기술적 진전은 인간 스스로를 개발과 변화의 주도자로 인식하도록 만들었다. 인류가 개척해온 기술은 물론, 우주에 대한 분석과 자각은 그 자체로서도 놀라운 업적이겠으나, 이 과정에서 양산된 인간의 탐욕적 의식과 활동은 인간본성의 한계를 여실히 드러낸다. 역사상 수많은 갈등과 전쟁은 모두 탐욕의 실천과 이에 대한 저항에서 비롯되었으니, 인간 사회의 핵심문제는 자원과 기회의 독점 또는 불평등한 분배의 문제로부터 비롯된 것이다. 위와 같은 자원과 기회의 불평등한 분배의 문제는 세계 곳곳에서 인간의 탐욕에 의해 자행되고 있으나, 또한 동시에 인간의 이성에 의해 끊임없이 비판되고 있는 우리 시대의 본질적 문제이다. 불평등한 사회구조에 대한 끊임없는 이성적 비판과 투쟁은 점진적인 사회구

---

200 비생존적 선호요구는 생존을 넘어 풍요로운 삶을 위한 인간의 요구를 말한다. 최근에는 선진국 국민의 보다 풍요로운 삶을 위한 비생존적 선택에 의해 후진국 국민이 막대한 경제적 피해를 당하거나 생존 자체를 위협받는 상황이 일상화되고 있다.

조의 개선으로 이어졌고, 또한 인간 스스로의 자성自醒을 일궈내는 문화적 기반을 이루었다. 미숙한 사회구조 속에서 소인小人의 창궐猖獗을 감당하지 못했던 과거의 시각에서 볼 때, 교육, 복지, 의료, 문화, 법률 등 약자를 위한 사회구조의 개선은 실로 혁명적인 변화였고, 이는 모두 인간스스로의 자성自醒을 통한 이성적 비판과 저항의 산물이었다.

하지만 이 같은 '탐욕貪慾'과 '비판批判' 사이에서 벌어지는 갈등의 이면에 상호 동질적인 의식기반이 존재한다는 것은 인간 사고의 현실적수준을 대변한다. 탐욕을 실천하는 측과 그것을 비판하는 측 모두 오직 '인간의 가치'만을 논리의 중심에 두고 있는 것이다. 좀 더 풍요로운 삶을 선호하는 소수의 횡포도 '인간의 소유와 권리에 대한 자유논리'에 기반을 둔 것이고, 기회를 박탈당한 채 고통 받는 다수를 위한 비판적 문제제기도 '인간의 존엄적 가치를 회복'하기 위한 목적으로 주장되는 것이기 때문이다. 오직 인간의 가치에만 집중하는 주장과 갈등은 언뜻 가장 중요하고 중심된 가치 사이의 충돌로 보이지만, 실제로는 가장 '이기적인 종種' 스스로의 '내적內的 갈등葛藤'으로 바라보기에 충분할 만큼 야만적野蠻的이다. 인류의 진보를 이끌어온 '인간의 가치실현에 대한 인간 스스로의 집착'은 그 공헌貢獻의 위대함에도 불구하고, 현실적으로는 오히려 기술문명의 지속가능한 발전과 철학적 삶의 보편화를 가로막는 가장 큰 걸림돌이 되어 버렸다. 즉, 인간적 가치의 실현이 표면적으로는 궁극적窮極的 교화敎化를 향해 나아가는 듯 보이지만, 오히려 궁극적교화에 역행하고 있는 것이며, 이러한 현상의 핵심에는 '자연과의 결별訣別'이라는 무시무시한 오판誤判이 내재되어있다.

인류는 오늘도 스스로 결별한 자연 또는 환경이라 불리는 '생태적 기반'을 철저히 파괴하고 있다. 그 파괴의 논리 이면에는 환경이 '인간을 위한 도구적 가치'로서 존재한다는 이기적利己的 인식認識이 깔려있으며,

이것을 합리화하는 모든 윤리적倫理的 수사修辭들 또한 다수의 인간이 행복하면 그것이 곧 선善이라는 공리주의적功利主義的 의식意識에 사로잡혀 있다. 더욱이 개발과 진전의 달콤함을 경험한 인간이 자연환경을 공생共生의 기반으로 여기지 않고 제약制約이나 극복克服의 대상으로 인식하기 시작한 점도 이러한 이기적 의식을 확산시킨 원인이 되었다. 기술문명의 발달은 자연의 제약으로부터 인간의 삶을 해방시킨다는 인식의 보편화를 통해 진전되어 왔지만, 이제 그 영향이 우리의 삶은 물론, 더 나아가 미래세대의 삶까지도 위협하는 단계에 이른 것이다.

산업활동, 공해배출 또는 무분별한 개발과 남획濫獲으로 인한 생물종의 인위적人爲的 멸종滅種은 成性存存의 천도天道를 배반한 인간의 작품이며, 무계획적 남용濫用에 따른 자원資源의 고갈枯渴은 坤厚載物의 지도地道를 배반한 인간탐욕의 결과이다. 특히 경제적 가치를 창출하기 위해 인간 자신의 생존환경마저도 파괴시키는 끝없는 개발활동은 도리어 인간의 가치를 돌이킬 수 없는 나락으로 떨어뜨리고 있다. 이 모든 탈선脫線은 오로지 인간만을 생각하는, 특히 현재 세대의 이익만을 생각하는 이기적利己的 의식意識에서 비롯된 것이다.

2) 傲慢한 文明에 의한 乾坤의 毁損

본래 인간은 천지天地라는 이름의 자연과 하나된 존재이다. 특히 동양사회에서는 天行恒健과 坤厚載物의 기반이 있어야 惟人最靈 또한 가능하다는 사고가 오랜 시간에 걸쳐 의식 속에 뿌리박혀 왔다. 혹자는 기술문명의 발달이 자연변화의 제약에 대항하는 모습으로 진전된 것은 동서양 모두를 막론한 일관된 흐름이라고 주장할 수도 있겠으나, 동양에서 축적되어온 철학적 사고의 바탕에 천天과 지地를 거스르는 인人의 존재는 논의된 적조차 없었다. 즉, 천지인天地人은 공생共生의 관계이며 '하나'라는 신념을 가지고 있었던 것이고, 동서양이 막론된 현세의 인류는 이 공생관계를 철저히 파괴시키고 있는 것이다. 파괴의 이면에 깔린 인간사고의 현실은 죄의식 보다는 가치개발과 기술창조의 공로를 내세우며 기세가 등등한 모양새다. 천지天地의 부모父母로부터 태어난 사람이 스스로의 가치만을 높이 여긴 나머지, 유용하고 합리적인 개발이라는 미명美名 아래 자신의 삶의 기반이자 생태적 부모父母인 천지天地를 무참히 짓밟고 있는 것이다.

『주역周易』「계사상전繫辭上傳」 제12장에는 천지天地의 부모父母를 상징하는 건곤乾坤에 대한 훼손毁損과 그에 대한 경고警告가 등장한다. 공자孔子는 이 대목에서 마치 건곤乾坤과 역易의 관계를 설명하는 듯하지만, 실상은 우리에게 혹 건곤乾坤이 작용을 멈출 수도 있다는 무서운 경고를 보내고 있다. 그 내용을 자세히 분석해 보면, 도입부에서 시작되는 문제제기부터가 야릇하다.

건 곤   기 역 지 온 야
乾坤은 其易之縕邪인저

건 곤   성 렬   이 역   입 호 기 중 의   건 곤   훼 즉 무 이 견 역
乾坤이 成列에 而易이 立乎其中矣니 乾坤이 毁則 无以見易이요

역   불 가 견 즉 건 곤   혹 기 호 식 의
易을 不可見則 乾坤이 或幾乎息矣리라.

건곤은 그 역(변화)이 온축된 것인가! 건곤이 성렬함에 역이 그 가운데로 일어날 것이니, 건곤이 훼손되면 역을 볼 수 없고, 역을 볼 수 없다면 건곤은

혹 거의 멈추게 되리라.

    내용인즉, 건곤乾坤이 역易을 만들어 내는 것이 아니라 오히려 역易 즉, 변화가 누적되어 건곤乾坤이 만들어진 것이라고 말한다. 이는 수많은 세월 동안 오고간 변화變化가 쌓이고 쌓여서 건곤乾坤의 성정性情을 형성시켰다는 뜻이다. 대나무(竹)의 곧음(直)에 비유하자면, 마치 대나무여서 곧은 것이 아니라 대(代)를 이어 곧음을 애써 유지해왔기 때문에 대나무가 되었다는 논리이다. 게다가 공자孔子는 그렇지 않겠느냐며 동의마저 구하고 있다. 이는 변화變化가 가진 강력한 힘에 대해 강조하는 공자식孔子式 표현表現이다. 정확히 말해 변화變化의 누적累積과 중첩重疊을 중히 여긴 말이니, 건곤乾坤은 그 정도로 오랜 시간동안 공功을 들여 만들어진 성정性情임을 강조한 것이다. 이는 앞서 설명했던 精氣爲物^{정기위물}[201]과 같은 논리를 갖는다. 그렇게 만들어진 건곤乾坤이 서로 열列을 지으면, 또 다시 그 가운데로 역易(變化)이 선다(立)고 말한다. 역易이 행行한다고 하지 않고 선다(立)고 함은 또 무슨 뜻인가? 입立은 움츠리고 엎드려 있는 것에 반대되는 말이니, 입立은 역易이 흥興함을 뜻하는 것이다. 즉, 역易의 누적累積과 중첩重疊은 건곤乾坤을 만들고, 건곤乾坤은 그 사이에서 또 다시 역易을 흥기興起시킨다. 건곤乾坤과 역易의 관계가 건乾과 곤坤의 관계처럼 서로가 서로를 물고 돌아가는 모양을 짓는 것이다.

    이 문장은 전형적인 기승전결起承轉結의 형태를 따르고 있다. 기起는 궁금증과 관심을 끌기 위한 '말의 미끼를 던짐'이고, 승承은 그 흐름을 잇되 한 차원을 더 높이는 '추임새'이며, 전轉은 본래 말하려는 내용으로 '화제話題를 전환시킴'이고, 결結은 결국 말하려 했던 '결론'을 짓는 것이

---

[201] 精氣爲物은 아주 정밀한 기운이 陽物과 陰物을 짓는다는 뜻이다. 이와는 달리 遊魂爲變은 떠도는 넋이 변화를 만든다는 뜻이다. 즉, 陽物과 陰物인 乾坤은 정밀한 기운이 오랜 시간 누적되고 중첩되어 만들어진 것이다.

다. 그러므로 '건곤乾坤이 역易의 쌓임'이라는 감탄은 기起가 되고, '건곤乾坤이 성렬成列함에 역易이 그 가운데에서 흥기興起한다'는 말은 추임새가 되어 승承을 이룬다. 그 다음은 전轉이므로, '건곤乾坤이 훼손毀損되면 역易을 볼 수 없다'는 내용으로 갑자기 화제가 전환轉換된다. 그리고 마지막 결結에서는, '만약 역易을 볼 수 없다면 건곤乾坤은 거의 멈춘 줄 알라'는 결론을 지어준다. 그런데 재미있는 것은 이 대목의 형식과 내용이 우리에게 익숙한 '아리랑의 노래'와 매우 유사하다는 점이다. 아리랑은 기승전결起承轉結의 논법論法을 통해 노랫말 속에 경고警告를 보내는 내용으로 잘 알려진 노래이다. 일찍이 「계사전繫辭傳」의 이 대목에 익숙했던 사람들 중에서도 그 내용에 경고가 들어있음을 아는 사람은 많지 않을 것이다. 하지만 아리랑의 노래와 한번만 연결시켜 보면, 그 어떤 초심자라도 이 내용에 경고가 들어 있음을 이해하게 될 것이다.

乾坤의 멈춤에 대한 경고와 起承轉結

起	承	轉	結
乾坤은 其易之縕邪인저	乾坤이 成列에 而易이 立乎其中矣니	乾坤이 毁則 无以見易이요	易을 不可見則 乾坤이 或幾乎息矣리라.
건곤은 역의 쌓임이구나.	건곤이 성렬함에 역이 그 가운데로 일어선다.	건곤이 훼손되면 역을 볼 수 없으니,	역을 볼 수 없으면 건곤이 혹 거의 멈추리라.
아리랑 아리랑 아라리요.	아리랑 고개를 넘어간다.	나를 버리고 가시는 임은	십리도 못가서 발병난다.

그렇다면 공자孔子가 이 대목을 통해 전하려했던 메시지는 무엇이고, 과연 누구에게 전하려 한 것인가? 메시지의 내용은 아주 단순하다. 나를 버리고 가시는 임은 반드시 발병이 나듯이, 건곤乾坤을 훼손하면 건곤乾坤이 혹或 멈출 수 있다는 것이다. 더 구체적으로 분석해보면, 문장文

章에 혹或자를 쓴 것은 '그럴 수도 있고 그렇지 않을 수도 있다'는 뜻과, '잠깐 동안 그럴 수 있다'는 뜻 두 가지로 해석이 가능하다. 이와 더불어 '종의終矣'라고 하지 않고 '식의息矣'라고 한 것은 잠시 쉬었다가 다시 시작될 수 있음을 기약期約하는 뜻이 있다. 그러므로 건곤乾坤을 훼손毁損하면 얼마간의 시간동안 건곤乾坤과 역易 모두가 멈추는 상황이 벌어지고, 이후에 다시 시작될 수 있다는 뜻이 만들어진다. 마지막으로 이 메시지를 전하는 대상이 누구인지가 남았다. 건곤乾坤을 훼손하면 역易을 볼 수 없다고 했으니, 메시지를 전하려 했던 대상은 다름 아닌, 역易이 활동하고 있는 동안에 건곤乾坤을 훼손하는 사람들이라 하겠다. 바로 건곤乾坤이라는 생태기반生態基盤과 질서秩序를 훼손毁損하는 우리들인 것이다.

인간에 의한 생태기반의 파괴는 우리 시대의 핵심문제이다. 산업화 이후 인류가 애써 민주주의와 인권을 위한 제도를 발전시키고, 문화적 다양성을 존중하는 동시에, 각 주체들 간의 세부적 분쟁을 해결하려는 노력을 경주했던 와중에도 환경파괴는 지속적이고 광범위하게 이루어져 왔다. 공장은 유독가스를 뿜어내고 대기는 미세먼지로 출렁이며, 하천은 오물과 찌꺼기로 가득 차 본연의 자연정화기능조차 기대하지 못한다. 해마다 25,000~50,000종의 동식물이 지구에서 멸종되고 있으며, 원전 사고에 의한 방사능의 심각하고 장기적인 유출은 생태계의 급격한 교란을 야기하고 있다. 상황이 이러함에도 불구하고 학자들은 인류문명의 존재기반에 대한 위기를 걱정하기는커녕, 여전히 인간의 소유권리所有權利와 분배구조分配構造에 대한 갈등에 동조하거나 또는 인간의 독립적인 존재와 가치문제에만 열중하고 있으니 이는 천지인天地人의 공생共生과는 거리가 먼 현실이다. 그동안 서서히 훼손되던 건곤乾坤은 근 100여년 사이 인류문명에 의한 심각한 훼손을 맞고 있다. 만약 건곤乾坤이 훼손되어 얼마간 작용을 멈추게 된다면, 그 이후 어떤 일이 일어날지는 상상하기 조차 힘에 겹다. 또한 멈추게 된다는 그 얼마간이 '인간人間의 시간時間'일지, 아니면 '건곤乾坤의 시간時間'일지는 우리 모두가 깊이 생각해 봐야 할 것이다.

4. 『正易_{정역}』의 共生論_{공생론}과 一夫役割論_{일부역할론}

　　『정역正易』의 논리는 명료하다. 인간은 천지天地와의 공생共生을 향해 나아가고 있으며 그 방향은 지금껏 단 한 번도 바뀐 적이 없었다. 현실의 인간은 공생의 기반인 생태환경을 무참히 파괴하고 있지만, 결국 인간은 천지天地와 하나가 되어 공생하는 방법을 찾아낼 것이다. 천지인天地人의 공생이 완성되기까지 얼마나 긴 시간이 걸릴지는 미지수이다. 또한 그 사이에도 지속될 공생기반共生基盤의 파괴破壞로 인한 간헐적間歇的 혼란混亂은 천지인天地人 모두에게 피할 수 없는 고통이 될 것이다. 이러한 고통은 오직 인간만을 위한 기술문명의 파괴적 행위로부터 비롯될 것이므로, 천지天地의 생태기반은 심각한 위태로움을 겪을 수도 있을 것이다. 하지만, 기술개발과 더불어 시작된 인간의 생태기반에 대한 파괴는 아이러니하게도 마침내는 인간의 보다 완숙된 기술로 다시 봉합될 것이며, 동시에 진행될 온 인류에 대한 철학적 의식의 보편화를 통해 그 상처마저 치유될 것이다. 사시四時가 다 지나면 반드시 새해가 찾아오듯이, 천지인天地人의 본성本性 또한 그 정해진 도수度數를 밟아나가고 있다는 것이 『정역正易』의 관점이다. 그 모든 것을 위해 매진하고, 실패하고, 수정하고 또다시 완성함은 오로지 수많은 일부一夫의 역할이며 책무責務일 뿐이다.

1) 十一歸體와 天地人의 共生

　천지天地는 본래 한 몸이었고, 그 기반 위에서 시작된 인류의 문명은
천지天地와 함께 삼재三才를 이루며 발달해 왔다. 수천 년의 노력 끝에 식
생食生과 무지無知의 형틀에서 빠져나오기 시작했지만, 이번에는 오히려
사람이 부모父母인 천지天地를 형틀에 묶어 버렸다. 개발이라는 미명美名
하에 행해진 생태기반에 대한 잔혹한 파괴는 수많은 종류의 생물에게
멸종滅種이라는 비극을 안겨주었다. 부모를 해害하는 패륜아悖倫兒처럼
인간이 돌연 천지天地의 공적公敵으로 돌변한 것이다. 하지만 공생共生에
대해 반동적反動的 입장의 인간이 또 다시 공생共生의 주체가 되어 천인
합일天人合一을 주도할 것이란 예측은 역사의 아이러니가 아닐 수 없다.
『정역正易』은 이 격정적인 대서사시大敍事詩를 미리 예측하듯, 공생복원
共生復元의 주체로써의 미래형 인간인, 일부一夫를 제시한 것이다.

　『정역正易』에는 공생복원共生復元의 논리와 같은 천지인天地人의 귀일
歸一에 대한 언급이 곳곳에 등장한다. 十五一言, 十一一言, 十一歸體,
一乎一夫 등이 그것이며, 게다가 공생共生이나 귀일歸一을 직접 표현하
지 않았다 하더라도, 공생共生과 귀일歸一로 향하는 공식公式과 도수度
數가 홍수를 이루니, 『정역正易』을 달리 '공생지역共生之易'이라 불러도
무방할 듯하다. 그 중 십일귀체十一歸體는 십十과 일一이 체體로 돌아감
을 표현한 대목이다. 수數로써 십十과 일一이 체體로 돌아감은 본체本體
로의 귀환을 의미하며 본체本體는 곧 중中을 뜻한다. 특히 십十과 일一은
중중지중中中之中인 대중大中의 자리이다. 먼저 십十과 일一의 관계에 대
해 『정역正易』「십오일언十五一言」의 대목을 빌어 살펴보자.

일 무십 무체 십 무일 무용 합 토
一이 无十이면 无體요 十이 无一이면 无用이니 合하면 土라

거 중 오 황 극
居中이 五니 皇極이시니라.

일이 십이 없으면 체가 없는 것이요, 십이 일이 없으면 용이 없는 것이니, 합하면 토라. 중에 거함이 오니 황극이시니라.[202]

이 대목은 수지상수手指象數에서 무지拇指가 일一과 십十의 값어치를 동시에 겸하는 뜻으로 자주 인용되는데, 보다 정확한 의미는 다음과 같다. 일一로부터 거슬러(逆) 셈을 시작하여 구九를 넘어 십十까지 가려 하는 것은 낙서수洛書數를 헤아리며 하도수河圖數로 넘어가는 과정이다. 즉, 一 → 五 → 九 역순逆順의 낙서수洛書數를 헤아림은 십十부터 시작되는 하도수河圖數로 넘어가기 위한 것이니, 십十은 낙서수洛書數가 도달하려는 본체本體이다. 반대로 십十에서 거꾸로(倒) 셈을 시작하여 일一에 이름은 하도수河圖數를 헤아리는 것이다. 즉 十 → 六五 → 一이 되는 것이니, 만약 십十이 출발하여 복귀할 곳이 없다면 만사萬事가 소용이 없어지는 것이다. 그래서 '十이 无一이면 无用'이라 한 것이다. 즉, 십十과 일一은 수數의 입장에서 각자가 출발점이요, 자리로는 반환점이자 마침내는 종국의 복귀처復歸處가 되는 것이다. 이것이 『정역正易』이 수數로써 표현하려 했던 천리天理이니, 십十과 일一은 본래 하나요, 逆生倒成[203]과 倒生逆成[204]을 거쳐 마침내는 하나(一)로 복귀復歸하는 이치이다.

문명文明의 창달暢達도 낙서수洛書數와 하도수河圖數의 운용과 같다.

---

202 『正易』, 「十五一言」.

203 逆은 1을 의미하는 동시에 수를 거슬러 오름을 뜻하며, 倒는 10을 의미하는 동시에 수를 순히 내려옴을 뜻한다. 그러므로 逆生倒成이란 1에서 나서 10에서 이루는 뜻으로 洛書數의 거스르는 방향을 말하는 것이다.

204 倒生逆成이란 10에서 나서 1에서 이룬다는 뜻으로 河圖數의 순한 방향을 말하는 것이다.

사람을 의미하는 일一부터 시작하여 구九까지 도달함은 인간이 개발한 기술문명의 발달을 의미하고, 또한 그로 인해서 발생되는 풀리기 힘든 문제점의 누적을 의미하기도 한다. 구九가 십으로 넘어가는 순간은 힘겹게 거슬러 오르던 역생逆生이 도생倒生으로 넘어가면서, 순順한 내리막의 하도수河圖數로 접어든다. 하도수河圖數에서 내려가는 숫자는 누적된 문제의 해결을 의미하며, 일一에 도착하는 것은 그 완성을 사람(一)에게서 이루는 뜻이다. 이것이 『정역正易』이 사람을 기다려 천공天工을 이룬다는 일호일부一乎一夫의 의미이다.

한편, 수지상수手指象數는 다섯 손가락(五指)에 각각 두 값어치씩을 부여하여 도수度數를 운용運用하는데, 이는 본서 2장의 '수지상수手指象數의 기본규칙'에서 이미 설명한 바이다. 이 때 각각의 손가락에 부여된 수數의 합合은 모두 십일十一을 이루는데, 이 또한 십일귀체十一歸體의 모습이라 할 수 있다. 즉, 십十과 일一이 무지拇指에서 십일十一을 이루듯, 식지食指는 구이九二로, 중지中指는 삼팔三八로, 약지藥指는 사칠四七로, 소지小指는 오육五六으로 모두 그 합合이 십일十一을 이루는 것이다. 십十과 일一을 중中이라 이른 상황에서 오지五指가 모두 십일十一로 귀체歸體를 이루게 됨은 오지五指 모두가 중中을 이룰 수 있는 자리임을 가리킨다. 이는 사람이 세상의 그 어떤 때(時)와 방소方所에 거居하더라도 그곳이 곧 중中이 될 수 있음을 표현하는 것이다. 즉, 중中을 찾아다닐 것이 아니라 스스로가 처處한 현실에서 중도中道를 행하면 거居한 곳이 곧 중中이 된다는 논리이다. 『정역正易』의 「십일귀체시十一歸體詩」에서 언급된 중中에 대한 설명은 그 의미를 더욱 확실히 보여준다.

십 십구지중　　　구 십칠지중　　　팔 십오지중
十은 十九之中이니라 九는 十七之中이니라 八은 十五之中이니라

칠 십삼지중　　　육 십일지중　　　오 일구지중
七은 十三之中이니라 六은 十一之中이니라 五는 一九之中이니라

사 일칠지중　　　삼 일오지중　　　이 일삼지중
四는 一七之中이니라 三은 一五之中이니라 二는 一三之中이니라

일 일일지중
一은 一一之中이니라

중 십십일일지공
中은 十十一一之空이니라

요순지궐중지중　　　공자지시중지중
堯舜之厥中之中이니라 孔子之時中之中이니라

일부소위 포오함육 십퇴일진지위
一夫所謂 包五舍六 十退一進之位니라.

십은 일과 십구의 중이니라. 구는 일과 십칠의 중이니라. 팔은 일과 십오의 중이니라. 칠은 일과 십삼의 중이니라. 육은 일과 십일의 중이니라. 오는 일과 구의 중이니라. 사는 일과 칠의 중이니라. 삼은 일과 오의 중이니라. 이는 일과 삼의 중이니라. 일은 일과 일의 중이니라. 중은 십십과 일일의 공이니라. 요순의 궐중의 중이니라. 공자의 시중의 중이니라. 일부의 이른바 포오함육과 십진일퇴의 자리이니라.

　내용인즉, 모든 수數는 일一과 특정한 값 사이에서 중中을 이룬다는 뜻이다. 그러므로 세상에는 중中이 아닌 것과 중中이 아닌 그 어떤 곳도 없는 것이다. 학산鶴山 선생은 이것을 두고 『정역正易』이 '세상의 중中을 다 잡아다 놓았다'고 표현했다. 특히 '中이 十十一一之空'이라는 표현은 『정역正易』이 바라보는 '중中의 의미'를 압축하여 설명한다. 이는 앞서 설명한 낙서수洛書數의 逆生倒成과 하도수河圖數의 倒生逆成을 헤아릴 때, 십十과 일一이 그 시작과 끝의 전환점轉換點이 되는 것을 표현한 것이다. 공空은 곧 시작을 의미하기 때문이다.

手上의 十一歸體

　십十과 일一을 가리키는 무지拇指 보다는 덜하더라도, 포오함육包五舍六의 소지小指 또한 대중大中의 복귀처復歸處가 될 수 있는데, 앞서 이 두 자리를 천지天地의 추기樞機라 일컬었던 것도 이 때문이다. 이들은 모두 중中에 대한 설명이며, 특히 대중大中으로 귀체歸體하는 의미를 갖는다. 대중大中은 달리 말하면 공空이니, 귀체歸體는 존공尊空이요, 새로운 시작을 의미한다. 누차 설명했듯이, 십十은 천天이요, 일一은 인人이므로, 천天과 인人이 대중大中으로 돌아감은 곧 공생共生을 시작함이라 할 수 있다. 대중지도大中之道로의 복귀歸體를 설명한 후 추가된 일부一夫 선생의 마지막 당부가 '밝게 들어라'는 뜻의 '명청明聽'이었니, 현세의 만부萬夫들이 그 이치를 헤아려 깨닫기를 간절히 희망했던 것이다.

小子소자아! 明聽五一명청오일言언 하라! 小子소자아!

제자들아! 나의 한마디 말을 밝게 들어라. 제자들아![205]

---

205 『正易』, 「十一歸體詩」.

『정역正易』은 낙서洛書가 하도河圖로 바뀌고, 역생逆生이 도생倒生으로 전도되는 가운데, 화금火金이 금화金火로 바뀌는 것이 원천原天의 도道[206]라고 선언하였다. 그리고 이로써 용화세월龍華歲月[207]이 시작된다 했으니, 하도河圖로의 전도轉倒는 그 시작이요, 이는 천지인天地人의 공생共生을 향해 나아가는 첫걸음인 것이다.

2) 상체불상석 相逮·不相射과 상박불상패 相薄·不相悖의 대중지도 大中之道

기술문명이 인간의 탈선脫線을 부추기기 이전인 근 200여 년 전까지도 천지天地에 대한 인간의 대응은 공생共生을 넘어 숭배崇拜의 수준을 고수했다. 하지만 산업화 이후 자행되고 있는 인간의 활동은 이 천인관계天人關係를 끊어버리는 방향으로 변질되었으며, 물질적 번영은 천지인天地人 중 인人이라는 한 존재만을 위한 활동으로 점철되어왔다. 하늘의 태양太陽은 그 존재 이후로 성전이직 性全理直[208]의 모습을 한 번도 어겨본 적이 없고, 땅의 대지大地는 쉼 없이 만물萬物을 내놓고 있지만, 기술문명을 앞세운 오만한 문명의 침습은 공생의 말장末將인 인간의 역할을 반동反動의 입장으로 바꾸어 놓았다. 이제는 그 반동적反動的 활동으로 인한 폐해가 극심해져 자칫하면 천지인天地人이 공멸共滅하는 미래를 걱정할 지경에 이르렀으니, 인류가 준비해야할 새로운 시대정신은 공생과 그 방법의

206 『正易』,「十一歸體詩」: 火入金鄕金入火요 金入火鄕火入金을 火金金火原天道라 誰遣龍華歲月今고.
207 용화세월은 불가에서 예언된 용화미륵세존이 출현하는 후천의 시대를 의미한다.
208 성정이 완전하고 이치는 곧다는 뜻으로『正易』에서 太陽을 설명하는 표현이다.

모색이 되어야 할 상황이다.

공생을 저해하는 첫 번째 공적公敵은 인류의 문명이니, 인류는 과연 지금의 문명을 포기하고 자연의 일원一員으로 돌아갈 수 있는가? 공생의 방향은 어떻게 규정지어져야 하는가? 도덕道德을 장려하면 해결될 것인가? 이에 대한 해답은 큰 해악害惡부터 먼저 제거하는 방향으로 찾아야 할 것이다. 급속한 도덕의 상실도 큰 문제이지만, 도덕의 상실보다 더 무섭고 큰 해악은 천리天理의 상실이다. 천리天理의 상실이 무서운 이유는 그것이 천지인天地人의 총체적 공멸共滅을 불러올 수 있기 때문이다. 기술문명이 모두 그릇된 것은 아닐 것이므로, 천리天理와 정륜正倫을 세우는 방향으로의 기술개발은 앞으로 도모해야할 문명발전의 목표가 되어야 한다.

개발을 도모하되 환경보존을 앞세우고, 자원을 소비하되 재생가능성을 높이고, 식물을 경작하되 환경을 보존하고, 동물을 사육하되 멸종된 생물종을 복원시키는 기술은 정륜正倫을 바로 세우는 개발이라 할 수 있다. 그러므로 현실문제의 핵심 원인이자 이 모든 해악害惡을 불러 일으킨 인간의 기술개발과 혁신은 앞으로도 지속되어야 한다. 그러는 가운데, 식량과 자원의 사용과 분배를 조절하고, 이를 교육하고 실천하도록 종용하는 것이 곧 도덕道德이 될 것이다. 도덕道德은 다름 아닌 正正方方^(정정방방)[209]이기 때문이다. 천지天地가 대덕大德의 돈화敦化를 이끌었듯이, 사람의 문명文明도 천지天地와 함께 돈호인敦乎仁의 길을 밟아나가야 하는 것이다. 이 과정에 崇德廣業^(숭덕광업)과 開物成務^(개물성무)는 變化^(변화)의 道^(도)를 알아가는 인간의 끊임없는 노력이 될 것이다.

---

[209] 『正易』의 「十一吟」에 나오는 儒家에 대한 표현으로, 仙家는 于于而而로, 佛家는 好好无量으로 표현했다.

만물 병육이불상해   도병행이불상패
萬物이 幷育而不相害하며 道幷行而不相悖라

소덕 천류 대덕 돈화 차천지지소이위대야
小德은 川流요 大德은 敦化니 此 天地之所以爲大也니라.

만물이 아울러 자라도 서로 해치지 아니하고, 도가 아울러 행해져도 서로 어그러뜨리지 아니하니, 소덕은 내가 흐르듯 하고, 대덕은 만물의 두터운 변화를 이끄니, 이것이 천지가 위대한 까닭이라.[210]

위 내용은 『중용中庸』에서 대중지도大中之道의 위대함을 찬미하는 대목이다. 만물萬物이 서로 자라고, 도道가 아울러 행해져도 서로 해치거나 어그러뜨리지 않음은 천지天地가 본래 가지고 있는 대덕大德의 모습이다. 기술을 사용하고 자원을 개발하되, 천지天地의 질서를 어그러뜨리지 않음은 정역팔괘正易八卦圖의 성립을 예견한 『주역周易』「설괘전說卦傳」에서도 이미 예고한 방법이다. 水火가 相逮하더라도 不相射하며, 雷風이 相薄하더라도 不相悖하는 것은 수화水火의 문명文明[211]과 뇌풍雷風의 문화文化[212]가 대중大中의 도道로써 화화和化를 이루며 발전하기를 희망한 표현일 것이다.

천지인天地人은 본래 하나로서 무극无極 → 황극皇極 → 태극太極으로 연결된 태생적胎生的 공동운명체共同運命體이다. 더욱이 사람은 『정역正易』에서 이른바 무극无極과 황극皇極의 십十과 오五가 태극太極의 일一에서 하나를 이루듯, 천지天地를 하나로 엮는 성도적成道的[213] 존재이다. 이런 인人이 천지天地와 더불어 하나 됨은 반드시 도모해야 할 역사적歷

---

210 『中庸』 31.

211 水火는 윤택하게 적셔주고 밝게 비춰주는 뜻으로 文明을 의미한다.

212 雷風은 세상을 울리고 정서를 흩날리는 뜻으로 文化를 의미한다.

213 十无極과 五皇極이 一太極에서 하나를 이루듯, 사람은 장차 하늘의 도와 땅의 도가 가진 목표를 이루게 될 成道的 存在이다.

史的 책무責務이며, 또한 피할 수 없는 순차적順次的 사명使命이다. 다시 말해 천지인天地人 공생관계의 복원은 인류가 이룩해야 할 최종목표이자 '철학의 종착역'인 것이다.

3) 三才門·五元門·十无門
삼 재 문 · 오 원 문 · 십 무 문

　『정역正易』의「일세주천율려도수一歲周天律呂度數」에는 삼재문三才門과 오원문五元門 그리고 십무문十无門이라는 개념이 등장한다. 이들 모두는 금화교역金火交易을 의미하는 금화문金火門에 대한 표현인데, 여기에도 변화과정에 참여하는 일부一夫와 그로 인해 발전하는 역사의 방향과 목적이 암시되어 있다. 금화문金火門이 설명하는 본의本義를 분석하기 위해 일단 원문原文을 자세히 살펴보자.

大哉라! 金火門이여! 天地出入하고 一夫出入하니 三才門이로다
대 재　금 화 문　　천 지 출 입　　일 부 출 입　　삼 재 문

日月星晨이 氣影하고 一夫氣影하니 五元門이로다
일 월 성 신　기 영　　일 부 기 영　　오 원 문

八風이 風하고 一夫風하니 十无門이로다.
팔 풍　풍　일 부 풍　　십 무 문

위대하구나! 금화문이여! 천지가 출입하고 일부가 출입하니 삼재문이로다. 일월성신이 기영하고 일부가 기영하니 오원문이로다. 팔풍이 풍하고 일부가 풍하니 십무문이로다.[214]

214『正易』,「一歲周天律呂度數」.

원문原文의 나열된 순서로 보면, 금화문金火門은 삼재문三才門인 동시에 오원문五元門이며 또한 십무문十无門이다. 즉, 금화문金火門은 삼재三才와 오원五元과 십무十无로 동시에 출입할 수 있는 변화變化의 문門이다. 원문原文 속에서 금화문金火門에 대한 설명은 인도人道 → 지도地道 → 천도天道의 방향으로 나열되어, '관점의 확대'와 '발전의 단계'를 동시에 설명한다. 이 논리 속에도 ⊖ → ⑤ → ⊕으로 흐르는 수數의 방향이 숨겨져 있는 것이다.

삼재문三才門은 천지天地가 출입하는 문門이지만 특히 일부一夫가 함께 출입하니, 이는 일태극一太極의 인도人道를 강조한 대목으로 본래 천지인天地人이 하나의 공동운명체共同運命體임을 표현한 것이다. 역사발전의 관점으로 볼 때, 삼재문三才門을 출입하는 일부一夫의 역할은 아직 미미한 수준의 갓난아이다. 이는 사람이 천지天地와 더불어 경세經世를 주도하는 주체의 자리에 이제 갓 서게 된 시점을 뜻한다. 즉, 삼재문三才門을 출입하는 일부一夫는 穴居野處[215]의 생활에서 宮室耕市[216]를 시작한 문명태동기文明胎動期의 인간을 의미하는 것이다. 이와는 달리 구성론적構成論的 관점에서 보면, 삼재문三才門을 출입하는 일부一夫는 삼재三才를 구성하는 인간 존재에 대한 단순한 표현이며, 팔괘八卦로 비유하면 음양陰陽이 합덕合德하여 강유剛柔의 체體를 두는 기본괘도基本卦圖인 복희팔괘伏羲八卦에 비할 수 있다. 즉, 존재存在 자체만으로써 가치를 갖는 생生의 단계인 것이다.

오원문五元門은 오황극五皇極의 지도地道이다. 생生하여 삼재三才를 구

---

215 穴居野處 : 동굴에서 기거하고 들에서 산다는 뜻으로, 성인이 교화를 통해 집짓는 법을 가르치기 전의 야만적 생활의 시기를 의미한다.

216 宮室耕市 : 궁실은 나무를 엮어서 움집을 짓는 수준을 넘어 기둥과 서까래로 짓는 집이며, 경시는 작물의 경작과 물물교환을 위한 시장의 교역을 의미한다. 이는 모두 태동기 문명의 모습이다.

성한 일부一夫는 자라나 오원문五元門을 기氣로써 밝혀준다. 오원문五元門은 사시四時의 성세成歲를 주도하는 일월성신日月星辰의 밝음에 일부一夫가 문명文明의 빛으로 그 밝음을 더하여(合) 성립된다. 이는 마치 건괘乾卦 구오효九五爻에서 일월日月의 밝음에 대인大人이 스스로 일군 문명文明의 밝음(明)을 보탬(合)으로써 合其明을 이뤘던 것과 같은 뜻을 가진다. 여기서 일월성신日月星辰은 씨줄과 날줄의 시공時空을 의미하고, 일부一夫는 그 시공時空에 수놓아진 사람의 역사歷史와 문명文明을 의미한다. 억겁億劫의 시간은 하염없이 공간空間을 가르지만 인간이 만들어낸 문명文明과 역사歷史가 없다면 그조차 무의미하기 때문에, 일부一夫의 기영氣影이 없으면 일월성신日月星辰의 기영氣影도 무의미한 것이다. 그래서 『정역正易』에서도,

天地 匪日月이면 空殻이요 日月이 匪至人이면 虛影이니라.

천지가 일월이 아니면 빈 껍질이요, 일월이 지인이 아니면 헛된 그림자라.[217]

라고 한 것이다. 오원문五元門은 팔괘八卦로 볼 때 문왕팔괘文王八卦에 해당된다. 복희팔괘伏羲八卦로 생생하여 문왕팔괘文王八卦의 구궁역九宮易으로 자라났으니, 일부一夫의 기영氣影이란 기술문명의 발전에 올라탄 인류의 진보이며, 동시에 재財로서 천지지도天地之道를 이루는(成) 노력의 과정이라 하겠다. 숫자가 오五인 것은 문왕팔괘文王八卦의 중中이자, 낙서수洛書數의 일구지중一九之中인 오황극五皇極을 의미한다. 오五는 낙서수洛書數이므로, 오원문五元門을 밝혀주는 일부一夫는 낙서수洛書數를

---

217 『正易』,「一歲周天律呂度數」.

헤아리며 逆生倒成[역생도성]하고 있는 것이다.

  십무문十无門은 금화교역金火交易의 최종단계로서 두 단계를 거쳐 완성된다. 먼저 팔풍八風이 한 번 풍風하고, 다음으로 일부一夫가 이어서 풍風하는 것이다. 팔풍八風이 풍風함은 팔괘八卦가 겪는 최초의 변화를 뜻한다. 생괘生卦인 복희팔괘伏羲八卦가 구궁九宮의 문왕팔괘文王八卦로 바뀌는 과정을 말하는 것이다. 이 내용은 앞서 일월성신日月星辰과 일부一夫가 기영氣影하며 오원문五元門을 이룬 것을 다시 한 번 강조하여 설명한 것인데, 이번에는 팔풍八風이 풍風한다고 표현했다. 동일한 변화를 거듭하여 설명한 이유는 그 과정이 따로 떨어진 것이 아닌 연결된 과정임을 강조한 것이다. 앞에서도 설명했듯이 구궁역九宮易으로의 전환轉換은 자연의 제약을 벗어나 기술문명의 발달과정에 들어선 인류를 상징한다. 십무문十无門으로 들어서는 과정에 기술발전의 단계를 거듭하여 설명하는 이유도 기술(財)의 발달이 천지상교天地相交를 위해 멈춤 없이 지속되어야 할 과제이기 때문이다.

天地地天[천지지천]하니 后天先天[후천선천]이니라 先天之易[선천지역]은 交易之易[교역지역]이니라 后天之易[후천지역]은 變易之易[변역지역]이니라 易易九宮[역역구궁]하고 易易八卦[역역팔괘]니라.

천지가 지천이 되니 후천이요 선천이니라. 선천의 역은 교역의 역이니라. 후천의 역은 변역의 역이니라. 역은 구궁으로도 바뀌고, 역은 팔괘로도 바뀌느니라.[218]

  이어지는 일부一夫의 풍風은 구궁역九宮易의 문왕팔괘文王八卦를 십무

---

218 『正易』, 「十一一言」.

문十无門의 정역팔괘正易八卦로 바꿔놓는 역할을 한다. 풍風은 문화文化를 상징한다. 『시경詩經』의 「국풍國風」에는 주남周南에서 빈풍豳風까지 당시 백성들의 생활이나 정서를 표현하는 열다섯 나라의 노래가 실려 있다. 나라마다 국풍國風이 다름은 문화적文化的 정서情緒가 다른 것이고, 문화文化는 바람처럼 백성의 정서를 안고 이리 저리 휩쓸며 주변을 물들인다. 바람과 같은 문화文化의 힘은 곳곳에서 야만野蠻을 깨워내고 무지無知를 몰아내는 역할을 한다. 『정역正易』의 십무문十无門은 이 문화文化의 힘으로 구성원 전체의 철학적哲學的 보편화普遍化를 완성하는 것이다. 즉, 십무문十无門인 정역팔괘正易八卦로의 전환은 문화적文化的 창달暢達을 의미하는 것이고, 그 열풍熱風의 과정을 일부一夫가 주도함은 역사발전의 마지막 종착역인 문화적 완성의 주체가 사람 즉, 앞서 언급된 지인至人[219]임을 확인시켜 준다.

『정역正易』은 인류가 삼재三才의 일원으로 우뚝 선 이후, 기술문명技術文明의 발달로써 오원문五元門을 밝히고, 종국終局에는 기술문명技術文明과 정신문화精神文化로써 천지天地와의 공생을 이룰 것을 설계했다. 식생食生과 무지無知의 속박으로부터는 벗어나고는 있지만, 동시同時에 천지天地의 생태기반을 철저히 파괴하고 있는 인류가 오히려 마침내는 그 문제의 해결사가 되리라는 예측이다.

자 왈 천 하 하 사 하 려　　천 하 동 귀 이 수 도　　일 치 이 백 려
子曰 天下 何思何慮리오 天下 同歸而殊塗하며 一致而百慮니
천 하 하 사 하 려
天下 何思何慮리오.

공자 말하길, 천하에 (대해) 무엇을 생각하고 무엇을 걱정하리오. 천하는 한 가지로 돌아가지만 길을 달리하며, 하나로 이룰 텐데도 백가지로 염려하니,

---

219 至人은 앞선 문화를 전달하는 一夫風의 주인공이요, 철학적 보편화를 주도하는 미래의 一夫를 의미한다.

천하에 (대해) 무엇을 생각하고 무엇을 걱정하리오.

윗글은 『주역周易』「계사하전繫辭下傳」제5장의 표현으로, 앞서 동일한
시각으로 천하天下의 귀일歸一을 예측했던 공자孔子의 안목을 연상시킨
다. 천하天下는 어찌됐던 일치一致를 향할 뿐이며, 이 과정에 길을 달리하
고 백가지를 염려하더라도, 천하天下는 예정된 듯이 하나(一)로 돌아간
다는 것이다.

4) 萬夫之望
만 부 지 망

공자孔子의 시대를 포함한 인류역사 수 천 년의 기간은 부족과 결핍의
시대였다. 농업기술의 오랜 정체와 함께 만연된 식량부족은 해마다 백성
들을 변함없는 굶주림으로 몰아갔다. 나라 사이의 빈번한 갈등과 전쟁
은 그렇지 않아도 어려운 생산활동을 더욱 위축시켰고, 그러는 와중에
번갈아 찾아오는 가뭄과 홍수는 백성들에게 있어 대항할 수 없는 천형
天刑이었다. 더욱이 대부분의 필요재화必要財貨를 스스로 생산하고 소비
하는 1차원적 산업구조는 비참한 수준의 생산력과 함께 사회구조의 발
전을 저해하는 핵심요소로 작용했다. 경작耕作이 보급되고 시장市場의
교역交易 또한 확대됐지만 이 또한 몇몇 부문에 지나지 않았으므로, 생
존에 급급했던 백성들은 오로지 식생食生의 요구를 해결하는 일에만 몰
두해야 했다. 삶이 오로지 식생食生에 매임은 생각과 행동이 금수禽獸와
크게 다르지 않을 수 있음을 의미했다. 굶주림이 더해지면 도덕道德과
인륜人倫은 금세 버려졌으니, 소인小人의 도道가 그토록 넘쳐났던 것은

사람의 본성本性이 그러해서가 아니라 처지와 상황이 그렇게 만들었던 탓이다.

　생산력이 급격하게 증대되지 않는 이상, 이런 사회구조 속에서 변화와 진전進展을 면밀하게 주도한다는 것은 불가능에 가까웠다. 당시에도 남다른 지혜와 덕성德性을 갖춘 인물들이 문제해결의 핵심방법을 간파했을 것이나, 그 방법 또한 당시의 사회구조 아래에서는 적용조차 무의미했음을 금세 깨달았을 것이다. 즉, 사회구조가 일정한 수준에 도달하기까지는 오랜 화순化醇의 시간이 필요했던 것이고, 기술적 진전 또한 그만큼의 세월을 기다려야 했으니, 앞선 이들에게 시時와 명命은 여전히 기다림의 대상이었다. 그렇기에 현인賢人은 쉬이 짐작하여 은거隱居하려고만 했고, 성인聖人은 백성과 더불어 그 우환憂患을 앓던 사이에, 때에 합당한 스스로의 소임所任을 감당해냈으니, 그것은 변화變化의 날까지 버텨낼 군자君子의 정신精神과 도리道理의 도출이었다. 즉, 군자君子의 도리는 곤궁困窮의 시대를 위한 고육책苦肉策이요, 궁핍窮乏에 지쳐 효천效天과 법지法地의 계대繼代가 끊길 것을 두려워한 성인聖人이 후대를 위해 남긴 방비책防備策이었던 것이다. 공자孔子가 『주역周易』의 64괘卦 중 53괘卦의 「상전象傳」에 '君子 以하야'를 집어넣은 것도 다름 아닌 향후 오랫동안 지속될 곤궁困窮의 시대를 걱정했기 때문이고, 이 궁핍窮乏과 경위傾危의 시대는 오직 군자君子에 의해서만 지탱될 수 있음을 믿었기 때문이다. 그리하여 선성先聖은 군자君子로 하여금 세월 속에서 세대를 이으며 전환적 상황에 이르러서야 찾아올 역易의 순서順序를 기다리게 했던 것이다.

　세월 속에서 군자君子는 곤궁困窮을 참고 도리道理를 행하며, 기용器用을 갖추고 때를 기다렸다. 춘추春秋를 한 손에 잡고 의리義理를 행하며 세대를 넘어 도道를 전했으니, 당當하는 시기와 처處하는 입장마다 그 소임은 달랐지만, 군자君子의 所居而安者[220]는 오직 마침내 찾아올 역易의 순서일 뿐이었다. 하지만 군자君子의 사명은 특별히 누구에게 지목하여 부여된 것이 아니라, 그 소임을 애써 자처自處하여 감당하려는 자의 몫이었으므로, 그들의 언행言行은 언제나 위태롭고 고단했다. 만사萬事의 결과는 언제나 소인小人이 취取하고 탐貪하는 방향으로 흘러갔기 때문에, 군자君子에게 특히나 요구되는 공부는 단연 抑陰尊陽의 心法之學이었다.

덕德을 밀고 나아가고 업業을 닦으면서 군자君子는 점점 천지天地와 닮아간다. 스스로를 단련하여 마침내 知微 · 知彰 · 知柔 · 知剛[221]한 모습으로 천하天下에 우뚝 섰을 때, 이를 바라보는 주변의 만부萬夫는 그저 선망羨望의 입장立場에 서 있을 뿐이었다. 이는 마치 聖人이 作함에 萬物이 目覩하며 各從其類[222]하는 뜻과 같으니, 선망羨望으로 바라보는 만부萬夫가 스스로 도道를 행하지는 않았지만 내심內心에조차 뜻이 없지는 않았던 것이다. 역사의 굴곡屈曲과 마디마다 군자君子는 천지天地와 함께 그 덕德을 합하려했으니, 그 연원淵源은 역易의 가르침으로부터 출발한 것이지만, 향해 나아가려는 바는 萬夫의 壹是皆以修身[223]이었다.

마침내 찾아온 기술적 진전은 역易의 순서가 이미 비약飛躍의 때에 가까워졌음을 느끼게 했다. 기술적 진전을 통해 놀랍게 증대된 생산력은 인류역사의 오랜 벗이었던 굶주림을 떨쳐내기 시작했으며, 급격한 정보

---

220 『周易』,「繫辭上傳」2 : 是故로 君子 所居而安者는 易之序也오.(이러한 이유로 군자가 거하면서 편안이 여기는 바는 역의 순서요)

221 은미함과 드러남, 부드러움과 강함을 아는 것은 만부가 부러워할만한 군자의 능력이다.

222 만물은 모두 그 동류를 따른 다는 뜻으로, 그 속에는 동경과 이로움에 대한 추구가 녹아있다.

223 『大學』2 : 自天子以至於庶人이 壹是皆以修身爲本이니라(천자로부터 서민에 이르기까지 모두 수신을 근본으로 삼는다).

화는 사람의 관심을 식생食生의 차원에서 지식知識의 보편화普遍化로 이동시켰다. 매 순간마다 역사상 유례를 찾기 힘든 대규모의 교화教化가 세계 곳곳에서 동시다발적으로 일어나고 있으며, 갈수록 증대되는 교화教化의 총량은 이러한 진전을 더욱 가속시킨다. 주목할 만 한 점은 이러한 변화가 사회를 지탱하는 문화적文化的 기강紀綱의 주체를 소수의 군자君子로부터 다수의 만부萬夫로 이동시키고 있다는 사실이다. 다시 말해 일부一夫의 활동이 천하 도처에서 급격하게 증대되고 있는 것이다. 기술개발과 교화에 대한 참여는 물론, 사회비판과 대안마련에 이르기까지, 과거에는 상상도 하지 못했던 위업偉業들이 일반대중의 능력에 의해 실현되고 있는 것이다. 이는 최근 기술문명(財)의 발달이 개인 즉, 일부一夫의 역할과 능력을 급격하게 증대시킨 결과이다. 선성先聖이 그토록 꿈꿔왔던 생산력의 증대와 기술적 진전을 통한 사회구조의 변화는 그 변화를 맞이하고 주동하는 주체까지 바꿔 놓기에 이르렀다. 다시 말해 군자君子의 시대가 가고 일부一夫 즉, 만부萬夫의 시대가 오고 있는 것이다.

정역팔괘도正易八卦圖의 괘상卦象이 복희괘도伏羲卦圖나 문왕괘도文王卦圖와는 달리, 밖에서 중심을 바라봄은 군자君子 홀로 중심에 서서 세상을 감당해야 했던 경위傾危의 선천先天이 끝나고, 그 역할을 만부萬夫의 능력에 맡기는 화화和化의 후천后天이 도래함을 암시한다. 과거 경위傾危의 시대에는 천하天下의 움직임을 기미幾微를 통해 감지해야 했으므로, 군자君子는 천지인天地人의 삼도三道를 스스로 체화體化하여 닥쳐올 변화에 대비해야 했다. 이것을 바라보는 만부萬夫는 그 예지叡智와 대응對應을 부러워하여 스스로도 '知幾 其神'[224]을 희망希望했으니, 이것이

---

224 기미를 읽는다는 것은 아직은 드러나지 않은 미미한 움직임을 보고 길흉을 미리 알아차리는 것이다.

『주역周易』에서 이른바인 萬夫之望[225]이다.

子曰 知幾其神乎인저

君子上交不諂하며下交不瀆하니 其知幾乎인저

幾者는 動之微니 吉之先見者也니

君子 見幾而作하야 不俟終日이니

易曰 介于石이라 不終日이니 貞코 吉타하니

介如石焉커니 寧用終日이리오 斷可識矣로다

君子 知微知彰知柔知剛하나니 萬夫之望이라.

공자가 말하길 기미를 아는 것이 그토록 신묘하구나. 군자는 위와 사귐에 아첨하지 않고, 아래와 사귐에 모독하지 않으니, 그 기미를 아는구나. 기미라는 것은 움직임이 은미한 것이며 길함이 먼저 드러난 것이니, 군자는 기미를 보고 (바로) 일어나지 하루 종일 기다리는 법이 없으니, 역에 이르길, '돌에서 나뉘는지라, 종일토록 하지 않으니 정하고 길하다'고 하니, (기미가) 마치 돌 사이에 끼이듯 나누며 가리키고 있으니 어찌 온종일을 기다리리오. 결단을 알 수 있음이로다. 군자는 은미함과 드러남, 부드러움과 강함을 두루 아느니, (이것은) 만부의 소망(萬夫之望)이라.

　정보사회로의 진입 이후, 대교화大敎化의 혜택을 입은 대다수의 개인은 지식과 능력이 월등히 향상되고 있다. 이를 통해 돌발적인 상황에서도 인식, 분석, 소통, 실천 등에 대한 고도의 판단능력을 발휘할 수 있게 되었으니, 이제 세상의 변화는 일부一夫의 능력이 주도한다 해도 과

---

225 『周易』, 「繫辭下傳」 5 : 기미를 읽어 길흉을 미리 아는 君子는 萬夫가 바라는 바이다.

언이 아니다. 일부一夫의 능력이 변화를 주도하는 세태는 만부萬夫의 바람(望)이 현실화되고 있는 증거이다. 기술적 혜택을 입은 현대의 개인들은 앞일을 미리 예측하여 더 이상 시간을 허비하지 않는다. 이러한 현상이 대중적으로 보편화되고 있음은 이미 만부萬夫가 기미幾微를 아는 수준에 가까워졌기 때문이다. 만부萬夫가 기미幾微를 알고 변화를 예견하는 현실은 앞서 언급된 작역作易의 목적이 崇德廣業^{숭덕광업}과 開物成務^{개물성무}를 지나 知變化之道^{지변화지도}를 향해 나아가고 있다는 논리와 꼭 들어맞는다. 결국 만부지망萬夫之望은 만부萬夫가 스스로 변화의 도道를 아는 것을 말했던 것이다. 한편, 망望은 보통 선망羨望, 희망希望의 뜻을 품고 있지만, 선망先望, 후망後望의 보름(15日)이라는 뜻도 동시에 가지고 있다. 『정역正易』에서 선천先天의 보름이 곧 후천后天의 초하루가 되는 15일의 존공尊空을 말하고 있는 와중에, 만부지망萬夫之望이 후천后天의 초하루와 묘하게 중첩됨은 선성先聖의 뜻이 은연중隱然中 드러난 것일지도 모르겠다.

5) 共生關係 復元과 一夫의 役割
　　공생관계　복원　　일부　　역할

앞서 필자는 천지天地와 인人이 다시 하나가 되어야 함은 공생共生의 말장末將인 사람이 맡은 역사적歷史的 책무責務이며, 또한 피할 수 없는 순차적順次的 사명使命이라 피력했다. 본래 사람은 천지변화天地變化에 감응하던 공생의 구성원이었다. 사람이 천지天地를 이용利用과 대항對抗의 상대로 대적한 이후부터 공생은 어그러졌으니, 그 굴레로 다시 돌아가는 것 또한 사람의 몫일 것이다. 이런 까닭에 일찍이 선성先聖

이 '^{인능홍도} 人能弘道요 ^{비도홍인} 非道弘人'[226]이라 한 것이며, 후성後聖 또한 '^{무성} 無聖이면 ^{무역} 無易이라'[227] 했던 것이다. 『정역正易』은 이 같은 사람의 책무責務에 대해 십十과 오五가 일一에서 하나 되는 「십오일언十五一言」의 논리를 내세웠다. 여기에서 십十은 다름 아닌 십무극十无極이요, 오五는 오황극五皇極이고, 일一은 일태극一太極이다. 또한 십十은 천天이요, 오五는 지地요, 일一은 인人이다. 즉 천지天地가 사람에게서 하나가 된다는 뜻이다. 다음은 십오일언十五一言에 대한 학산鶴山 선생의 설명이다.

「十五一言」이란 쉽게 말하여 열과 다섯이 하나로 합하는 말씀이라는 뜻이 되겠다. 여기서 열이라 함은 河圖의 五皇極┼을 둘러싸고 있는 十无極┄을 말함이요, 다섯이라 함은 바로 五皇極┼을 말함이요, 하나라 함은 五皇極의 중심, 一名 極中의 하나인 ┼를 말하는 것이다.[228]

이는 하도河圖의 십무극十无極과 오황극五皇極이 모두 그 중심을 일태극一太極에 두고 있으니, 본래 하나였던 우주는 그 기본인자인 일태극一太極에 의해 다시 하나가 된다는 논리이다. 이것이 『정역正易』에서 말하는 '^{무극이태극} 无極而太極'과 '^{황극이무극} 皇極而无極'[229]을 설명하는 기본 배경이다. 이것을 설명하는 수많은 수리상數理上의 복잡한 공식들과는 별개로, 『정역正易』

---

226 『論語』, 「衛靈公」 15 : 사람이 道를 넓히는 것이지, 道가 사람을 넓히는 것이 아니다.

227 『正易』, 「大易序」 : 聖哉라 易之爲易이여! 易者는 曆也니 無曆이면 無聖이요 無聖이면 無易이라. (聖스럽구나 易의 易됨이여, 易이라는 것은 曆이니 曆이 없으면 聖人도 없고, 聖人도 없으면 변화(易)도 없느니라.)

228 이정호, 『正易과 一夫』, 아세아문화사, 1985, pp.24.

229 『正易』, 「雷風正位用政數」 : 己位는 四金一水八木七火之中이니 无極이니라. 无極而太極이니 十一이니라. 十一은 地德而天道니라. 天道라 圓하니 庚壬甲丙이라. 地德이라 方하니 二四六八이니라. 戊位는 二火三木六水九金之中이니 皇極이니라. 皇極而无極이니 五十이니라. 五十은 天度而地數니라. 地數라 方하니 丁乙癸辛이니라. 天度라 圓하니 九七五三이니라.

이 주는 철학적哲學的 메시지는 오히려 간단명료하다. 바로 천지인天地人
이 본래 하나라는 선언이다. 그리고 하나를 이루게 하는 소임은 일태극
一太極 즉, 사람에게 있다는 것이다. 이것이 바로 일부一夫에게서 하나를
이룬다는 '一乎一夫'이다.

　그렇다면 일태극一太極의 사람은 어떻게 천지天地와 하나가 될 수 있으
며, 또한 그 주체는 누가인가? 천지인天地人이 하나가 됨은 본연의 관계
로 돌아가는 것이다. 애초 사람은 천지天地와 감응의 관계를 짓고 있었
으므로, 본연으로 돌아가는 것 역시 감응의 관계를 회복하는 것이라 할
수 있겠다. 감응感應은 이기二氣가 서로를 허여許與하여 만물萬物을 화생
化生케 하는 원동력이 되며, 사람이 회복해야 할 감응感應의 가치는 그것
을 오랫동안 지속해야 하는 뜻에 달려 있을 것이다. 감응感應은 택산함
괘澤山咸卦에서 그 의미를 찾고, 지속持續은 뇌풍항괘雷風恒卦에서 그 뜻
을 찾을 수 있으니, 『정역正易』에서 그토록 뇌풍雷風과 산택山澤을 높여
'咸兮恒兮'[230]라 이른 것이다. 감응感應의 주체는 앞에서 언급한 지기知
幾의 만부萬夫 즉, 일부一夫이다. 기술적 진전을 통한 사회구조의 발전은
개인의 능력을 과거의 군자君子를 능가하는 차원까지 높여놓았기 때문
에, 천지天地와의 감응感應을 통해 공생관계를 회복하는 일에는 더 이상
소수의 군자君子를 필요로 하지 않는다. 즉, 소수의 군자君子에 의존해야
했던 궁핍窮乏의 시대가 가고, 만부萬夫가 천지天地와 함께 감응感應하는
함항咸恒의 시대가 도래하는 것이니, 공생共生을 위해 천지天地와 하나
를 이루는 길은 오직 천지만물지정天地萬物之情에 일부一夫 모두가 감응
感應하는 길일뿐이다.

　공생관계共生關係의 회복을 위해 가장 먼저 필요한 일은 일부一夫 모두
에 대한 공생의식共生意識의 복원復元이다. 공생의식共生意識은 각자도생

---

230 『正易』, 「十五歌」: 萬曆而圖兮여 咸兮恒兮로다 咸兮恒兮兮여 十兮五兮로다.

正易
수지상수

440

各自圖生이 결국은 공멸에 이르게 될 것임을, 그리고 공생共生이 우리가 회복해야 할 궁극적인 삶의 모습임을 인지시키는 것으로부터 출발해야 한다. 이 때문에 지금까지 진행된 교화教化의 내용이 대부분 생존生存과 번성繁盛에 주력했다면, 지금부터 진행되어야 할 교화는 철학적 인식의 보편화에 힘써야 할 것이다. 철학적 인식의 보편화는 정보지식의 양적 보편화를 통해 이루어질 것이므로, 교화의 한편으로는 여전히 정보지식의 양적 보급에 힘써야 한다. 또한 이를 위해 더 많은 일부一夫를 식생食生의 굴레로부터 철학의 영역으로 끌어들일 기술적 진전이 지속되어야 함은 물론이라 하겠다.

공생관계共生關係의 복원을 위해 다음으로 힘써야 할 것은 감응해야 할 대상인 천지天地를 이해하는 것이다. 우리는 오랜 시간 천지天地와 더불어 성장해왔지만, 우리가 알고 있는 천지天地는 물리적 법칙을 통해 이해할 수 있는 영역을 벗어나지 못한다. 또한 개발의 대상으로서의 천지天地, 이익을 실현해주는 수단으로서의 천지天地에 집중했지만, 만물萬物을 화생化生케 하는 천지天地, 보살펴 계승繼承해줘야할 천지天地, 미지未知의 원천元天으로써의 천지天地에 대해서는 소홀했던 것이 사실이다. 하지만 현재 이룩되고 있는 기술의 발전은 천지天地를 공생의 주체로서 이해하는 사고적思考的 전환轉換에 결정적인 도움을 주게 될 것이다. 기술의 집약화 과정에서 이미 개발된 관찰과 분석의 수단과 방식을 천지天地를 이해하고 연구하는 쪽으로 쉽게 돌릴 수 있기 때문이다. 연구의 대상은 자연과 환경은 물론, 식량, 에너지, 우주, 생명, 의학, 복원, 보존, 자원재사용, 종교, … 등 천지天地와의 공생共生을 연구하는 모든 분야로 확대시켜야 하며, 그 종착역은 일부一夫 모두가 천지天地의 정상情狀에 대해 이해하는 것으로 삼아야 할 것이다.

무엇보다도 공생관계共生關係의 복원을 위해 시급하게 힘써야 할 것은 천지天地의 보존과 공생共生의 현시적現時的 복원이다. 공생관계의 복원은 오랜 세월동안 진행될 인류의 야심찬 계획이겠으나, 그렇다고 현세를 살고 있는 이들에게 주어진 복원의 의무가 적어지는 것은 아니다. 오로지 기술발전과 철학적哲學的 보편화普遍化에만 주목한다면 그 사이 심화되는 멸종滅種과 오염汚染으로 인해 천지天地가 복원될 수 없는 지경을 넘어버릴 수도 있기 때문이다. 지난 200여 년간 쌓아온 인간의 노력이 다가올 화화和化의 시대로 향하는 진전의 길이라 해도, 현재 벌어지고 있는 천지天地에 대한 살육과 파괴의 허물은 또 다른 죄악이다. 이러한 까닭으로 현세의 인류는 환경과 자원을 보존하기 위한 노력에 일제히 나서야 한다. 생활 속에서 오염과 낭비를 줄일 방도를 실천함은 물론이요, 그 방법에 대한 고안考案과 교류交流, 그리고 제도화制度化는 천지인天地人의 복원을 위해 요구되는 가장 시급한 요구라 하겠다.

그 다음은 천지天地와의 공생관계를 복원하는 주체인 일부一夫의 역할과 자세이다. 일부一夫는 과거 군자君子의 역할을 대체하여 미래사회를 주도하는 인물상人物象의 총칭總稱이다. 또한 발전된 기술수준과 사회구조 덕분에 과거에 비해 능력이 극대화된 개인을 이르는 일반명사一般名辭이다. 일부一夫는 성인적聖人的 업적業績을 기획할 수도 또한 스스로 일궈낼 수도 있으며, 개개의 일부一夫를 조직하여 새로운 대업大業을 도모할 수도 있다. 일부一夫의 활동은 기술적 진전을 더욱 가속시키며, 또 다른 일부一夫를 교화시켜 공생의 영역으로 끌어들일 수 있다. 하지만 능력이 극대화된 일부一夫라고 모든 방면에서 긍정적인 결과를 초래하지는 않을 것이다. 그 능력이 잘못된 판단에 이를 경우 오히려 공생에 치명적인 악영향을 미칠 수도 있기 때문이다. 이러한 점에서 철학적 보편화는 일부一夫의 사회가 지향해야 할 궁극적 목표가 되어야 한다. 과거 기미幾微를 감지感知했던 군자君子가 上交不諂과 下交不瀆을 실천했듯이,

일부一夫에게도 도덕적 기반은 스스로 간직해야 할 최고의 덕목德目이 될 것이다. 그리하여 선성先聖의 안배按排 덕분에 상고上古로부터 끊이지 않고 전해진 '군자君子의 도리道理'는 '變化의 道를 아는 것'과 더불어 일부一夫가 도달해야 하는 또 하나의 목표가 되어야 할 것이다.

　이제 사람은 천지天地로 돌아가야 하는 대여정大旅程을 시작해야 한다. 천지인天地人의 조화로운 공생共生은 인류의 장원長遠한 그리고 최종적인 목표가 되어야 한다. 이 '공통의 공적公的 선善common public good'[231]을 이루기까지 시간은 수십 세대를 거칠 것이고 갈등은 태산泰山보다 높을 것이지만, 공생으로의 회귀에 대한 준칙과 계획을 지금부터 준비해야 한다. '變化의 道'를 깨달아 가는 대여정大旅程은 '천지인天地人의 공생관계共生關係'를 복원하는 방향으로 나아가야 하는 것이다. 崇德과 廣業은 천지天地와 함께하는 마름질이요, 開物과 成務는 만물을 變化의 道로 몰아가는 인간의 노력이어야 한다. 그리하여 천지天地는 다시 인간에게서 하나가 되는 것이고, 이것이 상고上古이래의 성인聖人들이 격정하여 바라마지 않았던 유일한 소망所望이요, 대덕大德이요, 작역作易의 목적일 것이다.

---

231 뚜웨이밍(杜維明)著, 나성譯, 『문명간의 대화』, 철학과 현실사, 2007, pp.112.

2004년 5월 他界하시기 얼마 전
臥病중이신 鶴山 선생을 아버님이 問病하셨다.
이렇게 먼저 가겠노라며 미소 짓는 선생께,

"선생님께서 먼저 가시면 正易은 어찌합니까?"
하고 원통하게 여쭈니,

"君에게 남겼으니 罪는 면할테지. 君이 있으니 믿고 가네."
라며 온화하게 답하셨다.

그 날 아버님은 많이도 흐느껴 우셨다고 한다.
19세에 新都案 禹跡골에서 만난 이후로
배운 것은 모두 鶴山 선생께서
가르쳐 주셨다며…

〈參考文獻〉

1. 經傳類

『周易』

『正易』

『論語』

『中庸』

『易傳』

『本義』

2. 單行本

이정호, 『원문대조 국역주해 正易』, 아세아문화사, 1996

이정호, 『周易正義 : 그 正易的 意義』, 아세아문화사, 1987

이정호, 『正易과 一夫』, 아세아문화사, 1985

이정호, 『學易籑言: 韓國易學의 새 方向』, 대한교과서주식회사, 1982

이정호, 『周易字句索引』, 國際大學 人文社會科學研究所, 1978

이정호, 『正易研究』, 國際大學 人文社會科學研究所, 1976

권영원, 『正易과 天文曆』, 상생출판, 2013

권영원, 『正易句解』, 상생출판, 2011

고회민, 곽신환 譯, 『邵康節의 先天易學』, 예문서원, 2011

김주성 編, 『正易集註補解』, 신역학회, 1999

뚜웨이밍(杜維明)著, 나성譯, 『문명간의 대화』, 철학과 현실사, 2007

J.R.데자르뎅著, 김명식譯, 『환경윤리』, 자작나무, 1989

찾아보기

乾卦 ䷀ 重天乾

乾은元코亨코利코貞ᄒᆞ니라

初九는 潛龍이니 勿用이니라

九二는 見龍在田이니 利見大人이니라

九三은 君子ㅣ 終日乾乾ᄒᆞ야 夕惕若ᄒᆞ면 厲ᄒᆞ나 无咎ㅣ리라

九四는 或躍在淵ᄒᆞ면 天咎ㅣ리라

手指象數 附錄

一

九五는 飛龍在天이니 利見大人이니라

上九는 亢龍이니 有悔리라

用九는 見羣龍호되 无首ᄒᆞ면 吉ᄒᆞ리라

象曰 大哉라 乾元이여 萬物이 資始ᄒᆞᄂᆞ니 乃統天이로다 雲行雨

施ᄒᆞ야 品物이 流形ᄒᆞᄂᆞ니라 大明終始ᄒᆞ면 六位時成ᄒᆞᄂᆞ니 時乘

六龍ᄒᆞ야 以御天ᄒᆞᄂᆞ니라 乾道ㅣ變化에 各正性命ᄒᆞᄂᆞ니

保合大和ᄒᆞ야 乃利貞ᄒᆞᄂ니라 首出庶物에 萬國이 咸寧ᄒᆞᄂ、니라

象曰 天行이 健ᄒᆞ니 君子ᅵ 以ᄒᆞ야 自彊不息ᄒᆞᄂ、니라

潛龍勿用은 陽在下也ᅵ오

見龍在田은 德施普也ᅵ오

終日乾乾은 反復道也ᅵ오

或躍在淵은 進이 无咎也ᅵ오

飛龍在天은 大人造也ᅵ오

亢龍有悔ᄂᆞᆫ 盈不可久也ᅵ오

用九ᄂᆞᆫ 天德은 不可爲首也ᅵ라

文言曰 元者는 善之長也ㅣ오 亨者는 嘉之會也ㅣ오

利者는 義之和也ㅣ오 貞者는 事之幹也ㅣ니 君子ㅣ 體仁이 足

以長人이며 嘉會ㅣ 足以合禮ㅣ며 利物이 足以和義ㅣ며 貞固ㅣ

足以幹事ㅣ니 君子ㅣ 行此四德이라 故로 曰 乾元亨利貞이라

初九日 潛龍勿用은 何謂也오 子ㅣ曰 龍德而隱者也ㅣ니 不

易乎世ㅎ며 不成乎名ㅎ야 遯世无悶ㅎ며 不見是而无悶ㅎ야

樂則行之ᄒᆞ고 憂則違之ᄒᆞ야 確乎其不可拔이 潛龍也ㅣ라

九二曰 見龍在田利見大人은 何謂也오 子ㅣ曰 龍德而正

中者也ㅣ니 庸言之信ᄒᆞ며 庸行之謹ᄒᆞ야 閑邪存其誠ᄒᆞ며 善

世而不伐ᄒᆞ며 德博而化ㅣ니 易曰 見龍在田利見大人이라ᄒᆞ니

君德也ㅣ라

九三曰 君子終日乾乾夕惕若厲无咎는 何謂也오 子ㅣ曰

君子ㅣ進德脩業ᄒᆞᄂᆞ니 忠信이 所以進德也ㅣ오 脩辭立其誠

이 所以居業也ㅣ라 知至至之라 可與幾也ㅣ며 知終終之라 可

與存義也ㅣ니 是故로 居上位而不驕ㅎ며 在下位而不憂ㅎㄴ、

ㄴ 故로 乾乾ㅎ야 因其時而惕ㅎ면 雖危나 无咎矣리라

九四曰 或躍在淵天咎ㄴ 何謂也오 子ㅣ曰 上下无常이 非

爲邪也ㅣ며 進退无恒이 非離羣也ㅣ라 君子ㅣ進德修業은 欲

及時也ㅣ니 故로 无咎ㅣ니라

九五曰 飛龍在天利見大人은 何謂也ㅣ오 子ㅣ曰 同聲相

應ᄒᆞ며

同氣相求ᄒᆞ야 水流濕ᄒᆞ며 火就燥ᄒᆞ며 雲從龍ᄒᆞ며 風從虎ㅣ라

聖人이 作而萬物이 覩ᄒᆞᄂᆞ니 本乎天者ᄂᆞᆫ 親上ᄒᆞ고

本乎地者ᄂᆞᆫ 親下ᄒᆞᄂᆞ니 則各從其類也ㅣ니라

上九日 亢龍有悔ᄂᆞᆫ 何謂也ㅣ오 子ㅣ曰 貴而无位ᄒᆞ며 高而

无民ᄒᆞ며 賢人이在下位而无輔ㅣ라 是以動而有悔也ㅣ니라

潛龍勿用은 下也ㅣ오 見龍在田은 時舍也ㅣ오

終日乾乾은 行事也ㅣ오 或躍在淵은 自試也ㅣ오

飛龍在天은 上治也ㅣ오 亢龍有悔는 窮之災也ㅣ오

乾元用九는 天下ㅣ治也ㅣ오

潛龍勿用은 陽氣潛藏이오 見龍在田은 天下文明이오

終日乾乾은 與時偕行이오 或躍在淵은 乾道ㅣ乃革이오

飛龍在天은 乃位乎天德이오 亢龍有悔는 與時偕極이오

乾元用九는 乃見天則이라

乾元者는 始而亨者也ㅣ오 利貞者는 性情也ㅣ라

乾始ㅣ能以美利로 利天下ㅣ라 不言所利하니 大矣哉라

大哉라 乾乎여 剛健中正純粹ㅣ精也오

六爻發揮는 旁通情也ㅣ오 時乘六龍하야 以御天也ㅣ니 雲行

雨施ㅣ라 天下ㅣ平也ㅣ라

君子ㅣ 以成德爲行ᄒᆞ니 日可見之ㅣ行也ㅣ라

潛之爲言也ᄂᆞᆫ 隱而未見ᄒᆞ며 行而未成이라

是以君子ㅣ弗用也ᄒᆞᄂᆞ니라

君子ㅣ學而聚之ᄒᆞ고 問以辯之ᄒᆞ며 寬以居之ᄒᆞ고

仁以行之ᄒᆞᄂᆞ니 易日 見龍在田利見大人이라ᄒᆞ니 君德也ㅣ라

九三은 重剛而不中ᄒᆞ야 上不在天ᄒᆞ며 下不在田이라

故로 乾乾ᄒᆞ야 因其時而惕ᄒᆞ면 雖危나 无咎矣리라

九四는 重剛而不中ᄒ야 上不在天ᄒ며 下不在田ᄒ며

中不在人이라

故로 或之ᄒ니 或之者는 疑之也ㅣ니 故无咎ㅣ라

夫大人者는 與天地合其德ᄒ며 與日月合其明ᄒ며

與四時合其序ᄒ며 與鬼神合其吉凶ᄒ야 先天而天弗違ᄒ며

後天而奉天時ᄒᄂㆍ니

天且弗違온 而況於人乎ㅣ며 況於鬼神乎ㅣ여

亢之爲言也는 知進而不知退ᄒ며 知存而不知亡ᄒ며

知得而不知喪이니 其唯聖人乎아

知進退存亡而不失其正者ᅵ 其唯聖人乎ᅵ뎌

坤卦 ䷁ 重地坤

坤은 元코 亨코 利코 牝馬之貞이니라

君子의 有攸往이니라 先호면 迷호고 後호면 得호리니 主利이니

西南은 得朋이오 東北은 喪朋이니 安貞호야 吉하니라

象曰 至哉라 坤元이여 萬物이 資生호느니 乃順承天이니

坤厚載物이 德合无疆호며 含弘光大호야 品物이 咸亨호느니라

牝馬는 地類ㅣ니 行地无疆ᄒ며 柔順利貞이 君子攸行이라

先ᄒ면 迷ᄒ야 失道ᄒ고 後ᄒ면 順ᄒ야 得常ᄒ리니

西南得朋은 乃與類行이오 東北喪朋은 乃終有慶ᄒ리니

安貞之吉이 應地无疆이니라

象曰 地勢ㅣ坤이니 君子ㅣ以ᄒ야 厚德으로 載物ᄒᄂ니라

初六은 履霜ᄒ면 堅氷이 至ᄒᄂ니라

象曰 履霜堅氷은 陰始凝也ㅣ니 馴致其道ᄒᆞ야 至堅氷也ᄒᆞᄂᆡ니라

六二ᄂᆞᆫ 直方大라 不習이라도 无不利ᄒᆞᄂᆡ라

象曰 六二之動이 直以方也ㅣ니 不習无不利ᄂᆞᆫ 地道ㅣ光也ㅣ라

六三은 含章可貞이니 或從王事ᄒᆞ야 无成有終이니라

象曰 含章可貞이나 以時發也ㅣ오 或從王事ᄂᆞᆫ 知光大也ㅣ라

六四ᄂᆞᆫ 括囊이면 无咎ㅣ며 无譽ㅣ리라

象曰 括囊无咎ᄂᆞᆫ 愼不害也ㅣ라

六五는 黃裳이면 元吉이리라

象曰 黃裳元吉은 文在中也ㅣ라

上六은 龍戰于野ㅎ니 其血이 玄黃이로다

象曰 龍戰于野는 其道ㅣ窮也ㅣ라

用六은 利永貞ㅎ니라

象曰 用六永貞은 以大終也ㅣ라

文言曰 坤은 至柔而動也ㅣ 剛ᄒᆞ고 至靜而德方ᄒᆞ니

後得ᄒᆞ야 主利而有常ᄒᆞ며 含萬物而化ㅣ 光ᄒᆞ니 坤道ㅣ其順

乎인뎌 承天而時行ᄒᆞᄂᆞ니라

積善之家ᄂᆞᆫ 必有餘慶ᄒᆞ고 積不善之家ᄂᆞᆫ 必有餘殃ᄒᆞᄂᆞ니

臣弑其君ᄒᆞ며 子弑其父ㅣ 非一朝一夕之故ㅣ라 其所由來

者ㅣ 漸矣니 由辯之不早辯也ㅣ

易曰　履霜堅氷至라ᄒᆞ니　蓋言順也ㅣ라

直은 其正也ㅣ오　方은 其義也ㅣ니

君子ㅣ 敬以直內ᄒᆞ고　義以方外ᄒᆞ야　敬義立而德不孤ᄒᆞᄂᆞ니

直方大不習无不利ᄂᆞᆫ 則不疑其所行也ㅣ라

陰雖有美나　含之ᄒᆞ야　以從王事ᄒᆞ야　弗敢成也ㅣ니　地道也ㅣ며

妻道也ㅣ며　臣道也ㅣ니　地道는 无成而代有終也ㅣ라

天地變化ᄒᆞ면　草木이　蕃ᄒᆞ고　天地閉ᄒᆞ면　賢人이　隱ᄒᆞᄂᆞ니

易曰　括囊无咎无譽ㅣ라ᄒᆞ니　蓋言謹也ㅣ라

君子ㅣ　黃中通理ᄒᆞ야　正位居體ᄒᆞ야　美在其中而暢於四支ᄒᆞ며

發於事業ᄒᆞᄂᆞ니　美之至也ㅣ라

陰疑於陽ᄒᆞ면　必戰ᄒᆞᄂᆞ니　爲其嫌於无陽也ㅣ라

故로　稱龍焉ᄒᆞ고　猶未離其類也ㅣ라　故로　稱血焉ᄒᆞ니　夫玄黃

者ᄂᆞᆫ　天地之雜也ㅣ니　天玄而地黃ᄒᆞᄂᆞ니라

繫辭傳·上

天尊地卑ᄒᆞ니 乾坤이定矣오 卑高以陳ᄒᆞ니 貴賤이位矣오

動靜有常ᄒᆞ니 剛柔ㅣ斷矣오

方以類聚코 物以群分ᄒᆞ니 吉凶이生矣오

在天成象코 在地成形ᄒᆞ니 變化ㅣ見矣라

是故로 剛柔ㅣ相摩ᄒᆞ며 八卦ㅣ相盪ᄒᆞ야 鼓之以雷霆ᄒᆞ며

潤之以風雨ᄒᆞ며 日月이運行ᄒᆞ며 一寒一暑ᄒᆞ야

初爻 上爻

二二

乾道ㅣ成男ᄒ고 坤道ㅣ成女ᄒ니 乾知大始오 坤作成物이라

乾以易知오 坤以簡能이니 易則易知오 簡則易從이오

易知則有親이오 易從則有功이오 有親則可久ㅣ오

有功則可大오 可久則賢人之德이오 可大則賢人之業이니

易簡而天下之理ㅣ得矣니

天下之理ㅣ得而成位乎其中矣니라 右第一章

聖人이 設卦ᄒ야 觀象繫辭焉ᄒ야 而明吉凶ᄒ며 剛柔ㅣ相推ᄒ야

而生變化ᄒ니 是故로 吉凶者ᄂ 失得之象也ㅣ오

悔吝者ᄂ 憂虞之象也ㅣ오 變化者ᄂ 進退之象也ㅣ오

剛柔者ᄂ 畫夜之象也ㅣ오 六爻之動ᄋ 三極之道也ㅣ니

无極
皇極
太極

是故로 君子ㅣ 所居而安者ᄂ 易之序也ㅣ오

所樂而玩者ᄂ 爻之辭也ㅣ니

是故로 君子ㅣ 居則觀其象而玩其辭ᄒᆞ고 動則觀其變而玩

其占ᄒᆞᄂ니 是以自天佑之ᄒᆞ야 吉無不利니라 右第二章

象者ᄂ 言乎象者也ㅣ오 爻者ᄂ 言乎變者也ㅣ오

吉凶者ᄂ 言乎其失得也ㅣ오 悔吝者ᄂ 言乎其小疵也ㅣ오

无咎者ᄂ 善補過也ㅣ니 是故로 列貴賤者ᄂ 存乎位ᄒᆞ고

齊小大者ᄂ 存乎卦ᄒᆞ고 辯吉凶者ᄂ 存乎辭ᄒᆞ고 憂悔吝者ᄂ

存乎介ᄒᆞ고 震无咎者ᄂ 存乎悔ᄒᆞ니 是故로 卦有小大ᄒᆞ야 辭

有險易ᄒᆞ니 辭也者는 各指其所之라 右第三章

易이 與天地準이라 故로 能彌綸天地之道ᄒᆞᄂᆞ니

仰以觀於天文ᄒᆞ고 俯以察於地理라

是故로 知幽明之故ᄒᆞ며 原始反終이라

故로 知死生之說ᄒᆞ며 精氣爲物이오 游魂爲變이라

是故로 知鬼神之情狀ᄒᆞᄂᆞ니라

與天地相似ㅣ라 故로 不違ᄒᆞᄂᆞ니 知周乎萬物而道濟天下ㅣ라

故로 不過ᄒ며 旁行而不流ᄒ야 樂天知命이라

故로 不憂ᄒ며 安土ᄒ야 敦乎仁이라 故로 能愛ᄒᄂ니라

範圍天地之化而不過ᄒ며 曲成萬物而不遺ᄒ며

通乎晝夜之道而知라 故로 神无方而易无體ᄒᄂ니라 右第四章

一陰一陽之謂道ㄴ 繼之者善也오 成之者性也라

仁者見之애 謂之仁ᄒ며 知者見之애 謂之知오

二六

百姓은 日用不知라 故君子之道ㅣ 鮮矣니라

顯諸仁ᄒ며 藏諸用ᄒ야 鼓萬物而不與聖人同憂ᄒ나니

盛德大業이 至矣哉라

富有之謂ㅣ 大業이오 日新之謂ㅣ 盛德이오 生生之謂ㅣ 易이오

成象之謂ㅣ 乾이오 效法之謂ㅣ 坤이오 極數知來之謂ㅣ 占이오

通變之謂ㅣ 事ㅣ오 陰陽不測之謂ㅣ 神이니라 右第五章

夫易이 廣矣大矣라

以言乎遠則不御ᄒ고 以言乎邇則靜而正ᄒ고

以言乎天地之間則備矣라

夫乾은 其靜也ᅵ 專ᅵᄒ고 其動也ᅵ 直이라 是以大ᅵ 生焉ᄒ며

夫坤은 其靜也ᅵ 翕ᄒ고 其動也ᅵ 闢ᅵ이라 是以廣이 生焉ᄒᄂ니

廣大는 配天地ᄒ고 變通은 配四時ᄒ고

聖人이 有以見天下之賾ᄒᆞ야 而擬諸其形容ᄒᆞ며 象其物宜라

成性存存이 道義之門이라　右第七章

선천　후천

여덟　아홉　열

天地ᅵ 設位어든 而易이 行乎其中矣ᅵ니

知ᄂᆞᆫ 崇코 禮ᄂᆞᆫ 卑ᄒᆞ니 崇은 效天ᄒᆞ고 卑ᄂᆞᆫ 法地ᄒᆞ니라

子曰 易이 其至矣乎ᅵ뎌 夫易은 聖人이 所以崇德而廣業也ᅵ니

陰陽之義ᄂᆞᆫ 配日月ᄒᆞ고 易簡之善은 配至德ᄒᆞ니라　右第六章

是故로 謂之象이오 聖人이 有以見天下之動ᄒᆞ야

而觀其會通ᄒᆞ야 以行其典禮ᄒᆞ며 繫辭焉ᄒᆞ야 以斷其吉凶이라

是故로 謂之爻ㅣ니 言天下之至賾호디 而不可惡也ㅣ며

言天下之至動호디 而不可亂也ㅣ니 擬之而后에 言ᄒᆞ고

議之而后에 動이니 擬議ᄒᆞ야 以成其變化ᄒᆞᄂᆞ니라

鳴鶴이 在陰이어늘 其子ㅣ和之로다 我有好爵ᄒᆞ야 吾與爾靡之라ᄒᆞ니

子曰 君子ㅣ 居其室ᄒ야 出其言에 善이면

則千里之外ㅣ應之ᄒᄂ니 況其邇者乎ㅣ여

居其室ᄒ야 出其言에 不善이면

則千里之外ㅣ違之ᄒᄂ니 況其邇者乎ㅣ여

言出乎身ᄒ야 加乎民ᄒ며 行發乎邇ᄒ야 見乎遠ᄒᄂ니

言行은 君子之樞機니 樞機之發이 榮辱之主也ㅣ라

言行은 君子之所以動天地也ㅣ니 可不愼乎아

同人이 先號咷而後笑ㅣ라ㅎ니 子曰 君子之道ㅣ 或出或處

或黙或語ㅣ니 二人이 同心ㅎ니 其利ㅣ 斷金이로다 同心之言이

其臭ㅣ 如蘭이로다

初六藉用白茅ㅣ니 无咎ㅣ라ㅎ니 子曰 苟錯諸地라도 而可矣어늘

藉之用茅ㅎ니 何咎之有ㅣ리요 愼之至也ㅣ라 夫茅之爲物이

薄而用은 可重也ㅣ니 愼斯術也ㅎ야 以往이면 其无所失矣리라

勞謙이니 君子ㅣ有終이니 吉이라ㅎ니 子曰 勞而不伐ㅎ며

有功而不德이이 厚之至也ㅣ니 語以其功下人者也ㅣ라

德言盛이오 禮言恭이니 謙也者ᄂ 致恭ㅎ야 以存其位者也ㅣ라

亢龍이니 有悔라ㅎ니 子曰 貴而无位ㅎ며 高而无民ㅎ며

賢人이 在下位而无輔ㅣ라 是以動而有悔也ㅣ니라

不出戶庭이면 无咎ㅣ라ㅎ니

子曰 亂之所生也ㅣ 則言語ㅣ以爲階니 君不密則失臣ᄒᆞ며

臣不密則失身ᄒᆞ며 幾事ㅣ不密則害成ᄒᆞᄂ니

是以君子ㅣ 愼密而不出也ᄒᆞᄂᆞ니라

子曰 作易者ㅣ 其知盜乎ㅣᄂ녀 易曰 負且乘이라 致寇至

라ᄒᆞ니

負也者ᄂᆞ 小人之事也ㅣ오 乘也者ᄂᆞ 君子之器也ㅣ니

小人而乘君子之器라 盜ㅣ思奪之矣며 上을 慢코 下를 暴ㅣ라

盜ㅣ思伐之矣니 慢藏이 誨盜ㅣ며 冶容이 誨淫이니

易曰 負且乘致寇至라ᄒᆞ니 盜之招也ᅵ라 右第八章

天一地二天三地四天五地六天七地八天九地十이니

天數ᅵ五오 地數ᅵ五니 五位相得ᄒᆞ며 而各有合ᄒᆞ니

天數ᅵ二十有五ᅵ오 地數ᅵ三十이라

凡天地之數ᅵ五十有五ᅵ니

此ᅵ所以成變化ᄒᆞ며 而行鬼神也ᅵ라

大衍之數ᅵ五十이니 其用은 四十有九ᅵ라

삼천양지

삼지양천

十有九 (90)

四十有九

分而爲二ᄒᆞ야 以象兩ᄒᆞ고 掛一ᄒᆞ야 以象三ᄒᆞ고 (80) (70)

揲之以四ᄒᆞ야 以象四時ᄒᆞ고 歸奇於扐ᄒᆞ야 以象閏ᄒᆞ니 (60)+(60) (5)

五歲에 再閏이라 故再扐而後에 掛ᄒᆞᄂ니라 (1/4)

乾之策이 二百一十有六이오 9×9 8×9 7×9

坤之策이 百四十有四ㅣ라 凡三百有六十이니 6×9 4×9 3×9 2×9 1×9

當期之日ᄒᆞ고 二篇之策이 萬有一千五百二十이니

當萬物之數也ᄒᆞ니 是故로 四營而成易ᄒᆞ고

十有八變而成卦ᄒᆞ니

八卦而小成ᄒᆞ야 引而伸之ᄒᆞ며 觸類而長之ᄒᆞ면 天下之能事ㅣ

畢矣리니 顯道ᄒᆞ고 神德行이라 是故로 可與酬酢이며 可與祐神

矣니 子曰 知變化之道者ㅣ 其知神之所爲乎ㅣ뎌 右九章

易有聖人之道ㅣ 四焉ᄒᆞ니 以言者는 尚其辭ᄒᆞ고 以動者는

尚其變ᄒᆞ고 以制器者는 尚其象ᄒᆞ고 以卜筮者는 尚其占ᄒᆞᄂᆞ니

是以君子ㅣ 將有爲也ᄒᆞ며 將以有行也애 問焉而以言ᄒᆞ거든

其受命也ㅣ 如嚮ᄒᆞ야 无有遠近幽深히 遂知來物ᄒᆞᄂᆞ니

非天下之至精이면 其孰能與於此ㅣ리오

參伍以變ᄒᆞ며 錯綜其數ᄒᆞ야 通其變ᄒᆞ야 遂成天地之文ᄒᆞ며

極其數ᄒᆞ야 遂定天下之象ᄒᆞ니 非天下之至變이면

其孰能與於此ㅣ리오

易은 无思也ᄒᆞ며 无爲也ᄒᆞ야 寂然不動이라가

感而遂通天下之故ᄒᆞᄂᆞ니 非天下之至神이면

其孰能與於此ᅵ리오

夫易은 聖人之所以極深而研幾也ᅵ니 惟深也故로

能通天下之志ᄒᆞ며 惟幾也故로 能成天下之務ᄒᆞ며

惟神也故로 不疾而速ᄒᆞ며 不行而至ᄒᆞᄂᆞ니

子曰 易有聖人之道四焉者ᅵ 此之謂也ᅵ라 右第十章

子曰 夫易은 何爲者也ᅵ오 夫易은 開物成務ᄒᆞ야

冒天下之道ᄒ니　如斯而已者也ㅣ라

是故로　聖人이　以通天下之志ᄒ며　以定天下之業ᄒ며

以斷天下之疑ᄒᄂ니라

是故로　著之德은　圓而神이오　卦之德은　方以知오　六爻之義ᄂ

易以貢이니　聖人이　以此로　洗心ᄒ야　退藏於密ᄒ며

吉凶에　與民同患ᄒ야　神以知來코　知以藏往ᄒᄂ니

其孰能與於此哉ㅣ리오　古之聰明睿知神武而不殺者夫ㅣ뎌

是以明於天之道而察於民之故ᄒᆞ야 是興神物ᄒᆞ야 以前民

用ᄒᆞ니 聖人이 以此齋戒ᄒᆞ야 以神明其德夫ㄴ뎌

是故로 闔戶를 謂之坤이오 闢戶를 謂之乾이오

一闔一闢을 謂之變이오 往來不窮을 謂之通이오

見을 乃謂之象이오 形을 乃謂之器오 制而用之를 謂之法이오

利用出入ᄒᆞ야 民咸用之를 謂之神이라

是故로 易有太極ᄒ야 是生兩儀ᄒ고 兩儀ー 生四象ᄒ고

四象이 生八卦ᄒ니 八卦ー 定吉凶ᄒ고 吉凶이 生大業ᄒᄂ니라

是故로 法象이 莫大乎天地ᄒ고 變通이 莫大乎四時ᄒ고

縣象著明이 莫在乎日月ᄒ고 崇高ー 莫大乎富貴ᄒ고

備物ᄒ며 致用ᄒ며 立成器ᄒ야 以爲天下利ー 莫大乎聖人ᄒ고

探賾索隱ᄒ며 鉤探致遠ᄒ야 以定天下之吉凶ᄒ며

成天下之亹亹者ㅣ 莫大乎蓍龜ㅎ니라

是故로 天生神物이어늘 聖人이 則之ㅎ며 天地 變化ㅣ어늘

聖人이 效之ㅎ며 天垂象ㅎ야 見吉凶이어늘 聖人이 象之ㅎ며

河出圖ㅎ며 洛出書ㅣ어늘 聖人이 則之ㅎ니

易有四象은 所以示也ㅣ오 繫辭焉은 所以告也ㅣ오

定之以吉凶은 所以斷也ㅣ라 右第十一章

易曰 自天祐之라 吉无不利라ㅎ니 子曰 祐者는 助也ㅣ니

天之所助者 ㅣ 順也 ㅣ오 人之所助者 ㅣ 信也 ㅣ니 履信思乎順 ㅎ고

又以尙賢也 ㅣ라 是以自天祐之吉无不利也 ㅣ니라

子曰 書不盡言 ㅎ며 言不盡意 니라 然則聖人之意를

其不可見乎 아 子曰 聖人 이 立象 ㅎ야 以盡意 ㅎ며 設卦 ㅎ야

以盡情僞 ㅎ며 繫辭焉 ㅎ야 以盡其言 ㅎ며 變而通之 ㅎ야

以盡利 ㅎ며 鼓之舞之 ㅎ야 以盡神 ㅎ니라

乾坤은 其易之縕耶 ㅣ뎌 乾坤 이 成列而易 이 立乎其中矣 니

乾坤이 毀則无以見易이요

易을 不可見則乾坤이 或幾乎息矣리라

是故로 形而上者를 謂之道ㅣ오 形而下者를 謂之器오

化而裁之를 謂之變이오 推而行之를 謂之通이오

擧而錯之天下之民을 謂之事業이라

是故로 夫象은 聖人이 有以見天下之賾ᄒᆞ야

而擬諸其形容ᄒᆞ며 象其物宜ㅣ라

是故謂之象이오 聖人이 有以見天下之動ᄒᆞ야

而觀其會通ᄒᆞ야 以行其典禮ᄒᆞ며 繫辭焉ᄒᆞ야 以斷其吉凶이라

是故謂之爻ㅣ니 極天下之賾者ᄂᆞᆫ 存乎卦ᄒᆞ고

鼓天下之動者ᄂᆞᆫ 存乎辭ᄒᆞ고 化而裁之ᄂᆞᆫ 存乎變ᄒᆞ고

推而行之ᄂᆞᆫ 存乎通ᄒᆞ고 神而明之ᄂᆞᆫ 存乎其人ᄒᆞ고

默而成之ᄒᆞ며 不言而信은 存乎德行ᄒᆞᄂᆞ니라 右第十二章

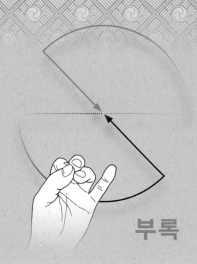

부록

『周易』「乾坤卦」,「繫辭上傳」의

手指象數